商务印书馆（上海）有限公司 出品
The Commercial Press (Shanghai) Co. Ltd.

培根固本

广东南海石门中学研究（1932—2022）

李卫东 马学强 主编

马学强 胡端 叶舟 李卫东 等著

商务印书馆

图书在版编目（CIP）数据

培根固本：广东南海石门中学研究：1932—2022 / 李卫东，马学强主编；马学强等著. —北京：商务印书馆，2022
ISBN 978 - 7 - 100 - 21157 - 4

Ⅰ. ①培⋯　Ⅱ. ①李⋯ ②马⋯　Ⅲ. ①石门中学 —校史 — 研究 — 1932-2022　Ⅳ. ①G639.286.53

中国版本图书馆 CIP 数据核字（2022）第081471号

权利保留，侵权必究。

培 根 固 本

广东南海石门中学研究（1932—2022）

李卫东　马学强　主编

马学强　胡　端　叶　舟　李卫东　等著

商 务 印 书 馆 出 版
（北京王府井大街36号　邮政编码 100710）
商 务 印 书 馆 发 行
上海雅昌艺术印刷有限公司印刷
ISBN　978 - 7 - 100 - 21157 - 4

2022年9月第1版	开本 889×1194　1/16
2022年9月第1次印刷	印张 23¾　插页 3　字数 552千

定价：193.20元

主　　编　李卫东　马学强

副 主 编　李根新　刘铸祥　陈冰锋　徐庆均
　　　　　聂　辉　张国君　胡　端

编　　委　何维孜　简伟文　叶钰泉　项　玲
　　　　　黎　岗　陈慕贤　潘寿南　肖朝云
　　　　　罗放军　NEIL　　陈普亮　刘　伟
　　　　　柳洪恩　帅文亮　张　平　余丽红
　　　　　胡庆生　宋试梨　沈培浩　沈敏姬
　　　　　文　芳　叶　舟　张　玥

主要撰稿人　马学强　胡　端　叶　舟　李卫东
　　　　　张　玥　等

图 片 拍 摄　鲍世望　等

主编简介

李卫东

　　江西赣州人，1966年生。正高级教师，教育部第十期全国优秀中学校长高级研究班学员，广东省政协委员、广东省督学、广东省名校长工作室主持人。现任广东省佛山市南海区石门中学党委书记、校长，同时担任华东师范大学、华南师范大学、广州大学、广东第二师范学院等多所高校兼职教授、硕士研究生导师。多年来致力于学校管理、历史教学等领域的研究和探索，在《中国教育报》《广东教育》《中小学校长》《中学政治教学参考》等国家级核心期刊、省级刊物上发表论文10余篇，主编著作《教师继续教育与历史课堂教学：教育之道在立人》，独立承担或主持省级科研项目（课题）4项。先后荣获佛山市名校长、佛山市先进劳动者、南海区首席校长等称号。

马学强

　　浙江嘉兴人，1967年生。毕业于华东师范大学，历史学博士。现为上海社会科学院历史研究所研究员，主要从事中国城市史、区域史、教育史等研究。在各类学术刊物发表论文百余篇。出版的著作有《从传统到近代：江南城镇土地产权制度研究》《江南席家：中国一个经商大族的变迁》《出入于中西之间：近代上海买办社会生活》《八百里瓯江》等。参与主编的有《千年龙华》《阅读思南公馆》《上海的城南旧事》《上海的城市之心》《从工部局大楼到上海市人民政府大厦》《〈密勒氏评论报〉总目与研究》《上海石库门珍贵文献选辑》等20余种。近年来主持"百年名校·江南文脉"系列丛书（由商务印书馆陆续出版）。先后承担多项国家和上海市哲学社会由科学研究项目，多项成果获上海市哲学社会科学优秀成果奖。

目　录

序　　　何维孜　1

第一章　初创时期的石门中学　1
　　第一节　植根本土　4
　　第二节　立校不凡　14
　　第三节　声名鹊起　25

第二章　共度时艰　33
　　第一节　校址沦陷与香港复课　36
　　第二节　战后复校　42
　　第三节　彼时的学生生活　53

第三章　新中国成立初期的石门中学　65
　　第一节　改旧立新：石门中学的新生　68
　　第二节　开展社会主义教育　73
　　第三节　百花齐放竞校园　77

第四章　困难与调整时期　89
　　第一节　政治运动中的石门中学　92
　　第二节　进入调整时期　98
　　第三节　"文革"十年　108

第五章　开拓进取的石门中学　125
　　第一节　重点建设的学校　128
　　第二节　何维孜和石中的改革　137
　　第三节　教育改革的新探索　151

第六章　创建新世纪一流的现代化名校　165
　　第一节　新世纪、新气象　168
　　第二节　朴素致远　180
　　第三节　"石中"的校园与校园文化　195
　　第四节　校友会与校庆活动　209

附　录　241
　　附录一　石门中学历史沿革图　243
　　附录二　大事记　245
　　附录三　校领导名录　271
　　附录四　历任中共党支部书记（党委书记）名录　275
　　附录五　文献档案选摘　277
　　附录六　回忆录、口述资料选摘　327
　　附录七　部分校友简介　349
　　附录八　图片目录索引　353
　　附录九　主要参考文献　361

后　记　365

序

何维孜

南海古郡，人文鼎盛；石门屹立，蔚为荣光。1932年秋，陈凤江、邓刚、黄咏雩等贤达为谋乡邑子弟发展，于南海县第二、三、九区筹建一所农村学校，并取羊城旧八景之一"石门返照"之意，命名为石门中学。岁月不居，时节如流，石门中学办学至今已九十年矣。九十年来，一代代石中人历战乱，度苦难，迎春风，写鸿章，以朴素的教育情怀书写了非凡的奋斗故事，铸就了全体石中人的精神丰碑。

九十年，我们凝练了"任重道远，毋忘奋斗"的石门校训。校训是一所学校的灵魂。纵观石门中学九十年发展史，"奋斗"是主旋律。肇奠基业之初，校业清贫，建校所需费用，复承地方殷商捐助，始建得校门、礼堂、图书馆和九间教室。1935年秋，石门中学新校舍建成后，遂由里水临时校址（同声社学）迁到黄岐并矗立至今。抗战时期，部分师生辗转至里水、香港等地，坚持办学，弦歌不辍。新中国成立后，尤其是改革开放后，石门中学迎来了发展的飞跃期，并在20世纪80年代初重新明确了"任重道远，毋忘奋斗"的校训。自90年代起，石门中学进入了发展的快车道，逐步成长为如今享誉全省的现代化名校。可以说，没有"奋斗"就没有今日之石门中学；毋忘"奋斗"，才能创造明日之石门中学。重任在肩，道阻且远，石中人当切记之，传承之，笃行之。

九十年，我们锻造了"爱生如子，以校为家"的朴素之师。石门中学首任校长李景宗先生要求全体教职员工：要像关心自己的孩子一样关心学生，要像教育自己的孩子一样教育学生。这样的教育思想，多么纯朴；这样的教育情感，饱含深情。李景宗校长的这句话传承至今，早已成为石门师者熔铸进血液之中的基因。作为一所区县级中学，我们充分认识到，引导全校老师积极为

"人师"、努力为"人师"对于育人的重要性，并在教育改革与创新过程中打造了一支赤诚、务实的教师队伍。石门中学的教师宿舍区与学校仅一墙之隔，很多老师便把学校当成了家。时至今日，石门中学也没有硬性的坐班制度，但是主动回学校晚修辅导的老师却越来越多。在他们眼里，回学校辅导就跟回家一样正常。一所真正的名校，必须是一个强调尊重、合作的大的学习"场域"，必须创生一种尊重学习、尊重专业、尊重探索的学校文化，为教师的共同成长提供一个良好的发展空间。九十年来，一代代石门师者对学校的认同皆是源于内心深处的归属感和实现教育理想的成就感，这种朴素的情感便是"恒久"的深层原因。唯有如此，这支"科学、协作、拼搏"的朴素之师才是真正的教育雄师。

九十年，我们培育了"精诚报国，全面发展"的有为学子。"培养什么样的人"是一所学校永恒的追问，"精诚报国，全面发展"便是石门中学九十年来育人的价值追求，也是石中学子最生动的精神画像。20世纪三四十年代在学生当中流传着一首《石门中学学生进行曲》，其词曰："我们要做社会完人，我们要为个人而奋斗，我们要为民族而拼命。"自建校以来，石门中学为祖国和社会培养了众多优秀人才：有陈玲、郑维城等献身革命或国防事业的中华好儿女，有钟麟、李国桥等在科学领域取得伟大成就的科学家，有体育艺术界优秀人才，有为人民服务的公务员，还有一大批优秀的企业家等。他们在德、言、身、业、品等方面全面发展，他们都以"石中人"自居，以"石中人"为傲。岁月如歌，灿若星辰。石门中学只此一隅，石中学子却遍布世界各地。感慨系之，情难自禁。

九秩芳华，一世情深。而今的石门中学，已经从一所乡村学校蜕变成一所享誉全省的现代化名校。清华大学生源中学、北京大学博雅人才共育基地、全国五四红旗团委、广东省先进基层党组织……获得的诸多荣誉与称号，见证了石门中学的奋斗之路，既是荣誉，更是责任。立于实现中华民族伟大复兴的时代潮头，全体石中人当踔厉奋发，笃行不怠，对标名校，对接高校，领航湾区，辐射全国，以更大的魄力和担当续写石门中学下一个九十年的新辉煌！

何维孜

2021年9月24日

（何维孜，广东省南海县人。1964年毕业于石门中学高中。1980年10月，调回母校任教。1985—1995年任石门中学校长。）

第一章

初创时期的石门中学

初创时期的石门中学

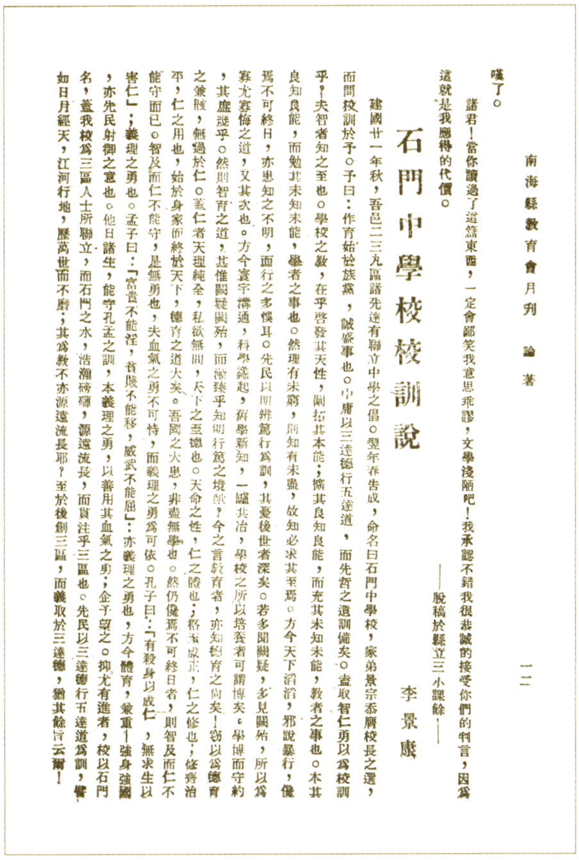
南海縣教育會月刊　論著　一二

嘆了。

諸君！當你讀過了這篇東西，一定會鄙笑我意思乖謬，文學淺陋吧！我承認不錯我很恭誠的接受你們的判言，因爲這就是我應得的代價。

——脫稿於縣立三小課餘——

石門中學校校訓說

李景康

建國廿一年秋，吾邑二三九區諸先達有聯立中學之倡。翌年春告成，命名曰石門中學校，家弟景宗忝膺校長之選，而問校訓於予。予曰：作育始於族黨，誠盛事也。中庸以三達德行五達道，而先哲之遺訓備矣。盍取智仁勇以爲校訓乎？夫智者知之至也。學校之教，在乎啓發其天性，闡拓其本能；擴其良知良能，而充其未知未能，教者之事也。本其良知良能，而勉其未知未能，學者之事也。然理有未窮，則知有未盡，故知必求其至焉。方今天下滔滔，邪說暴行，儳焉不可終日，亦患知之不明，而行之多悞耳。先民以明辨篤行爲訓，其憂後世者深矣。若多聞闕疑，多見闕殆，所以爲寡尤寡悔之道，又其次也。方今寰宇溝通，科學蠭起，舊學新知，一鑪共冶，學校之所以培養者可謂博矣。學博而守約，其庶幾乎。然則智育之道，其惟闕疑闕殆，而漸臻乎知明行篤之境歟？今之言教育者，亦知德育之尚矣！竊以爲德育之兼賅，無過於仁。蓋仁者天理純全，私欲無間，天下之至德也。天命之性，仁之體也；格致誠正，仁之修也；修齊治平，仁之用也，始於身家而終於天下，德育之道大矣。吾國之大患，非盡無學也。然仍儳焉不可終日者，則智及而仁不能守而已。智及而仁不能守，是無勇也，夫血氣之勇不可恃，而義理之勇爲可依。孔子曰：「有殺身以成仁，無求生以害仁」，義理之勇也。孟子曰：「富貴不能淫，貧賤不能移，威武不能屈」：亦義理之勇也，方今體育，兼重強身強國，亦先民射御之意也。他日諸生，能守孔孟之訓，本義理之勇，以善用其血氣之勇；企予望之。抑尤有進者，校以石門名，蓋我校爲三區人士所聯立，而石門之水，浩瀚磅礴，源遠流長，而貫注乎三區也。先民以三達德行五達道爲訓，譬如日月經天，江河行地，歷萬世而不磨；其爲教不亦源遠流長耶？至於後創三區，而義取於三達德，猶其餘旨云爾！

图1-1　李景康：《石门中学校校训说》

近代通商以来，地处南国的珠江流域得风气之先，涌现了大量新式学堂，包括大中小学校、师范学校、幼稚园、女学校等等，但传统的办学机构诸如书院、义学，也同时存在。彼时，新旧混杂，亦中亦西，在学校教学中也都普遍面临着如何“存古”，如何“开新”，此也正如曾任南海中学校长的李景康所言：“方今寰宇沟通，科学蜂起，旧学新知，一炉共冶，学校之所以培养者可谓博矣。”[1]（图1-1）

位于珠江边的南海县，毗邻华南地区的中心城市——广州，“南海县物产之繁盛，人民之富庶，为全省冠"[2]。然而，南海县在学校教育方面发展却有所迟缓，据当地的统计："现据该县政府之调查，（民国）十七年度内，全县中等学校，不过两间，学生人数，仅得二百余。初等学校则较多，公立者计一百一十八间，私立者八十六间，学生约一万四千余人。其中以单设前期小学者为多，完全小学次之。单设后期小学者最少。全县学校支出经费约二十一万元。查该县近年，已有村乡师范学校等设立。想数年后，其学校教育，当有充分之进展也。"[3] 这是1928年度的调查情况，就总体而言，当时的南海县"惜其学校教育，则尚未见十分发达"[4]。也就在这样的背景下，有一所学校应运而生（图1-2）。

这所学校就是在1932年秋由南海县二、三、九区诸先达联立倡设的石门中学校，"校以石门名，盖我校为三区人士所联立，而石门之水，浩瀚磅礴，源远流长"[5]。初创之时，就颇有气象，迅速受到社会各界的关注。

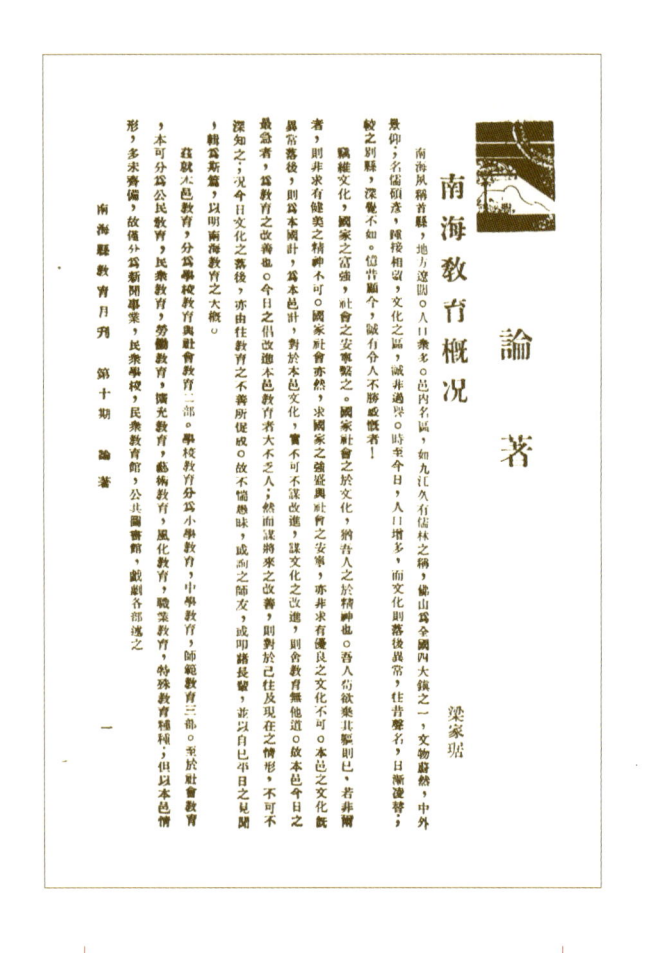

图1-2 《南海教育概况》（选自《南海教育月刊》1934年第10期）

第一节 植根本土

学校全称"南海二三九区石门中学校"，一般称"私立石门中学校"（为表述方便，有时简称"石门中学"或"石中"）。关于创建之初，首任校长李景宗曾有一段讲述：

民国十七年夏，余县长心一划全县为十二区，令每三区合办地方中学一所，以为农村清贫子弟之救济，因我二、三、九区，向有四司联防局之设（金利、三江、神安、黄鼎等四司），守望相助，邻谊素笃，允宜合办一所，乃委出筹备委员五人，而以四司联防局长陈凤江先生主其事（现全县并为五个区，原日之二、三、九区即现在二、三区），惟因地方向来贫瘠，久无成议。迨廿一年秋，陈凤江先生嘱兄弟代为规划，复承区芳浦、杜益谦、邓刚、霍芝庭诸公募捐于广州，李右泉、李景康、黄梓林、孔安道诸公募捐于香港，陈凤江、邹伯裕、黄兆鹏、邹惠霖诸公募捐于乡，即假广州南海公会为筹备处，并成立校董会，始克告成。[6]

4

这是李景宗校长1947年赴港参加"旅港南海商会"成立35周年纪念盛典时所做关于"石门中学校实况"的演述。

李景宗，生于1900年，字荻秋，南海县二区贞慎乡松溪堡（今广州市白云区螺溪乡松北村）人（图1-3）。早年毕业于北京国立交通大学铁路管理系。后回广州发展，因其兄李景康时任南海中学校长，于是也萌生办学之意。在南海县众绅商的支持下，于1932年参与创办石门中学。1933年春出任校长，直到1938年。[7]

1947年，距石门中学创立也正好15年。对于全程参与石门中学筹建的李校长来说，可谓历历在目，所以能娓娓道来。作为一位办学的"亲历者"，通过李景宗的回忆，可以归纳为几点：其一，当时南海县亟须建立几所中学，"以为农村清贫子弟之救济"。其二，有关方面根据南海县的实际情况，提出每三区合办地方中学一所，而二、三、九区相连，适宜合办一所，这里提到"四司联防局"之设，值得关注。其三，鉴于三区经济状况，筹办有一定困难，需要众绅商捐助。

1932年秋，南海县二、三、九区筹建的校董会终于成立。筚路蓝缕，创校不易，这也是由许多因素与条件促成的。

首先，考察南海县的历史文化与社会背景。

南海历史悠久，文化源远流长，为珠江文明的发祥地之一，也是岭南文化的典型代表。自隋开皇十年（590）设置南海县，以原南海郡治所在地番禺县改置南海县。[8]此后至清末，南海一直隶属广州，隋、唐、宋为广州或南海郡，元为广州路，明、清为广州府（图1-4）。近代以来，南海涌现出康有为、陈启沅、詹天佑、黄飞鸿、

图1-3 石门中学首任校长李景宗

何香凝等一批杰出人物。[9]

地处南隅，这一带文化也具有其独特性，采南北之精粹，纳四海之新风，表现出务实、开放、多元、兼容等特点。康熙《南海县志》论及南海的"习尚"："广郡称海滨邹鲁，而南邑为首，衣冠文献埒于中州……"[10]文化底蕴深厚，尊重士人，其民务实、刚直，有信义。地方多大族世家，有财力者，在"重商"的同时，也重视读书，注重门第。所以，出现了贾儒相通、士商融合趋势。在义学、书院的捐建中，士商合力，大族踊跃，此也逐渐成为本地的一大传统，这在地方志书中有大量的记载（图1-5至图1-7）。

民国以后，这一带的行政区划有所变动。"南海昔与番禺同为广东省会，号称首邑。民国

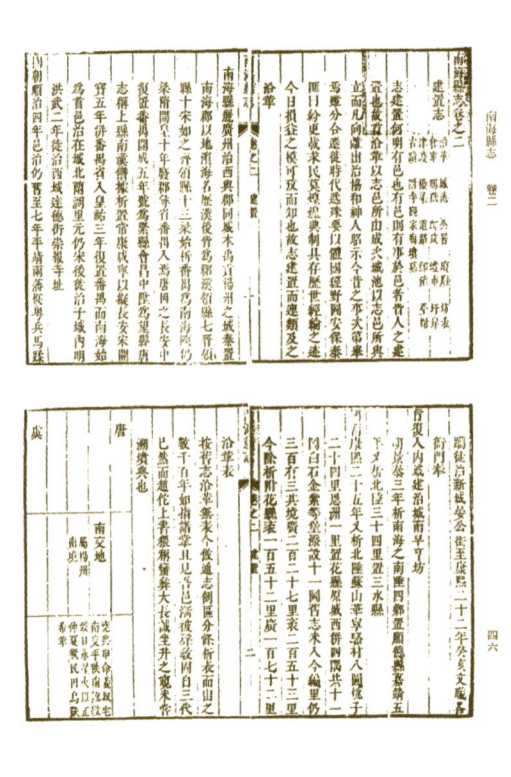

图1-4 康熙《南海县志》卷二《建置志》

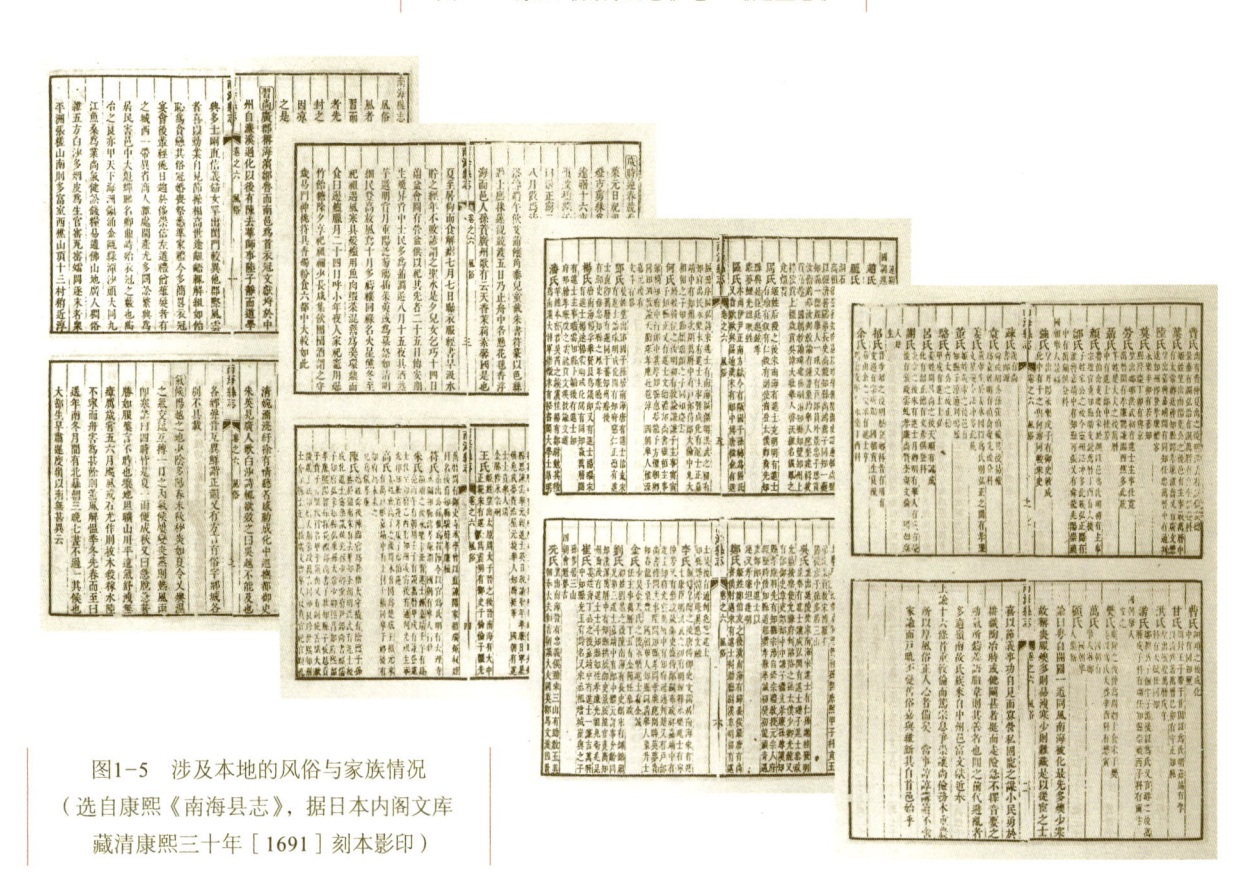

图1-5 涉及本地的风俗与家族情况
（选自康熙《南海县志》，据日本内阁文库藏清康熙三十年[1691]刻本影印）

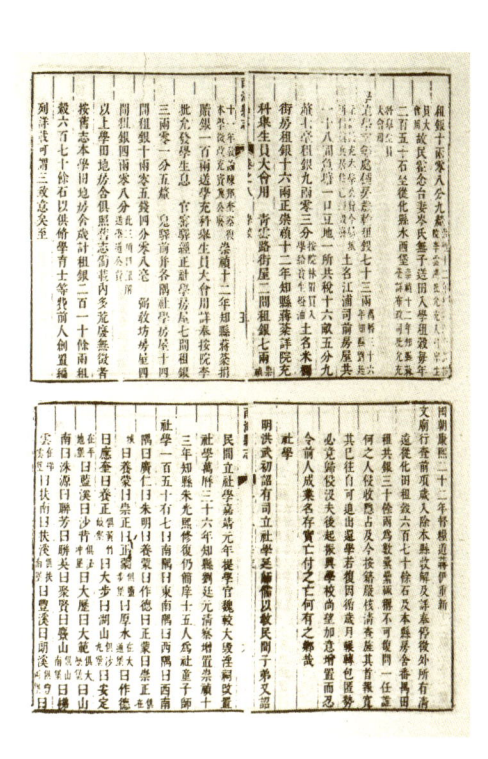

图1-6 关于南海县社学（选自康熙《南海县志》）

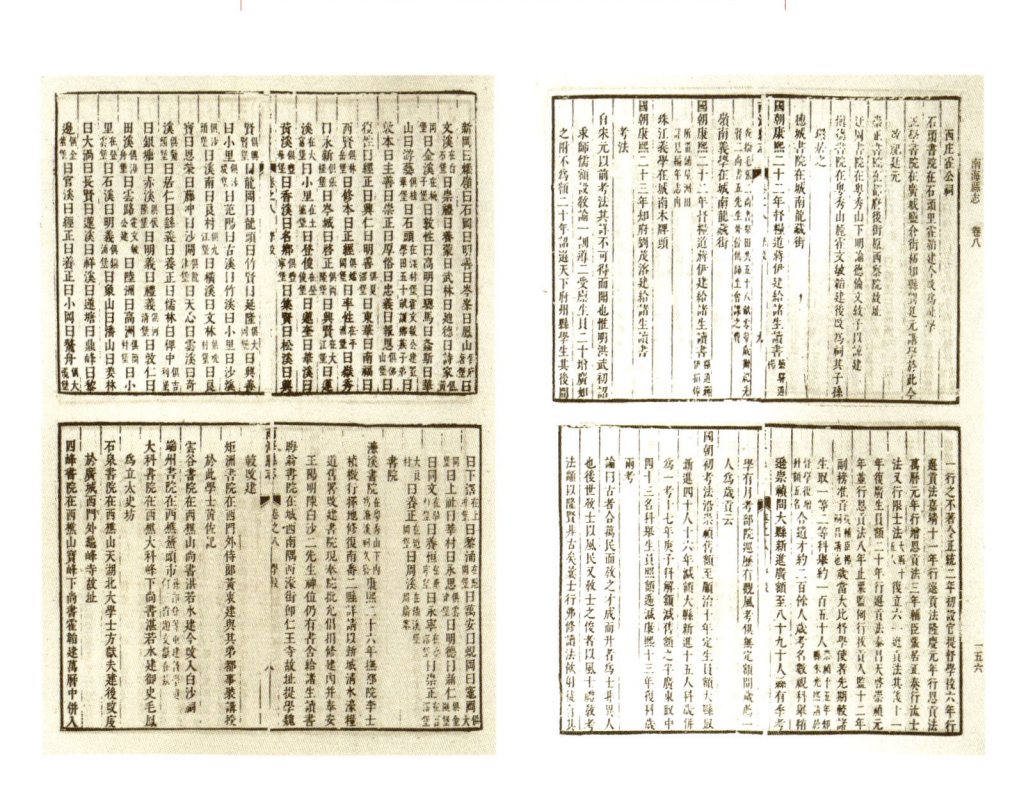

图1-7 清代南海的书院（选自康熙《南海县志》）

九年，省府以省会日趋繁盛，建设诸端亟待兴举，遂将本县近省会的地方划出，设置广州市另行管理。"[11]民国元年（1912）裁府，南海县直隶广东省。民国三年（1914），南海县属粤海道。民国九年（1920），广州市区划定，南海县城划入广州市区。民国十七年（1928），省分区设善后管理委员会，分管各县，南海县属西区善后管理委员会。[12]

20世纪二三十年代有一份关于南海县的调查情况报告（图1-8）：

> 全县面积共约三千八百三十三方里，户口经民国十八年调查，实数共二七二、八二二户，人口男女合计一、〇〇九、六一〇人，学童男六五、九八八人，女一九、七八九人。本县行政区域划分十区，最高行政机关——南海县政府，仍设在广州市内，在佛山设置行署，九江设有市政局，各区则设置公安局，日来亦有将公安局裁撤，改由乡区公所负责警卫地方事宜之消息。
>
> 本县境内平原广漠，河道纵横，贯通全境。有广三铁路经过县境，年来公路四达，交通甚便。土地肥沃，宜于种植，农产出品甚丰，每年输出不少。土地气候尤宜于蚕桑，是以桑基鱼塘遍于境内，年来丝业衰落，影响于人民生计甚大。西樵一带，蚕丝纱绸贸易最广，石湾之陶器，佛山之冶铁，盐步秀水一带之染莨，市廛热闹，工人众多。其余白沙附近的藤业，大沥附近的炮竹业，均属有名。至于布机、纸厂、米机、火柴诸业，亦有设厂制造，出品颇盛。工商业的经营尤为县民特长。中国香港、南洋、美洲等处，本县侨民甚多，多在工商业有相当地位，资助教育事业颇为踊跃。惟年来转形淡漠，未谙是否受不景气的影响。
>
> 总之，县境接近省会，人民皆商业，善居积，且以手工业发达，所产品物，又往往求过于供，稍勤勉的家庭略可自给。[13]

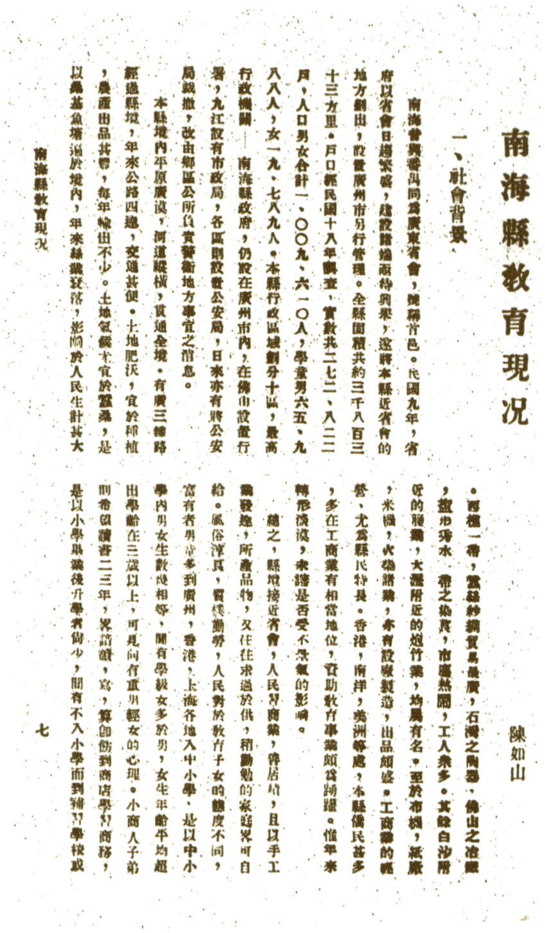

图1-8 陈如山：《南海县教育现况》（节选），《教育研究》（广州）1936年第72期

这是来自民国十八年（1929）的调查报告。石门中学的创立背景，与这样的社会经济结构有

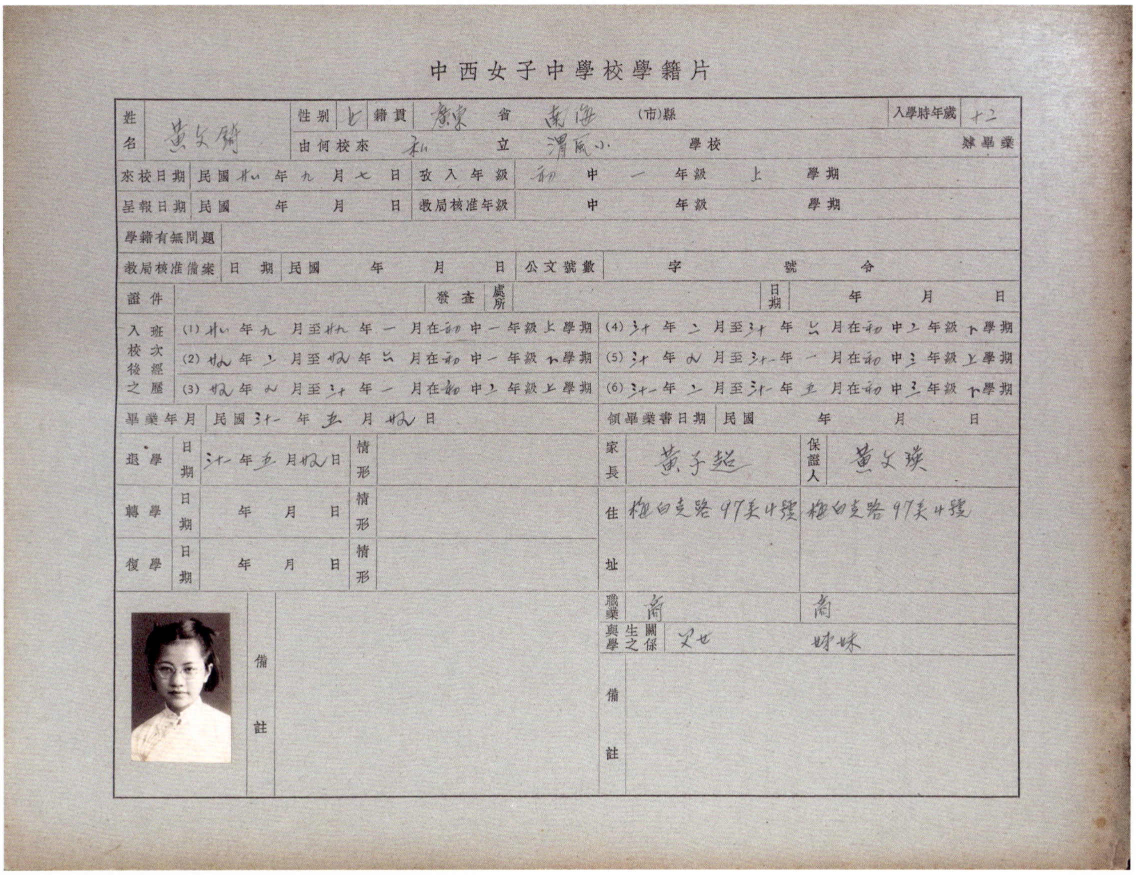
中西女子中學校學籍片

姓名：黃文[illegible]　性别：女　籍貫：廣東省南海（市）縣　入學時年歲：十二
由何校來：私立渭風小學校　肄畢業
來校日期：民國廿八年九月七日　改入年級：初中一年級上學期
呈報日期：民國　年　月　日　教局核准年級：　中　年級　學期
學籍有無問題
教局核准備案：日期　民國　年　月　日　公文號數　字　號　令
證件　發查處所　日期　年　月　日
入校後經之歷 班次：
(1) 廿八年九月至廿九年一月在初中一年級上學期
(2) 廿九年二月至廿九年六月在初中一年級下學期
(3) 廿九年八月至卅年一月在初中二年級上學期
(4) 卅年二月至卅年六月在初中二年級下學期
(5) 卅年八月至卅一年一月在初中三年級上學期
(6) 卅一年二月至卅一年五月在初中三年級下學期
畢業年月：民國卅一年五月廿九日　領畢業書日期：民國　年　月　日
退學：日期　卅一年五月廿九日　情形
轉學：日期　年　月　日　情形
復學：日期　年　月　日　情形
家長：黃子超　保證人：黃文瑛
住址：梅白克路97弄4號　梅白克路97弄4號
職業：商　商
與學生之關係：父女　姊妹
備註
備註

图1-9　在上海读书的广东南海籍学生（选自中西女子中学校学籍片）

着密切的关联，如“本县侨民甚多，多在工商业有相当地位，资助教育事业颇为踊跃”。石门中学初创时期的一些经费很大程度上就依靠这些旅居在各地的绅商捐赠。

南海县人风俗纯良，质朴勤劳，说到本地民众对于教育的态度，有关部门也做了一些调查：“人民对于教育子女的态度不同，富有者男童多到广州、香港、上海各地入中小学，是以中小学内男女生数几相等，间有学级女多于男，女生年龄平均超出学龄在三岁以上，可见向有重男轻女的心理。小商人子弟则希望读书二三年，略谙读、写、算，即饬到商店学习商务，是以小学毕业后升学者尚少，间有不入小学而到补习学校或国文专科一类修习三两年者亦有之。”[14]情况也确实如此，一些富家子弟由于各种原因，都会选择去广州、香港、上海各地上学。如在上海的一些名校，就有不少南海籍子弟在那里就读。我们也特别留意女生，在上海圣玛利亚女中、中西女中也找到南海籍的女生（图1-9）。但一般人家的孩子，就没有这样的机会，只能读二三年，而“小学毕业后升学者尚少”。所以，当地有识之士发现，南海迫切需要建立几所中学。

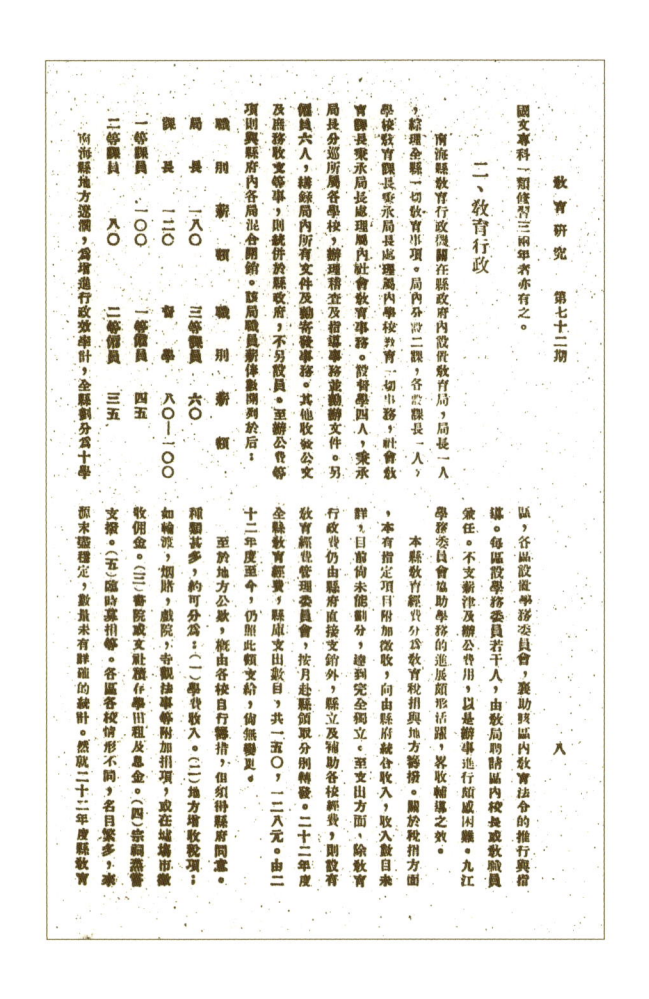

图1-10 陈如山：《南海县教育现况》（节选），《教育研究》（广州）1936年第72期

其次，分析这一时期南海县的教育状况。

南海县地方辽阔，为增进行政效率计，全县划分为10个学区，各区设置学务委员会，襄助该区内教育法令的推行与指导。"每区设学务委员若干人，由教局聘请区内校长或教职员兼任。不支薪津及办公费用，以是办事进行颇感困难。"[15]如何解决办学的经费，这是一个大问题：

> 本县教育经费分为教育税捐与地方筹拨。关于税捐方面，本有指定项目附加征收，向由县府统合收入，收入数目未详，目前尚未能划分，达到完全独立。至支出方面，除教育行政费仍由县府直接支销外，县立及补助各校经费，则设有教育经费管理委员会，按月赴县领取分别转发。二十二年度全县教育经费，县库支出数目，共一五〇、一二八元。由二十二年度至今，仍照此额支给，尚未无变更。

> 至于地方公款，概由各校自行筹措，但须得县府同意。种类甚多，约可分为：（一）学费收入。（二）地方增收税项，如轮渡、烟赌、戏院、寺观法事等附加捐项，或在墟场市征收佣金。（三）书院或文社积存学田租及息金。（四）宗祠蒸尝支拨。（五）临时募捐等。各区各校情形不同，名目繁多，来源未尽稳定，数量未有详确的统计。然就二十二年度县教育局的报告，支出数量，中学年约一四六、二二三元，区立小学三二间，年约六四、〇〇〇元，区立初小一〇七间，年约六四、二〇〇元，私立小学一一四间，年约一五九、六〇〇元，私立初小四五四间，年约一七二、四〇〇元，合计全年支出约七一六、四二三元，较由县库支出数超出四倍余。此款须由各校自筹，其中大部分是类似地方税款。[16]（图1-10）

这里提及南海县内中学办学经费，"中学年约一四六、二二三元"。近代南海县的中学创办情况，《南海县教育志》这样记载：

> 近代中学的设立，始于清末光绪二十四年（1898），清廷诏令各省将书院改办学堂。

"以省会之大书院为高等学,郡城之书院为中等学,州县之书院为小学"。是年,南海邑人邓家仁、邓家让、陈芝昌等创办时敏学堂。……光绪三十二年(1906),南海县士绅将南海县初级师范简易科馆建为南海中学堂,次年开学。校址初在西湖书院(今广州市西湖路)。不久,迁至西门高第坊芦荻东报资寺(今为广州市第十一中学)。[17]

民国以后办学渐多,创办者中有官办,有教会创办,也有地方士绅筹办,南海县的中等教育由创始进入兴起时期。

到了20世纪30年代,南海县内的普通中学有:"本县中等教育,除县立师范附设的初级中学三学级另列外,计有县立中学、县立第一初级中学、私立华英中学、私立华英女子中学、私立九江中学、私立石门中学、私立西樵中学等。"[18] 据1933年的统计,这7所中学概况可见表1-1。

表1-1 南海县中学统计(1933年度)

校名	县立中学	县立第一初级中学	私立华英中学	私立华英女子中学	私立九江中学	私立西樵中学	私立石门中学
所在地	广州	佛山	佛山	佛山	九江	官山	石门
级数(个)	14	5	6	3	3	1	未详
生数(人)	586	133	135	43	110	31	未详
教职员数(人)	51	14	30	13	15	5	未详
经费年支(元)	57772	10960	29975	15360	10800	8804	未详

*资料来源:陈如山:《南海县教育现况》,《教育研究》(广州)1936年第72期。
注:在收录本表时,涉及(年)级数、(学)生数已做调整,以合计数为准(图1-11)。

从南海县中学的办学情况来看,尤以南海县立第一初级中学办学成绩卓著,日趋完善,该校的学级增至7班,学生数约有300人,并增建新校舍,1933年拟增办高中。西樵中学改迁校址,较之前更宽敞。另如九江中学,新建礼堂,"系由美洲华侨捐建,用以纪念朱九江先生,并供学校及社会的应用"[19]。与这些学校相比,石门中学创建亦晚,但"校舍全部新建,工程浩大"[20]。其办学前景为社会各界所期待。

学校为何命名为"石门中学校"?此也有由来:

(20世纪)三十年代初,由南海二、三、九区合办了一所中学。初时这几个区都希望用本区的地名作这所中学的校名,互相争持不下。后来由这几个区籍的国民党高级军政要员邓刚、区芳浦、杜益谦和富商霍芝庭等人倡议,以"石门返照"这一名胜作为校名,获得大家一致赞成。从此,这

图1-12 明崇祯《南海县志》卷一《舆地志》中的记载，有关黄竹岐、大历（沥）一带

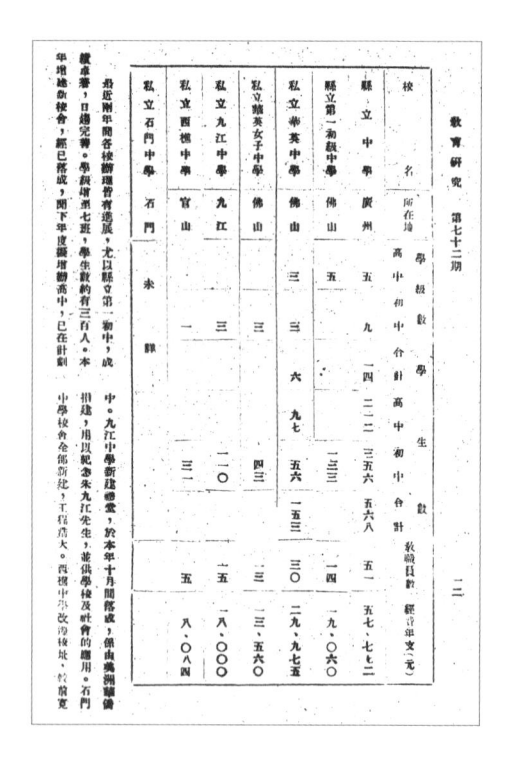

图1-11 陈如山：《南海县教育现况》（节选），《教育研究》(广州)1936年第72期

所二、三、九区合办的中学，就正式命名为"石门中学校"。[21]

以"石门返照"这一历史名胜作为校名，得到了各方的赞许。而"石门"之名又从何来？我们需要结合这一带的地名或者机构说起。

《明史》中关于广州府属南海县，曾如此记载："倚。西北有石门山、双女山。南濒海。又南有三江口。三江者，一曰西江……一曰北江……一曰东江……俱与西江会，经番禺县南，入于南海。西北有三江巡检司，本治侧水村，后迁村堡。又有金利、西南有神安、又有黄鼎、又有江浦四巡检司。又南有五斗口巡检司，后迁磨刀口，又迁佛山镇。"[22]一些地名，在《广东通志》的那幅《南海县图》[23]（见图1-4）中，均有标注。

南海县濒临珠江。珠江，原指广州到入海口的那一段水道，因为它流经著名的海珠岛（石）而得名，后来逐渐成为西江、东江、北江以及珠江三角洲上各条河流的总称。《明史》中提到了石门山、双女山、三江口，以及巡检司的设置情况。结合地方志书的记载，可以了解更多的历史信息。

图1-12，是明崇祯《南海县志》卷一《舆地志》中的一段记载，出现大沥堡、黄竹岐堡等。另有一些墟市之设[24]，见图1-13。这些"墟市"，还与"司"有联系，如金利司、三江司、神安司、江浦司、五斗口司，这是一个值得探讨的议题。《南海县志》中在记载"津渡"时，也提到了"司"。[25]我们为什么要关注"司"，因为石门中学的创建，还与前文提到的"四司联防局"有关（图1-14）。

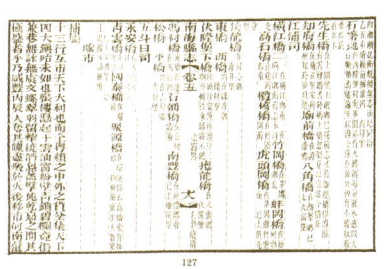

图1-13 关于墟市的记载（选自清同治《南海县志》）

再说"石门"之名，与"石门山"有关。石门山，位于在南海县西北15千米，"高二十余丈，两山对峙，横截巨浸，据南北往来之冲，屹若门阙……"[26]

石门山旁，还有一村名"石门村"，位于小北江与流溪河的汇合处，北与广州毗邻，南与南海市里水镇的洲村、草场村接壤，为南海市里水镇的一个自然村。"晚清时属南海金利司与三江司交界的地段。"[27]石门一带河道收狭，南北两面则水道扩大，每当朝阳升起和日落时分，满天霞彩与云蒸霞蔚的江水组成了一幅奇丽的景观。也有传说，能映出广州城景色在天水间，形成海市蜃楼景观，故名"石门返照"，成为宋元时期的"羊城八景"之一。[28]明代郑懋纬《羊城八景诗》中《石门返照云》："日落清江外，云封石壁间。不知斜照里，还见万重山。"（图1-15）

校名用"石门"，实有其寓意。

图1-14 南海县老照片（选自南海县政府编辑处编：《出巡纪事》，民国十九年[1930]版）

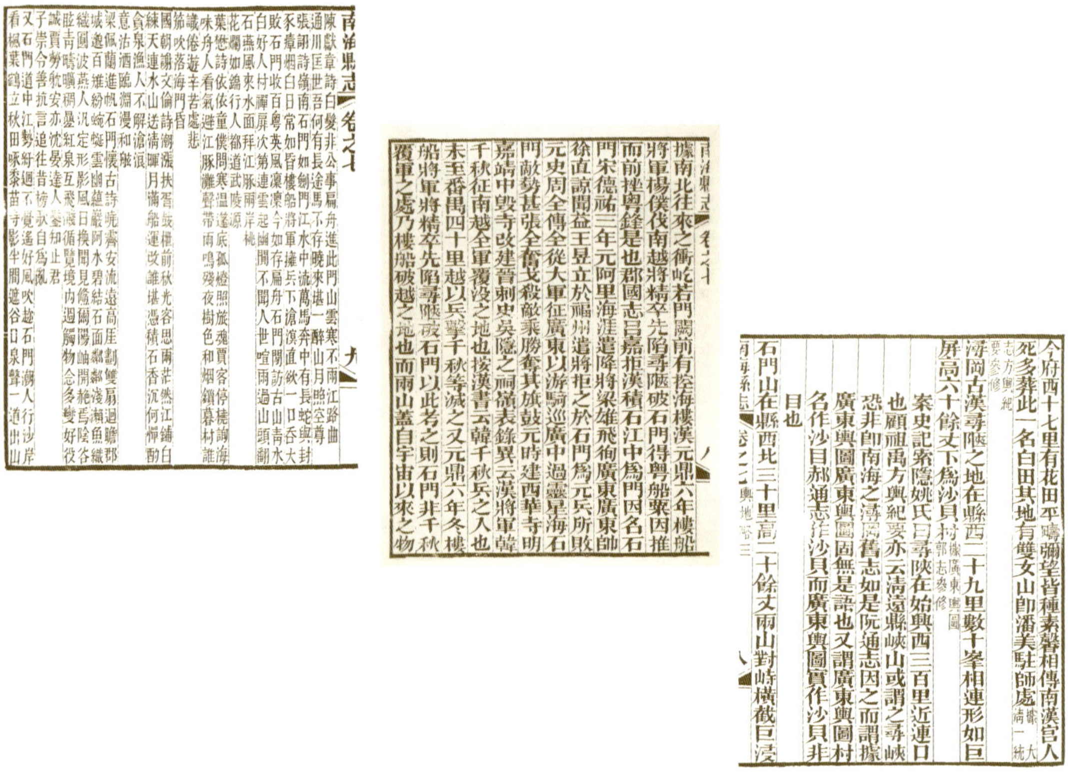

图1-15 清道光《南海县志》卷七《舆地略三》中记载了"石门山"（节选）

第二节 立校不凡

"溯石中藉同声社学而开篇；黉宫依南海商会而创业。"[29]从在广州南海商会（也称南海公会）成立筹办处开始，到校董会成立，学校正式进入筹建阶段。此后，校董会主要围绕两方面的工作展开：一方面，校董会任命李景宗为石门中学校长，暂借里水"同声社学"为临时校址，招生开课；另一方面，择址北村河边，辟地百亩，筹建校区。

李景宗校长上任后，以里水"同声社学"（后为里水粮仓）为临时校址，此为过渡期。但作为一所学校，这就是办学的开始。"先假二区里水同声社为临时校址，招生开课，自初中一年级办起，因地方容量关系，仅取录八十余人而已。"[30]当时都是春季招生，以当年为一学年计算。

与此同时，石门中学校园的筹建工作也在紧锣密鼓的推进中。办学不易，尤其是要创建一所具有一定规模的私立学校，有大量繁重的工作，包括选校址、筹资金、购土地、建校舍等。

学校的筹建，关键是资金的落实。经过众人的努力，资金问题不久得以解决。"草创既定，分头募捐，凡捐百元，即为创办人，不数月而有三百余众，得款三万余元。"[31]可见，学校经费主要得益于南海地方殷富之捐助。

1933年11月19日，学校举行奠基仪式。奠基，对于石门中学来说，是极有纪念意义的。在一块青色石碑上，赫然呈现几列鲜艳夺目的红色楷字："南海县第二、三、九区石门中学校于中华民国二十有二年十一月十九日奠基。"该碑石，署名为校董会主席陈凤江，副主席邓刚、黄咏雩立，邑人区芳浦书（图1-16）。

这里，要感谢一位学生，他叫邹本枝，当时是初一甲班学生，也为石门中学第一届初中毕业生。他撰写了一篇《本校奠基纪盛》，真实记录了石门中学的奠基情况，别有意趣（图1-17）：

> 民国二十二年十一月十九日，为本校举行奠基典礼之日，吾辈诸同学，随同各教师及南中同学百余人，早一日抵场鹄候。是夜两校互相露宿于北村郊外，作童军之生活。开野火会以资庆叙，而交换知识。所游戏者，或唱歌，或演讲，或舞国技，或弄幻术等等。无不欣欣然具有乐趣。会毕遂寝。至翌晨早餐后，陈、李两师，命吾等整队到场，欢迓来宾。行行重行行，已抵未来之新石门中学校址矣。纵横百亩，地坦而平，前临大水，源远而清，此诚为我辈将来求学之好景地也。是时尚早，来宾未至，吾等遂在会场上立而待焉。是日也场上备极辉煌，张灯结彩，布置庄严，十时后各长官来宾到者共百余人，参加之学校四十余处，综计学生二千余人，先后入场。军乐声洋洋盈耳，予不觉精神为之振作，身体为之活泼。陆则人山人海，不可胜数；水则紫洞艇迷津，轮船往来不绝，诚盛事也。至十二时开会，莘莘学子，济济一堂。首为主席邓刚宣布开会理由，次则本校监督杜益谦，及本邑教育局长区萃仑训话，其后来宾亦次第演说。大致均系训勉吾人勤学，及发挥普通教育方法，莫不痛快淋漓，娓娓动听。迨至下午三时，即鸣炮，由各长官举行奠基礼，礼毕而散。余得逢其盛，故泚笔记之。[32]

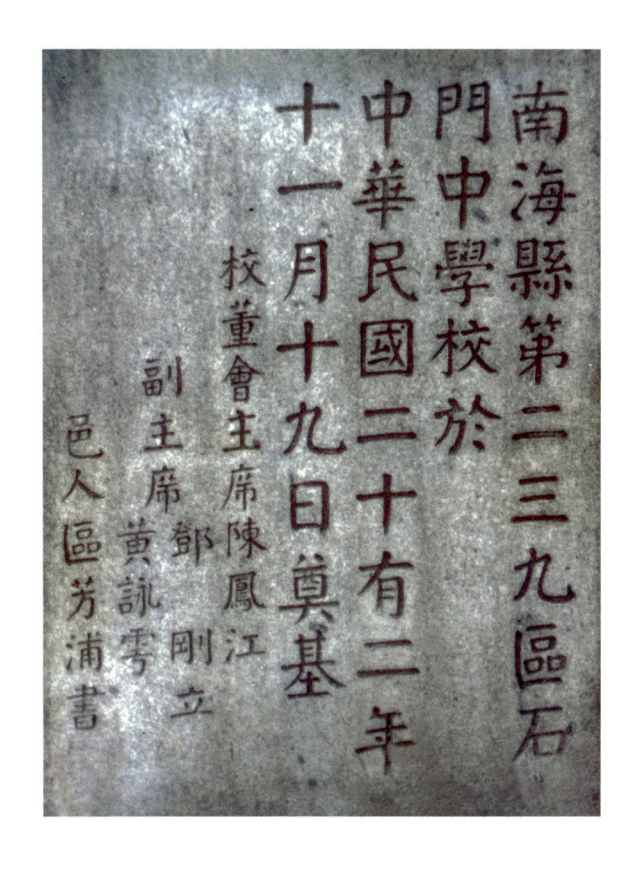

图1-16 南海县第二、三、九区石门中学校奠基石碑

从这位邹同学的描述中，可见当年奠基之盛况：各长官来宾到者共百余人，综计学生2000余人，先后入场。"陆则人山人海，不可胜数；水则紫洞艇迷津，轮船往来不绝。"这也是一份珍贵的实录，参加的有石门中学、南海中学（南中）的师生，涉及的具体人名有：陈、李两师，主持奠基仪式的主席邓刚，本校监督杜益谦、南海县教育局局长区萃仑。

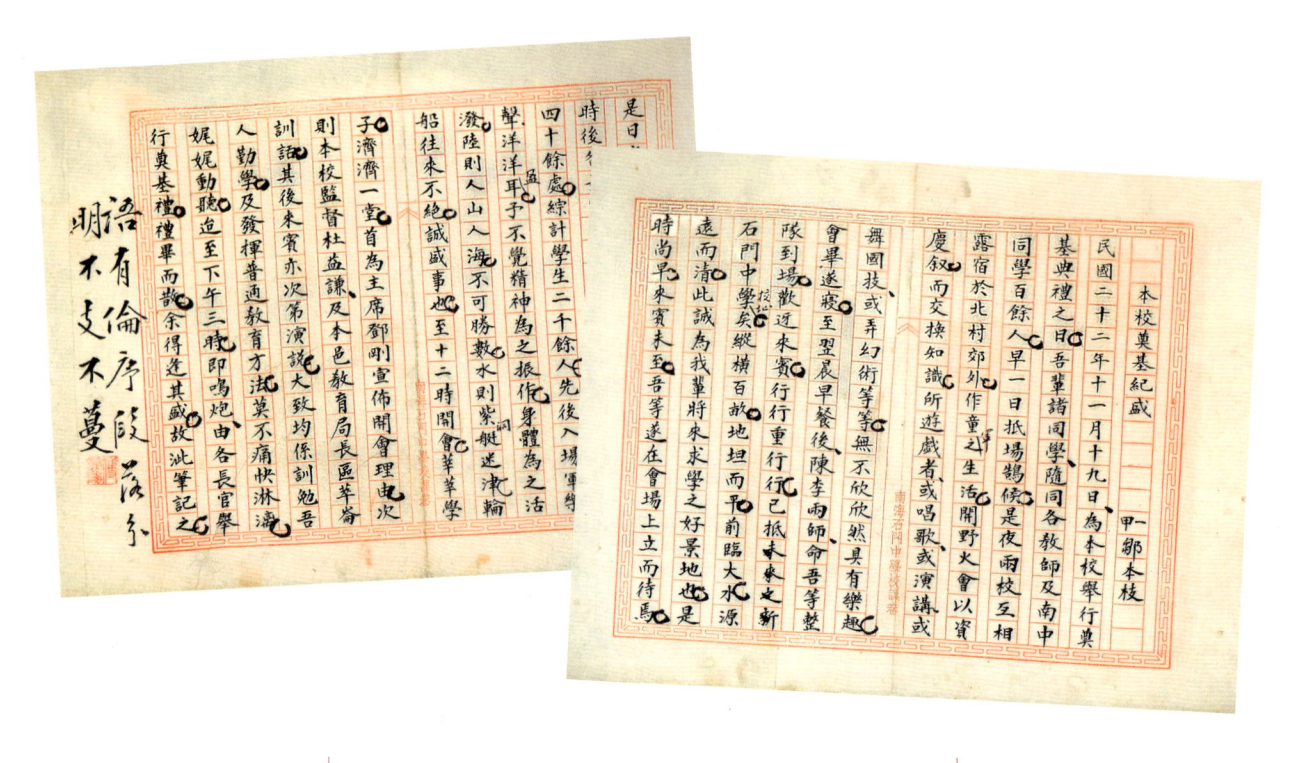

图1-17 《本校奠基纪盛》（石门中学首届毕业生邹本枝撰）

奠基前后，学校已着手规划校区，建造校舍。建校的地址，择定九区的北村，将筹建资金"悉数购地，获百余亩"。初期规划的校园，面积60余亩，每亩时价为300元。其位置"遥对白云，前濒珠海，颇具山川之美，且交通便利，地点适中，复与四司联防总局相连，藉资守卫，甚适宜也"[33]。前临珠海，地势开阔，周边多为农田，校区还留有很大的发展空间。

校区的建造有一个过程，在涉及学校沿革的一篇文章中，对此有较详细的记载（图1-18）：

> 嗣倩工务长材，测地绘图，以为劝募建筑之举。霍校董芝庭先生首建礼堂，以为之创，计五万元。继之者，有孔校董安道、孔校董子昌昆仲，与黄校董梓林、黄校董健之昆仲，合建图书馆及实验室全座，计三万元。盐步晒（薯）莨行捐建头门及两厢全座，计五千元。其余黄耀东、陈谔侨、张清泉、许泌谷、邵序图、区星檀，镜湖公杜容碧、李善松、陈项元、邹继孔诸公，每捐课室一座，各二三千元。李校长因公出巡北区之便，复向乡人之营业北江者劝募，集资又得宿舍一所，至二、三、九区所属四百余乡人之零星捐款，则或建饭堂，或建盥所，或筑校道，或设球场，大致均备矣。[34]

费两年之时，依次建造：头门一座、礼堂一座、图书馆一座、课室九间、宿舍一间、童军体育办公

第一章　初创时期的石门中学

年秋，由里水临时校址正式迁到北村校区。校名"石门中学校"，校方则邀请时任广东省政府委员兼教育厅厅长谢瀛洲题写。[36]

研究一所学校的校史，需要依循学校自身发展的脉络去探讨，从早期的办学者经历中去追溯，带着"由谁创办？""为什么是他们？""他们为什么要办学？""他们如何办学？"这些问题去探问。考察早期石门中学的校史，离不开那些人与事。

近代学校一般可分为几类：一是由传教士或外国侨民开办的学校；二是由中国人自己所办的学校。在国人自办的学校中，又可分为政府办学、民间（私人）办学。石门中学，为当地绅商倡导，集南海乃至省港众多人士之力，带有明显的"乡土"特征。

在1939年撰写的《南海石门中学史略》，以及李景宗校长1947年在香港的演述中，所涉及石门中学筹建的人士中，可以分为几类：

一是"首倡创设"者。石门中学为南海县第二、三、九区人士所合办，即往日金利、三江、神安三司所属。1932年，二区的陈凤江、邓刚、李景宗，三区的区芳浦、刘沛泉、黄梓林，九区的杜益谦、黄咏雪、黄兆鹏等，他们为服务桑梓，振兴教育，提议创设石门中学。

二是有力的捐助者。经陈凤江首倡，得省港绅商霍芝庭、李右泉、孔安道、黄健之、李景康、邹伯裕、王金石、邹惠霖诸贤达积极响应，极力赞助。

三是社会各界的众筹者。自成立校董会，推举陈凤江为校董会主席，邓刚、黄咏雪为副主席。此后，分头募捐，凡捐百元，"不数月而有三百余众"，三百余众，都可视为石门中学创办

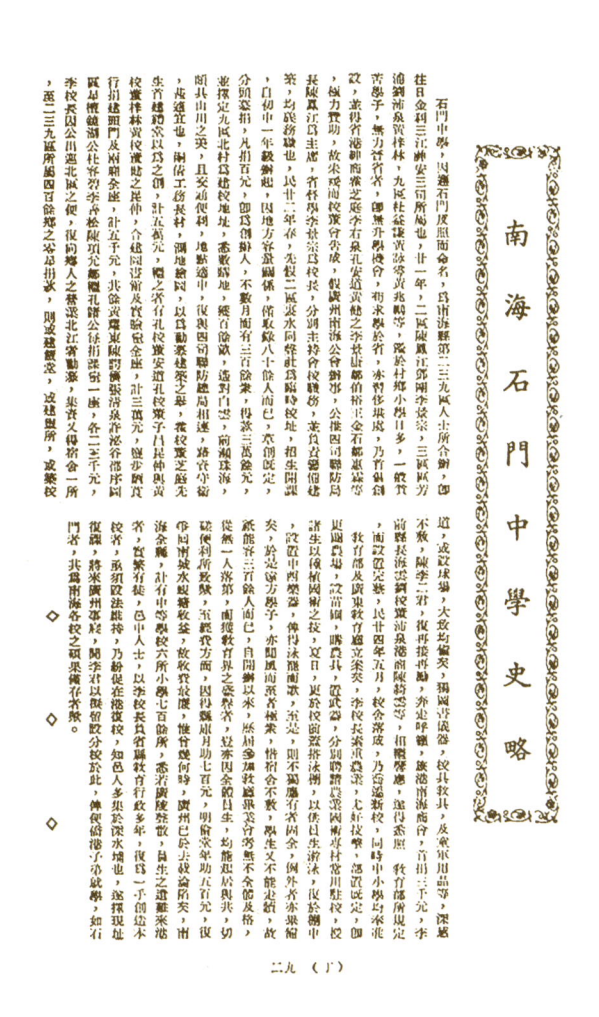

图1-18 《南海石门中学史略》（选自吕家伟、赵世铭编纂：《港澳学校概览》，香港中华时报社1939年版）

室两所，另建饭堂、校道、球场。校舍落成。

开办学校，还需要有图书、仪器，以及必要的教学用具，"独图书仪器，校具教具，及童军用品等，深感不敷。陈、李二君，复再接再厉，奔走呼号。旅港南海商会，首捐三千元，李前县长海云、刘校董沛泉、港商陈绮云等，相继响应，遂得悉照教育部所规定而设置完整"[35]。又是靠"众筹"解决了这些问题。一切具备，1935年5月，学校乔迁至新校。此时，又传来好消息：中小学均奉准，教育部及广东教育厅立案。1935

人。可见，石门中学植根本乡本土，具有深厚的社会基础。

在这些创办人中，首先要提到陈凤江（图1-19）。陈凤江（？—1953），原名澧南，号士模，南海县里水麻奢人。清朝末年的武举人，民国时期的县参议员、省参议员，两度出任南海四司（清代金利司、神安司、三江司、五斗司，即当时里水、盐步、大沥、官窑、佛山、平洲等一带地方）的联防局局长。他热心教育事业，20世纪30年代初即由他主事，在南海二、三、九区筹办一所中学，后命名为私立南海二、三、九区石门中学校。他利用自己广泛的人脉资源组织人员，分别于南海、广州与香港募捐，为创办石门中学出力尤多。"委出筹备委员五人，而以四司联防局长陈凤江先生主其事。"[37] 1932年，校董会成立，被推为主席。作为石门中学创始人之一、首届校董会主席，学校后塑像纪念。[38]

图1-19 首届校董会主席陈凤江（由石门中学档案室提供）

在学校首届校董会中，还有几位副主席，其中有邓刚。邓刚虽是军旅出身[39]，但也深受父亲重视教育的影响。其父邓巨卿为晚清秀才，在当地颇有名望。1931年，邓刚任广东省参议，经常到家乡南海县视察，深感南海县教育之落后。他认为，南海县系首府首县，只有一间乡村师范（南师）、一间初级中学，且都在佛山城，这样无法广为培育人才：

（邓刚）乃和南海二、三、九区属的几位同僚杜益谦、区芳浦和寄居于里水多年的富商霍芝庭等人商量，筹办南海二、三、九区私立石门中学。选择北村靠河边一块滩田为校址，以石门返照的旧羊城八景之一的"石门"为校名。建立校董会，他曾四处奔跑筹办建校资金。1932年筹备就绪，正式开课。[40]

作为办校主事人之一的邓刚，由于身份特殊，具有一定的影响力，所起作用自然亦大，成立之初，他当选为校董会副主席。有《石门中学校前门碑记》，即由三水黄荣康撰，里人邓刚书（图1-20）。[41]

另一位董事会副主席是黄咏雩（图1-21）。黄咏雩（1902—1975），名肇沂，号芋园，出生于南海县盐步横江。为当地的一位绅商，7岁时随父赴广州求学，后协助父亲经营米业。在广州与友人合股经营企业，担任过南海县参议员、广州市商会委员、广州米糠业公会主席、广州市汽车运输业公会主席等职，在商界有一定的声望。他关心家乡文化教育事业，1929年，倡议乡人共同筹建横江小学，任首届校长。1930年，出资建立横江图书馆。此后，他就一直在谋划建立一所中学。1931至1932年，他当选为广东省商会联合会主席。此时，区芳浦任广东财政厅厅长[42]，黄咏雩以省商会主席的名义邀请区芳浦参加南海二、三、九区小学运动会做主礼嘉宾，他巧妙周旋转达民意，要求豁免一些不合理的负担，获得成功。"后来薯莨行业的代表，用5000元白银谢礼送给黄咏雩，黄婉言谢绝，对方坚持要他收下，黄见他意决便请他将此款带头捐建二、三、九区的一间中学。"[43]这所中学就是石门中学。黄咏雩为学校的选址、定名、购地、筹建等做出了很大贡献。所以，石门中学奠基之时，黄咏雩当选为校董会副主席。

在筹建石门中学过程中，十叔霍芝庭也是一位重要成员。霍芝庭（1877—1937），南海县石头乡人，其家殷实，开设多家手工作坊，有水碾坊、铁锅铺，还有田地数十亩。霍芝庭在家中男孩排行老十，从事工商活动，当地人尊称他为"十叔"。他早年曾赴香港打工，后陆续开办皮革厂、福利军服厂，还经营烟赌业。曾出资支持陈济棠开办军械、水泥、硫酸、榨糖等企业，兴办钱庄和建筑公司。十叔也从事教育活动，1931年开设学海书院。1932年，霍氏作为筹备建设石门中学五委员之一，捐资4万元建成大礼堂——"芝庭堂"（图1-22）。[44]

在石门中学校园内，至今还保留着一幢老建筑，这就是"四友图书馆"（图1-23）。此"四友"，实指黄梓林、黄健之兄弟和孔墨缘、孔仙洲兄弟。

黄梓林（1872—1962），道号了因，南海

图1-20 三水黄荣康撰，里人邓刚书《石门中学校前门碑记》（1933年）

图1-21 校董会副主席黄咏雩（由石门中学档案室提供）

图1-22　芝庭堂（由石门中学档案室提供）

图1-23　石门中学老建筑——四友图书馆（摄于2019年2月10日）

县官窑镇群岗乡小江村人（图1-24）。他少时聪颖，勤奋好学，24岁时考中秀才。但淡泊名利，亦无意在仕途发展。后投身商界，主要生产和销售纱布。他真诚待客，童叟无欺，故声誉甚好，生意也越做越大。又赴香港，涉房地产等行业，创办本德置业有限公司，生意蒸蒸日上。黄梓林爱国爱家，热心公益，乐善好施。在乡间曾为贫苦兄弟建房七八间，对孤寡老幼尤为怜惜，按月发给口粮。遇有贫困之家，辄施药施棺。1896年，官窑一带疫病流行，不少贫苦人家无钱买药治病，黄梓林遂捐资救人。后与人在官窑驿市后街合办"同人善堂"，对乡人实行义诊。还捐巨资购地建堂，正式成立慈善机构，遇有天灾人祸即捐资捐物，数十年如一日。1915年，官窑一带洪水泛滥成灾，灾情严重，黄梓林又带头捐资赈灾。黄梓林还一直致力于本乡的教育事业。早在民国初年，就于小江村创办敦睦小学。除族中学生全部免费入学外，对他姓家庭贫困的学生和成绩优良的学生，亦予以免费优待。1932年，南海二、三、九区创办石门中学，黄梓林会同其六弟健之（图1-25），以及孔墨缘、孔仙洲的后人捐资3万元，合建图书馆及实验室全座。1935年，李景康"致黄梓林书"[45]，两人共同为石中的发展事宜进行商讨。

说到孔墨缘（图1-26）、孔仙洲（图1-27），此乃冠名，实际参与者是校董孔安道、校董孔子昌昆仲。孔安道（1888—1968），名昭遂，系孔子第71代传人，南海县和顺孔村西社人。其父孔广笔，字墨缘，年少聪明好学，办事勤快，得到乡民赞誉。后到同乡兄弟孔全进的商号当职员，颇得孔全进信任。数年后，孔墨缘自立门户，生意逐渐扩大，于1927年离世。孔安道

20

第一章 初创时期的石门中学

图1-24 校董黄梓林像（由石门中学档案室提供）

图1-25 校董黄健之像（摄于1937年，由石门中学档案室提供）

自幼随父经商，在其父辞世后继承父业，赴香港从事商业活动。同时，积极参与家乡办学活动。1932年，为支持筹建石门中学，孔安道以其父墨缘及叔父仙洲名义伙同黄梓林、黄健之兄弟等四人合资捐建四友图书馆。孔氏子弟重视教育，对于办学不遗余力。孔安道的子侄于1970年10月集资成立孔安道专项基金，发展慈善教育事业。1987年1月，孔安道纪念金有限公司成员孔安道之子孔宪顺、孔宪中莅临石门中学，后捐13万港元扩建石门中学图书馆。[46]此为后话。

关于四友图书馆捐建的详细过程，李景康曾撰《石门中学四友图书馆碑记》（图1-28）。[47]

在关注建校"核心人物"的同时，还应该铭记那些"众人"。是他们的认捐，才使得石中筹建有了坚实的基础：

私立石门中学的办学经费来源，主要依靠当时南海四乡的蚬埠税收维持，而建校经费则来源于募捐。募捐一举，深得一些有见识的社会贤达、热心办学的群众以至乡绅、富商等各阶层人士的赞助，纷纷解囊认捐。从现存资料来看，当时建校经费，所耗甚巨。从今天健在的老校友（包括第一届学生、教师及办事人员）处得知：当时认捐的知名人士和群众的芳名及其认捐的金额，都在《征信录》有登记。[48]

但可惜，《征信录》这类的捐册，后来始终没有访查到。好在有校园的那些建筑物为证，此外还留存了一些档案与图片资料。整个学校的校舍，基本上都是热心人士所捐建的，如课室9座，包括清泉课室、耀东课室、善松课室、谔侪课室、镜湖课室、序图课室、容碧课室、念藏课室、星檀课室。这些能让后来的石中学子安心读书的课室，都是与一个个名字联系在一起的：张清泉、黄耀东、李善松、陈谔侪（陈雨蕃）、黄

图1-27 孔仙洲像（由石门中学档案室提供）

图1-26 孔墨缘像（由石门中学档案室提供）

图1-28 李景康撰《石门中学四友图书馆碑记》（选自《黄氏家训遗书续编》）

石門中學四友圖書館碑記

民國廿一年冬鄉中賢達倡立石門中學以宏造就咸曰圖書館為員生研精博洽之所費金之急務也黃梓林茂才蕭德能文蔚為吾鄉耆舊孔安道君聖賢之裔詩書之澤猶存盡就而謀之予深雎其說以是請於二君皆欣然慨諾安道君且告予曰吾叔仙洲公賞與梓林健之先生昆仲為勿交今茂才昆仲慨然斥資吾代父叔分任其半二公合相舍。為五千元梓林君出費。黄，茂才君出費五千元爾雅釋訓曰善兄弟為友允宜名以四友特紀念先人亦不敢以予兄弟之名與父執並列也既而梓林安道規劃館地審訂圖蹟經營數月聿觀厥成是館建於棱舍之南位置井然嶝高瞻則屏列衆山上薄天際易曰天在山中大畜君子以多識前言往行以畜其德。山之精氣小。而能畜天氣。天之氣。上騰發其滋先生路。深遽有妙村之臥遊焉。徐文靖曰。擒人之精見少聞多。而二。三百人十五度學說之精。飲食則不出。鳴興山。孔子曰。不知丘之好學也。是為發其涵泳天地之仁。而與萬物相感相應。蓋之正氣磅礴而蘊蓄者畜德之府也諸生聽夕憑眺其中宜者靜觀而自得則是圖書者前言往行之薈萃斯周諸生多識畜德之助也抑予有感焉方今天下滔滔莫不厭舊驚新是故曉近懁學之士農星幸而我校遠都會之紛華遠鄉閭之淳樸而左圖右史尤足以魏其師驅而納之正軌又每念安道善則歸親之足法梓林健之兄弟恭之可風諸生孝悌之念當油然而興諸生以與古人之言行相質證一若孔梓林斯館仁一若顏趙程而朱述則斯棱斯館誠大有造於諸生也抑昔賢云吾友會友以文會友以友輔仁又云諸生顧四友之名賢舊賢之義實以踐之撰而充之知其造就必大有可觀也圖書館既成梓林安道屬予為文以紀之愛實所見以為莘莘學子告焉

里人李景康撰文

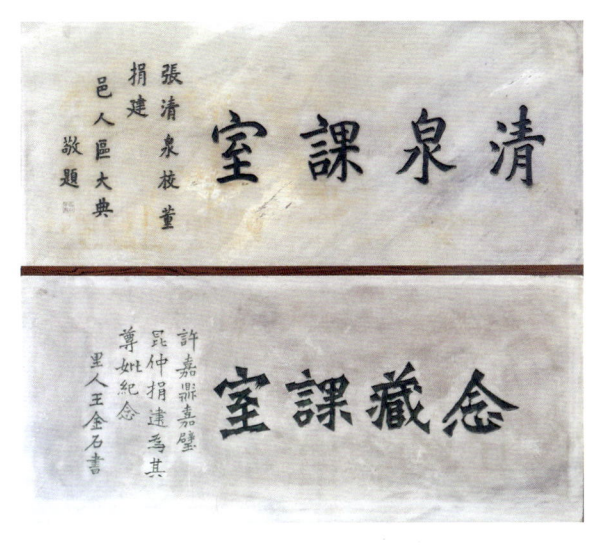

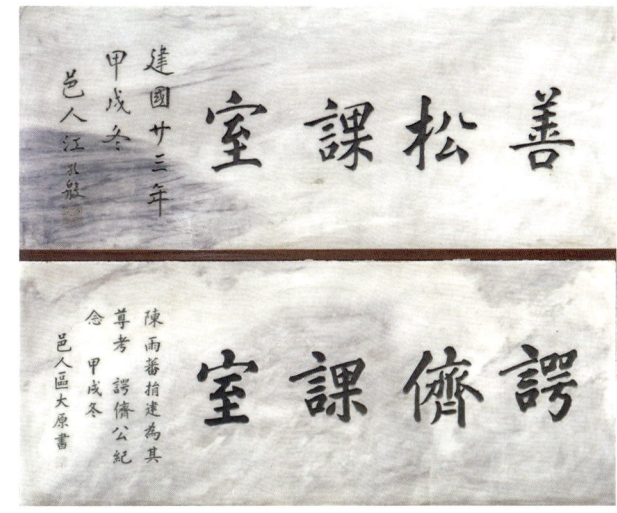

图1-29 清泉课室、念藏课室题字

图1-30 善松课室、谔侨课室题字

图1-31 镜湖课室

图1-32 耀东课室

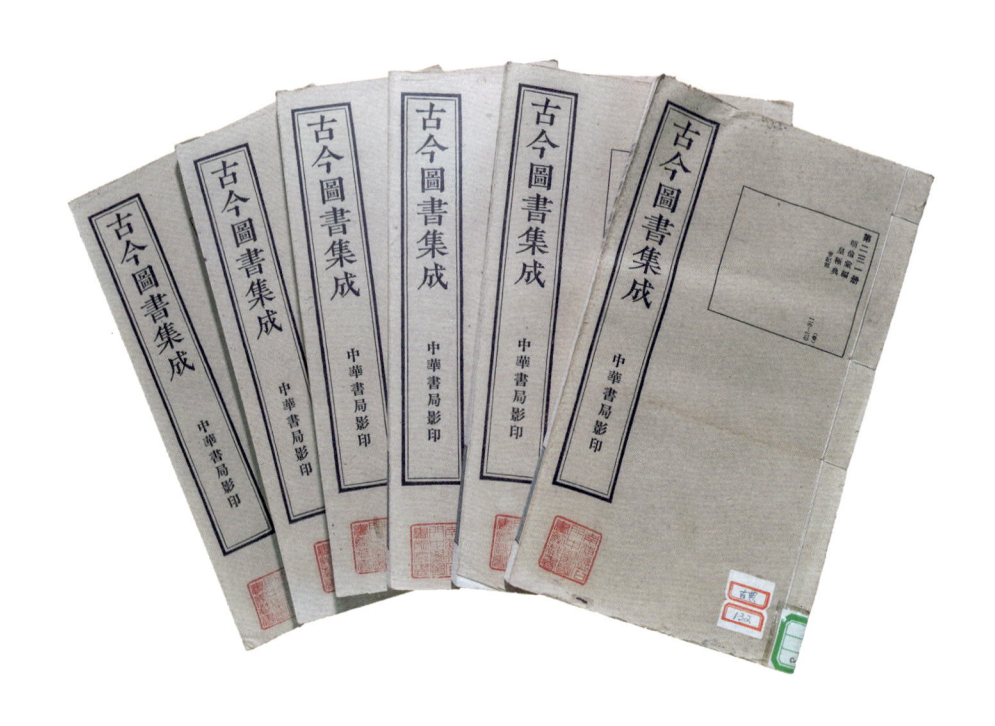

图1-33 石门中学图书馆藏《古今图书集成》

梓伦、邵序图、杜容碧（杜益谦）、许嘉鼎与许嘉壁昆仲、区星檀（区芳浦），另有邹继孔、陈元项、陈立三、李右泉、陈礼庭、黄渭颂、黄冤南、陈济棠、陈维周、黄学经、马鹤亭、王金石、缪培南、李洁芝、黄光锐、李耀生、高绍义、颜绚之、冯遂南、邹伯裕、陈可翰……可以列出长长的一大串名字，还有一些商行、机构。诸贤达或多或少，各有捐赠（图1-29至图1-32）。

本地薯莨行捐建石门中学头门及两厢全座。为此，黄咏雩请黄荣康撰文刻《石门中学校前门碑记》，记述省财政厅区芳浦厅长豁免薯莨行税捐："而晒莨行同人，陈季珏、汤少泉、何天裳等，益乐相告语，踊跃趋事，捐建门前工料费五千圆，并介黄子泳雩嘱余为文勒石，以贻永久。"[49]

值得一提的是，也有捐赠物品的。如黄焕福、李景宗捐助动植物标本全套，黄伯芹捐矿质标本全套，刘沛泉捐《万有文库》一、二集，李海云县长捐《古今图书集成》全套（图1-33），莫贤冠捐《古今碑帖大全》，陈绮云捐《英文百科全书》，等等。一些图书如今还保留在学校图书馆中，弥足珍贵。

校园中的一砖一瓦、一草一木，乃至教室的教具、图书馆的图书、实验室的标本与仪器，都凝聚着南海县绅商、乡民的热情和心血，更寄托着他们的希望和期盼。饮水思源，石中人应该永远铭记所有这些募捐者。

此外，也要感谢李景宗校长以及早期的那些教职员工，"为创办石门中学而担负各项建设工作历尽辛劳的师生员工……筹建学校时，奔走买地忙的陈础肇老师（是石中现任副教导何维孜的岳父），建校过程中负责全部工程琐碎事务、账目,学校落成后负责组织迁校的梁绍松老师和蔡思孔老师父子等,他们劳心劳力,造福后代,也受人崇敬"[50]。

石门中学虽扎根于乡村,但视其为一所单纯的"农村中学",或会引起误读,从那些参与创办者的背景,以及筹建的过程来审视,该校亦是立身不凡,办学颇有格局。

第三节 声名鹊起

从1932年筹建到1937年"七七事变"、1938年10月南海县境沦陷,此为石门中学的初创时期。关于这一阶段的办学状况,包括学校的管理、校训与办学理念,早期的师资与生源,以及办学的社会影响,等等,都是需要探讨的。

学校的最高权力组织是校董会,这是由当时南海县二、三、九区绅商与一些政府官员组成的。下面为1933年春至1938年秋校董事会名录:

校董会名誉主席:区芳浦、杜益谦、李右泉、孔安道、黄梓林、霍芝庭
校董会主席:陈凤江

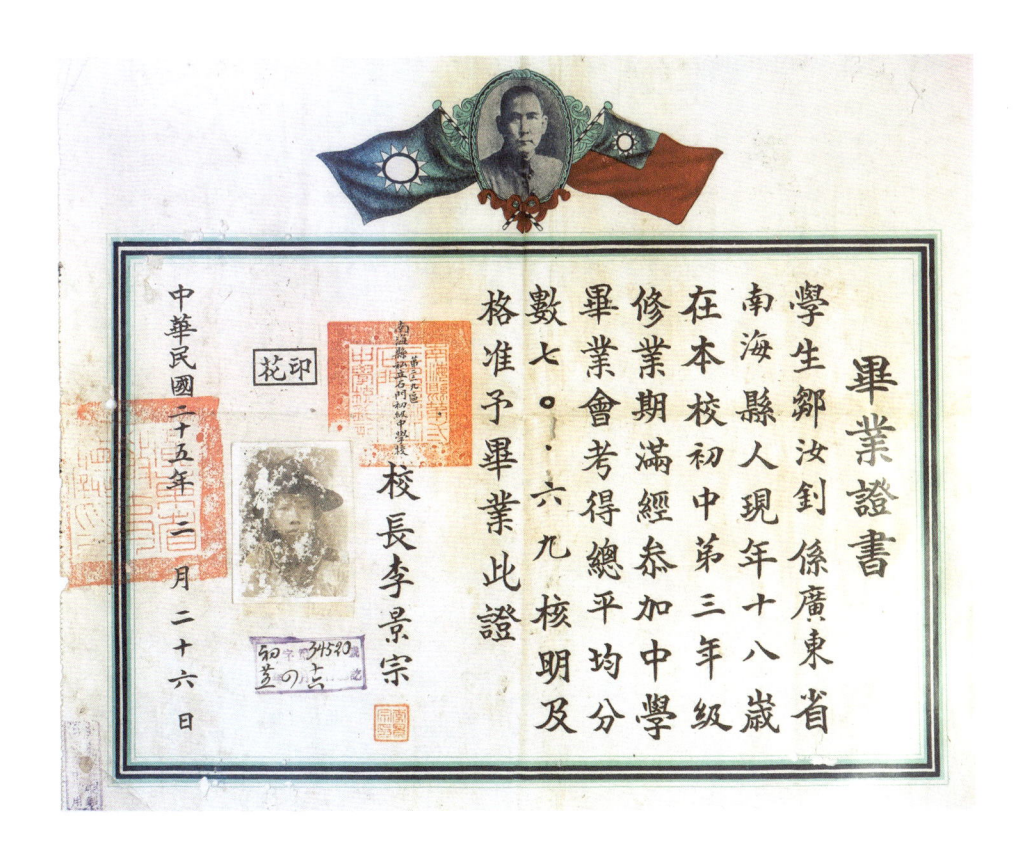

图1-34 石门中学毕业证书(李景宗校长1936年颁发)

校董会副主席：邓刚、黄咏雩

校董会委员（校董）：陈蔼如、许岳（嘉祥）、许庇毂、黄梓林、邹泽樨等

学校监督：杜益谦

名誉校长：邹伯裕（四司联防局副局长）

校长：李景宗[51]

校长由校董会委任，首任校长为李景宗（图1-34）。

李景宗校长在学校筹办前后一直非常投入，有一段校史的回溯，其中谈道：

> 李校长素重农业，尤好技艺，部置既定，即更辟农场，设苗圃，购农具，置武器，分别聘请农业国术专材常川驻校，授诸生以种植国术之技。夏日，更于校前盖搭泳棚，以供员生游泳，复于棚中，设置中西乐器，俾得泳罢而歌，至是，则不独应有者固全，例外者亦毕备矣。[52]

李校长用心经营校园。作为校长，他更多考虑的还是如何真正办好这所学校。他在拟定本校"校训"时，曾向他的兄长、时任南海中学校长的李景康问询。"家弟景宗忝膺校长之选，而问校训于予。"为此，李景康撰《石门中学校校训说》，围绕"三达德""五达道"阐述，提出建议："盍取智仁勇以为校训乎？"[53]此也揭示了办学的部分要义。另有一段记述颇足留意：1933年春办校初期，借用里水"同声社学"旧址上课。陈凤江在一块匾额上曾题写"欲树之茂者，先培其根，欲学之博者，先固其本"[54]。石门中学校风朴实，不务虚华，师生团结友爱，与学校创立者

提倡"培根固本"的办学思想有关。此外，学校建于南海北村，植根于本乡，也可以让师生们安心读书，所以，"幸而我校远都会之纷华，迩乡间之淳朴，而左图右史，尤足以范其驰驱，而纳之正轨"[55]。远离城市之喧嚣，校风淳朴，反而成为石门中学办学的一大特点。于是，遥对白云，前濒珠海，宽敞美丽的石门中学，吸引着"远方学子，亦闻风而至者极众，惜宿舍不敷，学生又不能走读，故只能容三百余人而已"[56]。

石门中学在办学上还是有不少优势的，"自开办以来，历届参加教厅毕业会考，无不全体及格，从无一人落第。而获教育界之盛举者，岂亦因全体员生，均能起居与共，切磋便利所致欤？至经费方面，因得县库月助七百元，明伦堂年助五百元，复争回南城水蚬塘收益，故收费最廉"[57]。创办未久，就取得了很好的成绩，这可以归纳为几个因素促成（图1-35）：

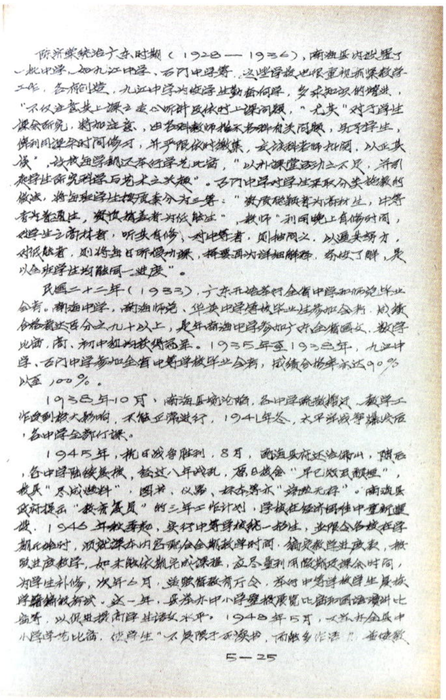

图1-35 关于石门中学早期办学状况（选自《南海县教育志》1989年油印本）

图1-36　南海石门中学校课卷选

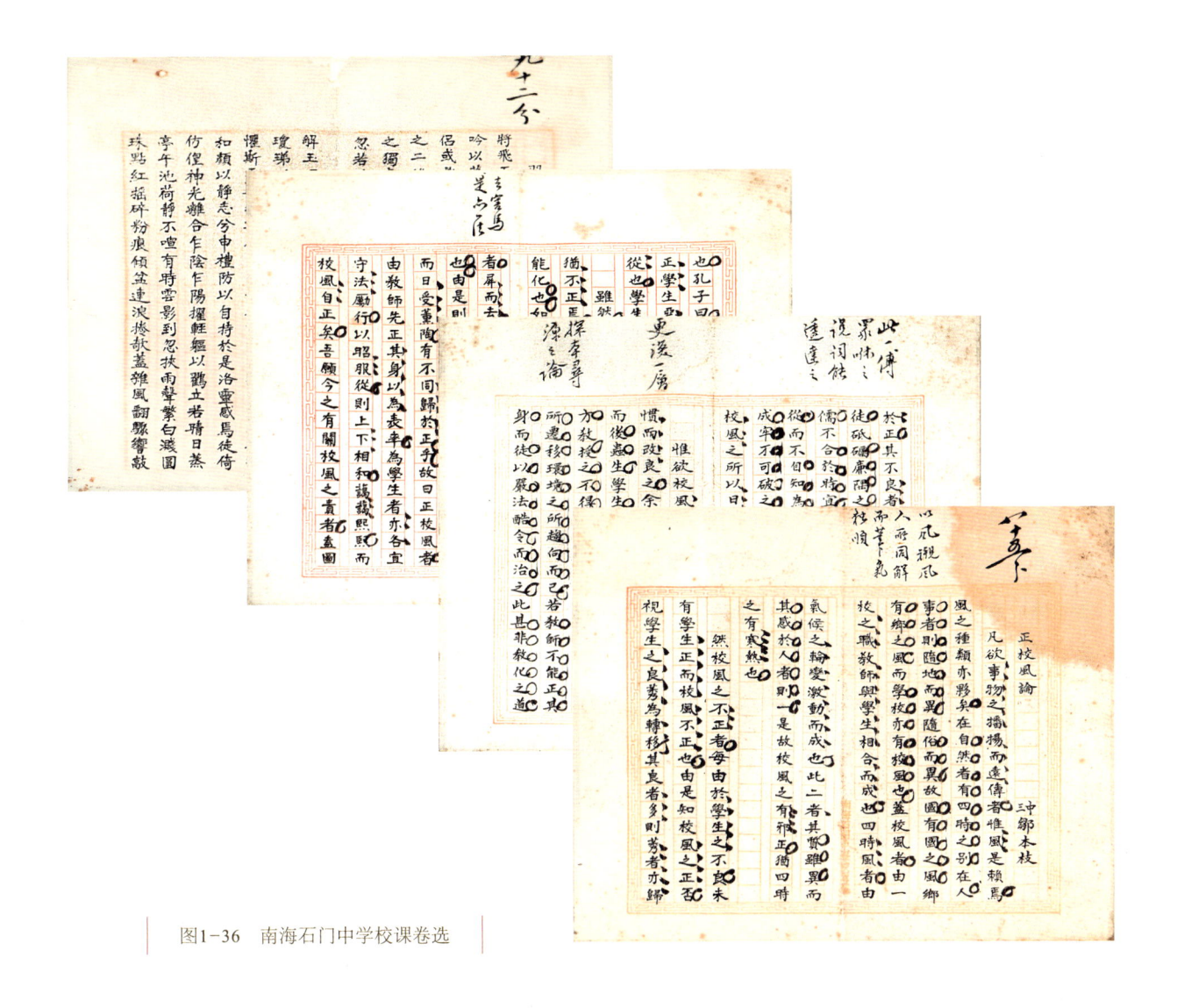

（一）由于学校空间较大，设施良好，师生可以全体住校，学生遇有问题，可随时请教。师生接触时间较多。

（二）学校远离城市，且制定规章，规定平时没有特殊情况，学生不准外出，所以能抵御诱惑，心无旁骛，专注于学业。

（三）学校针对不同学生的情况进行分类指导。每班学生素质，必分三等，资质聪颖者为高才生，中等者为普通生，资质稍差者为"低能生"。学校崇尚朴实，因材施教，利用晚上自修时间，采取不同的方法，对学生中的高才生听其自修，对中等生则抽问之，以迫其努力，对"低能生"将每日所授功课，"择要再为详细解释，务使了解，是以全班学生，均能同一进度"[58]。这一做法非常有效。至今看来，仍有借鉴价值（图1-36）。

（四）学校教员多属地方人士，能投入极大热情，培养子弟，悉心传授知识技能。

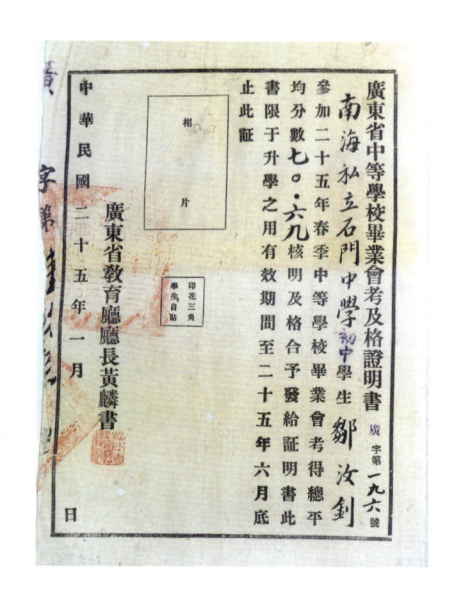

图1-37 《石门中学展览古物》（选自《香港工商日报》1935年8月25日）

图1-38 广东省中等学校毕业会考及格证明书（1936年1月）

提及教员，这就涉及早期石门中学的师资来源，"多属地方人士"。教职人员主要有：教务主任，先后为傅朝阳、马玉麟、戴翼峰、梁绍松；训导主任，符老师；化学物理老师，罗稚孙；数学物理老师，欧阳炎；英语老师兼动植物老师，梁绍松；语文老师，傅朝阳、蔡作善、陈福淇；图画老师，谭静波、司徒林、梁启鎏（图画、音乐、美术）；地理老师，马玉麟；体育老师，苗玉龙；国术老师，翟阳基、赖冠清；动植物老师，刘老师。另有童子军教练多位。职员有蔡思孔，庶务为孔作求（孔昭猷）。[59] 1937年2月，李景宗校长出任南海教育科科长，对校长之职无暇兼顾，特委任教务主任戴翼峰为代理校长。更早的时候，"学校行政由教导主任傅朝阳掌管，职员工也是由他们介绍、聘请来的"[60]。

学校初办之时，只有初中一年级两个班，接着春、秋季均招生，人数逐渐扩大，学校还建有6座宿舍，并开辟小运动场。关于石门中学的早期毕业生：

> 1935年，石门中学开始有了第一届初中毕业生（我县名西医生黄柱和，以及新中国成立后在石中任教二十多年现已退休的数学教师李维澄，就是这一届的毕业生）。由于学费昂贵（每学期要缴学费上白谷360司斤），入校寄宿，规定自备铁床一张（当时每张铁床大约白银十元。学生毕业时，把它留赠给母校。有些床架留到现在，成为石中的"历史文物"）。还有规定校服，伙食标准等等。按当时人民的生活水平低的情况来看，能进入石门中学读书的，确实很不容易，因此学生中大多是"有家子弟"。当然，学生家庭也不是清一色的富户，和佛山教会主办的华英中学学生家庭比较，当日的石门中学还是称不上"贵族学校"的。[61]（图1-37）

1935年冬，初一第一届学生参加省毕业会考，考场设在广州市二中。此为石门中学初中第一届毕业生。1935年12月，学生参加广东省举办的名校国技比赛获特别奖。[62]学校也重视体育，第一次运动会规模较小。1937年4月1至3日，举办第二次全校运动会，项目有径类10项，田类7项，以及篮球、排球、国技、拔河等，当地各级军政机关、各团体致赠奖品。石门中学自创办以来，连续多年参加省教育厅的毕业会考，均全体及格，没有一人落第，渐有声誉，被认为是"教育界之盛举"（图1-38）。

"向以兴学育才，服务国家为主旨。创立以来，叠承社会人士嘉许。"[63]位于南海县北村的石门中学，初创时期就有了名校气派，闻名遐迩。

注释

[1] 李景康:《石门中学校校训说》,《南海县教育月刊》1933年第1期。李景康,为石门中学校长李景宗之胞兄,1913至1925年间任南海中学校长。

[2] 据"南海县学校统计说明",《统计汇刊》1930年第1卷第4期。

[3] 据"南海县学校统计说明",《统计汇刊》1930年第1卷第4期。

[4] 据"南海县学校统计说明",《统计汇刊》1930年第1卷第4期。

[5] 李景康:《石门中学校校训说》,《南海县教育月刊》1933年第1期。

[6]《李景宗演述石门中学校实况》,收入佛山市政协文史资料委员会、南海县政协文史资料委员会合编:《旅港南海商会史料专辑》,1990年刊印。

[7] 因日本发动侵华战争,李景宗校长于1939年在香港九龙深水土步荔枝角道开办香港石门中学及附属小学。1941年12月,太平洋战争爆发,日军占港时学校停办。李景宗1942年由港回内地参与抗战工作,历任鹤山县政府秘书、封川县第一区区长等职。1945年抗战胜利后,回到广州。1946年秋,复任石门中学校长,直至1949年离任赴港。1981年夏离世。此据李尚樾提供,广东省佛山市南海区政协文史和学习委员会编:《南海文史资料》第37辑《石门中学七十年（1932—2002年）》,2005年印行,第157页。

[8]《隋书》卷三十一《志第二十六·地理下》。

[9] 今南海石门中学内的一些楼宇,即以这些名人命名。

[10]（清）康熙《南海县志》卷六《风俗志·习尚、氏族附》。

[11] 陈如山:《南海县教育现况》,《教育研究》(广州)1936年第72期。

[12] 黎天赐主编:《南海年鉴》(2012年刊),广东经济出版社2012年版,第41页。

[13] 陈如山:《南海县教育现况》,《教育研究》(广州)1936年第72期。

[14] 陈如山:《南海县教育现况》,《教育研究》(广州)1936年第72期。

[15] 陈如山:《南海县教育现况》,《教育研究》(广州)1936年第72期。

[16] 陈如山:《南海县教育现况》,《教育研究》(广州)1936年第72期。

[17] 南海县教育局、南海县成人教育委员会办公室编:《南海县教育志》,1990年刊印,第92页。

[18] 陈如山:《南海县教育现况》,《教育研究》(广州)1936年第72期。

[19] 陈如山:《南海县教育现况》,《教育研究》(广州)1936年第72期。

[20] 陈如山:《南海县教育现况》,《教育研究》(广州)1936年第72期。

[21] 李霜筠:《"石门返照"与石门中学校名》,收入广东省佛山市南海区政协文史和学习委员会编:《南海文史资料》第37辑《石门中学七十年（1932—2002年）》,2005年印行,第135页。

[22]《明史》卷四十五《地第二十一·地理六》。

[23]《广东通志》卷八十三《舆地略一》。

[24]（清）同治《南海县志》卷五《建置略二·墟市》。

[25]（清）同治《南海县志》卷五《建置略二·津渡》。

[26]（清）道光《南海县志》卷七《舆地略三》。小北江当时水量大,流速急,冲开石门山,流向广州珠江,被冲开的石门山在河的两岸相对峙,形似两扇

石门，故名"石门"。

[27] 李霜筠：《"石门返照"与石门中学校名》，收入广东省佛山市南海区政协文史和学习委员会编：《南海文史资料》第37辑《石门中学七十年（1932—2002年）》，2005年印行，第135页。

[28] 不同时期的"羊城八景"是不同的。如宋代，羊城八景为：扶胥浴日、石门返照、海山晓霁、珠江秋月（色）、菊湖云影、蒲间濂泉、光孝菩提、大通烟雨。元代因袭，但已有差异：扶胥浴日、石门返照、大通烟雨、蒲间濂泉、粤台秋月、景泰僧归、白云晚望、灵洲鳌负。

[29] 凌风：《石门赋》，收入广东省佛山市南海区政协文史和学习委员会编：《南海文史资料》第37辑《石门中学七十年（1932—2002年）》，2005年印行，第5、6页。

[30] 详见《南海石门中学史略》，收入吕家伟、赵世铭编纂：《港澳学校概览》，香港中华时报社1939年版，（丁）九二。

[31] 详见《南海石门中学史略》，收入吕家伟、赵世铭编纂：《港澳学校概览》，香港中华时报社1939年版，（丁）九二。

[32] 由石门中学档案室提供。

[33] 详见《南海石门中学史略》，收入吕家伟、赵世铭编纂：《港澳学校概览》，香港中华时报社1939年版，（丁）九二。

[34] 详见《南海石门中学史略》，收入吕家伟、赵世铭编纂：《港澳学校概览》，香港中华时报社1939年版，（丁）九二。

[35] 详见《南海石门中学史略》，收入吕家伟、赵世铭编纂：《港澳学校概览》，香港中华时报社1939年版，（丁）九二。

[36] 谢瀛洲，生于1893年（一说1894年），别字仙庭，广东从化人。早年留学法国。1932年，任广东省政府委员、教育厅厅长等职。1972年卒于台湾。

[37] 《李景宗演述石门中学校实况》，收入佛山市政协文史资料委员会、南海县政协文史资料委员会合编：《旅港南海商会史料专辑》，1990年刊印，第150—158页。

[38] 陈凤江支持家乡发展教育，于1947年在麻奢创办凤江中学（麻奢中学前身）。1949年，陈凤江迁居香港。1953年病逝。

[39] 邓刚（1891—1984），原名绍雄，字君毅，南海县里水邓岗人。清光绪三十年（1904）入广州新少年学堂，后转至启明学堂。翌年秋，考入广东陆军小学堂。三十四年（1908）加入中国同盟会。后入南京陆军第四中学堂。宣统三年（1911）夏考入保定陆军兵官学堂。武昌起义后应朱执信之召返粤参加革命军，隶南韶连军政分府。民国元年（1912）秋，入保定陆军军官学校第一期。1917年8月，孙中山任中华民国军政府陆海军大元帅，邓随侍，警卫大元帅府，并兼华侨义勇军编练。1918年参与粤军援闽之役，后隶第二军。曾任中校副官长、第十二统领、大本营驻江门警备队司令等职。1924至1925年，先后任四会县、顺德县县长。参加北伐，历任南京市公安局副局长、社会局局长、国民党南京市党部监察委员。1937年抗日战争爆发后，任第四路军及第七战区长官部中将高参。1949年，移居香港。1967年赴台湾定居。1984年离世。此参见南海县地方志编纂委员会编：《南海县志》，中华书局2000年版，第1294—1295页。

[40] 详见广东省佛山市南海区政协文史和学习委员会编：《南海文史资料》第37辑《石门中学七十年（1932—2002年）》，2005年印行，第149—150页。

[41] 《石门中学校前门碑记》（三水黄荣康撰，里人邓刚书），详见本书附录五"文献档案选摘"。

[42] 区芳浦（1891—1951），名普春，南海县三区人。1932年任广东省政府财政厅厅长，兼财政部广东财政特派员。关心家乡教育事业，为石门中学创校筹备委员，也是资深校董之一，曾参与石门中学的一些募捐。后任石门中学校董会主席。著有《读书札记》《见闻杂录》《澹园吟草》《澹园文集》。

[43] 详见广东省佛山市南海区政协文史和学习委员会编：《南海文史资料》第37辑《石门中学七十年（1932—2002年）》，2005年印行，第151页。

[44] 广东省佛山市南海区政协文史和学习委员会编:《南海文史资料》第37辑《石门中学七十年（1932—2002年）》，2005年印行，第154页。

[45] 《乙亥八月十一日李凤坡先生来书》，收入广东省佛山市南海区政协文史和学习委员会编:《南海文史资料》第37辑《石门中学七十年（1932—2002年）》，2005年印行，第147—148页。

[46] 参见"石门中学大事记"，由南海石门中学校长办公室提供。

[47] 李景康:《石门中学四友图书馆碑记》，选自《黄氏家训遗书续编》，第81页。详见本书附录五"文献档案选摘"。

[48] 鲁舟:《草创时期的南海石门中学》，收入政协南海县委员会文史组编:《南海文史资料》（第6辑），1985年刊印。

[49] 《石门中学校前门碑记》（三水黄荣康撰，里人邓刚书），详见本书附录五"文献档案选摘"。

[50] 鲁舟:《草创时期的南海石门中学》，收入政协南海县委员会文史组编:《南海文史资料》（第6辑），1985年刊印。

[51] 广东省佛山市南海区政协文史和学习委员会编:《南海文史资料》第37辑《石门中学七十年（1932—2002年）》，2005年印行，第65—66页。

[52] 《南海石门中学史略》，收入吕家伟、赵世铭编纂:《港澳学校概览》，香港中华时报社1939年版，（丁）九二。

[53] 李景康:《石门中学校校训说》，《南海县教育月刊》1933年第1期。

[54] 广东省佛山市南海区政协文史和学习委员会编:《南海文史资料》第37辑《石门中学七十年（1932—2002年）》，2005年印行，第148页。

[55] 李景康:《石门中学四友图书馆碑记》（1934），选自《黄氏家训遗书续编》，第81页。

[56] 《南海石门中学史略》，收入吕家伟、赵世铭编纂:《港澳学校概览》，香港中华时报社1939年版，（丁）九二。

[57] 《南海石门中学史略》，收入吕家伟、赵世铭编纂:《港澳学校概览》，香港中华时报社1939年版，（丁）九二。

[58] 广东省佛山市南海区政协文史和学习委员会编:《南海文史资料》第37辑《石门中学七十年（1932—2002年）》，2005年印行，第65页。

[59] 广东省佛山市南海区政协文史和学习委员会编:《南海文史资料》第37辑《石门中学七十年（1932—2002年）》，2005年印行，第66页。

[60] 鲁舟:《草创时期的南海石门中学》，收入政协南海县委员会文史组编:《南海文史资料》（第6辑），1985年刊印。

[61] 鲁舟:《草创时期的南海石门中学》，收入政协南海县委员会文史组编:《南海文史资料》（第6辑），1985年刊印。

[62] 黄梓林:《石门中学记》（附展览会），详见本书附录五"文献档案选摘"。

[63] 《（广东教育厅立案）南海石门中学港校高初中部暨附小招生简章》，收入吕家伟、赵世铭编纂:《港澳学校概览》，香港中华时报社1939年版，（丁）九三。

第二章

共度时艰

共度时艰

图2-1　1938年10月侵华日军飞机轰炸广州。图为轰炸之后倒塌的房屋和街道

　　1937年抗战军兴，粤境遭战火蹂躏荼毒，沦陷敌手。南海县文化教育事业受到严重摧残，境内众多公私立学校纷纷面临不是停办解散，就是流亡港澳的厄运。石门中学亦难幸免，北村本部校舍成为敌伪驻军之所，师生被迫星散，颠沛流亡，先至里水麻奢暂避，后部分师生流落香港，合力在港复课，是为石中港校。1941年底太平洋战争爆发后，香港沦陷，学校再度停办。1945年抗战胜利后，石门中学复员于南海县北村，在"学校校舍设备十九遭敌人破坏，胜利以后，地方元气未复"[1]的艰难局势中，石中师生通过校地融合、劳动复校，充分发挥自力更生、以苦为乐的精神，在较短的时间内实现了战后复兴，更为石门中学文脉植入朴素坚卓、奋发蹈厉的基因，谱写了办学史上最艰难而又光辉的一页（图2-1）。

第一节　校址沦陷与香港复课

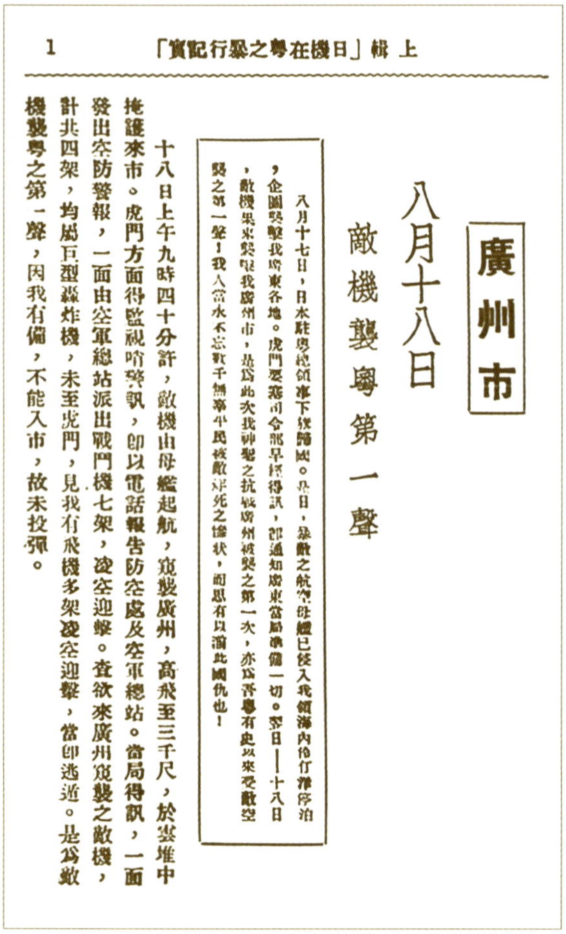
上編「日機在粵之暴行記實」　1

廣州市

八月十八日

敵機襲粵第一聲

八月十七日，日本駐粵總領事下旗歸國。是日，暴敵之航空母艦已侵入我領海內伶仃洋停泊，企圖襲擊我廣東各地。虎門要塞司令部早經得訊，即通知廣東當局準備一切。翌日——十八日，敵機果來襲擊我廣州市，是為此次我神聖之抗戰廣州被襲之第一次，亦為吾粵有史以來受敵空襲之第一聲！我人當永不忘數千無辜平民被敵炸死之慘狀，而思有以雪此國仇也！

十八日上午九時四十分許，敵機由母艦起航，竄襲廣州，高飛至三千尺，於雲堆中掩護來市。虎門方面得監視哨警訊，即以電話報告防空處及空軍總站。當局得訊，一面發出空防警報，一面由空軍總站派出戰鬥機七架，凌空迎擊。查欲來廣州竄襲之敵機，計共四架，均屬巨型轟炸機，未至虎門，見我有飛機多架凌空迎擊，當即逃遁。是為敵機襲粵之第一聲，因我有備，不能入市，故未投彈。

图2-2　广州特别市党部编印的《日机在粤之暴行记实》（1937年11月）

1937年7月，日本发动全面侵华战争，战火由北及南，国土频陷敌手。广州因地处南疆，短时间内未遭到入侵蹂躏，但是日机轰炸、日舰骚扰时不间断。据不完全统计，仅下半年，日机对广东实施空袭1425架次，投弹2362枚，炸死炸伤905人，毁坏房屋851栋。[2]从9月16日开始，日机轰炸多未能侵入广州市区，“而系轰炸番禺及南海各乡村者”[3]，如10月2日，日机图袭粤汉铁路时，被国民党空军在江村痛击，“竟仓皇飞到距市不远之南海县属凤岗乡投下炸弹一枚而去”[4]。至1938年10月广州沦陷前，南海县佛山镇、黄竹岐乡、和声乡、泌冲乡、平地乡、西樵镇、大沥圩、九江镇等地，仅因日机投弹就炸死1492人，炸伤87人，炸毁房屋1235间，店铺1077间，祠堂庙宇14座[5]，损失惨重。在严峻的战事与日益困难的财政压力下，广州教育已难以正常运行。当时已有不少学校或被迫迁移，或就近择址复课，或迁港澳复课。据统计，日军侵入广州和潮汕前，两地“就近择安全地点复课的有私立大中中学二十余次，迁往港澳复课的有私立真光女中等十余校”[6]（图2-2）。

就南海县域来说，尽管日军尚未正式登陆，但如黑云压城之势的危殆时局已逼迫不少学校未雨绸缪了。如南海第一初级中学在沦陷前就被迫迁到西樵简村，后校长梁灿文被日机炸死，学校“便告解散”[7]。不过，石门中学则有所例外。因其校址所在的北村，属于当时校董会主席、南海县四司联防局局长陈凤江的部队所在地，部署有一定的武装保卫力量，成为一方相对安全的净土，石门中学一度得以保持原地办学的常态。正是基于此，当时的南海中学，也于1937年冬借助陈凤江的关系，将高中部迁到二区北村陈家祠上课[8]，与石门中学共处一地办学，一度成为患难友校。1938年5月5日，石门中学与南海中学、联安小学曾举行三校联合纪念“五四运动”大会[9]，假石门中学礼堂开会。北村一带附近乡民也纷纷参会，共2000余人，散会后随即举行抗日游艺表演。翌日，三校学生还深入附近乡村，开展“雪耻及兵役宣传”工作（图2-3）。

第二章 共度时艰

1938年10月12日,日军在广东大亚湾登陆,国民党军队节节败退,华南形势急转直下。10月21、26日,广州、佛山相继陷于日寇铁蹄之下,南海县除九江西岸乡外均陷落。沦陷后,日军通过扶植南海县地方头面人物与旧有武装势力为傀儡,从乡、区、司、县相继建立伪政权,实行奴化统治。如前南海政警大队大队长李道轩被任命为南海县伪维持会会长,"其弟李道纯出而辅之"[10]。又如石门中学所在的里水区,当时原名二区,由日军扶植陈凤江之侄陈达元任区长[11]。而陈凤江则为麻奢乡伪维持会会长,同时继续主持四司联防局(后局长为梁支厦)。只不过,此时的四司联防局总部已改设于石门中学内[12],石门中学由此解散,校址成为敌伪驻军之所而陷落,直至抗战胜利。

然而,校址虽然陷落,但并不意味着石门办学薪火熄灭。早在10月21日广州失陷前,石门中学就曾与南海中学一起,将图书、仪器迁往里水镇麻奢村,以应时变。南海沦陷前后,县境内各公私立学校面临的厄运,不是停办解散,就是流亡港澳。据1939年版的《港澳学校概览》记载:"南海县,计有中等学校六所,小学七百余所,悉若广陵声散,员生之遗难来港者,实繁有徒。"[13]石门中学的命运也不例外,经历了先就地解散,后流亡香港办学。关于这段曲折的辗转过程细节,目前很少见诸正式的档案文书,只有地方文史资料中有部分较为粗略的记载:

> 1938年,广州沦陷,石门中学的师生含着悲愤的热泪,眼睁睁地看着学校解散了。大多数师生都各自回去了,但有六十四位同学不愿看着学校解体,在部分老师(据当事

图2-3 《大众生路》报道南海中学战时乡村服务团下乡演剧(1938年)

老师的回忆),当时有蔡思孔、蔡作善、翟阳基老师及欧阳炎老师夫妇)的带领下逃亡,即日到了大冲(现属我县里水区),并摸黑到了显子岗,在显子岗孔氏宗祠暂住了下来。不久,得悉汉奸梁支厦(原南海四司联防局局长)注意了这班师生,师生们又紧急撤退,在一天半夜一点钟时分,逃亡到麻奢,在象林寺住下来……石门中学也终于逃脱不了厄运,最后还得解散了。这期间,有部分师生逃到香港,在香港挂起石门中学招牌,继续招生上课。[14]

抗战时期,石门中学何以会流亡至香港办学,其实并非偶然,而是"香港因素"渊源有自。早在石门创建之初,旅港南海商会就是学校在香港募捐经费主力之一,尤其是捐助学校礼堂

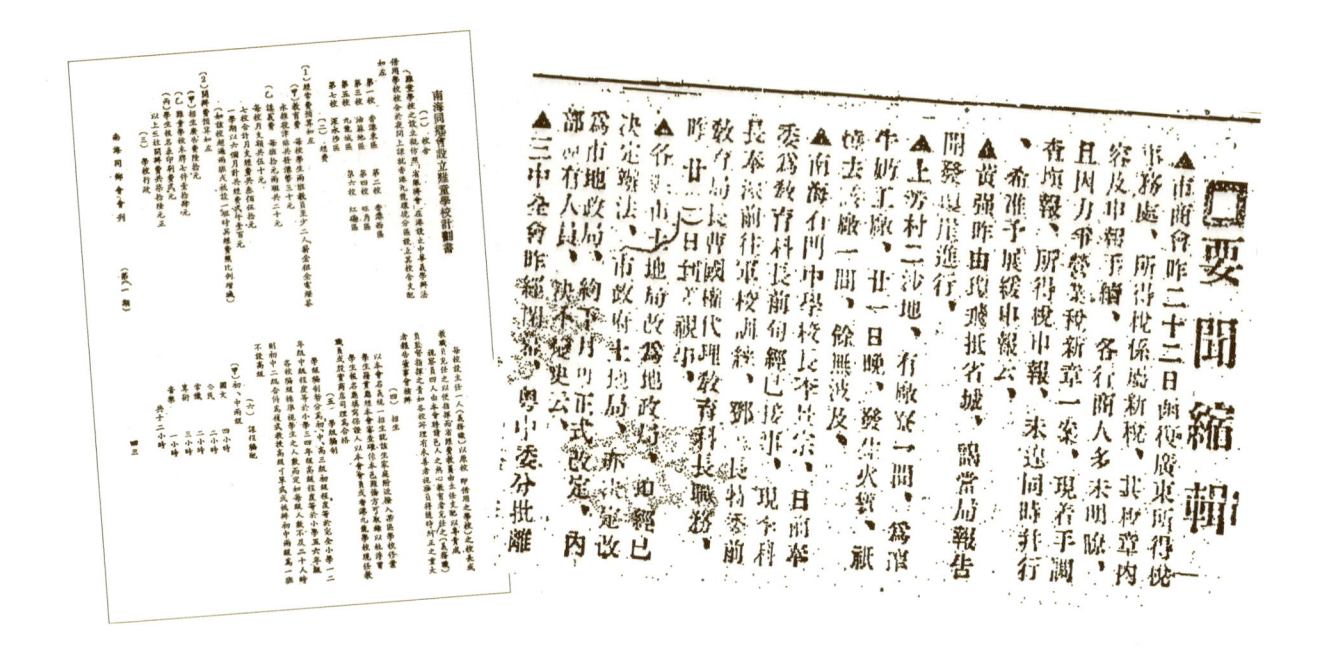

图2-4 《南海同乡会设立难童学校计划书》（选自《南海同乡会会刊》1940年第1期）

图2-5 《香港华字日报》报道南海石门中学校长李景宗动向（1937年2月23日）

的霍芝庭，捐助四友图书馆的黄梓林、黄健之、孔墨缘、孔仙洲，虽多为南海籍，但基本都有在港从商的背景。1938年10月，南海县沦陷后，大批士绅、商人、难民流散到包括香港、澳门在内的珠三角各地。1939年11月12日，旅港南海热心邑人士还组织成立南海同乡会[15]，以"联络乡谊，救济灾区，安辑流亡及维持地方公益"[16]为宗旨，该同乡会11位筹备委员中就有当初筹设石门中学的区芳浦、霍芝庭、杜益谦等委员。此外，该同乡会还专设教育委员会，"聘请本邑旅港人士，于教育富有经验者担任，以资设计拟办难童义学"[17]。凡此种种，都为石门中学在港复校创造了良好的契机（图2-4）。

不过，石门中学真正启动复校工作，离不开校长李景宗。作为广东省省长陈济棠主粤时期的教育界要人，李景宗于抗战爆发前离任石门校长一职，被委任为南海县教育科科长，后于1937年2月得到重用，前往军校训练。[18]南海县沦陷后，李景宗与其兄、南海中学前校长李景康避居香港，共同致力于桑梓救助事业。1939年3月，旅港南海邑人"以李（景宗）校长负省县教育行政多年，复为一手创造本校者，亟须设法维持，乃纷促在港复校"[19]。无论是基于资历经验，还是出于桑梓情深，李景宗校长都义不容辞，而且还对石门复校做了战后长远设想。他认为，即使将来抗战事寝，广州复员，也很有必要在香港设一石门分校，"俾便侨港子弟就学"[20]（图2-5）。

石门在港复校的首要任务是选定校址。当时，南海邑人逃难至香港者"多集于深水埔也"[21]。深水埔，又名深水埗，位于九龙半岛西南部，旺角之北，以码头水深得名（埗者，广东话为"码头"），是出入新界的荃湾、屯门、元朗等地的门户，是香港早期的工商业中心之一。大小工厂有6000多家，以纺织、制衣、五金、印刷业为主。20世纪30年代就发展成为华人住宅区。1931年，深水埗的人口共6.7万人，至1941年大量逃难移民迁入，人口更冒升至12万人[22]，人口密度一度达每平方千米16.5万人，为全港之冠（图2-6）。[23]

依托于稠密的人口与繁荣的工商业基础，李景宗决定择此地复课。1939年春，李景宗带领部分师生先在九龙深水埗基隆街挂起石门中学的招牌办初中，后迁至深水埗荔枝角道光华中学原址复课。[24]这所学校虽然规模不大，但学制完备，高中、初中、附小一体，对外称“广东教育厅立案南海石门中学港校”，并发布有正式的招生简章，从中可以窥见抗战艰难时局下流亡香港学校的一般办学细节与生存图景，兹录简章全文如下（图2-7）：

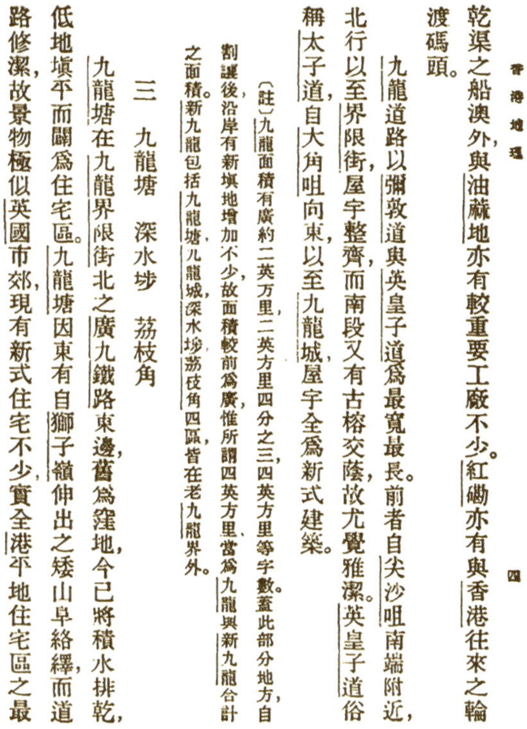
香港地理　四

乾渠之船澳外，與油蔴地亦有較重要工廠不少。紅磡亦有與香港往來之輪渡碼頭。

九龍道路以彌敦道與英皇子道爲最寬最長。前者自尖沙咀南端附近，北行以至界限街，屋宇整齊，而南段又有古榕交蔭，故尤覺雅潔。英皇子道俗稱太子道，自大角咀向東，以至九龍城，屋宇全爲新式建築。

（註）九龍面積有廣約二英万里，二英方里四分之三，四英方里等字數。蓋此部分地方，自割讓後，沿岸有新塡地增加不少，故面積較前爲廣，惟所謂四英方里、當爲九龍與新九龍合計之面積。新九龍包括九龍塘，九龍城，深水埗，荔枝角四區，皆在老九龍界外。

三　九龍塘　深水埗　荔枝角

九龍塘在九龍界限街北之廣九鐵路東邊，舊爲窪地，今已將積水排乾，低地塡平而闢爲住宅區。九龍塘因東有自獅子嶺伸出之矮山阜絡繹，而道路修潔，故景物極似英國市郊，現有新式住宅不少，實全港平地住宅區之最

图2-6　香港商务印书馆发行的《香港地理》对“深水埗”“荔枝角”的介绍（1940年2月）

（一）缘起：本校在南海北村县创设已将十载，向以兴学育才，服务国家为主旨。创立以来，叠承社会人士嘉许，迩因地区沦陷，为适应时局及社会需求起见，特在香港深水埗增设分校，俾逃难学子及有志来学者得所依归焉。

（二）校址：香港深水埗荔枝角道由三三二号起至三四二号止，一连六间。电话：五七六五七。

（三）学额：招考小学各级、初中一年级新生，及各级插班生、转学生、借读生。

（四）报名：投考生先到本校领取报名单，填妥后，连同二寸半身相片二张。报名费一元，缴交报名处。

（五）试验：（甲）小学——国文算术；高、初中——国文、英语、算术、常识科。（乙）日期：廿八年八月廿五日上午九时起。（丙）地点：本校。

（六）学期：由廿八年九月七日（星期四）起，至廿九年一月廿九（星期一）止。入校学生须于九月五日（星期二）开始到校注册，听候上课。

（七）缴费：各级学生本学期应缴各费如下：

高中	初中	小五六	小三四	小一二	学级 项目
卅五元	廿五元	十四元	十二元	十元	学费
五元	五元	三元	三元	三元	堂费
五元	二元				实验费
壹元	壹元	壹元	五角	五角	图书费
壹元	壹元	五角	五角	五角	体育费
四十七元	三十四元	十八元五角	十六元	十四元	合计

（说明）

（甲）凡新生入校时，须加缴按金五元（旧生免交）。

（乙）男生寄宿，每学期宿费三十元。膳费四十五元，洗衣费五元（每人限洗二百五十件），共八十元。

（丙）外宿生如欲搭午膳者，每学期须交十五元。

（丁）学生缴费，按照上表所列，开学前先到本校（或本校指定之银行）缴交，取回收据，向校务处领入学证，方得上课。

（戊）校内一切公物，学生理宜爱护。如有毁坏，至须修理者，该修理费用由该生按金扣除，至该生毕业离校时，倘该按金有剩余，则按数发还，如有不足，乃须追缴。

（己）本校甚愿来学者，有始有终，以竟全功。至若中途退学离校，或被开除学籍者，所缴各费，概不发还。

校长李景宗[25]

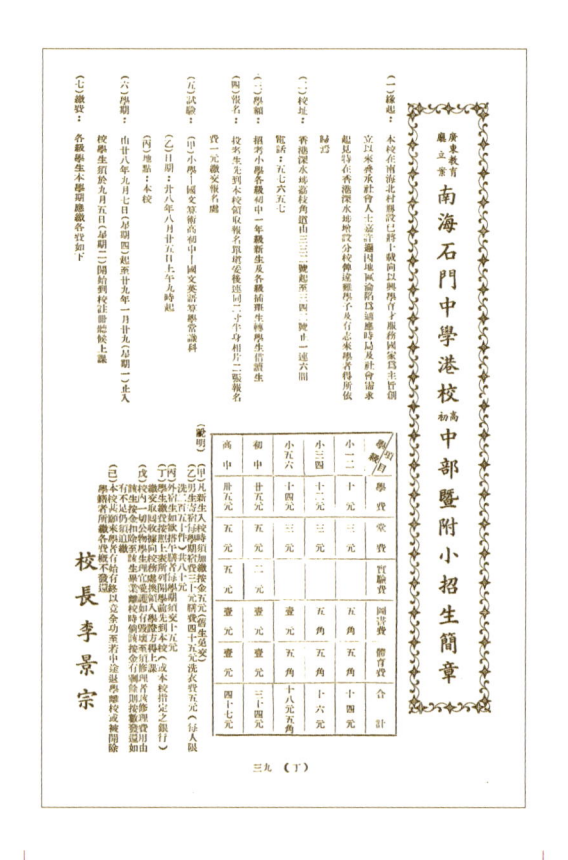

图2-7 《南海石门中学港校高初中部暨附小招生简章》（选自吕家伟、赵世铭编纂：《港澳学校概览》）

据校友回忆，这所港校所处之地，人烟稠密，寸土寸金，占地面积自然较小。从荔枝角道332号起至342号止，一连6间，为3层楼房，环境逼仄。地下、二楼为商铺，三、四楼为课室。设备方面，简陋残缺。没有礼堂，师生开会要租用该地北河戏院当会址，体育设备只有两张乒乓球桌，体育课借用校外

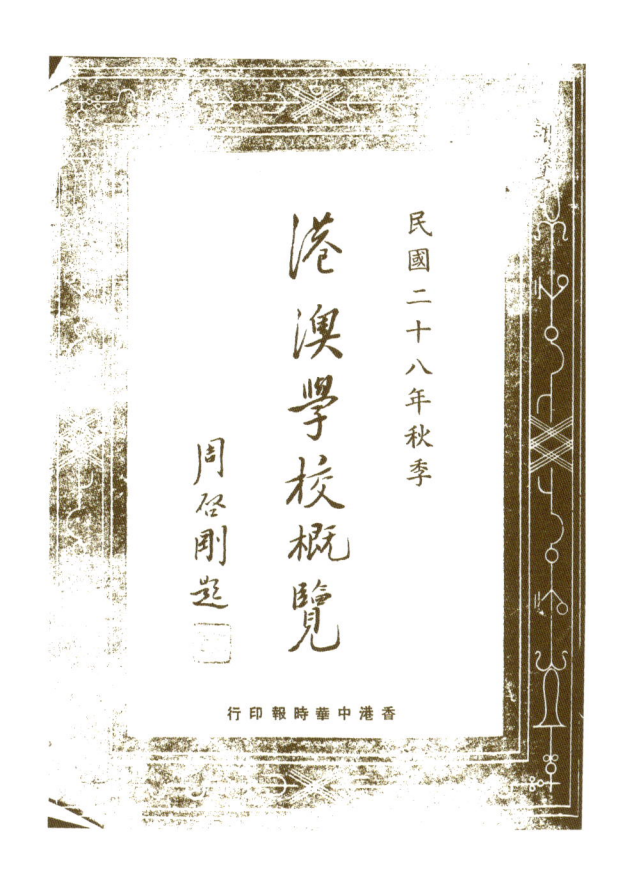

图2-8 《港澳学校概览》(1939年版)，内有南海石门中学的介绍

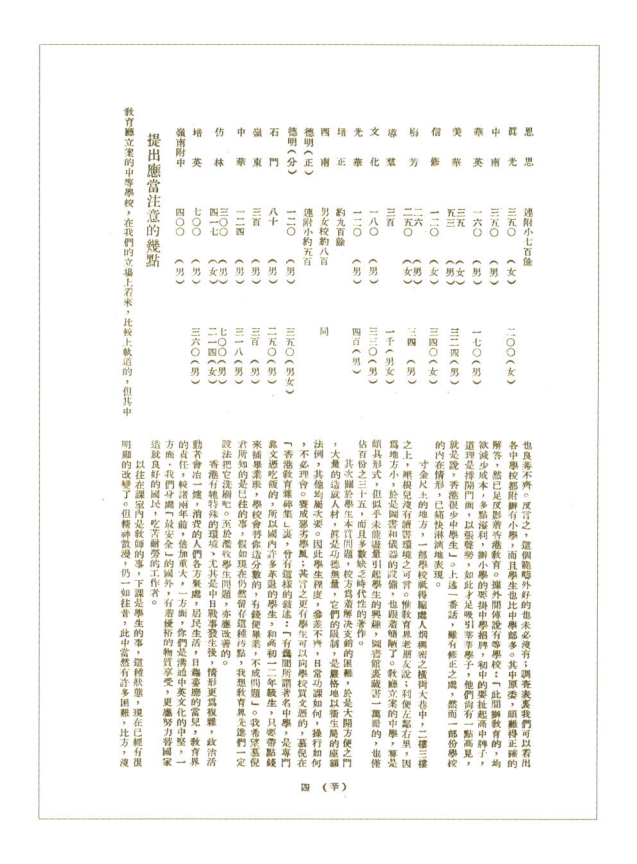

图2-9 《港澳学校概览》提及石门中学港校的学生数量

公共体育场上课。[26]不过，值得注意的是，石门港校附小学生人数众多，规模较大，共有250人，均为男生，而高、初中总人数只有80人。[27]这种"各中学校都附办有小学，而且学生也比中学部多"[28]的现象，并不是石门一校如此，而是战时香港教育的众生相。据1939年版《港澳学校概览》统计，当时香港一地，大学、中学、小学、英文书院和各种学校，最少有300家以上（图2-8、图2-9）。其中，中学绝大多数都是兼办小学甚至幼稚园的。究其原因，除了当时香港确实少有中学生之外，流行一种观点认为，战时香港办教育者多出于"减少成本，多点溢利"[29]的考虑，遂有"办小学的要挂中学招牌，初中的要扯起高中牌子，道理是撑开门面，以张声势，如此才足吸收莘莘学子"[30]。对这一观点，陶行知的学生、著名教育家方与严也表达了不同看法，认为这是养成一以贯之的优良校风，服务社会大众的好现象。

有人以为香港的中学，多数兼办小学和幼稚园，是为着多赚钱。我却不作如是想，我以为一个学校有一个学校特别的优良校风，能够从小学到中学，一贯的养成为大众为社会服务的作风，是很好的现象，因为"教育的行为即是服务"。[31]

在港复校时期，香港教育司对中学教员胜任

资格审查较为严格,"深恐有不合格者,而妄行教授,于教育方面,大有影响"[32]。因此,对于"由内地得毕业证书或师范执照者",必须略加考试,通过者上岗。这样一来,固然能淘汰不合格教员,但也会造成合格师资比较紧张。石门中学亦是如此。除了校长李景宗外,只有教员8名,包括教务主任梁绍松(兼英语),教师欧阳炎(数理化)、罗英灿(英语)、李仲文(语文)、梁启鎏(美术、音乐、体育)、阮文钟(历史、地理)、罗允钟(地理)、招导新(国语——普通话)。[33]从中可以想见,许多教师俱是一身多任、爱岗奉献的典范。

1941年12月8日,日军偷袭美国海军基地珍珠港,太平洋战争爆发,香港成为死港,随即沦陷,石门中学港校被迫停办。虽然学校仅仅存续了一年半左右,但也培养了两届毕业生,约有80人。不过,石门港校更大的意义不在于办学成绩本身,而是"如石门者,其为南海各校之硕果仅存者"[34]。也就是说,在抗战时期南海县邑各校基本都沦陷敌手的情况下,只有石门中学辗转播迁,柳暗花明,更以一种弦歌不辍、文脉不绝的象征姿态向日本侵略者昭示了南海教育界反抗外族奴役、倾力办学救国的斗争精神。

第二节 战后复校

1945年秋,日本宣布无条件投降,抗战取得胜利,南海县还治于佛山。流落于外的南海籍各界人士,逐渐回归故土。是时,南海全县重创未愈,百废待举。政府工作,侧重于维持治安与肃清敌伪余孽,而民众工作,侧重于家园重整。对于复兴教育一项,受制于薄弱的教育基础与严重的经济民生危机,未能尽量展开。对此,南海县政府曾在当时的《南海公报》上公开表明了这种"巧妇难为无米之炊"的无力感(图2-10)。

> 县境沦陷,教育工作人员,多随军转进,虽仍有一部分留县继续设校,然因民众生活艰苦,无力负担子弟入学费用,故所设学校,不旋踵而相继停办。原日校舍,成为敌伪驻军之所。寝假而校具尽成燃料,而校舍亦遭敌伪与土劣拆毁。南海教育基础既极薄弱,复经敌伪蹂躏摧残,故胜利以后,教育复员,等如从新开创,而当时社会经济情形,又复极度枯竭。盖南海经济重心,向为陶瓷、蚕桑与稻作,陶瓷、蚕桑于沦陷期间概被摧毁,其主要地区,如石湾、九江、官山、民乐等地,早已败瓦颓墙,景况荒凉。而稻作地区,又连厄水旱,两造歉收,经济危机,至为严重,民生困苦,途有饿殍。当次社会经济极度严重之时,面对败瓦颓垣之学校校舍,而计划教育复员,诚有贫妇为炊,无从着手之感。[35]

是时,南海县的教育事业整体凋敝萧条,除了代表政府门面的4所县立师范、中学、小学率先恢复外,其余地方学校寥寥无几,尤其是广大乡村僻壤已久不闻儿童读书声,失学率极高,十六七岁仍未入学者,触目皆是。据1946年1月统计,南海全县中小学校不过40所,学生5000余人[36],"在地区辽阔,人

南海县地方抗战损失统计表

(1946年)

区别	损失类别					
	杀毙	杀伤	焚毁房屋（间）	拆毁房屋（间）	损失财物（单位万元）
一区	856	253	1,329	750	5,224
二区	666	796	823	1,563	2,767
三区	441	836	965	2,348	2,695
四区	280	474	1,275	2,355	3,455
五区	146	241	132	1,002	570
计	2,389	2,600	4,524	8,018	14,711

材料来源：根据各区、分公所、受害人报编

图2-10 南海县地方抗战损失统计表（1946年）（《日军侵略广东档案史料选编》，第543页，见佛山市抗损资料B6-298）

图2-11 《南海复员两年来教育工作》（选自《南海公报》第17期，1947年11月1日）

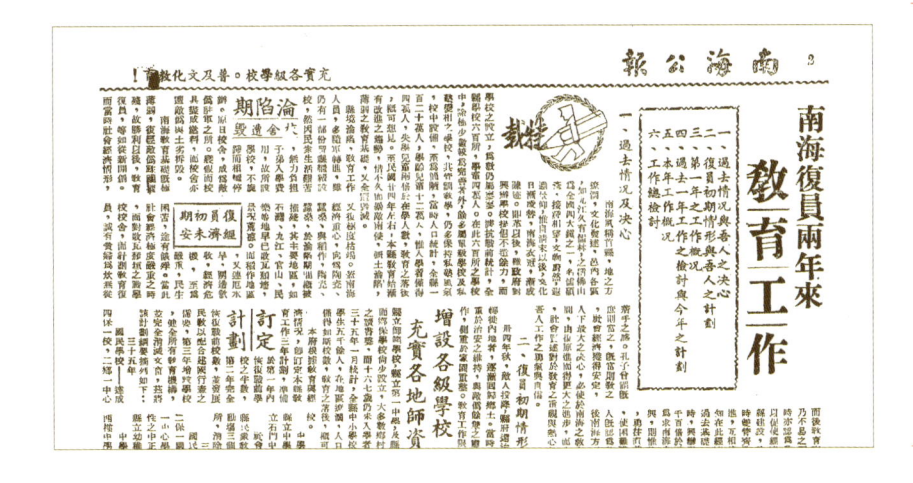

口众多之南海，仅得如斯校数，教育之落后，概可想见"[37]。不过，尽管地方元气未复，经济困顿，但政府并没有绝望地放弃复兴教育之志，当时遵循的整体建设思路是"教育、经济同时双管齐进，使互增促进，互相效果"[38]，具体的策略是"先求量增加，再从质改进"[39]。1946年，南海县政府根据实际的教育与经济现状，制订了《本县教育工作三年计划》："准备于第一年内恢复战前学校之半数，第二年完全恢复战前校数，并发展民教以配合建国行宪之需要。第三年增设学校，健全所有教育机构，并完全消灭文盲。"[40]（图2-11）

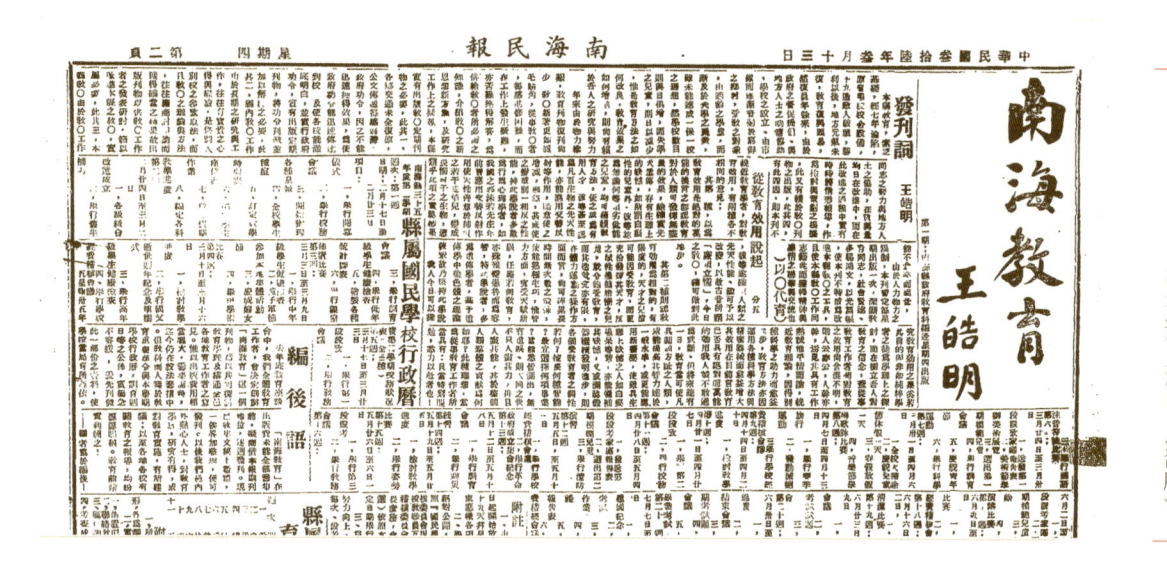

图2-12 《南海教育》（选自《南海民报》1947年3月13日，第2版）

图2-13 抗战胜利后南海县各学校课程表（选自《南海县教育志》，1989年油印本）

值得注意的是，在这个三年计划中，私立石门中学是1946年南海县政府首批要复校的中学[41]，而县境内其他私立中学，如西樵中学、九江中学的复校时间，分别被规划在石门中学之后的1947与1948年，由此可知，南海县政府对石门中学格外重视与期待（图2-12、图2-13）。

1945年冬，石门中学奉南海县政府复课令，开始筹备在原北村校址复校事宜，首当其冲的两个棘手难题就是主持乏人与经费短缺。作为一所私立中学，石门中学自创办以来的校务治理模式一直遵循的是"校董会领导下的校长负责制"，校董会通过履行选聘校长、筹措经费等核心职责成为学校良性平稳运行的"柱石"。然而，历经抗战颠沛流离，旧校董会因董事大多星散而解体，而原来主持石门港校的老校长李景宗在香港沦陷之后一度从政，不理校事。在群龙无首的情况下，欲图复兴，必先从重建校董会与重聘校长开始。1945年底，石门中学重新组建了以曾任广东省政府委员兼财政厅厅长的区芳浦为董事长的校董会。区芳浦原来就是石门中学创校筹备人

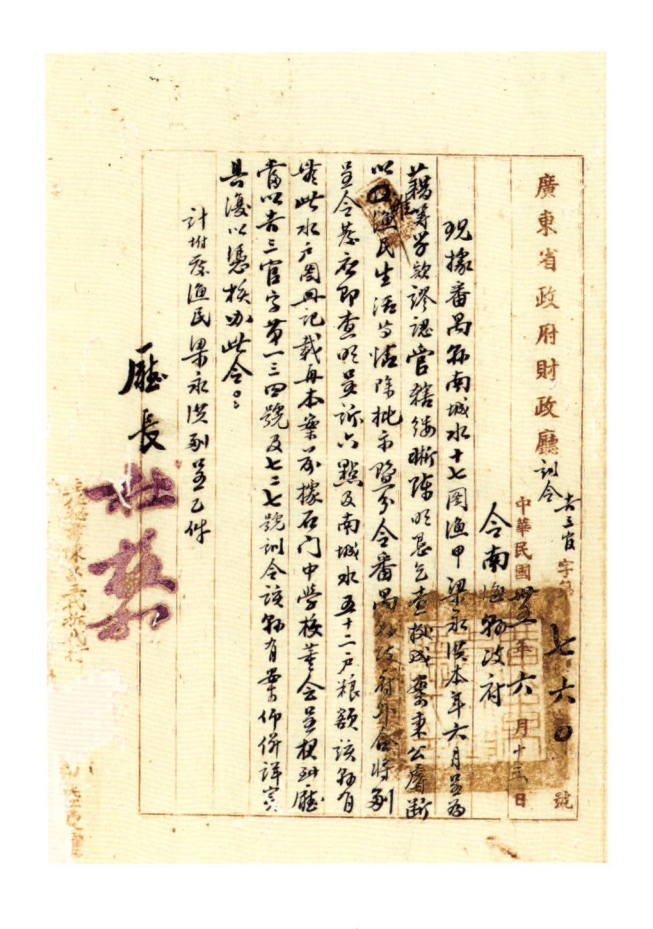

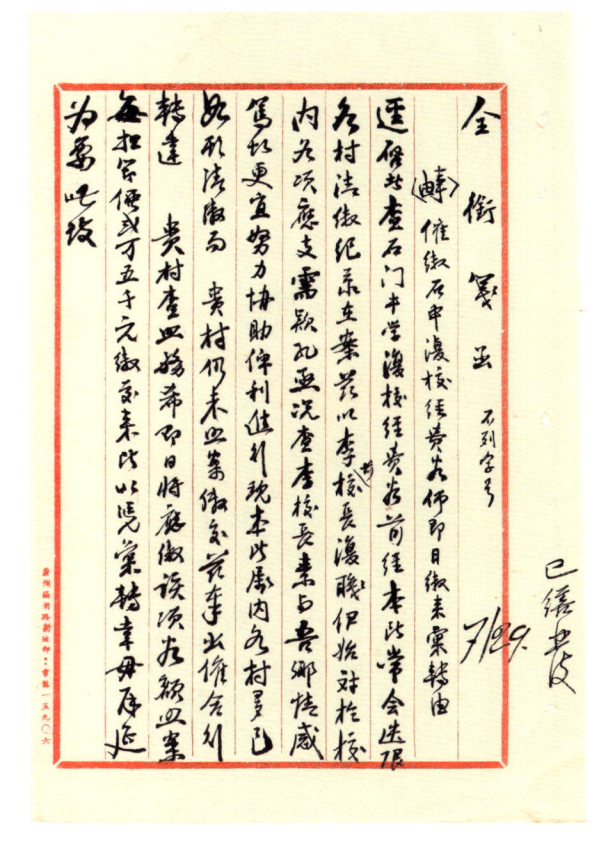

图2-14 石门中学筹措复校经费档案选（1946年7月）

员与资深校董之一，是陈济棠主粤时期军政、经济界要员，资望与人脉俱隆，曾受聘担任中山大学等多校校董。1946年2月，校董会又聘请美国留学生、前广雅中学校长黄慎之出任石门中学校长[42]，迈开了规划复课的第一步（图2-14）。

比"选人"更急迫与艰难的，还是"筹钱"。当时，"所有校舍之修葺，校具书籍之购置，需款甚钜，刻不容缓"[43]。然而，南海县政府并无分文补助下拨，复校经费只能在区乡一级自力更生，自谋出路。石门中学校董会重建后，最初的想法是演戏筹款。具体办法是由校董会派出陈贺、张洛生、李福、何铭洲等数名董事，携备名誉座券，亲自前往南海县第二区建安乡，请热心公益的乡长陈季宣出面向乡绅与商人劝销，以助款项。但因此项办法属于临时救急，且成效甚微。1945年11月4日，由董事长区芳浦主持召开校董会，并请南海县县长黄俊民派代表列席，议决复课经费筹集办法，改由原先创校所属地——二、三、九区属内各乡村"按照人口交谷或以时值折算现款"[44]的方式摊派负担，进行一次性缴纳，先解1946年春季招生燃眉之急。具体细则如下：

> 凡每一乡村，男女人口在三百人以下者，拨助学谷五十斤，三百人以上至五百人

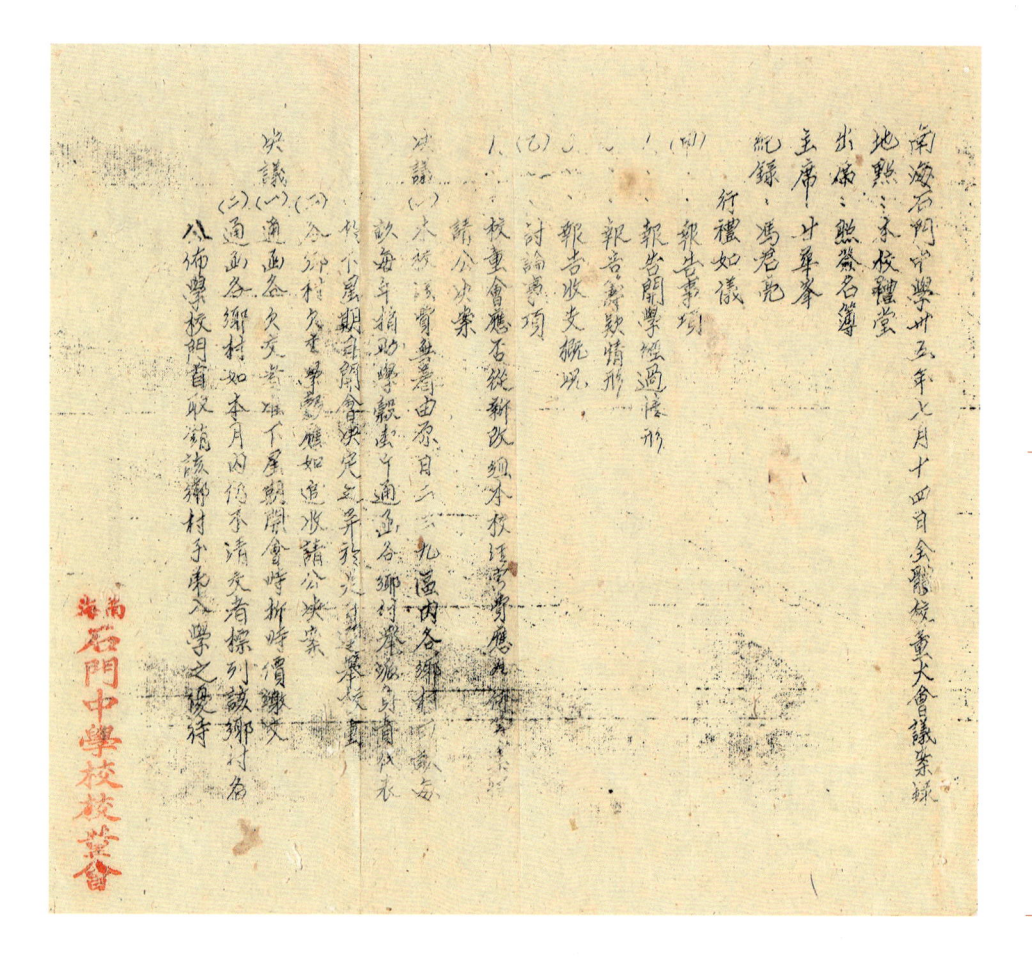

图2-15 南海石门中学校校董会「全体校董大会议案录」(1946年7月14日)

者,拨助学谷一百斤,五百人以上至一千人者,拨助学谷一百五十斤,一千人以上者二百斤,一千五百人至二千人者三百斤,二千人至二千五百人者四百斤,二千五百人至三千人者五百斤,余照类推,由县令行区长传饬各乡长保长执行,按照人口交谷或以时值折算现款,缴交区署代收送校。[45](图2-15)

公摊折粮或者折现的方式,以人数多寡为标准,集全体村民之力,负担相对较轻,且由县长到村保长自上而下层层令行,因此筹资较为理想。如1946年1月14日,石门中学收到第二区建安乡宏冈村保长吴瑞如缴来复校经费谷200斤,折合国币20400元整。[46]同时收到建安乡麻奢村缴来复校经费谷500斤,折合国币5万元。[47]为鼓励与回馈各乡积极参与摊派,热心赞助学谷,校董会还议定,"凡我二、三、九区学生,一律减收学费一半,以示优待"[48](图2-16)。

与此同时,石门中学以校董会董事长区芳浦、校长黄慎之的名义,登报发布《私立南海石门中学招生简章》,定于1946年2月12日正式登报招考新生,17日正式复课。鉴于当时学生经8年沦陷,失学严重,"程度参差不齐,未能划一"[49],石门中学在招考新生要求上没有严格按照战前水准,而是有所放宽。这在招生资格与考试科目中有所体现。

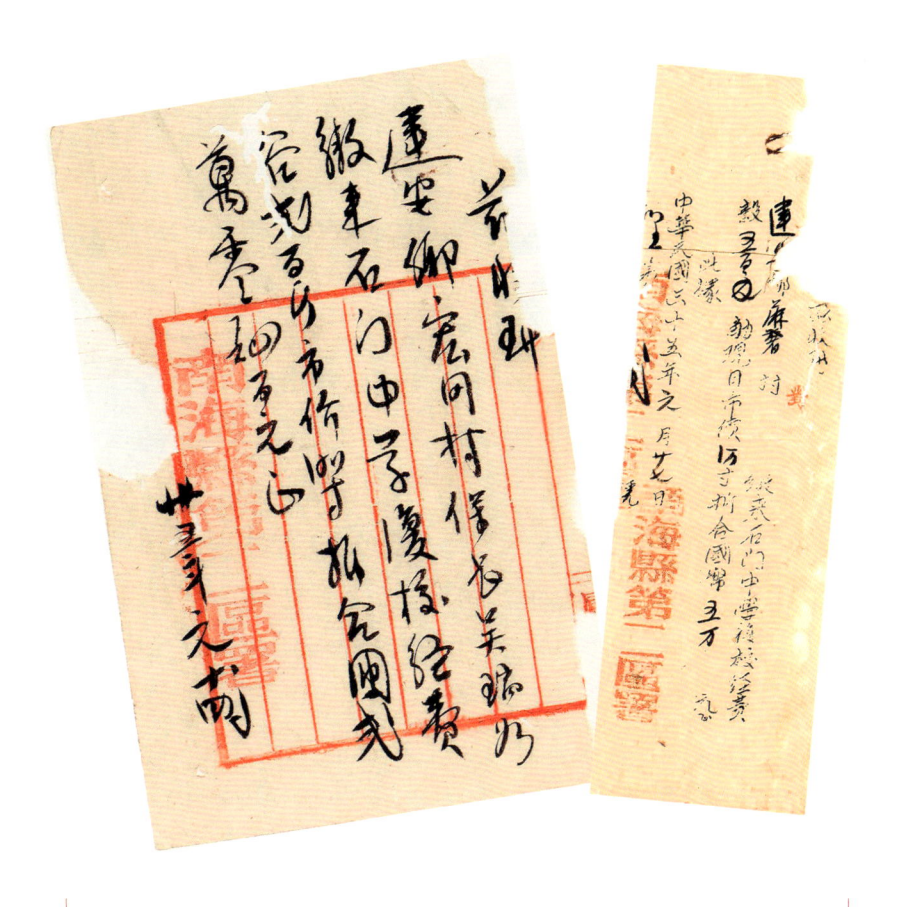

图2-16　石门中学收到建安乡宏冈村、麻奢村复校经费谷的收据（1946年）

校　　　址　　　南海县北村

招收学额　　　初中一年级新生两班　二三年级插班生各一班

　　　　　　　每班名额均为五十人

投考资格　　　初一新生须具小学毕业或相当程度

　　　　　　　二三年级生须学级衔接及有书件证明

报名地点　　　1.北村本校 2.广州市文德东路聚仁坊九号，由二月五日开始二十一日截止

报名手续　　　1.缴验证件 2.粘缴本人二寸半身相片一张 3.交报名费国币三百元

入学试科目　　1.国文 2.英语 3.算学 4.常识　初一生免试英语

考试地点及日期　1.本校，二月十二日

　　　　　　　2.广州市百灵路知用中学，二月十二日

入学费用　　　各年级生每学期学费国币八千元（二、三、九区学费减半），杂费八千元，保证金五百元（毕业后发还），每学期宿费三千元

董事长　区芳浦　校长　黄慎之

中华民国三十五年二月五日[50]

石门中学首次恢复招生的消息对外发布后，二、三、九区各乡学子，奔走相告，其他各区甚至广州市的青少年也纷纷报考。由于刚刚复校，力不能及，所以第一个学期只招两个春季始业的初中班和一个预备班（准备第二学期经考试升入秋季始业的初一班，只有20人），分别命名为甲、乙、丙班，三个班共约120人。[51]至于教师，人数也很少，全校只有10人，往往是一身任教多门课程。如训育主任谭之良，兼任舍监和地理、动植物科的教学；总务主任贾廷璋，兼教语文、历史。此外，还有语文教师岑肇宏，数学教师朱毕业，英语教师陈福枢，以及图、工、音、体（包括童子军教练）教师共3人。据校友回忆，"这些教师大多是年轻力壮，都是大学毕业的，有较好的教学能力，要求学生很严格，颇受学生爱戴"[52]。当时师生人数不多，但很有生气，据时人描述，"这显然是抗日战争胜利带给人们一种新的希望的反映"[53]。

复课前后，校长黄慎之因系兼职领衔石门中学校务，精力未能集中，日常事务由教导主任马醉休主管。基于学校长远发展的考虑，他于1946年7月21日主动向校董会提出辞职。校董会经过常务会议议决，接受黄慎之辞职，一致同意商请前校长李景宗复出，维持校务。李景宗系创校时首任校长，经营学校多年，使之声名鹊起。抗战流亡时，又一手促成石门中学在香港复校，再次担任校长，于艰难危局中践行"教育救国"之担当。1945年抗战胜利后，他也复员回粤，虽然自称"抗战归来，权充民厅视察，早已不闻校事"[54]，但无论是衡量资望、才识、经验、人心，还是对学校的情感，由李景宗再次出掌石门中学，无疑是最适当的人选。而面对刚刚勉强复校的"烂摊子"，自称已"备尝十年痛苦"[55]的李景宗决定再次出山，挑起这副千钧重担（图2-17）。

李景宗复职伊始，面临最严重的办学危机仍然是经费与设备"无米可炊"。尽管1946年春季学期得到原二、三、九区属内各乡村踊跃捐助而顺利开学复课，但那只是一次性缴纳，使学校暂时渡过危机，并没有成为稳定的常年经费来源。基于此，李景宗建议校董会通过新议案，即将原二、三、九区各乡乡长，如建安乡乡长陈季宣、白沙乡乡长邹卓文等，列为"当然校董"，参与校务决策，从而扩充与优化了石门中学办学的政治资源，也重新加深了石门中学与原二、三、九区"校地之间"的天然联系与凝聚力。诚如1946年8月李景宗致函建安乡乡长陈季宣所呼吁的那样：

> 石门中学乃二三九区人之中学，自应通力维持，诚如区董事长芳浦言，东江梅县每区能设中学三四所，而我堂堂首邑，合三区之力，亦不足以维持一间，殊属笑话，亦未免贻笑于邻封也。[56]（图2-18）

更重要的是，校董会还通过决议，由原二、三、九区内各乡村每亩每年捐助学谷一斤，作为石门中学常年办学经费而固定下来，这就为学校在办学经费上成功完成"地方化"奠定了坚实基础。与此同时，为增强学校经费的多元化保障，李景宗还想方设法大力开拓筹资渠道。1947年9月，他曾在旅港南海商会庆祝35周年纪念典礼上演述石门中学办学实况时称："光复后，县府已无分文补助，乃自力更

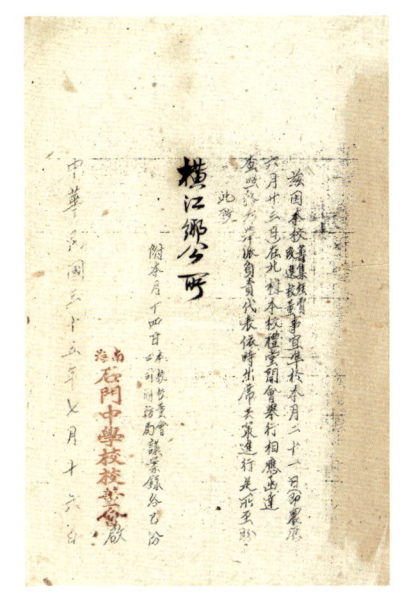

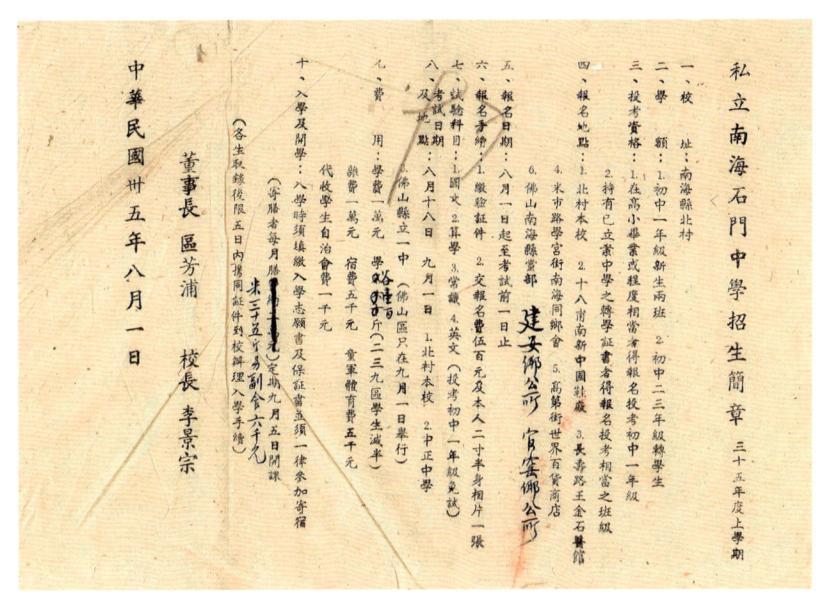

图2-17 石门中学校校董会为"筹集经费、改选校董"事宜邀请横江乡公所派代表莅校开会（1946年7月）

图2-18 1946年8月1日，由董事长区芳浦、校长李景宗签发的《私立南海石门中学招生简章》（1946年度上学期）

生，一面整理蚬塘收入，一面争取地方逆产，复得各村乡学谷之补助，始得奠定经费基础，自给自足，此差堪为各位告慰者。"[57]所谓的蚬塘，指的是珠江一带被称为"蚬"的海生鲜的繁殖地点，如同生蚝之所谓之"蚝田"，生蚬之所即谓"蚬塘"，多在海水之中，无实土。民国年间，广东地区乡间地主视海滨和河边的蚬塘为自己的财产之一，每年重价佃给渔民，取蚬图利。石门中学所在的北村濒临珠江，蚬塘收入较为可观。而所谓的地方逆产，是指抗战胜利后国民党政府接收日伪势力掌握的部分南海县公产收入，包括建安乡部分田亩、禅炭公路佛山至官窑段的路租等[58]，拨助给石门中学，用于经费开支（图2-19、图2-20）。

与经费短绌问题紧密相连的是设备奇缺。抗战前，经"各方殷富之匡助"，石门中学的图书、仪器、标本、教具、校具，均已遵照教育厅标准，设置完备。但经8年沦陷，校园遭敌人占驻破坏，除了一切建筑物幸保无恙外，"仪器、标本、教具已荡然无存，图书只余十分之二，校具尚存十分之七"[59]，据李景宗粗略估算，要补置这些设备，"计非港币二万五千元之谱不可，即分期添置，亦所费不赀"[60]。再者，复校后生源的激增更加剧了设备紧张。1946年春季学期石门中学复校时，南海县失学青年过多，而同时期的九江中学、西樵中学均未能在原址复校，以致县境内乡村中学，仅石门中学一家，"各处失学之农村子弟，均赖本校收容"[61]。1946年秋季学期开学后，班级数已增至初中一年级4个班、初中二年级4个班，学生共计300余人，相比春季学期翻了一倍有余。为了未雨绸缪，李景宗提请校董会规划，须

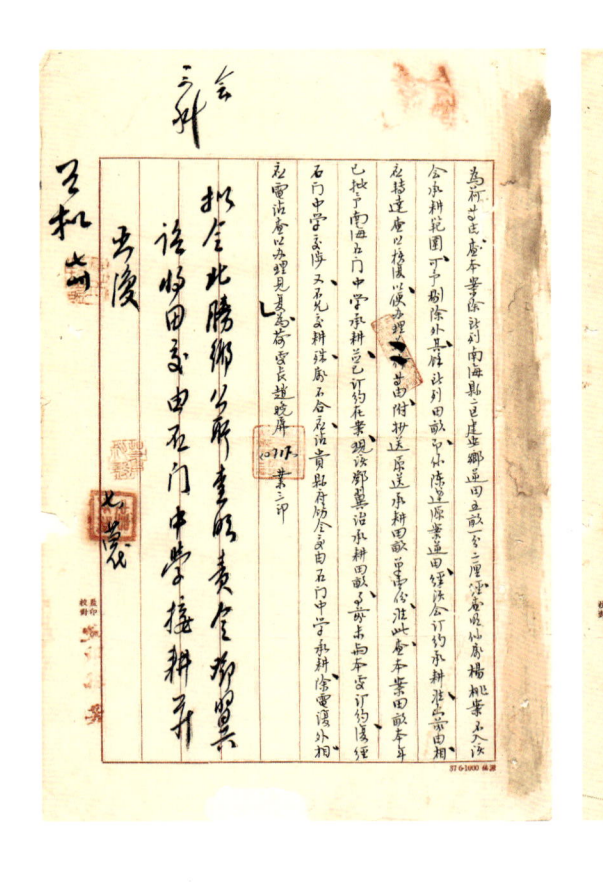

图2-19 南海县政府电令北胜乡公所将敌伪逆产田亩交由石门中学接耕（1948年7月）

图2-20 南海县北胜乡公所责令邓翼诒将田交由石门中学接耕（1948年7月）

在1949年秋增办高中以前,"增建办公室一座,教职员宿舍一座,并于三十八年春季起,按年增建课室两间,学生宿舍一座,添建高中生饭堂一座,方能配合校务之进展"[62]。

为了缓解"人多物少"的矛盾,李景宗认为,仅仅依靠所在地的二、三、九区各乡村出力,仍不足以渡过难关,必须求助于南海县侨外殷富巨绅、工商团体伸以援手。1946年,学校已蒙旅港南海商会严升阶捐建简单饭堂一座,及男生宿舍一座。1947年9月,他应邀出席旅港南海商会35周年纪念典礼,在会上发表演讲,言辞恳切,呼吁旅港南海商人本着桑梓情怀,慷慨匡助,为石门中学捐建设备。尤其是"建筑物之增建,与食水问题之解决,亦急不容缓"[63]。

> 本校原日只有课室九间,女生已占住其二,仅余课室七间,而现在已有学生八班,迫得将校务处迁入图书馆,改为课室,以资容纳。苟不能于本学期内增建女生宿舍,腾出占住之两课室,则明春更无法招新生也。至于食水方面,全校员生三百余人,殊非以肩担挑水所能应付,故又非安设水喉水泵机不可。此两问题为目前之急需,与仪器标本之补充,同一重要。务恳在座诸公,予以提挈,尽力向外埠侨胞募捐促成,以为桑梓一般失学青年,谋永远之幸福。[64]

石门中学的求捐意向,得到了校外官商团体与人士的积极回应。1948年7月,学校得到南海明伦堂[65]补助复校费5亿元[66],增建女宿舍一座;1948年,得旅港南海商会之助,安设水喉水泵机,解决师生担水之苦。1949年5月,镜湖课室日久失修,地基不固而重修,得到刘立群、孔凌普两先生商承办理,灵芝药房主人刘永康慨然捐药义卖,得资用于筹建高中校舍(图2-21、图2-22)。

图2-21 《环球报》报道南海明伦堂公款管理委员会议决补助石门、西樵两中学各5亿元(1948年7月23日)

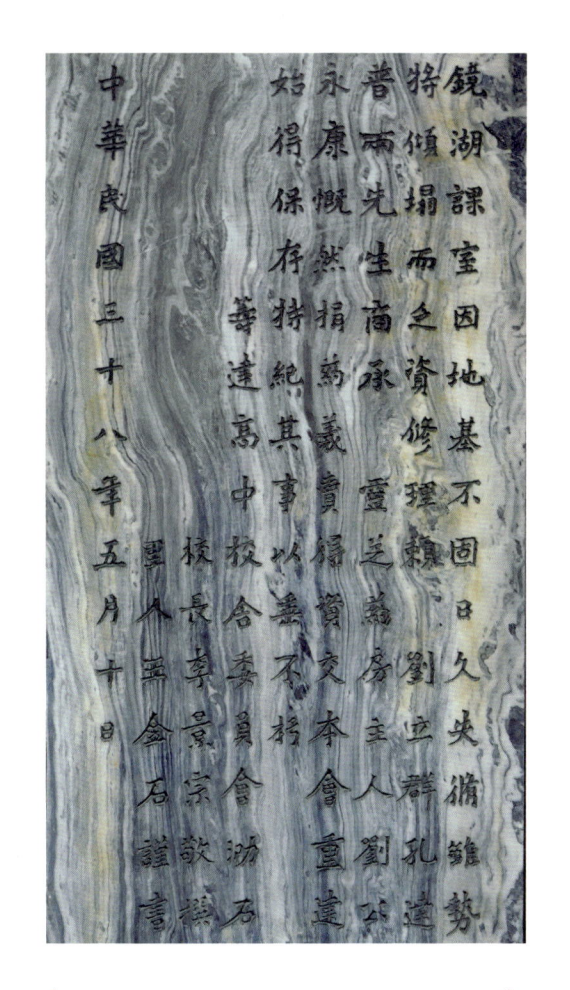

图2-22 筹建高中校舍委员会为刘立群、孔凌普、刘永康修建校舍的义行勒石刻碑(1949年5月10日)

图2-23 三友课室、六友宿舍题字

在战后复校过程中,校董会与校长固然是掌舵方向、稳定人心的重要角色,但普通师生众志成城,艰苦奋斗的"劳动建校"之举同样功不可没。由于沦陷时期日寇曾盘踞石门中学作为一个据点,校舍被破坏得十分严重,校园到处野草丛生,满目荒凉,百废待兴。1946年春季复校开学后,全体师生一边上课,一边利用课余时间整治校园,修理旧物。当时物质条件非常困难,尤其是工具不足。许多同学就用一双白手去拔草、挖石、铲草填洼,披荆斩棘,往往日落西山才收工洗澡和吃晚饭。[67]在体育老师黄永藻、张达衡的规划与带领下,全校学生还在荒芜的校园里新开辟了两个篮球场、一个篮排球两用场和三个沙地,还筑起100米平直跑道和400米的环校跑道,从而使全校的体育场地初具雏形。

参与校园劳动与运动场开辟的学生,事后每每提及这段往事,莫不心潮澎湃,引以为荣。据校友回忆,担任石门中学校友会会长的冯大伟,副会长易载文,理事陈仁康、冯鲁(建中)、颜英和、马嘉麟等,都是当年的"劳动英雄"和"运动健将"。[68]他们曾为此赋诗,以致敬这段抹不去的经典记忆。

> 石中原貌幸存留,日寇手中甫接收。
> 百废待兴葺校舍,除污割草挖渠沟。
> 芝庭堂馆重磨刷,四友书楼再缮修。
> 恢复旧观迎上课,校园整洁学从头。
> 当年复校貌荒凉,荆棘丛生绕课堂。
> 手把锄头刨草地,脚平泥土建操场。
> 诸生共挥如雨汗,工友送来盐水汤。
> 修得球场三两个,一齐卖力获褒扬。[69]

确实,这一段建立在同甘苦、共患难之上的"劳动建校"集体经历,不仅是复校之基础,更起到了磨炼意志、凝聚人心的巨大作用,在形塑石门中学优良办学传统中起了很好的"思想奠基"作用(图2-23)。[70]

从1946年秋季学期开始,石门中学逐渐从战后创伤的阴影中走脱出来,呈现出欣欣向荣的复兴气象。就学生规模而言,1946年秋招收3个班,命名为真、善、美班,连同两个春季始业班,共300人左右。之后的春秋两季都招生,每个学期都招一两个初中一年级新班,生源范围也扩大到广州和佛山一带。1948年有初三年级班,1949年秋首次招收高中一年级1个班。到1949年秋季,全校学生已发展到10个初中班,400多人。[71]就学生成绩而言,则在较短时间内恢复到抗战前全省毕业会考全数及格、无一人落第的纪录。据1947年李景宗校长称："本年度经教育当局之编级试验，又能全体及格，成绩为全县之冠也。"[72] 尤其是毕业会考中的算学成绩，重夺"全省各校之冠"的地位。对此，教育当局与教育界同人，莫不以为奇异。

第三节 彼时的学生生活

从1945年底考入石门中学，1946年春季始业，直到1949年毕业，老校友陈仁康完整地经历了从战后复校到新中国成立的岁月，他对自己求学生活的回忆，可以视为那个年代石门学子校园生活的一个缩影。据他回忆称：

> 当时在校求学，我们都是住校寄宿学生。每月交大米30斤，集体住宿，膳食朴素，住碌架床，但学习、生活、锻炼都较集中。学生生活活跃，过着艰苦与火热的生活。开始学期，张达衡老师做到管理、教育、训练都严格要求，早上早操，上午上课，下午上课后，进行劳作和体育锻炼，晚上集中在课室温习功课。有时星期日，我们也留校学习锻炼。[73]

从陈仁康的描述中，可以想见，吃住艰苦朴素，学业紧张严格，体育锻炼密集，但整体氛围不乏活泼火热，正是战后复校时期石门中学学生生活的真实映照（图2-24）。

集体住校，同吃同住，是形成严谨优良校风与活跃校园生活的必要条件之一。复校之初，学生多来

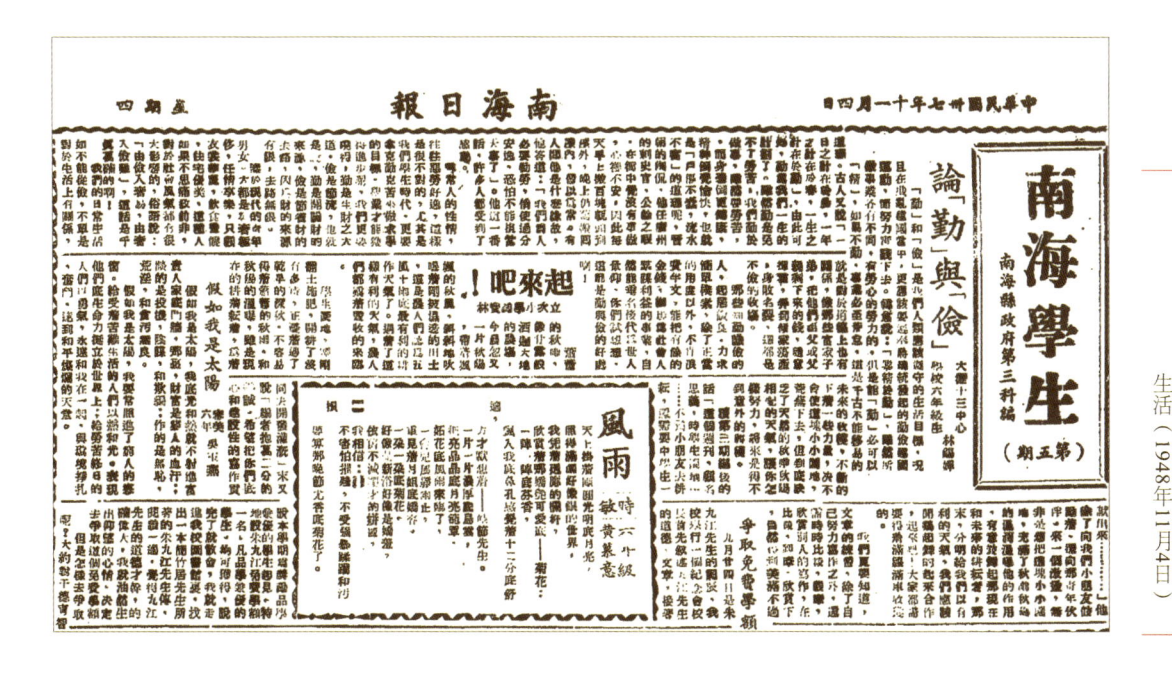

图2-24 《南海日报》"南海学生"专栏《论"勤"与"俭"》一文提及石中学生生活（1948年11月4日）

源于二、三、九区附近乡村，当然也有来自广州、佛山等城市，但所占比例不大。据1947年秋考入石中的叶谷子回忆："学生中除中、南、九、北村及横江、黄岐、泌冲等村较近者为走读生外，其余均在学校，称寄宿生。因路途遥远但又不愿寄宿者，就在北村就近租房住，以'叶家'及'文华里'两地居多。"[74]当时，统管寄宿生一切生活事宜的校监是张达衡老师，面对物资匮乏、环境艰苦，他与学生一起"三餐淡饭均茹素，几亩菜田亦学农"[75]，以身作则，作风正派，加之大部分学生都来自农村，比较纯朴，整个校园内勤奋好学、刻苦节俭、勤劳朴素之风很快蔚然普及。最典型的事例莫过于1948年间风靡一时、远近闻名的"白饭团"活动。

何为"白饭团"呢？这是当时一群学生为了节约生活开支，向学校管理学生伙食的"膳委会"只交米钱，不交菜金，就餐的时候，只打白饭不领菜。那么拿什么下饭呢？办法有两个：一是在学校南侧找了块面积颇大的荒地开荒种菜；二是"白饭团"各个成员在礼拜天回家休息时，搞一些咸鱼、辣椒面豉回来。有时菜供应不上，咸味亦吃光了，就吃白饭，故有"白饭团"之称。[76]

"白饭团"是石门学生自发自愿的组织，不涉及政治目标，活动内容亦极简单，仅是为了学点生产知识，节约一些膳费，自愿利用课余时间掘地种菜，联络友谊。当时参加"白饭团"活动的同学均是寄宿生，主要有陈礼斋、郑维成、冯伯伟、易载文、邵礼荣、黄永桢、陈源基、冯发溪、何威勇等[77]，他们都来自农村，素有勤于劳动的习惯，不怕累、不怕脏，只是欠缺种菜下地的实践经验。但大家志趣相近，将勤补拙，虚心向附近菜农请教，实行精管细管。据易载文回忆，"白饭团"成员经过自己动手实践，所种的蔬菜种类较多，颇有纹路。

> 在品种安排上，在秋冬季节里有白菜、芥蓝、菜心、番茄、菠菜等，在春夏之间种植的有苋菜、通菜、豆角、辣椒等，肥源不够，他们又在塘边僻静地方搭起简易的厕所积肥，保证水足肥丰，因而蔬菜产量还是过得去的。因为收获的产品是劳动成果，蔬菜新鲜，故吃起来特别香甜可口。[78]

以"白饭团"为形式开展生产互助活动，不仅缓解与改善了当时菜金较昂、膳食供应紧张的局面，而且对意志品格的锤炼也是大有裨益的。通过自力更生，他们逐步克服厌恶劳动、轻视劳动人民的观念，养成了刻苦耐劳的习惯，为走向社会打下了良好的思想基础（图2-25）。

这一时期，与"白饭团"活动倡导勤俭节约、自治管理异曲同工的，还有"学生银行"和"消费合作社"，不同之处在于后者是由学校发起的。1947年春，即战后复校第三个学期，学校为了方便学生，接纳林炳成老师建议，开办"学生银行"和"消费合作社"。学生把自己的小量现金存在"银行"，没有利息，存取自由。"合作社"利用银行存款作资本，直接向文具生产作坊和批发商购进适销学习用品，然后按最低售价卖给学生。[79]当时，学生学习用具较为落后，尤其是寄宿生晚上自修，每人桌上都是一灯如豆[80]，且这小小的煤油灯都需自备，其他文具同样价格不低，单独采购不便。这两项经济活动，较

图2-26 在珠江边围成的简易游泳场（1946年）

图2-25 "白饭团"成员

圆满地解决了这个问题，林炳成老师还亲自带着学生到文具生产作坊和批发商店购货，获得学生们的一致好评。

体育活动方面，亦是石门中学复校后学生生活中一道亮丽的风景线。这首先得益于师生"劳动建校"后，绿树成荫，场地开阔，极大地改善了校园体育硬件设施。操场上的两个篮球场，都是由师生自己锄草开辟的，沙地、投掷场也是学生劳动时开辟出来的。特别是为了跑步，老师倡议发动每个班在下午劳作课中锄50米长、10米宽的地段，开辟出一条400米长的绕校园一周的简易跑道。同时，又因地制宜，利用校门濒临珠江的优势，用木栅在江边围起两个50米的简易游泳场，称为南海县当时唯一的游泳训练场地（图2-26）。

其次，要归功于体育教师黄永藻的极力倡导与推动。黄永藻，广东南海县九江镇人。青年时代就读于广东省艺术专科学校，毕业后一直从事体育教学。1947年起，任南海石门中学体育教师。黄老师教学作风严谨，教学中十分注意学生实际情况及学校场地、设备等因素，合理搭配，一丝不苟。在他的组织领导下，体育运动蓬勃开展，颇极一时之盛。

除了日常体育课能使所有同学得到体质增强和技巧训练外，1946年起，由黄永藻任教练，组织成立了石门中学男子篮球队。陈仁康为队长，队员有叶干康（克）、陈创基、邓振标、黄渭昌、张荣根、冯廉章、孔庆钊、陈卓标等人，1947年加入马嘉麟，成为主力之一和良好的投手。[81] 篮

图2-27 黄永藻老师在指导游泳队员

球队的训练相当严格，队员集中住宿，晨5时起床，先做健身操、单杠引体向上10次、双杠引体向上10次，然后开始1500米环校跑，继之各种传球训练，一路、二路、三路跑传投篮，疲乏后，再做各方位投篮，7时半结束，跑步到江边游泳洗漱，跑步到食堂吃早餐，跑步回宿舍拿书本，再跑回课室8时正上课，而队员从不迟到，时间十分紧凑。[82]

严格训练的结果是，石中男篮在迎战南海县附近的地方成年队，以及到九江镇参加友谊赛，均连战连捷。新中国成立前南海县的篮球运动已较普遍，技术亦不太差，石中男篮是初生之犊不畏虎，平时艰苦训练，临场英勇善战。可惜，当时营养条件太差，有时甚至吃不饱，完全靠的是年轻活力与吃苦耐劳的坚强意志。新中国成立后，篮球队员陈仁康参军，历经师、军、军区篮球队而进入解放军"八一"篮球队，多次出国比赛，不能不说是在石中男篮打下了坚实基础。[83] 他自己也曾回忆："我自己入校时，身体较弱，因为14岁那年患过肠热病，经常胃痛，早上站半小时，膝部也发软，很不利于学习……因此在校三年得到了作风的培养，特别是积极自觉进行的跑步、打球、跳高、跳远、投掷、游泳、跳水、单双杠都爱好，都能打下一些良好的全面身体素质基础。"[84]

游泳方面，校门前的珠江是学生最广阔的天地。当时，不论男女同学，不分寒暑，每天晨夕，都有人到江边游泳或洗漱，篮球队队员则往往一天早、午、晚游泳三次。如陈礼裔、易载文两位同学，每天

图2-28 抗战时期走上革命道路的杜国彪

图2-29 抗战时期走上革命道路的杜国栋

清晨沿江游3000米，是石门中学名副其实的游泳健将（图2-27）。

正如校友陈仁康所言，"艰苦而火热"是广州解放前石门中学学生生活的主旋律与总基调。这里所指的"火热"，除了劳动场面与体育运动蓬勃高涨之外，还有一层重要含义，即抗战胜利后，国民党单方面发动内战，中国共产党领导人民争取和平民主的进步浪潮此起彼伏，如火如荼，不可避免地涌进了石门中学，使宁静的校园翻腾起阵阵涟漪（图2-28、图2-29）。

石门学子素来具有爱国主义传统，以国家兴亡为己任。全面抗战爆发后的1938年，就有校友杜国彪（1933年春至1934年秋在校）、杜国栋（1933年春至1935年冬在校）参加广东省青年抗日先锋队，校友杜国栋参加三水县政府的政工队，进行抗日救亡宣传活动，从此走上了革命道路。[85] 又如1938年，陈玲（原名陈道灵）入读石门中学初一年级时，参加进步师生组织的宣传队（图2-30）。1940年，参加十二集团军第四挺进纵队，进行抗日。1941年加入中国共产党。1946年参加翁源人民民主自卫军和粤赣先遣支队，担任钢铁队指导员。1948年在太坪战斗中不幸被捕，被国民党秘密杀害于曲江犁市。这些抗日救国的先进典型以及他们英勇无畏的革命精神，到了解放战争期间，激励着石中师生自觉或不自觉地投入到反内战、争民主的革命洪流中去，许多革命宣传活动在石门校园内悄然展开。其中，以音乐与戏剧两项最具显示度与冲击力。

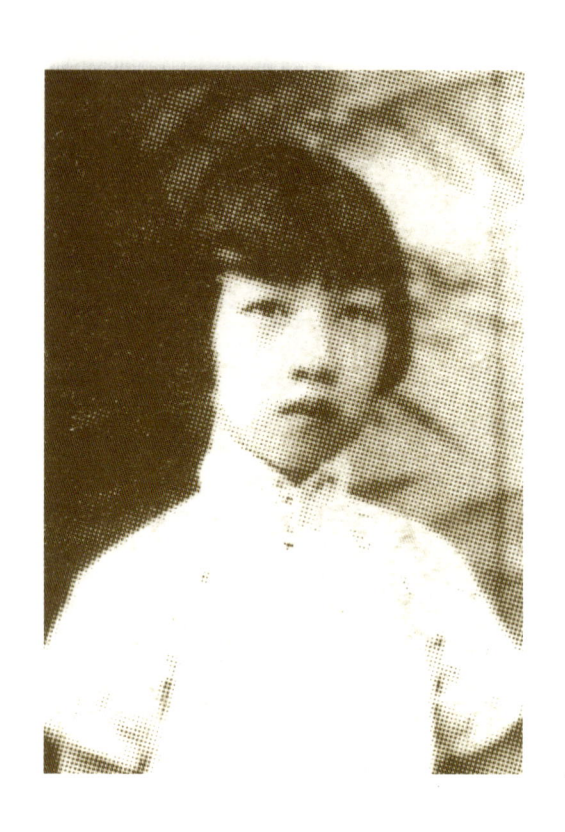

图2-30 解放战争时期牺牲的校友陈玲烈士

图2-31 新中国成立前加入共青团的叶谷子

1947年，原广东艺术专科学校音乐教授叶冷来校任教，首开石门中学师生公开传唱解放区进步歌曲的风气。1948年秋，他组织了1946、1947届学生60余人，在学校礼堂排练了《黄河大合唱》演奏会。由叶冷独唱《黄河颂》，女学生陈伟贤独唱《黄河怨》，春秋班大部分同学都参加《黄水谣》《怒吼吧，黄河》等齐唱、轮唱、四部和声合唱，使冼星海的歌曲响遍石中校园。[86] 叶冷离校后，继任音乐教师黄克继续教唱革命歌曲，如《山那边呀好地方》《团结就是力量》等革命歌曲，苏联歌曲《快乐的风》《我们大家都是熔铁匠》等[87]，显示出当时不少师生迫切向往解放的热情。进步戏剧活动同样活跃，针砭时弊。1947年秋，石门学生在校内排演话剧《还乡泪》，以揭露国民党接收大员罔顾亲情、虐待遗弃亲人为主线，引发观众共鸣。1949年上半年，音乐教师黄克自导剧作家陈白尘的《升官图》，讽刺国民党统治的黑暗与腐败。观众除石中师生外，附近北村、黄岐等地民众亦闻风而来，反响热烈。

这一时期的革命歌曲与进步戏剧，之所以能在石中校园大范围传播与风靡，除了师生受到民主进步浪潮的洗礼外，还与石门中学的特殊地缘，以及校内国民党"三青团"势力薄弱有关。据校友冯廉章称，其实黄克导演的《升官图》在当时是禁演的，"但以石中处于'三不管'的特殊地理环境，邻近广州，不属广州管，远离佛山，南海县管不到，北村当地以石中为二三九区公办不能管，才得以在校演出"[88]。当时的教务主任李卓儒看到《升官图》公演，面色难看，一度传闻要抓人，但最终还是不了了之，只是以黄克涉疑共产党人身份而将之解雇出校。

另据校友回忆称，无论是抗战停办，还是战后复校期间，石门中学既没有国民党组织，也没有"三青团"组织。[89]1947年4月，国民党三民主义青年团广东支团南海分团部筹备处同意石门中学童子军主任教员梁日垣为石门中学团务筹备员，要在学校发展"三青团"组织。后因职员黄荫庭因故未上交学生相片，结果没有发展一个三青团员，实际上是做了一件大好事。[90]这为进步文艺活动的开展与传播创造了相对宽松的环境。

而与国民党"三青团"势力荡然无存相对的是，中共地下党外围组织新民主主义青年团已在石中校园中悄然孕育，革命胜利曙光初现。解放战争后期，经常有具名"粤中区新鹤台开人民解放军""南三花人民游击队"等的油印宣传材料寄至学生会。时任学生会干部的冯廉章曾回忆道：传达室铎叔把宣传材料转给我收阅，并可私下给部分同学传阅。[91]1949年4月南京解放后，冯廉章为春季高一班5月份墙报画水粉画刊头，内容为地平线上出现一队以红旗为先导的人马，象征着解放军队伍浩浩荡荡，饮马长江，走向全国的胜利，引起了师生一定的反响，这是石中首次公开反映革命意识的墙报刊头。[92]

1949年9月开学后，冯廉章当选学生会主席，先是新民主主义青年团团员何杰魂来询问他是否愿意加入团组织，之后，三河区（包括盐步、大沥、平洲）工委委员、时以大沥某小学教师身份作掩护的中共党员赵钊化装来校，找冯廉章在江边面谈，批准他入团。自此之后，冯廉章和何杰魂、叶荫榛（谷子）（图2-31）经常到大沥开会，由赵钊讲解形势，布置迎接新中国成立的任务，动员同学参加革命工作。[93]新中国成立前夕的一个清晨，冯廉章等学生在校园里贴满了红红绿绿的迎接解放的标语，代表着大多数人的共同心声。

1949年10月15日，随着南海县的解放，石门中学迎来了新生。

注释

[1] 《南海教育发刊词》,《南海民报》1947年3月13日,第2版。

[2] 广东省政府统计处编:《广东省统计资料汇编》,1945年10月,第110页。广东省档案馆藏,档案号:11-1-20。

[3] 广州特别市党部编:《日寇在粤之暴行记实》,1937年11月1日,第57页。

[4] 广州特别市党部编:《日寇在粤之暴行记实》,1937年11月1日,第62页。

[5] 中共佛山市委党史研究室编:《佛山市抗战时期人口伤亡和财产损失（上）》,中共党史出版社2011年版,第46页。

[6] 黄麟书:《广东政治新阶段的教育》,《广东政治》第1卷第1期（1941年9月）,第40页。

[7] 佛山市地方志编撰委员会编:《佛山市志》,广东人民出版社1994年版,第1833页。

[8] 李霜筠:《南海中学校史散记》,收入政协南海县委员会文史组:《南海文史资料》（第8辑）,1986年内部印行,第63页。

[9] 《禅校纪念五四运动》,《循环日报》1938年5月6日。

[10] 张中华主编:《日军侵略广东档案史料选编》,中国档案出版社2005年版,第256页。

[11] 政协南海县委员会文史组:《南海文史资料》第7辑《纪念抗日战争胜利四十周年专辑》,1985年印行,第71页。

[12] 政协南海县委员会文史组:《南海文史资料》第7辑《纪念抗日战争胜利四十周年专辑》,1985年印行,第71页。

[13] 《南海石门中学史略》,收入吕家伟、赵世铭编纂:《港澳学校概览》,香港中华时报社1939年版,（丁）九二。

[14] 鲁舟:《草创时期的石门中学》,收入政协南海县委员会文史组:《南海文史资料》（第6辑）,1985年印行,第13页。

[15] 《旅港南海邑侨同乡会成立》,《大公报》（香港）1939年11月13日,第6版。

[16] 《会务概况》,《南海同乡会会刊》第1期,1940年10月10日,香港出版,第33页。

[17] 《会务概况》,《南海同乡会会刊》第1期,1940年10月10日,香港出版,第33页。

[18] 《南海石门中学校长李景宗日前奉委为教育科长》,《香港华字日报》1937年2月23日。

[19] 《南海石门中学史略》,收入吕家伟、赵世铭编纂:《港澳学校概览》,香港中华时报社1939年版,（丁）九二。

[20] 《南海石门中学史略》,收入吕家伟、赵世铭编纂:《港澳学校概览》,香港中华时报社1939年版,（丁）九二。

[21] 《南海石门中学史略》,收入吕家伟、赵世铭编纂:《港澳学校概览》,香港中华时报社1939年版,（丁）九二。

[22] 谭秀牧主编:《香港年鉴（1994）》,华侨日报1994年印行,第137页。

[23] 曹淳亮主编:《香港大辞典·经济卷》,广州出版社1994年版,第627页。

[24] 《李景宗校长演述石门中学校实况》,收入佛山市政协文史资料委员会、南海县政协文史资料委员会合编:《旅港南海商会史料专辑》,1990年内部印行,第159页。

[25]《广东教育厅立案南海石门中学港校高初中部暨附小招生简章》,收入吕家伟、赵世铭编纂:《港澳学校概览》,香港中华时报社1939年版,丁(九三)。

[26] 广东省佛山市南海区政协文史和学习委员会编:《南海文史资料》第37辑《石门中学七十年(1932—2002年)》,2005年印行,第66页。

[27] 金尚:《香港中等学校》,收入吕家伟、赵世铭编纂:《港澳学校概览》,香港中华时报社1939年版,辛(三)。

[28] 金尚:《香港中等学校》,收入吕家伟、赵世铭编纂:《港澳学校概览》,香港中华时报社1939年版,辛(四)。

[29] 金尚:《香港中等学校》,收入吕家伟、赵世铭编纂:《港澳学校概览》,香港中华时报社1939年版,辛(四)。

[30] 金尚:《香港中等学校》,收入吕家伟、赵世铭编纂:《港澳学校概览》,香港中华时报社1939年版,辛(四)。

[31] 方与严:《香港教育概况》,收入吕家伟、赵世铭编纂:《港澳学校概览》,香港中华时报社1939年版,第1页。

[32]《香港教育则例》,收入吕家伟、赵世铭编纂:《港澳学校概览》,香港中华时报社1939年版,(乙)十二。

[33] 广东省佛山市南海区政协文史和学习委员会编:《南海文史资料》第37辑《石门中学七十年(1932—2002年)》,2005年印行,第67页。

[34]《南海石门中学史略》,收入吕家伟、赵世铭编纂:《港澳学校概览》,香港中华时报社1939年版,(丁)九二。

[35]《南海复员两年来教育工作》,《南海公报》第17期,1947年11月1日。

[36]《南海复员两年来教育工作》,《南海公报》第17期,1947年11月1日。

[37]《南海复员两年来教育工作》,《南海公报》第17期,1947年11月1日。

[38]《南海复员两年来教育工作》,《南海公报》第17期,1947年11月1日。

[39]《南海复员两年来教育工作》,《南海公报》第17期,1947年11月1日。

[40]《南海复员两年来教育工作》,《南海公报》第17期,1947年11月1日。

[41]《南海复员两年来教育工作》,《南海公报》第17期,1947年11月1日。

[42]《学校零讯》,《建国日报》1946年2月10日。

[43] 广东省佛山市南海区政协文史和学习委员会编:《南海文史资料》第37辑《石门中学七十年(1932—2002年)》,2005年印行,第164页。

[44] 广东省佛山市南海区政协文史和学习委员会编:《南海文史资料》第37辑《石门中学七十年(1932—2002年)》,2005年印行,第164页。

[45]《南海县政府训令第一五四号》(1945年12月27日),收入广东省佛山市南海区政协文史和学习委员会编:《南海文史资料》第37辑《石门中学七十年(1932—2002年)》,2005年印行,第164页。

[46]《收据[收到宏冈村缴石门中学复校经费]》,佛山市南海区档案馆藏,档案号:034-政-810-061。

[47]《收据[收到麻奢村缴来石门中学复校经费]》,佛山市南海区档案馆藏,档案号:034-政-810-060。

[48] 广东省佛山市南海区政协文史和学习委员会编:《南海文史资料》第37辑《石门中学七十年(1932—2002年)》,2005年印行,第164页。

[49]《学生暑期补习》,《南海公报》1947年7月5日。

[50] 广东省佛山市南海区政协文史和学习委员会编:《南海文史资料》第37辑《石门中学七十年(1932—2002年)》,2005年印行,第164—165页。

[51]《草创时期的石门中学》,收入政协南海县委员会文史组:《南海文史资料》(第6辑),1985年版,第14页。

[52]《草创时期的石门中学》,收入政协南海县委员会文史组:《南海文史资料》(第6辑),1985年版,第14页。

[53]《草创时期的石门中学》,收入政协南海县委员会文史组:《南海文史资料》(第6辑),1985年版,第14页。

[54]《李景宗至陈季孙函》(1946年8月),收入广东省佛山市南海区政协文史和学习委员会编:《南海文史资料》第37辑《石门中学七十年(1932—2002年)》,2005年印行,第163页。

[55]《李景宗至陈季宣函》(1946年8月),收入广东省佛山市南海区政协文史和学习委员会编:《南海文史资料》第37辑《石门中学七十年(1932—2002年)》,2005年印行,第163页。

[56]《李景宗至陈季孙函》(1946年8月),收入广东省佛山市南海区政协文史和学习委员会编:《南海文史资料》第37辑《石门中学七十年(1932—2002年)》,2005年印行,第163页。

[57]《李景宗校长演述石门中学校实况》,收入佛山市政协文史资料委员会、南海县政协文史资料委员会合编:《旅港南海商会史料专辑》,1990年内部印行,第159页。

[58]《第一届第八次大会提案书(将禅炭公路佛山至官窑的路租拨作石门中学校费)》,佛山市南海区档案馆藏,档案号:034-政-246-044。

[59]《李景宗校长演述石门中学校实况》,收入佛山市政协文史资料委员会、南海县政协文史资料委员会合编:《旅港南海商会史料专辑》,1990年内部印行,第159页。

[60]《李景宗校长演述石门中学校实况》,收入佛山市政协文史资料委员会、南海县政协文史资料委员会合编:《旅港南海商会史料专辑》,1990年内部印行,第159页。

[61]《李景宗校长演述石门中学校实况》,收入佛山市政协文史资料委员会、南海县政协文史资料委员会合编:《旅港南海商会史料专辑》,1990年内部印行,第160页。

[62]《李景宗校长演述石门中学校实况》,收入佛山市政协文史资料委员会、南海县政协文史资料委员会合编:《旅港南海商会史料专辑》,1990年内部印行,第161页。

[63]《李景宗校长演述石门中学校实况》,收入佛山市政协文史资料委员会、南海县政协文史资料委员会合编:《旅港南海商会史料专辑》,1990年内部印行,第160页。

[64]《李景宗校长演述石门中学校实况》,收入佛山市政协文史资料委员会、南海县政协文史资料委员会合编:《旅港南海商会史料专辑》,1990年内部印行,第160—161页。

[65]当时广州各县都有"明伦堂"机构,它是一个半官方式的掌管该县公产收支的机关,主事者是县内豪绅地主。1948年7月21日,南海明伦堂公款管理委员会第二届委员选出石门中学董事长区芳浦、董事邓刚等7人为常委委员,推定石门中学校长李景宗为稽核员。参见《环球报》1948年7月23日,第8版。

[66]《南海明伦堂决议补助各校教费金额》,《环球报》1948年7月23日,第8版。

[67]《草创时期的石门中学》,收入政协南海县委员会文史组:《南海文史资料》(第6辑),1985年版,第14页。

[68]《草创时期的石门中学》,收入政协南海县委员会文史组:《南海文史资料》(第6辑),1985年版,第14—15页。

[69]《学生劳动修球场》,收入广东省佛山市南海区政协文史和学习委员会编:《南海文史资料》第37辑《石门中学七十年(1932—2002年)》,2005年印行,第201—202页。

[70]《草创时期的石门中学》,收入政协南海县委员会文史组:《南海文史资料》(第6辑),1985年版,第15页。

[71]《草创时期的石门中学》,收入政协南海县委员会文史组:《南海文史资料》(第6辑),1985年版,第14页。

[72]《李景宗校长演述石门中学校实况》,收入佛山市政协文史资料委员会、南海县政协文史资料委员会合

编:《旅港南海商会史料专辑》,1990年内部印行,第160页。

[73] 陈仁康:《良师益友话当年——纪念石门中学建校六十周年》,收入广东省佛山市南海区政协文史和学习委员会编:《南海文史资料》第37辑《石门中学七十年(1932—2002年)》,2005年印行,第186页。

[74] 叶谷子:《石中岁月回眸》,收入广东省佛山市南海区政协文史和学习委员会编:《南海文史资料》第37辑《石门中学七十年(1932—2002年)》,2005年印行,第189页。

[75] 《冬泳·学农》,收入广东省佛山市南海区政协文史和学习委员会编:《南海文史资料》第37辑《石门中学七十年(1932—2002年)》,2005年印行,第201页。

[76] 易载文:《怀念母校、砥砺未来：追记"白饭团"的活动》,收入广东省佛山市南海区政协文史和学习委员会编:《南海文史资料》第37辑《石门中学七十年(1932—2002年)》,2005年印行,第175页。

[77] 易载文:《怀念母校、砥砺未来：追记"白饭团"的活动》,收入广东省佛山市南海区政协文史和学习委员会编:《南海文史资料》第37辑《石门中学七十年(1932—2002年)》,2005年印行,第175页。

[78] 易载文:《怀念母校、砥砺未来：追记"白饭团"的活动》,收入广东省佛山市南海区政协文史和学习委员会编:《南海文史资料》第37辑《石门中学七十年(1932—2002年)》,2005年印行,第176页。

[79] 《石中花絮》,收入广东省佛山市南海区政协文史和学习委员会编:《南海文史资料》第37辑《石门中学七十年(1932—2002年)》,2005年印行,第213页。

[80] 《草创时期的石门中学》,收入政协南海县委员会文史组:《南海文史资料》(第6辑),1985年版,第14页。

[81] 冯廉章:《石门中学生活回忆片段》,收入广东省佛山市南海区政协文史和学习委员会编:《南海文史资料》第37辑《石门中学七十年(1932—2002年)》,2005年印行,第177页。

[82] 冯廉章:《石门中学生活回忆片段》,收入广东省佛山市南海区政协文史和学习委员会编:《南海文史资料》第37辑《石门中学七十年(1932—2002年)》,2005年印行,第177页。

[83] 冯廉章:《石门中学生活回忆片段》,收入广东省佛山市南海区政协文史和学习委员会编:《南海文史资料》第37辑《石门中学七十年(1932—2002年)》,2005年印行,第178页。

[84] 陈仁康:《良师益友话当年——纪念石门中学建校六十周年》,收入广东省佛山市南海区政协文史和学习委员会编:《南海文史资料》第37辑《石门中学七十年(1932—2002年)》,2005年印行,第186页。

[85] 广东省佛山市南海区政协文史和学习委员会编:《南海文史资料》第37辑《石门中学七十年(1932—2002年)》,2005年印行,第66页。

[86] 冯廉章:《石门中学生活回忆片段》,收入广东省佛山市南海区政协文史和学习委员会编:《南海文史资料》第37辑《石门中学七十年(1932—2002年)》,2005年印行,第178页。

[87] 冯廉章:《石门中学生活回忆片段》,收入广东省佛山市南海区政协文史和学习委员会编:《南海文史资料》第37辑《石门中学七十年(1932—2002年)》,2005年印行,第178页。

[88] 冯廉章:《石门中学生活回忆片段》,收入广东省佛山市南海区政协文史和学习委员会编:《南海文史资料》第37辑《石门中学七十年(1932—2002年)》,2005年印行,第179页。

[89] 广东省佛山市南海区政协文史和学习委员会编:《南海文史资料》第37辑《石门中学七十年(1932—2002年)》,2005年印行,第71页。

[90] 广东省佛山市南海区政协文史和学习委员会编:《南海文史资料》第37辑《石门中学七十年(1932—2002年)》,2005年印行,第71页。

[91] 冯廉章:《石门中学生活回忆片段》,收入广东省佛山市南海区政协文史和学习委员会编:《南海文史资料》第37辑《石门中学七十年(1932—2002年)》,2005年印行,第180页。

[92] 冯廉章:《石门中学生活回忆片段》,收入广东省佛山市南海区政协文史和学习委员会编:《南海文史资料》第37辑《石门中学七十年(1932—2002年)》,2005年印行,第180页。

[93] 冯廉章:《石门中学生活回忆片段》,收入广东省佛山市南海区政协文史和学习委员会编:《南海文史资料》第37辑《石门中学七十年(1932—2002年)》,2005年印行,第180页。

第三章 新中国成立初期的石门中学

新中国成立初期的石门中学

图3-1　石门中学校园（20世纪50年代）

1949年10月，南海县解放。翌年，由南海县支前指挥部正式接管石门中学，标志着学校从旧时代旧政权移交到新生的人民政府手中，从私立到公办，翻开了办学历史上崭新的一页。新中国成立后，党和政府对教育工作极为重视，从整顿旧学校，到改造旧教育，再到布局新教育，石门中学迅速纳入新中国社会主义教育事业的崭新轨道。在党和国家出台"向工农开门""学习苏联教育经验""加强思想政治工作""三好""五爱"等一系列教育政策的背景下，石门中学紧随步伐，全面贯彻"德、智、体、美、劳"五育并重的办学方针，尤其注重发挥思想政治工作的引领作用，使学生在各方面得到均衡发展。学校也从新中国成立之初只有十几名教师、百余名学生的"薄底子"，壮大至拥有40名教职员工、600余学生的"新石门中学"。1950至1956年间，学校累计培养初中毕业生达1365人[1]，位居南海县之最。1956年，石门中学复办高中，迎来学校快速向好的发展期（图3-1）。

第一节 改旧立新：石门中学的新生

图3-2 庆祝南海解放游行

图3-3 新中国成立初期的芝庭堂

1949年10月15日，南海县解放，中国人民解放军131师师部进城驻防。10月29日，广州军事管制委员会佛山分会成立，负责佛山和南海县的军管工作。在此前后，就有人民解放军以某部营长为首，率领20余名指战员到石门中学，接管原四司联防局，并在芝庭堂召开师生大会，宣布共产党的政策、解放军的纪律，号召全校师生安心教学，维护学校正常秩序。[2]当时，就有石中学生跟随解放军上街宣传，讲解共同纲领，庆祝南海县解放（图3-2、图3-3）。

不久，中国人民解放军四野六纵队二支队的指战员到石门中学做报告，动员同学们参军参干参工，将革命进行到底，胜利拿下解放战争的最后战役——解放万山群岛的战斗。1949年11月26日，在校学生欧阳绍春（欧阳康，1947年秋季入学）第一个参军，报考广东军政大学入伍。随后，李德才、陈琼珍、叶干康和陈义康同学，得到老师的鼓励，毅然到佛山光荣入伍，参加131师青干队（图3-4）。[3]

1949年12月3日，佛山市军事管制委员会辖下的文教接管组成立，准备与南海县支前指挥部接管境内各公私立学校。接管之前，对因战争停学的中小学校，立即动员一律复校复课，校长教师维持原状照旧认知，继续教学，学生照常入学上课，恢复好教学秩序。[4]同时，至1950年1月寒假开始后，文教组又集中佛山全市中小学校长与教师266人，举办第一期封闭式的进修班，其主要内容是宣讲全国解放的形势、任务，以及党对知识分子与教育工作的方针政策，为正式的接管工作消除疑虑、统一认识，并掌握一批进步知识分子作为接管的骨干力量。当

图3-4 报名参军的石门中学学子

时代表石门中学参加进修的是教师邓元贞，他在回校后，向石门师生做过多次形势报告，并具体参与学校接收（图3-5）。

1950年2月25日，时任中共南海县委常委、南海县支前指挥部副主任杜路正式接管石门中学，并兼任校长，标志着石门中学由旧时代跨入新纪元（图3-6）。校长杜路是石门中学校友，曾于1934年春至1936年冬在校读初中，1939年加入中国共产党，新中国成立前曾任中共南（海）三（水）花（县）工作委员会书记。作为新旧短暂过渡时期（1950年2月至1951年2月在任）的校长，杜路接管后的石门中学历史包袱较重，办学基础薄弱，面临诸多瓶颈与困难。

首先是学生与教职工数量锐减，人心涣散。新中国成立前夕，石门中学学生达400多人，临近新中国成立时，"由于反动派的造谣，学生逃剩下一百人左右"[5]。教职工人数也从1948年的47人，降至1950年的13人。[6] 1949至1950年，全校只开设3个初中班和1个高中班。由于人数稀少，生源不稳定，高中班曾于1951、1952年两次撤办，全部高中生于1953年全部转佛山中学读书。[7] 其次，新中国成立前夕国民党政府滥发货币，携金外逃所造成的物价上涨、通货膨胀问题，尚未得到根本扭转，致使石门在内的农村中学教师工资仍由旧校董会所定的按实物（稻谷）形态发放[8]，生活困难。如1949年12月，南海县为解决教师生活困难的问题，视家庭负担和原底薪情况，预借石门中学教师每人大米220至420斤、工友120斤（图3-7）。[9]

再次，师生进步力量薄弱，思想政治工作面临较大压力。新中国成立前的石门虽属农村中学，但400多名学生中，劳动人民子女还很少，"以地主、富农、旧官僚政客的子弟居多"[10]。1950年被接管后，"连同派进的干部和新招的学

图3-5 私立南海石门中学教职员证徽章（20世纪50年代初）

图3-6 新中国成立后石门中学首任校长杜路

图3-7 南海石门中学校徽（20世纪50年代）

图3-8 《南海县石门中学十三年来的政治思想工作》（选摘，1962年12月14日）

生，总计青年团员仅4人，政治身份尚未公开，共产党员没有"[11]。教职工方面，人数虽然不多，但都未经思想改造，"普遍存在崇美、恐美、亲美的思想，对革命政权有一定的恐惧心理，资产阶级知识分子气味相当浓厚，曾有过反对我党派进干部的活动"[12]（图3-8）。

针对石门中学存在的种种历史遗留问题，如何除旧立新成为学校发展的当务之急。首先是治理体制的革新。1950年3月，石门中学在实行校长负责制的同时，又成立了由校长杜路、副校长邓元贞等人组成的校务委员会，取代原校董会负责制。石门中学校务委员会的成立，不仅是决策方式的改变，而且还肩负着以身作则、团结群众的重任，领导全体师生走上进步之路。校务委员会成员要挑选一本理论书籍，认真研读，打下根基之后，再领导教职员分组学习，并争取让教职员中的进步分子参加领导工作。同时，要求每个教职员都应填写调查表，特别是要注意思想问题，包括政治立场、工作态度、师生威信这三点。[13]

另一方面，又加强教师的改造。中华人民共

和国成立初期，对旧有学校的教职员采取"一般不动，个别调整"的政策，绝大多数教师得以留任。但政府强调要对这些教师进行团结、改造工作，以此提高他们的思想觉悟与业务水平。从1950年3月起，石门中学13位教师分别参加了广东省中等学校教师研究班、粤中区党委举办的教师思想改造学习班，进行爱国主义和无产阶级国际主义教育，自觉肃清封建、买办和法西斯思想以及崇洋媚外的文化思想，用马列主义、毛泽东思想武装头脑，树立为人民服务的思想，改变旧的立场。[14]

其次，在广东省文教厅"维持原有学校，逐步进行改造"的教育政策指导下建章立制，石门中学从制度条文层面约束与改造师生的学习、工作与生活。从1950年秋季学期开始，学校便制订了相应的工作计划。在行政领导方面，一是以团结互助为原则，集体遵照文教政策，在自觉主动的基础上办好学校。二是学习政治、文化、业务，求得理论与实践的一致、脑力与体力的统一，推动全体师生工友在认识上、工作上提高一步。三是实施民主集中制，集体领导，全层负责，培养组织观念，提倡纪律生活。在制度方面，建立健全各项制度，包括请示报告制度、学习制度、检讨制度、办公制度、会议制度、请假制度、值周制度、检查制度。同时成立各种委员会，包括政治学习委员会、生活指导委员会、工读互助委员会、经济稽核委员会、招生扩生委员会、家长联系工作委员会等。在文化课业方面，要求积极整顿学风，力求理论与实际结合；要求认真研究各科教学工作，集体讨论，定期观摩；要求改善师生关系，做到教学相长。[15]

在除旧布新的早期改造运动中，开展学生政治思想工作较具挑战性。由于新中国成立初期的石门学生不少人为农村地主等家庭出身，普通劳动群众子女力量弱小，单靠学校内部力量开展政治思想改造工作比较困难。因此，学校认为，有必要依靠当时社会上波涛澎湃的政治浪潮，对学校的反动腐朽势力进行冲击，通过组织师生参加社会上的轰轰烈烈的政治运动去教育全体师生。[16]

譬如1950年10月至1951年3月南海县开展土地改革时期，组织学生访问农村、访问贫苦农民，参加农村的诉苦大会、斗争大会，使他们了解农村广大贫苦农民的血泪生涯及一小撮地主恶霸等反动阶级的罪恶；组织学生学习"谁养活谁"的问题；组织学生排演《白毛女》《赤叶河》等话剧，开展对地主罪恶行为控诉与揭露的广泛宣传活动。[17]通过参与这些运动和活动，许多学生毅然与反动家庭斩断关系，加入贫苦子弟队伍，用自己的双手劳动种菜，以维持自己的学习与膳食费用，以自己能成为"白饭团"人马而感到自豪。[18]又比如石门中学配合抗美援朝运动，组织发起控诉美帝罪行的控诉会，掀起学生捐献飞机大炮的热潮。不少学生受到感召，把心爱的金戒指也捐献出来（图3-9）。[19]

除了捐物之外，石中学生及校友志愿报名参军参干的人数超过60人，其中女生不少于8人。1950年1月2日，学校在芝庭堂为参军学生举行盛大隆重的欢送会。时任广东省人民政府主席兼广州市市长的叶剑英为光荣参军的学生题字"为建设强大的国防力量而光荣参军"，刊登于1951年1月19日的《南方日报》。这些石中人到部队后，分别在野战军、空军、海军、公安军、通讯部队的岗位上贡献力量，立功受奖，创造了不少英雄业绩。[20]陈霖佳同学还在抗美援朝的战斗中英勇献出了自己宝贵的生命（图3-10）。

对于这种依靠热火朝天的政治运动的氛围去感召学生"出旧入新"的做法，当时的石门中学领导

图3-9 石中学子参与田间劳动

图3-10 石中校友、解放军第四航空学校学生冯大伟在抗美援朝中获授二等功奖状

层内部也有争议。一些人认为，卷入政治运动过深，会影响正常的教学活动秩序。"学生以至教师都有这样的看法，课可上可不上，只要一声号令，正在进行的课堂教学也可以半途停下，撒手他去。"[21]但主流意见仍然认为很有必要，可让学生通过社会革命的实践接受教育，改变旧教育脱离政治、脱离实际、闭门读死书的积弊。[22]更可让学生亲身感受新旧社会的转变与对照，在政治熔炉与社会洪流中重塑革命人生观、社会主义价值观，从而投向进步的一方。

1950年，国家的财政经济和人民生活整体上均处于困难时期，广东举全省之力保障筹粮支前工作，支援解放军继续进军海南岛、南澳岛等地，对接管整顿各类学校的财力投入其实很有限。尤其是教师待遇方面，最初，人民政府对被留任的教职员工实行的是"原职原薪"政策，后因财政困难，实行以实物（大米或稻谷）计发工资的薪粮制，以保证教师生活不至于受物价波动的影响。1952年9月，南海县人民政府接办中小学后，教职员月薪为中学平均350市斤米，区立小学250市斤米，乡村小学200市斤米。1953年6月15日，中共南海县委报告中说，中小学教师工薪标准定得过低，政府统筹统支前，一般月薪30万元至40万元（旧人民币）；统筹统支后，乡小教师月薪20.3万元至29.3万元，降低约三分之一。而当时供给制最低级的勤杂也有23.5万元，带两个孩子的保姆工薪28.78万元，乡村教师平均才23万元。[23]但当时的中学教师，普遍不问待遇，不计报酬，硬是咬紧牙关，一边上课，一边开荒生产，用自己的埋头苦干与学生低微的学费来维持石门中学的开办。如当时担任地理、图画、体育教师的张达衡就是其中的典范。

张达衡于1946年8月进校工作，是亲身经历石门中学从旧时代到新中国的元老之一。他担任学校总务负责人时，正值1950年经济困难时期，张达衡老师能够清醒地认识到这是党和政府暂时性的困难，充分利用各种社会关系为学校解决实际困难。当时，石门中学膳堂缺少燃料以致断炊，他就想尽办法找到木材加工厂，联系了一批木屑，从而解决了全校师生饮食的燃料问题。又如学校机房发电机缺柴油，他亲自与工友上梧州找乡亲，买回几大桶运回学校，解决了学校晚自习困难。他每年还带学生到南海藤厂勤工俭学，到泌冲开荒种地。[24]

由于党接管整顿教育方针政策的正确指引，在校务委员会与人民群众的共同努力下，石门中学顺利平稳地完成了从旧时代到新纪元的过渡，没有出现大的波折与起伏。鉴于石门中学出色的接管工作，以及当时整个南海县教育战线充满昂扬的革命志气和艰苦奋斗的革命精神，1950年10月，在当时驻官窑支前指挥部的沈石林和郭勉的支持下，经南海县政府批准，办起了新中国成立后第一所区立中学——官窑中学，1953年9月合并于石门中学。[25]加之1952年九江中学初三级并入石门中学，石门中学的办学体量在整顿改造的基础上得到巩固充实，发展速度开始加快。

第二节　开展社会主义教育

经过新中国成立初期的接管与整顿，中学教育有了很大的恢复，但是，还存在发展重点不明确、政治思想教育薄弱、教学质量不高、不能为高等学校输送足够的合格的新生等问题。[26]由此，全国中学教育进入到了一个改进与发展的新阶段。

从1951年起，为了全面加强党对学校的领导，石门中学开始实行"县区党政领导人兼任"[27]的制度，先后由南海三区区委书记赵钊、钟仕诚兼任石门中学校长。通过直管校务，共和国新教育方针得以从上至下地贯彻到学校的各项教学改革措施之中，从而保证学校在社会主义办学方向与框架中运行。

"坚决改造，逐步实现"是当时对待旧教育的方针，而确立新的教育方针"教育为国家建设服务，教育为工农开门"则是革新教育的核心问题。1951年，规定中学的办学宗旨是"使青少年一代在智育、德育、体育、美育各方面获得全面发展，使之成为新民主主义社会自觉的、积极的成员"。1954年4月，又进一步指出："中学教育的目的，是以社会主义思想教育学生，培养他们成为社会主义社会全面发展的成员。"[28]根据这一思想，石门中学开始改造旧教育体制，包括撤销训育处，改设教导处和总务处，负责主持和具体管理学校日常工作。在课程方面，废除国民党设立的"党义""公民""童子军"等科目，删除旧教材中反动反科学的内容，使之与国家建设相联系。同时，增添"政治常识"课程，具体包括"踊跃支前""抗美援朝""土地改革""镇压反革命"等。[29]1952年，教育部颁发《中学暂行规程（草

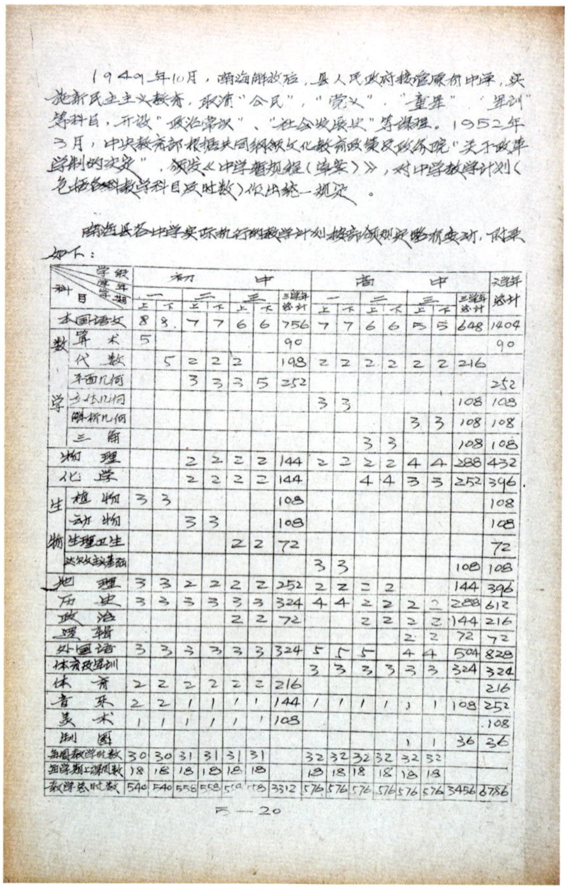

1949年10月，南海解放后，县人民政府接管原有中学，实施新民主主义教育，取消"公民"、"党义"、"童军"、"军训"等科目，开设"政治常识"、"社会发展史"等课程。1952年3月，中央教育部根据共同纲领文化教育政策及政务院"关于改革学制的决定"，颁发《中学暂行规程（草案）》，对中学教学计划（包括各科教学科目及时数）作出统一规定。

南海县各中学实际执行的教学计划按部颁规定略有变动，附表如下：

科目 \ 学级 学年 学期	初中 一 上	初中 一 下	初中 二 上	初中 二 下	初中 三 上	初中 三 下	初中 三学年总计	高中 一 上	高中 一 下	高中 二 上	高中 二 下	高中 三 上	高中 三 下	高中 三学年总计	六学年总计
本国语文	8	8	7	7	6	6	756	7	7	6	6	5	5	648	1404
数学 算术	5						90								90
数学 代数		5	2	2	2		198	2	2	2	2	2	2	216	
数学 平面几何			3	3	3	5	252								252
数学 立体几何								3	3					108	108
数学 解析几何												3	3	108	108
数学 三角										3	3			108	108
物理			2	2	2	2	144	2	2	2	2	4	4	288	432
化学			2	2	2	2	144			4	4	3	3	252	396
生物 植物	3	3					108								108
生物 动物			3	3			108								108
生物 生理卫生					2	2	72								72
生物 达尔文主义基础								3	3					108	108
地理	3	3	2	2	2	2	252	2	2	2	2			144	396
历史	3	3	3	3	3	3	324	4	4	2	2	2	2	288	612
政治					2	2	72			2	2	2	2	144	216
逻辑												2	2	72	72
外国语	3	3	3	3	3	3	324	5	5	5		4	4	504	828
体育及军训								3	3	3	3	3	3	324	324
体育	2	2	2	2	2	2	216								216
音乐	2	2	1	1	1	1	144	1	1	1	1	1	1	108	252
美术	1	1	1	1	1	1	108								108
制图												1	1	36	36
每周教学时数	30	30	31	31	31	31		32	32	32	32	32	32		
每学期上课周数	18	18	18	18	18	18		18	18	18	18	18	18		
教学总时数	540	540	558	558	[illegible]	[illegible]	3312	576	576	576	576	576	576	3456	6786

五—20

图3-11　新中国成立初期南海县中学教学计划
（选自《南海县教育志》，1989年油印本）

案）》，使各级中学开始有了可供统一执行的教学计划（图3-11）。

教育为工农大众服务，向工农开门是新旧教育的分水岭，更是新中国成立后教育工作者的重要政治任务。广东各级政府接管学校后，曾采取规定招生录取比例、适当放宽入学年龄、设立人民助学金、同等分数优先录取、先补习后转为正式生等办法，努力增加学生中工人和贫雇农子女的比重。至1952年底，全省工农家庭出身的学生，初中达到65%，高中达到39%，大专院校增加到30%左右。[30]作为石门中学初中毕业校友，后为著名水利史专家的黎沛虹曾自述，1951年他从石门初中毕业后，以一名穷苦学生的身份报考当时的广东省高级工业学校。这是一所免费学习且由国家供给食宿的学校，当时报名有一两千初中毕业生，却只录取150人，录取比例不到十分之一。但他所在初中班参加考试的5名贫苦学生全考上了。[31]这固然可以归功于石门中学上乘的教学质量，但也与"教育向工农开门"的大环境密不可分（图3-12）。

在新民主主义教育的推进过程中，向苏联学习是其中重要的一环。1949年12月召开的第一次全国教育工作会议便提出，以老解放区教育经验为基础，吸收旧教育的有用经验，特别要借助苏联的经验来建设新民主主义教育。1951年4月，教育部召开第一次全国中等教育工作会议，号召学习苏联，并把凯洛夫主编的《教育学》《世界教育史》等书发给会议代表。此后，全国各级学校掀起了学习苏联教育的热潮。

这股学习苏联、革新教学的热潮，在当时的教学改进工作上有诸多体现。如健全语文、数学、政治、历史、地理、外语、自然、音乐、美术、体卫各科教研组，开展经常性的业务学习，规定同级同科的教师在各自钻研教材的基础上，集中备课，互相听课，取长补短，共同提高教学质量。[32]数学、语文等主科教学得到加强。数学分为算术、代数、几何、三角等科目，语文也一度分为文学和汉语两门课程。英语被砍掉，改教俄语。[33]学校领导经常深入教研组，深入课堂，参加备课、听课、评议教学等活动，检查教学工作情况，总结交流经验。教研组提倡启发式教学，普遍采用凯洛夫《教育学》中论述的"五

图3-12 南海石门中学1954年度初三丙班毕业同学留影（摄于1955年7月）

个教学原则"（直观性原则、自觉性原则、系统性科学性原则、可接收性原则、可巩固性原则），并推行"五个环节"教学法（组织教学、复习旧课、讲授新课、巩固新课、布置作业），试行五级记分制（图3-13）。[34]

加强学校的思想政治教育工作是当时巩固新政权的形势需要，也是全民马克思主义普及运动的一个重要组成部分。相比新中国成立之初借助外部社会政治运动开展思想政治教育不同，此时期开始转为由石门中学内部主导。"一方面，教师经过了思想改造，思想有所提高；另一方面，党能够腾出较多的干部，派进学校加强领导，并逐步分别建立党、团少先队组织"[35]，基于此，学校组成了以党政领导为核心，以班主任、政治课教师、团队干部为骨干的思想政治工作队伍，对学生进行系统的马列主义、毛泽东思想教育和共产主义道德品质教育，辅以时事政策教育、学生守则教育、团队教育等。[36]具体而言，有如下特点。

一是班主任的角色得到凸显，作用得到加强。当时石门中学规定，分级组织班主任工作组，学校发给每个班主任一本工作手册，作为班主任工作笔记。校长还会每周召开班主任工作会议，听取汇报，研究和布置每周的工作。[37]二是德育教育经常化。主要通过贯彻1955年教育部颁发的《中学生守则》，以及"爱祖国，爱人民，爱劳动，爱科学，爱护公共财物"的"五爱"活动，进行集体主义教育、自觉纪

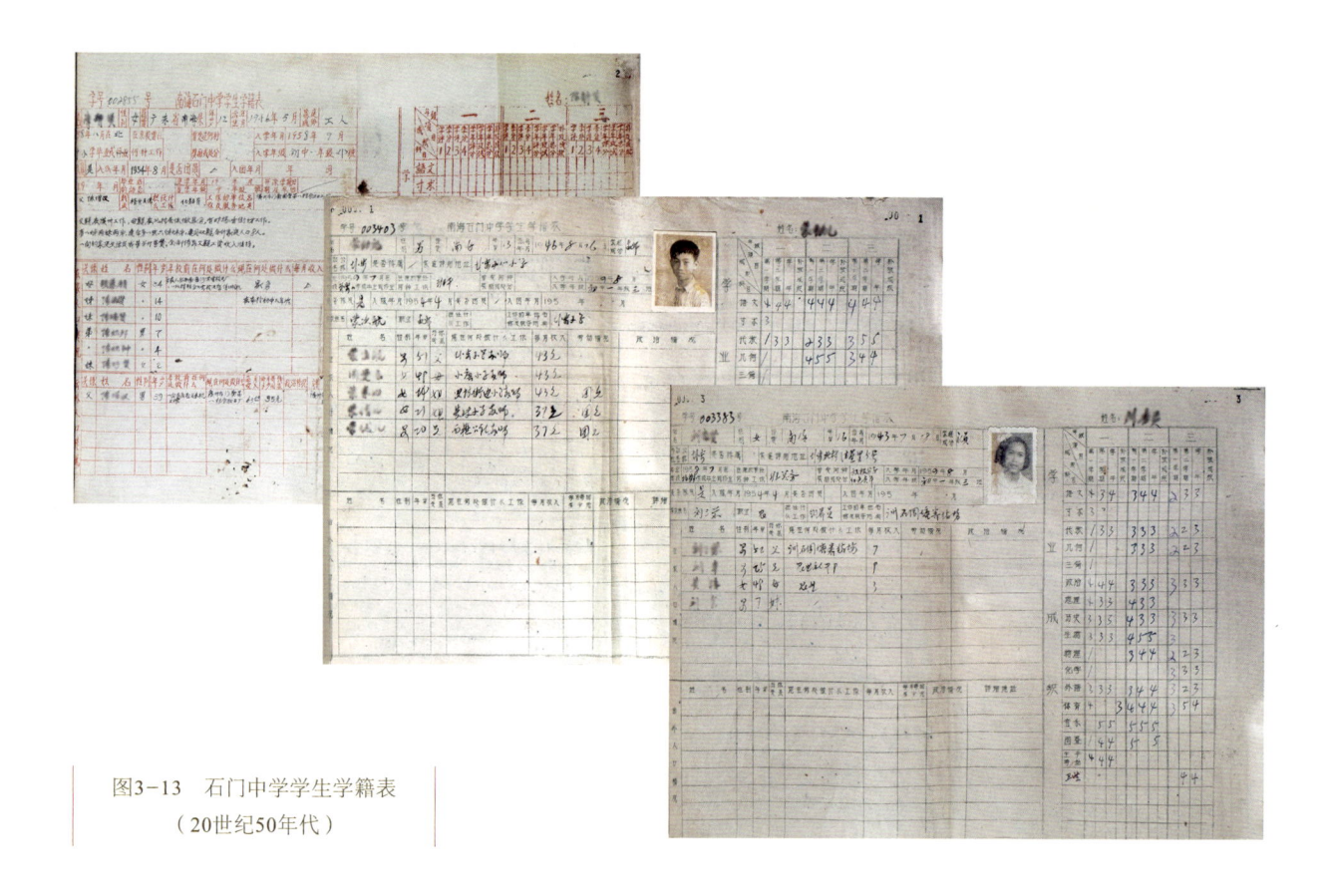

图3-13 石门中学学生学籍表（20世纪50年代）

律教育和道德品质教育，学生遵规守纪、自尊自爱的好风尚开始形成。

关于当时石门学生良好的道德品质，颇有几则鲜活生动的故事记录于校史档案之中。如1954年，曾经在饭堂吹遍一时的抢饭之风基本消灭，曾经平均每天有七八斤饭粒丢在地上的现象，经过爱惜粮食的教育，已下降至平均每天一两斤。[38]二乙班区毓秀等全班女同学被夜半大风惊醒，自动披衣起床，关闭全校课室的窗户；朱伟强同学在严寒的冬天奋不顾身跃入河中，抢救失足溺水的同学；三戊班杨灵心同学发病一个月，全班热情组织力量为他补习功课；由于天气突然变冷，留校同学自动找棉衣送到离校七八里路的火车站等候参观展览会回来的同学穿[39]……类似这样的好人好事层出不穷，蔚然成风。

这一时期，石门学生良好道德行为之所以不断涌现，除了班主任工作加强之外，还有一个显著的因素：新民主主义青年团（1957年改称共产主义青年团）的组织作用得到充分发挥。1954年上半年之前，石门中学青年团的力量还很薄弱，1949年底至1951年只有学生团员4人，教师团员1人，没有成立支部，学校与附近的六联乡、黄岐乡、秀水乡和黄岐税所等单位成立一个团支部。[40]至1953年才独自成立团支部。同时，团组织开始向全校公开，教师容羡（副教导主任），学生杜启殷、邓全胜先后任团支部书记。从独立建立团支部开始，团组织大力推进青年教育工作。全校三分之二以上的学生都参加了"团的基

图3-14 石门中学初二年级第二团分支全体团员合影（摄于1957年1月）

本知识"的学习，掀起了勤奋学习、积极工作、努力提高政治觉悟、创造条件争取参团的热情。很多同学在入团宣誓大会上争先上台，表示争取进步。[41]至1954年，团员发展到60多人，并于当年下半年成立团总支，下属学生团支部和教工团支部。1957年，团员超过百人，成立团委会，是学校贯彻党的教育方针的得力助手（图3-14）。[42]

第三节　百花齐放竞校园

新中国成立初期的石门中学，与全国各地的中学一样，整体上大致经历了从秩序混乱到整顿接管，再到焕发新气象的过程。但在这一过程中，作为"本业"的教学工作经常受到当时频繁社会运动的冲击，教学上始终存在着"闭门"与"开门"之间的张力。如农业合作化高潮时，中小学因为卷入过多的社会活动而产生较为严重的忙乱现象。从消灭四害、造林绿化到积肥打井，都给学校规定一定的任务，限期完成。一个中学教师因为自己毛笔字写得较好，整天为机关、公司、商店写招牌大字。而不少学校工作亦缺乏计划安排，忙于事务，疲于应付，会议过多，活动过多，妨碍和干扰了教学工作。[43]忙乱的原因，客观上固然是社会主义改造高潮的到来，但就学校本身而言，主观上也未能牢固树立起以教学为中心的思想，没有切实落实以教学为主、认真做通盘的考虑，而习惯于搞突击运动和眉毛胡子一把抓。

针对这种情况，1954年，政务院发出《关于改进和发展中学教育的指示》，提出中学教育的任务应以国家总路线的精神教育学生，把他们培养成为积极参加社会主义建设和保卫祖国的全面发展的新人。而要培养社会主义全面发展的新人，主要是通过教学来实现的。教学是学校的中心任务（甚至是压倒一切的中心任务），是学校工作的"正业"，离开了教学，就是"中心旁移""不务正业"，就不可能完成培养新一代的任务。广东省教育厅据此发出《对广东省中学、师范教育工作的意见》，重申学校以教学为中心的决定，以及中小学生每周参加社会活动时间的规定，要求学校坚决以提高教学质量为中心任务。[44]

1953至1957年间，在国家第一个"五年计划"建设背景下，石门中学便把改进教学提到学校工作的中心位置。与其他学校相比，石中发力的重点不在于硬件设施条件的改善，而是以严谨不苟的学风与优秀师资云集而著称。1955年考上石门中学的何百源对此印象深刻，他回忆道："当时每个知道我考上石门中学的人都对我说，石中乃名校，有许多名师执教，教学质量甚高，我才领悟自己实属幸甚。石中校风学风非常严谨，那时每天从清晨6时至晚间10时，全部时间都置于严密的统一安排之中，颇像部队的军事化生活。令我永生难忘的是幸遇一批严格治学的名师。由于教学有方，诱导得力，我感到学习上不但不吃力，并且相当有兴趣。"[45] 1955年，即使是曾在石中短暂读过半年初中的黄瑞先，也对学校善于激发学生学习兴趣的学风，以及"学高为师，身正为范"的榜样力量赞不绝口。他说："记得一次在课堂上，我试着用粤语回答提问，受到老师的鼓励，被评为5分（当时学习苏联实行5分制，5分为满分），从此，我就大胆发言，决心锻炼自己的胆量，努力学习知识。在教植物学的老师家里，看到他出版的著作，听他讲植物学的知识，自己也暗下决心，立志以他为榜样，学有所长，造福人民。"[46]（图3-15）

当时，石中各教研组均拥有一批骨干教师，如语文之凌风，数学之钟鲁铁、刘兆福，政治之梁炳钊，物理之宋达廷，音乐之胡淳、朱健，体育之黄永藻、张达衡。[47] 这些教师熟谙业务，经验丰富，教学有方，德艺双馨，深受学生爱戴。其中的凌风、张达衡、胡淳、区杰，后来更是被校友们公认为"石门四老"[48]，在校友心目中留下了深刻的记忆。如1955至1961年就读石门中学的石中宣回忆"石门老燕"——语文老师凌风：

> 讲课时，声音极为洪亮，坐在教室任何一个角落的人都能感到有如洪钟贯耳；讲课中，对疑难问题的解释一是一，二是二，极为中肯透彻，绝不含糊。而作为学生，最怕的是为师者含糊其辞，模棱两可。他的板书极为工整秀逸，且格式规范，不似现在的教师龙飞凤舞，乱写一气。批改作文，却又是另一番"绝活"。错、漏别字，一一用红字勾出，再写上正确的规范字，使学生永记难忘……当时学生中流传着一句话："凌老师教过的学生，语文成绩都有番咁上下（方言，意即具备一定的水平）。"[49]

图3-15　石门中学1956年度初三一班同学留影（摄于1957年6月）

1951届初中毕业生黎沛虹认为，在石门中学学习的那段时光，不仅不感到是一种负担，而且产生了强烈的兴趣和快乐的享受。这不仅与石中教学风气整体良好有关，也得益于每位老师的教学精神与方法。他列举了当时教授几何课的钟鲁铁老师对他日后学术思想产生深刻影响的教学过程：

> 他曾交代我在课余时间先试证一道难题，我很高兴得到老师的信任，用了整整一个星期天详细证出。下一次课开始时，老师先给我10分钟时间介绍我的证明方法，并不断地点头称赞。我也很有点得意洋洋的样子，大胆，放开讲……然而，在我继续得意的时候，一位姓梁的女同学满脸通红地站起来说我的证明有问题……她的发言启发了其他同学，于是都争着指出我每一步证明的结果都有了问题。

> 几何老师语重心长地总结了这次讨论，一方面极力赞扬我的刻苦求证的学习精神，另一方面又指出：前提条件不对，再好的证明方法也会引起错误结果，而且越证明得好，越容易使人难以辨别是对还是错，老师还特别说了一句："连我也差一点被黎沛虹同学的证明迷惑了。"这是一次十分高超的教学过程，一方面深刻地启发学生的思维，一方面又对错证的学生加以高度赞扬，甚至用"我

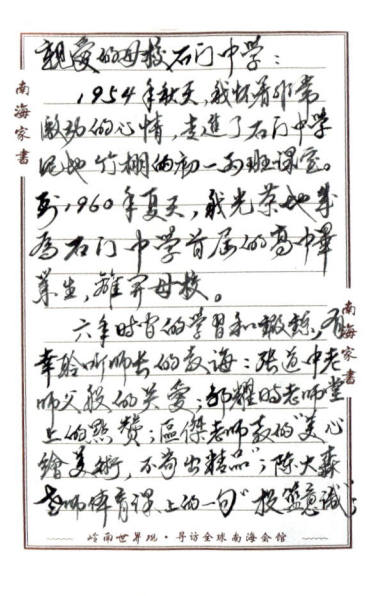

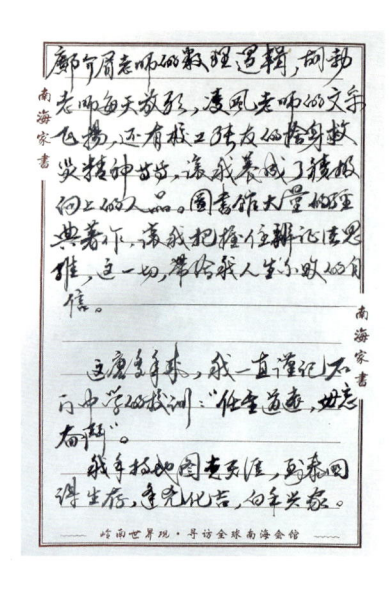

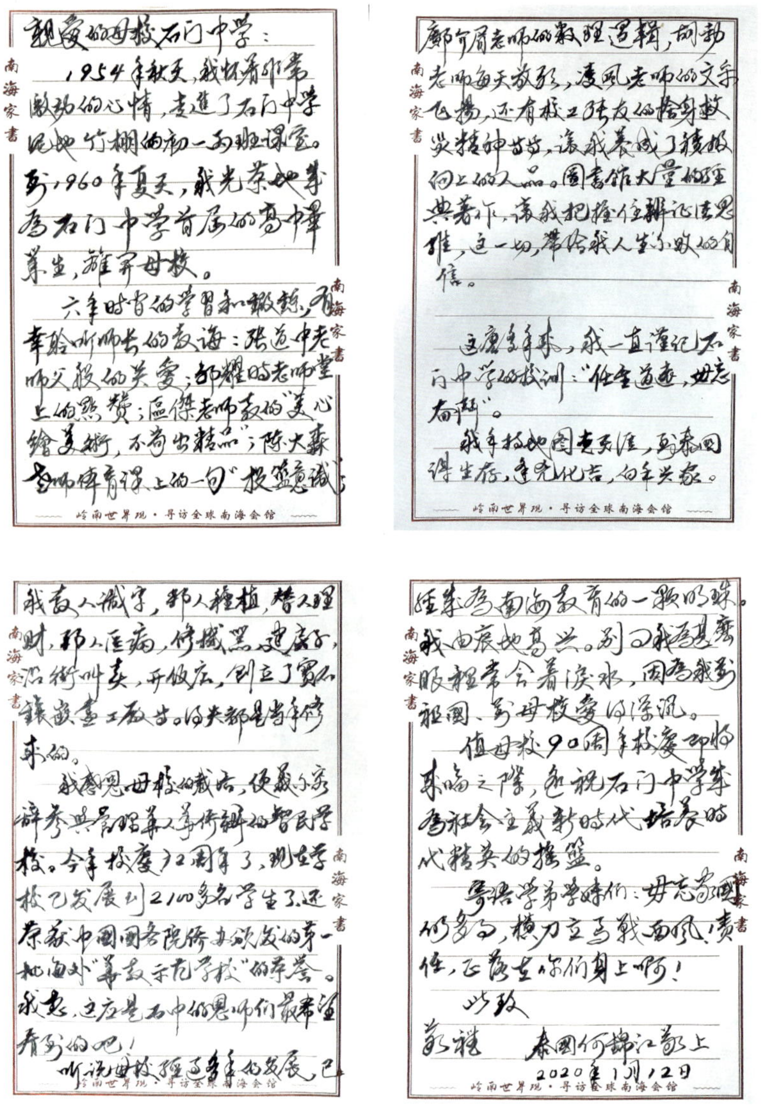

图3-16 首届高中毕业生何锦江校友致信母校，回忆求学时光（2020年1月12日）

也受迷惑"这样的语言来维护了错证学生的自尊心……[50]

在这些优秀教师的共同努力下，石门中学的办学质量稳定提高。当时，石中的升学率常在百分之八九十。1956年8月，谢日华任石门中学校长。9月，石门中学复办高中。为适应办高中的要求，在原建的8间课室中每两间加建一间，共增加4间课室（图3-16）。

新中国成立初期，体育卫生作为社会主义教育事业的重要组成部分，未摆上应有的位置，学生健康状况一度不良。针对这种情况，毛泽东于1950年4月和1951年1月两次写信给教育部部长马叙伦，做出"健康第一，学习第二"的指示。1951年6月，政务院颁发《关于改善各级学校学生健康状况的决定》，要求各地学校把培养有强健体魄的现代青少年作为一项重大任务抓起来。1953年6月，毛泽东接见青年团第二次全国代表大会主席团时又指出，国内工作的重点正在转移到社会主义改造和建设上来，这就要做到"身体好""学习好""工作好"。根据"三好"指示，广东省文教厅和各地学校采取多项措施，减轻学生课业负担，合理安排作息时间，注意搞好生活和体育卫生工作，使学生劳逸结合，健康成长。[51]

20世纪50年代初期和中期，石门中学认真落实"三好"指示，实现学生德、智、体全面发展，尤其注重"锻炼身体，建设祖国"。根据1950年8月教育部颁发的《中学暂行教学计划（草案）》规定，中学体育课时占各科总学时数的6.67%，在各学科中仅次于语文、数学、外语，位列第四。1954年，教育部编订了第一套《中学体育教学大纲（草案）》，提出除体育基础知识的教学外，有关实践的内容，皆以体操、田径、球类为基本教材。体育课的考核，则根据对学生体育技能的测验与平时对学生的运动精神、道德作风、出席勤惰、健康状况及卫生习惯等情况的考察来加以核定。[52]据此，石门中学组织体育教师学习《大纲》，相互听课，交流经验，在教学内容方面进行全面的基本训练，包括田径、球类、体操等（图3-17）。[53]

田径运动，素来广泛普及。新中国成立前石中学生经常报名参加广东省年度田径运动会。新中国成立后，石中每年元旦都举行一次全校性的田径运动会。1949年元旦运动会上，陈仁康同学在男子跳高比赛中以1.68

图3-17 体操队合影及训练照（20世纪50年代后期）

图3-18 南海县与佛山市参加珠江区球类选拔赛中的石门中学男女代表团合照（摄于1951年2月1日）

米的成绩打破了当时南海县联队的纪录。球类运动中，以篮球最为活跃，专门组织成立篮球代表队，分为男女甲、乙两队。每天清晨5点半钟起床，比全校其他同学早起半个小时左右，集中后由体育老师黄永藻带领，张达衡老师协助，进行艰苦训练。据篮球队员李耀华回忆："首先是环校跑，然后开始基本技术的训练，一直到第一节课前结束，匆匆吃早餐，就回教室上课。除了雨天外，天天坚持。当时并没有制订什么条例约束我们，但黄永藻老师确实对我们要求很严格，谁也不敢迟到，更不会无故不参加训练，全靠自觉遵守纪律。冬来暑往，从不间断。"[54]另一位篮球队员陈仁康，于1952年被选入中国人民解放军"八一"男子篮球队，成为南海县被选拔为体育专业运动员的第一人。他回忆说："当时篮球队男女甲乙组，早上和晚饭后练习篮球。同学之间非常团结友爱，互相帮助，发扬集体荣誉感，积极为学校争光。在训练时老师很认真积极、严肃、紧张，从难从严从实际出发进行训练，培养良好的作风。"[55]（图3-18）

相较而言，石门中学最具特色与知名度的体育运动，莫过于游泳，它是南海游泳运动的摇篮，是南海竞技游泳的发源地。[56]由于学校濒临珠江，天然泳池近在咫尺，新中国成立前就在校门口的珠江边建造有简易的游泳场。每年夏天，则开设游泳必修课。自1947年黄永藻任教石中体育后，利用学校得天独厚的环境优势，重点致力于游泳教学。在学生眼中，石中的游泳课绝不仅仅是一项简单的体力运动，更多的是培养勇于搏击自然、迎难而上的精神品格。校友黎沛虹就认为："石门中学老师善于利用当时良好的河流环境，教育我们勇于与大自然拼搏，锻炼身体，磨砺意志。在老师的指导下，我们不仅把游泳

图3-19 20世纪50年代初的石门中学游泳队

作为一种娱乐，而且作为一种强身，立志克服困难，不断前进的意志、品格的学习，并且在日后得到想不到的作用。"[57]（图3-19）

黄永藻每年都遴选出一批游泳基础较好的学生进行专门训练，并参加各级游泳比赛，成绩颇为出众。1951年8月，南海县游泳比赛在石门中学举行，石门中学学生囊括比赛全部名次，并获粤中区游泳比赛男女子各7项冠军，广东省游泳比赛6项冠军：陈昆钿的1500米自由泳，郑燕瑛的100米仰泳，唐少然的50米仰泳，郑敏英的400米自由泳、200米仰泳、50米自由泳。1952年6月，南海县第一届游泳选拔赛在石中举行，参赛人数80人，夺标者大多为石门中学学生，后代表南海县参加粤中区比赛，再显神威，夺得7项冠军。1955年，广东省游泳分区赛在江门举行，被选入粤中区代表队的原石门中学生邹海佳、李玉潜、张淑英3人共夺得6项冠军，黄惠兴获3项亚军，邹海鉴、卢细虾、梁金旺入选省游泳队，成为专业队员。[58] 可以说，自20世纪50年代以后，代表南海县参加各级游泳比赛的基本是石中学生，南海各地游泳运动之所以蔚然成风，石门中学功不可没。而开创石中竞技游泳之先的黄永藻，因培养出众多游泳出众的石门学生以及国家级游泳健将罗兆应，于1985年荣获国家体委颁发的"新中国体育运动开拓者"荣誉称号（图3-20）。

在重视与加强体育活动之外，生产劳动、文娱活动、社会服务，也是当时石门中学配合正课、丰富和扩大学生知识领域的课外活动。如1954年下半年组织学生阅读《把一切献给党》《可爱的中国》等有教育意义的书籍，并举办学习心得座谈会，出版阅读心得文章的壁报，以加深教育；组织学生访问军烈

图3-20 20世纪50年代初的石门中学运动会

家属，帮助军烈家属义务劳动。1955年秋季，组织学生参加爱国拾谷运动，并把一部分拾得的谷捐献给广州青年志愿垦荒队。1956年上半年，举办"向科学进军""如何学得好""当天功课当天完"等主题活动。1956年下半年，组织学生访问老师，了解老师为了上好一堂课而花费多少精力。1957年上半年，组织参观红旗生产合作社，邀请校友马加麟回校报告参加农业生产的经过和体会，搞得很有声色，对同学的教育也是很深刻的。[59] 这些涵盖文化自修、生产劳动、社会服务的课外生活，既是加强学生思想政治工作的重要环节，也是那个年代校园生活百花齐放的生动写照。

这是一个激情的年代，在石门中学校史上留下了一幅幅珍贵的画面，记忆独特。

注释

[1] 广东省佛山市南海区政协文史和学习委员会编:《南海文史资料》第37辑《石门中学七十年（1932—2002年）》，2005年印行，第132页。

[2] 广东省佛山市南海区政协文史和学习委员会编:《南海文史资料》第37辑《石门中学七十年（1932—2002年）》，2005年印行，第15页。

[3] 陈仁康:《良师益友话当年——记石门中学建校六十周年》，收入广东省佛山市南海区政协文史和学习委员会编:《南海文史资料》第37辑《石门中学七十年（1932—2002年）》，2005年印行，第188页。

[4] 杜国彪:《佛山军管会举办的第一期中小学教师进修班》，收入广东省南海市政协文史资料委员会编:《南海文史资料》（第21辑），1992年印行，第24页。

[5]《南海县石门中学十三年来的政治思想工作》(1962年12月14日)，佛山市南海区档案馆藏，档案号：001-A12.9-434-013。

[6] 广东省佛山市南海区政协文史和学习委员会编:《南海文史资料》第37辑《石门中学七十年（1932—2002年）》，2005年印行，第69页。

[7] 广东省佛山市南海区政协文史和学习委员会编:《南海文史资料》第37辑《石门中学七十年（1932—2002年）》，2005年印行，第73页。

[8] 新中国成立前夕，农村中小学校董会所定的教师工资水平，一般每月平均为300斤左右（学校负责人多为350至400斤，新教师或文化较低的为200至250斤）。参见杜国彪:《佛山军管会举办的第一期中小学教师进修班》，收入广东省南海市政协文史资料委员会编:《南海文史资料》（第21辑），1992年刊行，第39—40页。

[9] 广东省佛山市南海区政协文史和学习委员会编:《南海文史资料》第37辑《石门中学七十年（1932—2002年）》，2005年印行，第15页。

[10]《南海县石门中学十三年来的政治思想工作》(1962年12月14日)，佛山市南海区档案馆藏，档案号：001-A12.9-434-013。

[11]《南海县石门中学十三年来的政治思想工作》(1962年12月14日)，佛山市南海区档案馆藏，档案号：001-A12.9-434-013。

[12]《南海县石门中学十三年来的政治思想工作》(1962年12月14日)，佛山市南海区档案馆藏，档案号：001-A12.9-434-013。

[13]《南海石门中学一九五三年度第二学期工作总结》(1954年8月)，佛山市南海区档案馆藏，档案号：001-A12.9-422-011。

[14] 佛山市教育志编纂委员会编:《佛山市教育志》，广东教育出版社1994年版，第77—78页。

[15]《南海石门中学一九五三年度第二学期工作总结》(1954年8月)，佛山市南海区档案馆藏，档案号：001-A12.9-422-011。

[16]《南海县石门中学十三年来的政治思想工作》(1962年12月14日)，佛山市南海区档案馆藏，档案号：001-A12.9-434-013。

[17]《南海县石门中学十三年来的政治思想工作》(1962年12月14日)，佛山市南海区档案馆藏，档案号：001-A12.9-434-013。

[18]《南海县石门中学十三年来的政治思想工作》(1962年12月14日)，佛山市南海区档案馆藏，档案号：001-A12.9-434-013。

[19]《南海县石门中学十三年来的政治思想工作》(1962年12月14日),佛山市南海区档案馆藏,档案号:001-A12.9-434-013。

[20] 冯大伟:《投笔从戎忆当年》,收入广东省佛山市南海区政协文史和学习委员会编:《南海文史资料》第37辑《石门中学七十年(1932—2002年)》,2005年印行,第185页。

[21]《南海县石门中学十三年来的政治思想工作》(1962年12月14日),佛山市南海区档案馆藏,档案号:001-A12.9-434-013。

[22] 广东省人民政府办公厅、广东省统计局合编:《广东五十年(1949—1999)》,中国统计出版社1999年版,第9页。

[23] 南海县教育局、南海县成人教育委员会办公室编:《南海县教育志》,1990年印行,第202页。

[24] 潘寿南:《记风采依然的老石中人——张达衡老先生》,收入广东省佛山市南海区政协文史和学习委员会编:《南海文史资料》第37辑《石门中学七十年(1932—2002年)》,2005年印行,第226—227页。

[25] 南海县教育局、南海县成人教育委员会办公室编:《南海县教育志》,1990年印行,第93页。

[26] 何东昌主编:《中华人民共和国教育史(上)》,海南出版社2007年版,第173页。

[27] 南海县教育局、南海县成人教育委员会办公室编:《南海县教育志》,1990年印行,第97页。

[28] 何东昌主编:《中华人民共和国重要教育文献》(1949—1975),海南出版社1998年版,第305页。

[29] 广东省佛山市南海区政协文史和学习委员会编:《南海文史资料》第37辑《石门中学七十年(1932—2002年)》,2005年印行,第73页。

[30] 广东省人民政府办公厅、广东省统计局合编:《广东五十年(1949—1999)》,中国统计出版社1999年版,第11页。

[31] 黎沛虹:《人生正道此开端——铭记母校石门中学的培育》,收入广东省佛山市南海区政协文史和学习委员会编:《南海文史资料》第37辑《石门中学七十年(1932—2002年)》,2005年印行,第212页。

[32] 广东省佛山市南海区政协文史和学习委员会编:《南海文史资料》第37辑《石门中学七十年(1932—2002年)》,2005年印行,第74页。

[33] 广东省佛山市南海区政协文史和学习委员会编:《南海文史资料》第37辑《石门中学七十年(1932—2002年)》,2005年印行,第74页。

[34] 广东省佛山市南海区政协文史和学习委员会编:《南海文史资料》第37辑《石门中学七十年(1932—2002年)》,2005年印行,第74页。

[35]《南海县石门中学十三年来的政治思想工作》(1962年12月14日),佛山市南海区档案馆藏,档案号:001-A12.9-434-013。

[36] 南海县教育局、南海县成人教育委员会办公室编:《南海县教育志》,1990年印行,第117—118页。

[37]《南海县石门中学十三年来的政治思想工作》(1962年12月14日),佛山市南海区档案馆藏,档案号:001-A12.9-434-013。

[38]《南海县石门中学十三年来的政治思想工作》(1962年12月14日),佛山市南海区档案馆藏,档案号:001-A12.9-434-013。

[39]《南海县石门中学十三年来的政治思想工作》(1962年12月14日),佛山市南海区档案馆藏,档案号:001-A12.9-434-013。

[40] 杜启殿:《南海石门中学共青团组织组建情况》,收入广东省佛山市南海区政协文史和学习委员会编:《南海文史资料》第37辑《石门中学七十年(1932—2002年)》,2005年印行,第211页。

[41]《南海县石门中学十三年来的政治思想工作》(1962年12月14日),佛山市南海区档案馆藏,档案号:001-A12.9-434-013。

[42] 杜启殿:《南海石门中学共青团组织组建情况》,收入广东省佛山市南海区政协文史和学习委员会编:《南海文史资料》第37辑《石门中学七十年(1932—2002年)》,2005年印行,第211页。

[43] 广东省人民政府办公厅、广东省统计局合编:《广东

[44] 广东省人民政府办公厅、广东省统计局合编:《广东五十年（1949—1999）》，中国统计出版社1999年版，第40—41页。

[45] 何百源:《石门·石门·石门——母校四十一年锁忆》，收入广东省佛山市南海区政协文史和学习委员会编:《南海文史资料》第37辑《石门中学七十年（1932—2002年）》，2005年印行，第205页。

[46] 黄瑞先:《给母校老师的一封信》(1993年)，收入广东省佛山市南海区政协文史和学习委员会编:《南海文史资料》第37辑《石门中学七十年（1932—2002年）》，2005年印行，第203页。

[47] 广东省佛山市南海区政协文史和学习委员会编:《南海文史资料》第37辑《石门中学七十年（1932—2002年）》，2005年印行，第130—131页。

[48] 广东省佛山市南海区政协文史和学习委员会编:《南海文史资料》第37辑《石门中学七十年（1932—2002年）》，2005年印行，第224页。

[49] 石中宣:《石门老燕》，收入广东省佛山市南海区政协文史和学习委员会编:《南海文史资料》第37辑《石门中学七十年（1932—2002年）》，2005年印行，第232—233页。

[50] 黎沛虹:《人生正道此开端——铭记母校石门中学的培育》，收入广东省佛山市南海区政协文史和学习委员会编:《南海文史资料》第37辑《石门中学七十年（1932—2002年）》，2005年印行，第197—198页。

[51] 广东省人民政府办公厅、广东省统计局合编:《广东五十年（1949—1999）》，中国统计出版社1999年版，第9—10页。

[52] 马学强、朱雯主编:《存古开新:从绍郡中西学堂到绍兴市第一中学（1897—2017）》，商务印书馆2017年版，第198页。

[53] 南海县教育局、南海县成人教育委员会办公室编:《南海县教育志》，1990年印行，第122页。

[54] 李耀华:《石门中学体育运动的回忆》，收入广东省佛山市南海区政协文史和学习委员会编:《南海文史资料》第37辑《石门中学七十年（1932—2002年）》，2005年印行，第183页。

[55] 李耀华:《石门中学体育运动的回忆》，收入广东省佛山市南海区政协文史和学习委员会编:《南海文史资料》第37辑《石门中学七十年（1932—2002年）》，2005年印行，第187页。

[56] 陈玮:《石中——南海游泳运动的摇篮》，收入广东省佛山市南海区政协文史和学习委员会编:《南海文史资料》第37辑《石门中学七十年（1932—2002年）》，2005年印行，第210页。

[57] 黎沛虹:《人生正道此开端——铭记母校石门中学的培育》，收入广东省佛山市南海区政协文史和学习委员会编:《南海文史资料》第37辑《石门中学七十年（1932—2002年）》，2005年印行，第198页。

[58] 陈玮:《石中——南海游泳运动的摇篮》，收入广东省佛山市南海区政协文史和学习委员会编:《南海文史资料》第37辑《石门中学七十年（1932—2002年）》，2005年印行，第210页。

[59] 《南海县石门中学十三年来的政治思想工作》(1962年12月14日)，佛山市南海区档案馆藏，档案号:001-A12.9-434-013。

第四章

困难与调整时期

困难与调整时期

图4-1 "满门桃李发新枝"：石门中学校门
（石门中学建校31周年纪念，摄于1964年）

自1957年以后，广东石门中学和全国其他地方一样都卷入政治运动之中，使得刚刚起步的对社会主义建设事业的探索遇到了困难，一些好的做法逐渐被抛弃，"左"的思想日益发展。此后1958年的"大跃进"，更是让教育事业的发展陷入了混乱的局面，学校教学秩序被打乱，教育工作背离客观规律，教育质量降低。虽然随着"调整、巩固、充实、提高"的八字方针推进，学校的发展一度走向正轨，但不久，"文化大革命"爆发，管理体制被肢解，教师队伍被离散，教学设施被破坏，课程设置被打乱，学生思想被毒害，学校正常教学秩序无法建立，教育质量严重下降，石门中学广大教师学生对于种种倒行逆施进行了不同方式和不同程度的抵制和斗争（图4-1）。

第一节　政治运动中的石门中学

　　1957年2月27日，毛泽东在最高国务会议上做了《关于正确处理人民内部矛盾的问题》的讲话，指出："我们的教育方针，应该使受教育者在德育、智育、体育几方面都得到发展，成为有社会主义觉悟的有文化的劳动者。"1958年1月，毛泽东又提出了"两个必须"（即教育必须为无产阶级政治服务，必须同生产劳动相结合），要求劳动人民要知识化，知识分子要劳动化，这些讲话在当时具有深远的影响。由此一场以正确处理人民内部矛盾为主题，以反对官僚主义、反对宗派主义、反对主观主义为内容的整风运动在全国兴起。4月27日，中共中央发出《关于整风运动的指示》。5月6日，教育部党组发动全体教师帮助党整风，并具体制定出五项办法。5月1日，中共广东省委召开会议，讨论贯彻执行中共中央《关于整风运动的指示》，决定立即着手制订在全省党组织中进行整风的计划。5月15日，省委制订出全省开展整风运动的计划。5月20日，成立整风领导小组，整风运动全面展开。[1]

　　不久，整风运动就发展为反右派运动。1957年6月8日，《人民日报》发表社论《这是为什么？》，号召全国人民行动起来"打退右派分子的进攻"，全国反右派运动的序幕由此拉开。6月21与22日，《南方日报》分别发表题为《坚决回击右派分子》和《坚决同右派分子划清界线》两篇社论。反右斗争开始，并迅速蔓延至基层。[2] 8月25至29日，中共南海县委召开政治工作会议，传达有关"反对资产阶级右派斗争问题的指示"精神，为开展反右派斗争做准备。11月16日，县内中学全面参加整风运动，教职员工在校张贴"大字报"，实行"大鸣大放"。1958年1月27日起，全县中小学教职员工分别集中在南海师范和石门中学参加整风运动。中学教职员工在南海师范继续鸣放辩论。1月20日至2月15日，南海县的中学全面开展反右派斗争，整个南海县中小学教职员工中被划为反对中国共产党、反对社会主义的资产阶级"右派分子"一共238人，占教职员工总数的9.99%。[3] 这些"右派分子"大部分被开除出教师队伍，送有关部门进行劳动改造，一部分留校监督改造。石门中学的美术老师区杰是当地著名的美术工作者，在反右时，他因为写了一篇批判官僚主义的文章，被定为"南海教育界右派第一号人物"，受到了降薪一级、留校察看的处分，从此进入了坎坷的人生之路（图4-2）。[4]

　　贯彻毛泽东关于教育方针的讲话精神另一项重要措施是推动学校劳动教育和勤工俭学的开展。1957年6月5日，《人民日报》发表了题为《一面劳动，一面读书》的社论，在1957年下半年起，中学教学计划中便已经正式列入了农业基础知识科，安排在初、高中三年级每周各2课时。1958年1月，共青团中央做出了《关于在学生中提倡勤工俭学的决定》，教育部于2月间发文支持决定。从本年起，将生产劳动列入中学的正式课程，安排初高中各年级每周2课时。1958年3月24日至4月4日，教育部在第四次全国教育行政会议上提出"反掉保守思想，促进教育事业大跃进"。1958年8月13日毛泽东在天津大学视察时提出"学校办工厂，工厂办学校"。9月12日在视察武汉大学时，肯定了学生自觉要求实行半工半读是好事情，是学校大办工厂的必然趋势，应给予支持和鼓励。[5] 在毛泽东的号召下，学校办工厂蔚然成风。

第四章　困难与调整时期

图4-2　1959年南海石门中学教职员工名册（选摘）

1958年，中共中央开始实施第二个"五年计划"，制定了"多、快、好、省地建设社会主义"的总路线，并提出"大跃进"的口号。1958年3月13至20日，中共广东省委、省人民委员会召开了规模空前的全省教育工作会议，参加会议的代表从地市委书记、专员到中学校长共2180人。会议提出要实现教育事业"全面大跃进"。[6] 1958年6月，广东省教育厅在增城县派潭中学召开全省中学、师范学校勤工俭学现场会，总结成绩，提高认识，推广派潭中学经验，部署勤工俭学的进一步开展。9月，全省学校掀起了一个以实行教学结合政治、结合生产、结合实际（即"三结合"）为主要内容的教学改革浪潮。此后，广东的中学校开始出现劳动越来越多的趋向，有的学校还提出通过生产劳动争取学校经费自给或部分自给的计划要求（图4-3）。[7]

1958年9至10月间，贯彻中共中央《关于在农村建立人民公社问题的决议》，人民公社化运动在整个南海县铺开。全县中、小学下放到各

图4-3　20世纪50年代后期石门中学校园平面示意图（由石门中学档案室提供）

公社实行"块块领导"。全县中、小学投入生产"大跃进"和全民"大炼钢铁"运动。此后，生产劳动成了学校的主要任务。为了培养劳动者，学校在办工厂、办农场的同时，还要参加大炼钢

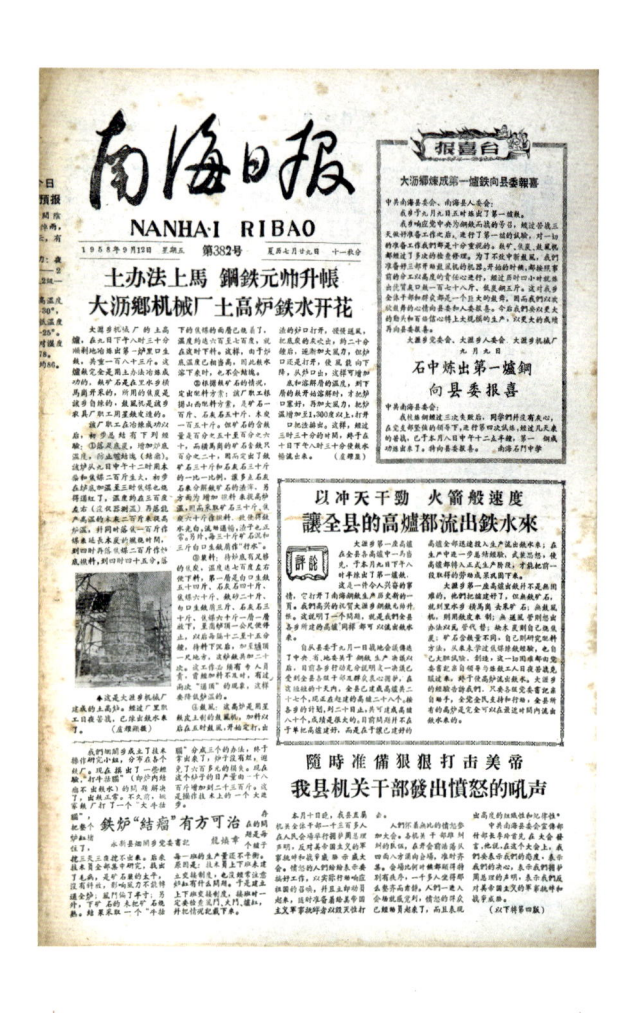

图4-4 特殊记忆：《南海日报》报道《石中炼出第一炉钢》（1958年9月12日）

铁、兴修水利、深翻改土等劳动。很多学校提出"把课堂搬到田头、车间去"的口号，有的学校停课参加劳动达两三个月之久，生产劳动冲击了学校正常的教学秩序。另外，为了适应公社化初期农村大集体的需要，1958年冬至1959年春，广东农村的中、小学，曾合并集中，实行同学习、同劳动、同吃饭的"三集体"，或加上同住宿的"四集体"（图4-4）。[8]

1959年5月，根据国务院《于全日制学校的教学、劳动和生活安排的规定》，广东开始纠正学校劳动过多的偏向，情况有所好转；但是这年9月庐山会议后开展的反右倾斗争，提出"反右倾，鼓干劲，争取更大跃进"的口号，却把国务院正确的规定冲击掉，重蹈随便停课、过多劳动的覆辙（图4-5）。[9]

9月，又开始进行"教育大革命"。这次教育革命从两方面进行，一是教育事业方面的"大跃进"，二是学校内部教育秩序，教育内容、方法与组织形式的改革。教学方面，结合政治，结合生产，结合实际，在形式和方法上也进行了种种革新。12月4至8日，中共南海县委召开文化革命工作会议，贯彻"教育为无产阶级的政治服务，教育与生产劳动相结合"的方针。1959年2月，全县掀起教育改革运动，提出在教育思想领域内"插红旗、拔白旗"的口号，批判脱离生产劳动的资产阶级教育思想。11月15至24日，全县集中2000多名中小学教师学习中共八届八中全会决议，通过"大鸣大放大辩论"，批判资产阶级右倾机会主义、个人主义，保卫"党在社会主义建设时期的总路线""人民公社化"和"大跃进"这"三面红旗"，借以树立"革命到底""高速度建设社会主义"和"大搞群众运动"三个观念。[10]

当时，石门中学正式提出了"冲出校门"的口号，大办工厂，大办农场，大炼钢铁，并进行了"双勤"（勤俭建国，勤俭持家）方针和红专大辩论。强调要"上课搬去田头树脚"，学生劳动量明显增大，学校还提出了要实现"经济自给过关"，运动一个接一个，"双反"（反浪费和反右倾保守）运动、无偷盗赌博等"十无安全运动"、"双勤"方针大辩论，以及红专大辩论，都以"大字报"形式进行，一轮轮地揭发、交待、

图4-5 1957年度南海县石门中学初中三（1）班同学留影（摄于1958年7月）

辩论、批判，很多人甚至在全校大会上进行检讨。[11]

石门中学还大规模组织学生参加生产劳动，并利用农忙假组织学生参加农村劳动。但是这种生产劳动的效果并不好，日后的总结指出，当时各班的生产劳动并无指定计划和内容进行，每周的生产劳动是根据学校总务处的需要临时组织的，如抬米、抬木糠、抬沙、抬石灰、送肥、除草、淋水，学生的生产劳动时间好像是为了师生的开饭问题、为了方便学校总务处而设置的，学生变成了学校的散工。另外，对年纪小的学生、例假期的女学生照样分配任务，女学生也不敢提意见，高一（1）班一学期甚至没有女学生请过例假。而劳动的效果也不好，当时学校有稻田17亩、鱼塘21亩、瓜菜地8亩、其他试验地1亩，合计47亩，除了8亩瓜菜地是操场地外，其余都是新中国成立前已经有的校产。学生们在这些田地中种植作物，但是由于经验不足，这些作物长得不好，17亩水稻中，大部分是三类禾，与生产队的水稻相差甚远。种植的冬瓜也不如农民种得那么好，姜也全部死掉。当时管理学校人员也说，瓜菜地蚀了大本。一共生产冬瓜1405斤，其实只值21元7分。[12]"大跃进"的恶果不久就显现出来了，不久，整个国民经济陷入困难时期，石门中学的粮食定量从38至28斤缩至20至16斤，这就是广东著名的"四两庄时期"。所谓"四两庄"，原来是杂技术语，意识是技艺登峰造极者是具有半年八两，未登峰造极者则认为斤两未够，故称为"四两庄"。"四两庄"用在这一特殊时期，就是指人民公社食堂的粮食定量斤两未够，最初是每顿4两米蒸饭或分饭，最后是一天4两。学校还号召学生互相推让，甚至还出现了因此学生互相推让出现有饭剩，学校大张旗鼓地宣传，称之为"思想、学习、劳动三丰收"的典型（图4-6）。[13]

这种大规模参加生产劳动的情况即使是"大跃进"结束之后其实也并没有得到改变。据1965年毕业

图4-6 1959年初，石门中学初三（1）班全体女"赤脚大仙"在正修建的校门前的大路合影（由石门中学档案室提供）

的学生郭柏回忆，1964年3月，学校派学生到盐步下泗沥生产队与贫下中农进行"三同"（即同食、同住、同劳动）。晚饭后，要接受一项重要的政治思想教育——全体同学须集中到祠堂听贫下中农的"忆苦思甜"诉说。这年"高二"下学期期末考试刚结束，本应在校复习、巩固历年所学知识，为"高三"学习和迎接高考做准备，但学校却安排学生去小塘紫岗村支援"双夏"（夏收夏种）。1965年夏，高三级学生在校学习阶段进入尾声，珠江发大水，校门口土堤的护堤泥土渐次崩泻，部分堤段面临裂溃危情。学校当局接到汇报后，即把抢护堤防的重任交给年纪最大的高三级同学，同学们手挽手跳进江水里，用血肉之躯组成人墙抵御风浪扑击，以期降减土堤的溃塌崩裂速度。有部分同学则搬运土石，垒高堤坝，以防漫顶。这种做法简直就是视生命如草芥和用生命作赌注，幸亏这里地处南海县低洪水位的潮汐区，这群毫无抗洪经验的青年学生才侥幸躲过一劫。[14]

正如一些学者所言，这场"教育大革命"，主要是根据毛泽东提出的教育方针和中央指示提出的"教育为无产阶级政治服务，教育与生产劳动相结合"的教育工作方针进行的。目的在于纠正学习苏联教育经验中的教条主义，克服"教育脱离生产劳动、脱离实际，并且在一定程度上忽视政治、忽视党的领导的错误"，试图实践毛泽东的教育思想，走自己办教育的道路。但可惜在左倾思想指导下，背离了教育的实质和规律，走向"教育消亡"的道路。[15]

为了"多、快、好、省"地培养建设人才，1958年9月，全国各地开始进行缩短中制的试验。1959年5月，中共中央、国务院发布《关于试验改革学制的规定》，要求各省、市、区指定一些中小学，有领导、有计划地进行改革学制的试验，并将试验办法报教育部。1960年4月9日，陆定一在《教学必须改革》的讲话中提出，全日制中小学要适当缩短年限，适当提高程度，适当控制学时，适当增加劳动，并初步设想把中小学12年缩短为10年，程度提高到大学一年级水平。由此，全国各地纷纷进行花样繁多的学制改革。[16]

1960年7月，广东省教育厅召开中小学教学改革会议，对教学改革工作做了全面部署。会议确定

图4-7 南海石门中学1960年度毕业班初三（3）班全体合影留念

图4-8 南海石门中学1959年度高三（1）班学生毕业留影（摄于1960年7月10日）

了全省中小学学制改革试点的数量，要求所有试点学校（即"大改"学校），从一年级开始实行教学改革，既改学制，也改教学内容和方法，全面实现"四个适当"的原则；同时要求所有非试点学校和试点学校的非试点班（即"小改"学校和班级），虽然暂时不改学制，但对教学内容和方法也要进行必要和可能的改革。[17]会议决定全省有128所学校进行学制改革，占全省中学的8.97%，其中124所试验中学五年一贯制，南海县石门中学、九江中学两所学校试验五年一贯制。学校从一年级起，开始使用广东师院编写的五年一贯制中学教材。[18]石门中学还编写出了一套五科教学大纲和教材。[19]这些教材总体来说都加强了政治层面，注意面向生产，精简了重复的内容，提高了程度，但编写得比较粗糙，科学性、知识性都比较差。不过，石门中学在混乱当中仍然保持了较高的教学水平。1959年7月，100多名首届高中学生毕业，其中90人被大学录取，成绩列全省第十八名。1960年7月，第二届高中毕业生约150人，90%考上大学，成绩列全省第十三名。1960年石门中学被定为佛山专区重点中学之一，并与九江中学一起被评为省先进学校（图4-7、图4-8）。[20]

第二节　进入调整时期

1961年1月14至18日，中共八届九中全会在北京召开，会议听取了《关于1960年国民经济计划执行情况和1961年国民经济计划主要指标的报告》，正式通过了"调整、巩固、充实、提高"八字方针。各项建设事业进入收缩整顿阶段。随着国家政策的调整，南海教育用三年时间进行了较大的调整和充实，石门中学也在这一时期逐步走上健康发展的轨道，在60年代初焕发出生机。

1959年11月，时任省委第一书记陶铸得悉广东高考落后的情况后，认为这是广东的"奇耻大辱"，必须"大声疾呼，大题大做，大张旗鼓来搞"。1960年1月9日，广东省委发出《关于教育工作的指示》，要求"党委第一书记要一年抓几次学校的教学质量"，党委宣传部管教育的机构要"把提高全日制中等学校的教学质量作为极重要的经常任务"，"学校党的组织必须按照学校教育的特点和学习规律，精雕细刻地抓好教学工作，保证各科教学任务的完成"。从1月11至22日，《南方日报》连续发表8篇有关提高教学质量的社论。1960年2月2至12日，省委、省人委召开全省教育工作会议，这是广东锐意提高全日制学校特别是中等学校教学质量的重要会议。[21] 从此，广东率先开始了对教育政策的调整（图4-9-1、图4-9-2）。

图4-9-1　学校实验室，二等工业天平（20世纪50年代）

图4-9-2　学校实验室，力的合成演示器（20世纪50年代）

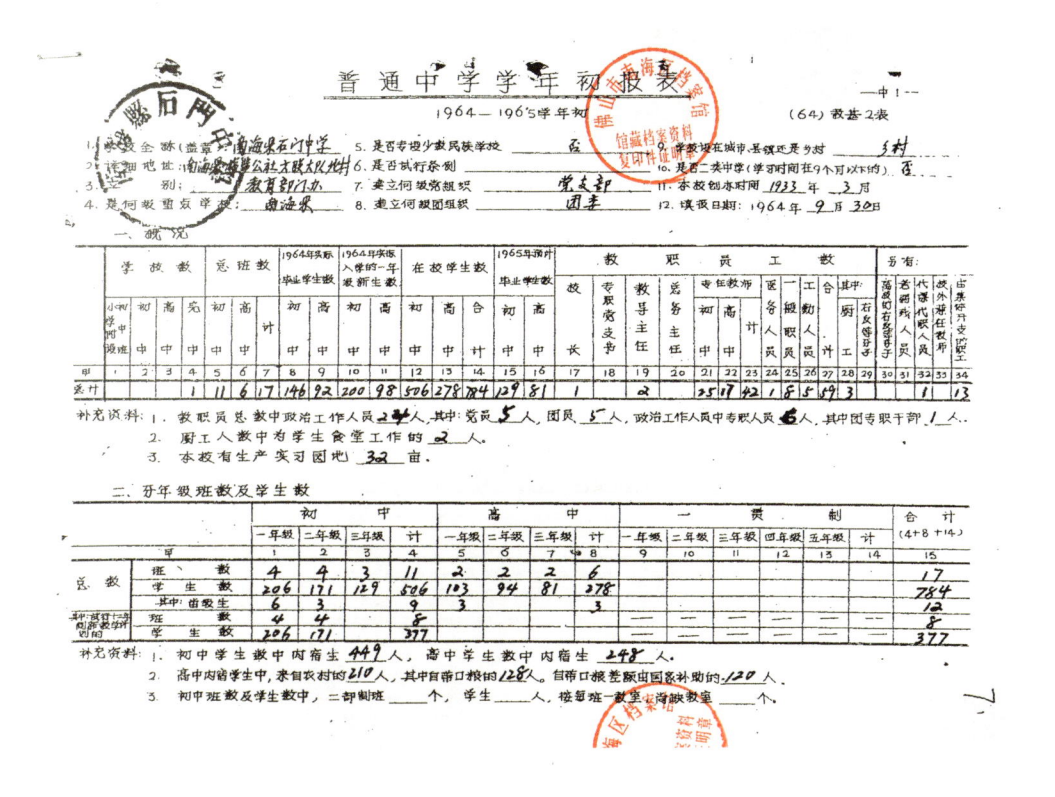

图4-10 （石门中学）普通中学学年初报表
（1964—1965学年初）（选摘）

1961年以后，根据"调整、巩固、充实、提高"的八字方针，中央对教育工作政策进行了调整。1961年3月23日至4月2日，省委、省人委召开全省教育工作会议，研究和部署贯彻执行八字方针，进一步办好教育的问题。会议指出，教育事业的发展必须同经济建设事业特别是农业发展相适应，配合经济事业的发展，为工农业生产培养、输送足够数量和合格的人才，而不能过多地占用工农业特别是农业的劳动力。

1963年3月23日，中共中央批准试行《全日制中学暂行工作条例（草案）》（简称《中学五十条》）。1963年5月23日，教育部又重新制定和颁布了《中学生守则（草案）》。是年4月，省教育厅发出《关于全日制中小学暂行工作条例的执行意见》，对广东中小学执行《中学五十条》做了指示和安排。为了有效地贯彻《中学五十条》，省教育厅先在全省挑选出181所条件较好的中学率先执行，然后有步骤地扩大，石门中学入选其中。6月，全省根据教育部的通知，决定按"小宝塔"模式，办好一批全日制中学，在全省1312所中学中，先办好170所完全中学、高级中学的高中和425所初中（345所完全中学的初中和80所独立初中）；办好165所重点中学，石门中学再次入选其中。[22]这一年的秋天，南海县也确定要重点办好石门中学、南海师范和各公社中心小学，并以石门中学为试点单位，全面推广《全日制中学暂行工

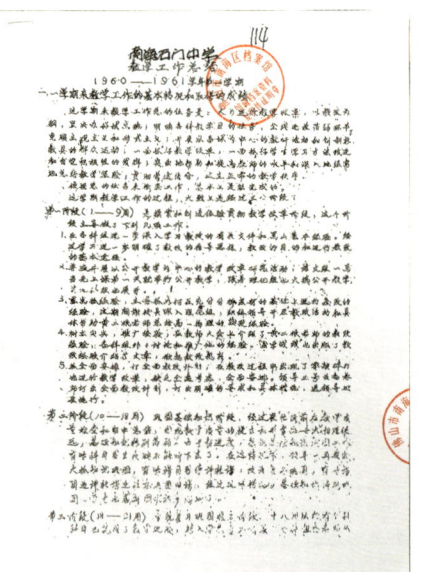

图4-11 《南海石门中学教学工作总结（1960—1961学年第一学期）》（选摘）

图4-12 石门中学等校交流提高中学语文教学质量（选自《光明日报》1961年1月24日，第1版）

作条例（草案）》和《全日制中小学新教学计划（草案）》。[23] 学校还一度试行校务委员会领导下的校长负责制。校务委员会成员除学校党领导外，还加上教师职工代表。学校的重大事情均通过校务委员会审议决定。遗憾的是这种体制实行不过一年，被认为是"削弱了党的领导"，即告停止（图4-10）。[24]

随着八字方针的落实，加上学雷锋等号召，学生的精神面貌发生了很大变化，石门中学的教学秩序在20世纪60年代初日趋正常。学校经过整风整校，总结了经验教训，进一步明确全面贯彻党的教育方针，坚持以教学为主，并采取各项措施，千方百计提高教学质量。其主要措施如下。一是妥善安排教学、劳动、生活时间，建立和稳定正常的教学秩序。同时，严格执行考试和升留级制度，加强思想品德教育，使学生在德、智、体、美诸方面得到发展，按规定要求完成学习任务。二是做好教师工作，纠正整风反右后对知识分子团结不够，改造要求过高过急、方法简单粗暴等缺点。复查甄别案件，改正错误，在工作上帮助教师提高业务水平，保证教师平时有六分之五的时间从事业务工作，在生活上关心照顾有困难的教师。当时南海县也统一规定改善教师生活必需品供应，并拨出专款补助给有生活困难的教师，使广大教师能集中精力抓教学，大大提高了工作积极性。三是学校领导转变作风，把抓好教学作为主要工作。重视加强科组建设，强调教师要备好课、教好课、辅导好学生。积极开展教材分析、公开教学、专题讨论、经验交流等教研活动。四是大力提高基础课的教学质量，加强基础知识教学和基本技能训练。语文加强字、词、句、篇的教学和阅读、写作能力训练。数学重视概念教学,讲清数理,培养正确运算的能力。外语注重词汇、语音、语法教学和听、说、读、写、译能力的训练(图4-11)。[25]

1961年,《光明日报》曾就广东一些学校的语文教学,做了一篇题为《进一步提高中学语文教学质量　广东召开教学研究会议交流经验》的报道:"广东省教育厅于本月5日至12日召开了中学、师范语文教学研究会议,总结过去一年来语文科教学的成绩和经验,进一步明确语文科教学的方向和改进语文科的教学方法,以求继续提高语文教学的质量。"[26] 参加这次会议的有广州市、海南行政区及各专区中学、师范语文教师60多人;各高等师范学院、师范专科学校及部分中等专业学校语文教师也应邀参加,其中南海石门中学等学校"在会上介绍了讲读教学、古典文教学、写作教学等方面的经验"[27](图4-12)。

石门中学当时的课程设置及教学时数参见表4-1。

表4-1　1963—1964年度南海县中学课程设置及教学时数

科目 \ 年级（每周时数）	初中 一	初中 二	初中 三	高中 一	高中 二	高中 三	备注
政治	2.5	2.5	2.5	2.5	2.5	2.5	
语文	7	6	6	6	6	6	
外国语	4	4	4	4	4	4	
数学	6	5	6	5	6	6	
物理		3	3	3	3	5	
化学			3	2	3	3	
生物	2	2	2				1.农业基础知识课教学时数包括在生物科教学时数之内。
农业会计及统计				2			2.数学包括代数、平面几何、三角、立体几何课程。
历史	2	2	2	2			3.每课时50分钟。
地理	3	2					
体育	2	2	2	2	2	2	
音乐	1	1					
图画	1	1					
每周授课时数	30.5	30.5	30.5	26.5	26.5	28.5	
自习	每天2—3课时						
劳动	2	2	2	2	2	2	
劳动与教学时数合计	48	48	48	48	48	48	
课外活动	5—6			5—6			

* 资料来源:南海县教育局、南海县成人教育委员会办公室编:《南海县教育志》,1990年刊印,第110页(照原文录)。

图4-13 南海石门中学高三（2）毕业师生留影（摄于1964年6月）

　　根据1964年的统计，石门中学教职工有校长1人、教导主任2人，专任教师初中25人、高中17人，合计42人，加上医务人员、工勤人员，合计教职员工59人。教师中教龄满15年的有4人，满10年的有10人，满5年的有14人。教职员工中出身工人的12人、农民的10人（其中出身贫下中农的6人）、资本家的7人、地主的14人、富农的1人，其他15人。有共产党员6人、共青团员11人。当时学校有初中班级11个、高中班级6个。1964年毕业学生数初中为146人，高中为92人，高中毕业升入大学的有37人，就业务农的26人，从事其他职业的9人，未升学未就业的有35人。新生数初中为200人，高中为98人。实际在校学生数初中为506人，高中为278人，合计784人。初中506人中，有住宿生449人；高中278人中，有住宿生248人。高中住宿生中，来自农村的有210人，其中128人自带口粮，差额由国家补助的120人。学生中出身工人的280人、农民的258人（其中出身贫下中农的197人）、干部的2人、资本家的24人、地主的29人、富农的6人，其他185人。有共青团员52人（图4-13至图4-15）。[28]

　　要了解1964年石门中学办学的基本情况，包括学校概况、分年级班数及学生数、学生年龄及开设外语的班数与学生数、分科专任教师数、专任教师学历及在中等以上学校的教学年限、1964年毕业生概况、教职员工及学生的家庭出身、教职员工及学生的政治情况、1963年9月至1964年9月学生流动情况、1963年9月至1964年9月教职员工流动情况等，详见本书附录五"文献档案选摘"收录的石门中学普通中学学年初报表（1964—1965学年初）。

图4—14 南海石门中学学籍册（20世纪60年代）

图4—15 南海石门中学学生学籍表（20世纪60年代）

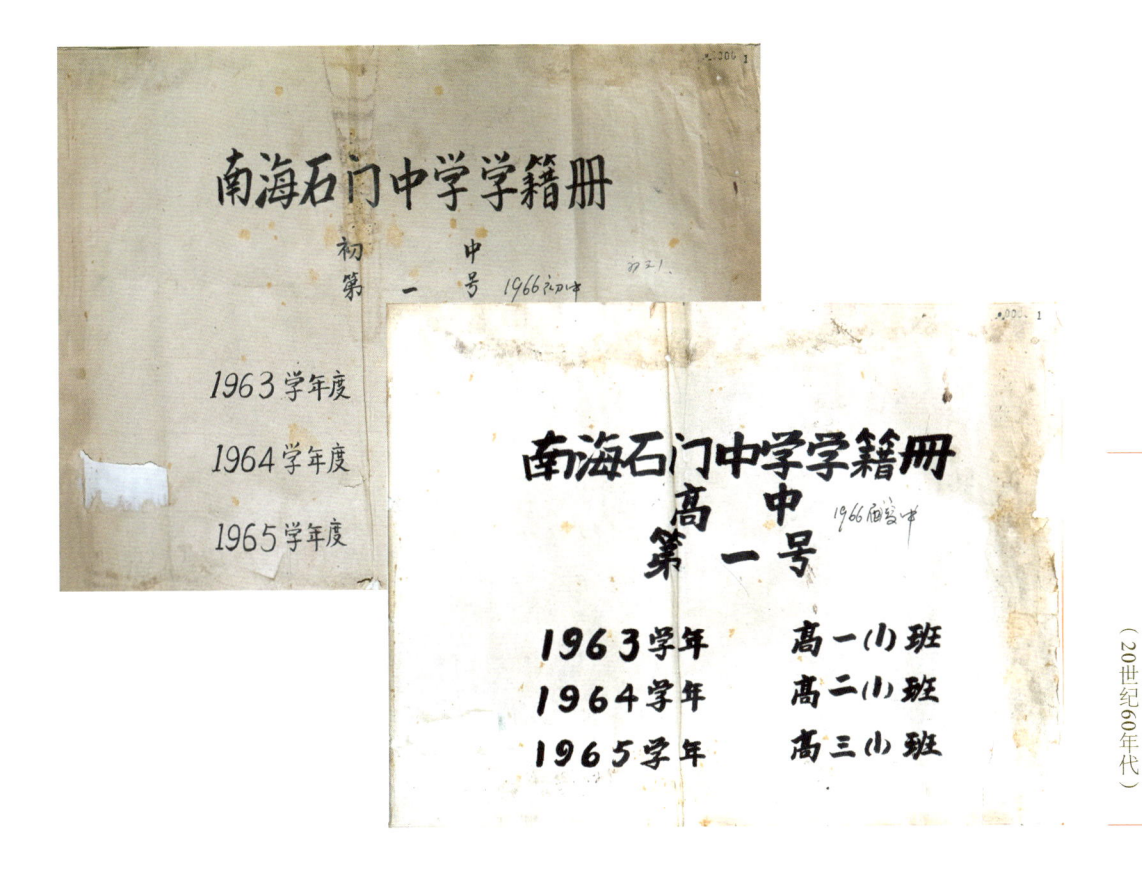

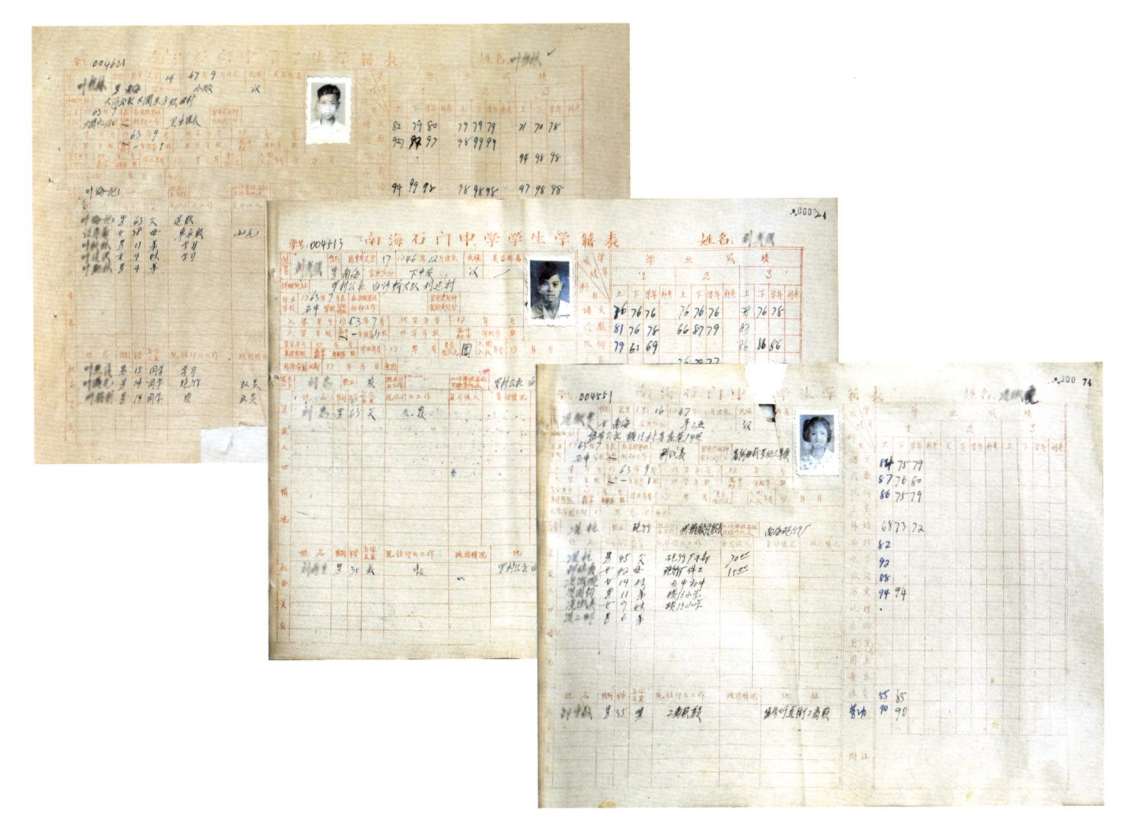

图4-16　南海石门中学1964届部分学生留影

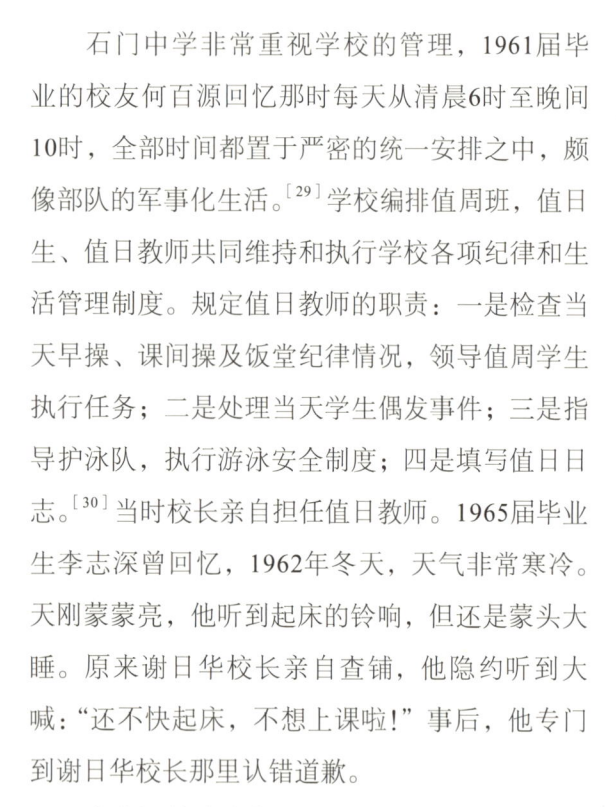

图4-17　石门中学部分学生在1965年参加校庆时的合影（由石门中学档案室提供）

石门中学非常重视学校的管理，1961届毕业的校友何百源回忆那时每天从清晨6时至晚间10时，全部时间都置于严密的统一安排之中，颇像部队的军事化生活。[29]学校编排值周班，值日生、值日教师共同维持和执行学校各项纪律和生活管理制度。规定值日教师的职责：一是检查当天早操、课间操及饭堂纪律情况，领导值周学生执行任务；二是处理当天学生偶发事件；三是指导护泳队，执行游泳安全制度；四是填写值日日志。[30]当时校长亲自担任值日教师。1965届毕业生李志深曾回忆，1962年冬天，天气非常寒冷。天刚蒙蒙亮，他听到起床的铃响，但还是蒙头大睡。原来谢日华校长亲自查铺，他隐约听到大喊："还不快起床，不想上课啦！"事后，他专门到谢日华校长那里认错道歉。

李志深曾总结当时石门中学的教学特色。一是管理严格细致。二是营造校园幽静的环境和良好的校风。三是师资的凝聚力，采取激励的措施，通过外引内提，千方百计搜罗精英老师到本校任教，故教职人员都是一流人才。四是生源都是在各地初中成绩上的佼佼者，只有佼佼者才能被招入本校读书。由于学校各方面条件都是一流的，因此造就尖子学生更多。这是学业的良性循环，内因在外因的促成造就下，故高才生辈出。五是校内校外互补起到推波助澜的作用。同学之间的良性竞争，贤师的教导，家长的敦促，朋友的勉励，周众的赞赏，都以入读石中为荣（图4-16、图4-17）。[31]

石门中学素有设立所授各学科科代表的传统。科代表的职责是收集同学们的作业本交给科任老师批改，老师批改后又负责将作业本发还给同学。这实际成了学生与科任老师沟通的"使者"，随时将学生的学习情况与意见向老师反映，也将老师的意识和指示及时传达给学生。按常规，科代表由各科教学老师选取，人选应为该科学习成绩较为优秀者。但是当时俄语老师何泽新推荐了没有一点俄语基础的郭柏为科代表，由此提高了他的学习兴趣，也鼓舞了他学习俄语的热情，直到50年后，虽然长久不使用，但是许多单词、短语、句子他尚能冲口而出。[32]

石门中学除了重视学生的学习成绩外，还非常重视体育，游泳尤其是其中的一个强项，为国家培养了不少优秀的体育健儿。1959年1月，学生彭玉韶在石门中学举行的南三县（南海、三水）运动会上打破"三项全能"广东省纪录，后参加省田径运动会，破铁饼省纪录，成绩为31.29米。孔少琼在省田径运动会上创标枪（660克）38.44米的南海纪录。1959年3月，邹海佳参加省2000米4人有舵手赛艇比赛，成绩超奥运会纪录，入选为参加第一届全运会的广东代表队队员。黄瑞葵参加广东省女子游泳赛获200米自由泳第一名。1959年，以石中学生为主力的南海县队，在夺得佛山专区（原粤中区的13个县市）少年比赛全部女子项目的冠军后，又参加了广东省少年游泳赛，后来再获得全国业余游泳通讯赛男女子团体总分第七名。同年，有6位游泳队队员被保送到广州体育学院学习。《人民日报》《光明日报》曾就广东开展群众性冬季游泳活动，提到过南海石门中学（图4-18、图4-19）。

1962年，由省游泳集训队转到广州公安游泳队的原石门中学学生黄锐葵在100米蝶泳比赛中达到运动健将标准，她是南海县第一位游泳健

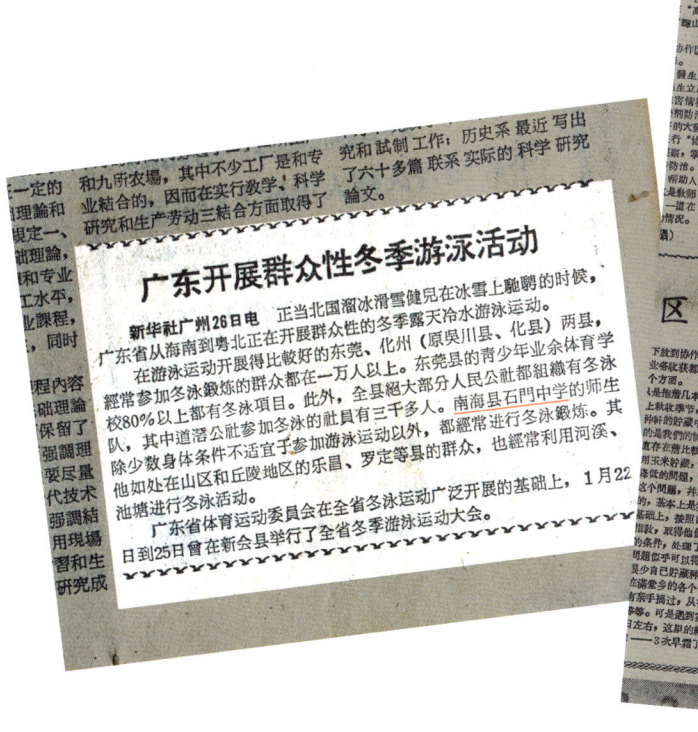

图4-18 《广东开展群众性冬季游泳活动》，提到石门中学（选自《人民日报》1959年1月29日，第6版）

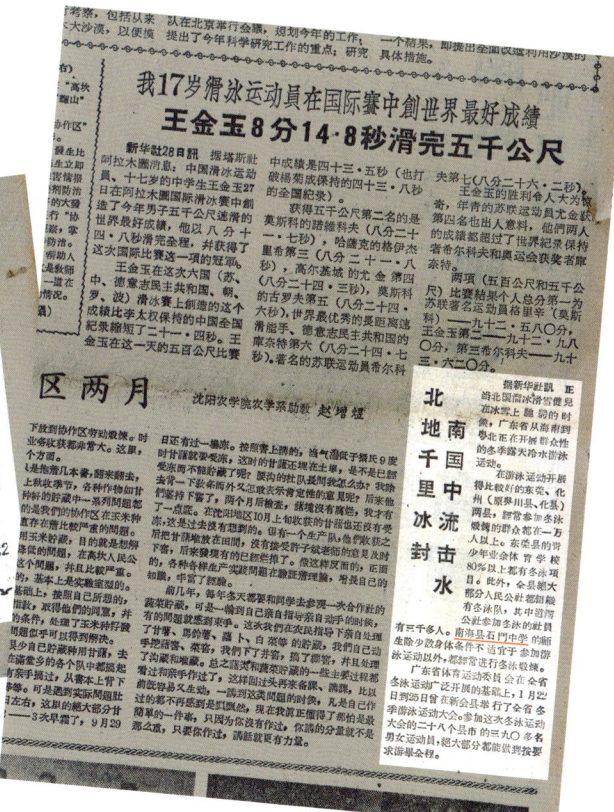

图4-19 《北地千里冰封，南国中流击水》，提到石门中学（选自《光明日报》1959年1月29日，第2版）

图4-20-1　石门中学篮球队
（1958年，由石门中学档案室提供）

图4-20-2　石门中学男子田径代表队
（1964年，由石门中学档案室提供）

将。1964年4月，陈佩琼参加全国潜水比赛，是南海县参加潜水比赛运动的第一人。进入高校后的石中学生也多次参加全国游泳比赛，超过一级运动员标准的就有邹海佳、邹海缢、卢细虾、陈佩琼等。在20世纪50年代至60年代初期，代表南海县参加各级比赛的基本上都是石中学生。可以说，在70年代南海县体校游泳班成立之前，石门中学无愧于"南海游泳运动的摇篮"的称号。开创石中竞技游泳运动的黄永藻老师为体育事业奋斗了40多年，国家体委在1985年向他颁发了"新中国体育运动开拓者"的荣誉奖章和证书。另外，陈大森老师也为游泳运动的开展做出不懈的努力。[33]

石门中学对体育的重视并不仅仅是为了挑选一批优秀的体育人才，而是重视全校学生的身体素质。吴健民回忆，他进学校之前还是一名"旱鸭子"，是石中的老师给他扫了盲，并从此养成了自觉锻炼、增强体质的习惯。高中三年，他们就算到了冬天也天天坚持冷水浴。他至今记得冬天的傍晚，他和同学们在江边那简陋的更衣室内。外面北风呼啸，透过不规则的松木板缝吹进来。脱下冬衣，不禁牙齿打架，手脚发抖。每个同学都强忍着把从江里打来的冷水淋透全身。洗澡完毕，擦干身体，穿上衣服。[34]戚燕平是校田径队队员，每到寒冬季节，她和游泳队的全体队员都要进行冬泳，天还未亮就穿着游泳衣从宿舍跑步到操场集合，做热身运动后，再跑步到河边，一边跑一边大声地唱歌来掩饰寒冷凛冽的颤抖，跳入河水避过了飕飕的北风，满身麻木，不知寒冷是何感觉，上岸后身体冻得不能自已。[35]李志深也是校田径队队员，每天早上5点半起床，跑步1000米，跳绳5分钟，高低栏攀爬5分钟，才转入跳高专项，还取得多次全校第一名。当时学校膳房为了考虑到这些学生热能消耗过大，早餐每人增加3两米食品，他至今都觉得"周全之至"。当时学校业余生活十分丰富，晚饭后，学生们不是打篮球、乒乓球，就是下象棋，身心得到健康发展（图4-20-1、图4-20-2）。[36]

令石门中学毕业生最为难忘的则是石中的那些优秀教师，何百源回忆道：令他永生难忘的是幸遇一批严格治学的名师。由于教学有方，诱导得力，他感到学习上不但不吃力，并且相当有兴趣。他尤其不能忘怀的是凌风老师的谆谆教诲，他不但授课鞭辟入里，主次分明，而且对学生作业批改得非常认真，将错别字——剔出改正，还用非常工整的蝇头小楷写下详尽的评语。日后成为中国作家协会会员的他经常说："如果说我现在在文学有分毫建树，首先应归功于当日凌老师的言传笔授。"而高中阶段的其他授课老师，如张炳垣、陈家政、李维澄、邝介眉、宋达廷、李洞增、陈大森等等，其生动传神的"教坛形象"至今也仍历历在目。在他记忆中，不论学生如何顽劣不羁，为师者从不责备，仅仅是用一颗爱心去调教、感化，激发学生们勇夺鳌头的雄心壮志。[37]戚敬焯则认为："在石中的所有老师都以作为园丁为荣，精心耕耘，辛勤灌溉，他们坚信不久一定能用他们的汗水换来累累硕果，他们为了自己的学生呕心沥血。"在他的记忆中，数学老师李维澄讲述幂函数、指数函数、对数函数之类自然绰绰有余。在思想教育上，他虽然不善于使用当时流行的政治语句，却使人觉得谆谆诱导，是师生语，恳恳切切似父子情，让人永刻于心，终生难忘。物理老师郑森宁除了非常努力在课堂上教好课本知识之外，还经常为学生们讲述当时世界上的高科技成就，要为学生理想之舟注入动力，装上引擎。化学老师宋达廷平等待人，在学习上耐心引导。俄文老师朱沃华经常教导学生读书可以不用死记硬背，可以把朗读、理解、应用一齐融汇贯通，事半而功倍，最好的教法要有实践和应用才有效果。更让戚敬焯感动的是，有一天深夜，他睡不着，在教师宿舍语文老师凌风的宿舍窗前看到其高瘦身影，似在踱步，似在沉思，这才让他终于明白，凌风老师为了明天的精彩，有多少个深夜在苦苦思索，彻夜谋篇。然而也正如戚敬焯所言，这些优秀的老师为了学生忘记了世界，忘记了自己的存在，在任何环境中都忘记了设防，所以当政治风暴一来，他们的理想之舟顷刻翻沉，甚至抓不住一根救命稻草，只好把编写自己命运的权利交还给上帝——听天由命（图4-21）。[38]

图4-21　石门中学校景（石门中学建校31周年纪念，摄于1964年）

第三节 "文革"十年

1966年5月开始在中国发生了"文化大革命",整个国家陷入空前的浩劫中,给中国人民带来巨大的灾难和创伤。教育领域在"文化大革命"中是首当其冲的部门之一,也是"重灾区",教育领域在此期间所遭受的破坏,在教育史上是罕见的。从全国到广东到南海,教育系统的大多数学校的学生和教职员工卷入运动,石门中学党政组织瘫痪,领导干部和教师遭到残酷的批判斗争,学生德、智、体全面受到严重破坏,国家财产蒙受巨大损失。

1966年5月16日,中共中央政治局扩大会议通过《中国共产党中央委员会通知》(即《五一六通知》),由此拉开了全国"文化大革命"的序幕。"无产阶级文化大革命"迅速在南海县内所有学校展开,学生在报刊、广播的鼓动和外地学生的"串联"下,以揭批资产阶级教育路线和文艺路线,破除"四旧"(旧思想、旧文化、旧风俗、旧习惯)简称为口号,掀起写"大字报"高潮,他们揭发批斗教师中的"三反分子"(反党、反社会主义、反毛泽东思想),揪斗学校中的"牛鬼蛇神",揪斗学校领导干部和教师。这时,许多学校领导干部和教师被打成"黑帮""三反分子""走资本主义道路当权派",老教师和出身不好、历史有问题的教师被扣上"反动学术权威""牛鬼蛇神""反革命分子"的帽子,被关进"牛栏",受到凌辱,惨遭迫害。中共南海县委还派出工作组进驻石门中学等重点县属中学和南海师范,在教师中查找所谓反党、反社会主义及反革命分子,残酷批斗,教师人人自危。全县罹此难的教职员工达数百人之多。早先被划为"右派"留校察看的区杰老师在1965年暑假义务为人创作毛主席油画像,有人拿灯光从油画背后照过去,因颜料不均匀,从正面看主席像有斑驳的影子,此时便多出一条恶毒攻击毛主席的罪状,被抄家、剃光头、"戴高帽"、受批斗,在烈日下被逼站在东风藤厂的水泥地堂上活生生地晒,直到晒昏。之后经历了"批黑帮""清理阶级队伍""一打三反"。[39]

1966年8月初,广东各大、中学校很快开始普遍建立起冠以"毛泽东思想""毛泽东主义"等名称的"红卫兵"组织和各个战斗队组织。8月18日至11月26日,毛泽东在天安门8次接见来京参观"革命运动"的全国各地的"红卫兵"和革命师生。林彪在8月和9月的接见大会上吹捧"红卫兵"是文化大革命的急先锋",煽动他们"要打倒走资本主义道路的当权派""打倒一切牛鬼蛇神",要大破"四旧",大立"四新"(新思想、新文化、新风俗、新习惯),"走上街头,横扫'四旧'","把学校的斗、批、改,发展成社会的斗、批、改"。从此,广东的"红卫兵"和部分师生不仅开始到北京和全国各地进行"大串联",宣扬和鼓动"革命无罪,造反有理",而且冲向社会破"四旧",横扫"牛鬼蛇神",揪斗党政领导干部(图4-22)。

早在7月,南海师范学校就成立了南海县第一个"红卫兵"组织,随后石门中学等各中学也相继成立"红卫兵"组织。8月,由石门中学、南海师范的学生所组成的"红卫兵"组织,以声讨县委宣传部缓发《毛主席语录》为借口,冲击中共南海县委宣传部。[40]9月,县内各校陆续"停课闹革命",学生到处"革命大串联"。县机关一些"革命造反派"以县委执行"刘、邓路线"为由,实行"踢开党委闹革

图4-22 "红外围"战友串联到北京在天安门广场合影
（1966年，由石门中学档案室提供）

命",成立"县属机关文化大革命（筹备）委员会",从此拉开批斗领导干部的序幕。县委、县人委领导机构全面瘫痪，人民解放军"支左"部队随即进驻县机关。

南海从1966年底至1967年初上演一系列的夺权暴行。1967年2月，县机关"革命派"分别组成了"县属机关革命造反联合总部"（简称"联总"）和"南海县机关红旗造反司令部"（简称"红司"）。"红司"成立了"教育局临时革命领导小组"，取代了县教育局。学校中的部分留校师生批判"资产阶级反动路线"。不少身系囹圄的教师也冲出"牛栏"造反，同样形成观点不同的两派组织，互相攻击（图4-23、图4-24）。

由于各级教育行政部门陷于瘫痪，各级学校"停课闹革命"，长达一年多乃至两年时间，南海的中、小学学生无学可上，无书可读，或蜂拥街头，或流窜外地，惹是生非，寻衅闹事，给社会造成严重的混乱，给国家带来极大的破坏。由于当地的"红卫兵大串联"甚至引发了流行性脑脊髓膜炎，从1966年12月至1967年1月蔓延全县。死亡百多人。[41]学校教育根据"五七指示"精神，抛开教育规律，违背基本的教育常识，创造并尝试各种"新生事物"，削弱教师的地位，降低书本知识的作用，强调政治中心和实践经验。名曰"教育革命"，实为教育倒退。"文化大革命"开始后，各校便停课"闹革命"，大

图4-23 红旗文艺宣传队到华南理工学院演出后合影（1968年，由石门中学档案室提供）

图4-24 石门中学红旗文艺宣传队全体队员合影（摄于1968年9月，由石门中学档案室提供）

批学生在极左思潮的影响下走上社会，制造混乱。他们积极参与社会各方面的夺权行动和派系斗争，部分学校的群众组织还成了地方派系斗争的指挥和联络中心。

由于当时学校教育基本处于瘫痪状态，学生大量涌向社会，影响了人们正常的生产、生活，引起群众的不满。1966年12月31日，中共中央和国务院发出通知，委托人民解放军对大、中学师生进行短期军政训练。1967年2月19日，中共中央发出《关于中学无产阶级文化大革命的意见（供讨论和试行用）》，规定自3月1日起，中学师生一律返校，一边上课，一边"闹革命"。3月7日，中共中央又发出《关于大专院校当前无产阶级文化大革命的规定（草案）》，规定3月20日前，师生一律返校，分期分批进行短期军政训练。但1967年夏天，又有"打倒军队一小撮走资派"和"文攻武卫"的口号提出，因此当时大多数学生仍串联上访，游荡于社会，并没有复课。10月，中共中央再一次发出外出串联学生立即返校复课闹革命的"通知"后，省军管会和有关部门召开为期7天的复课闹革命座谈会。南海县接佛山地区军管会转发省军管会《关于贯彻执行中央指示，大中小学复课闹革命的通知》，本地中、小学陆续开始"复课闹革命"。11月4日，县复课闹革命办公室成立，呼吁、引导学生回校复课，但是大部分学校的混乱局面一直此起彼伏地持续到了1968年7月间。

1967年9月24日，南海师范学校37个"红卫兵"组织率先成立"革命大联合总部"，并在此基础上，于11月14日成立南海师范学校革命委员会，这也是南海县第一个革命委员会。1968年2月24日，县革命委员会成立。[42]3月7日，县革委会同意石门中学成立革命委员会。[43]革委会成为学校的行政领导机构，成员有主任、副主任及委员若干人，下面设有政工组、教务组、后勤组、军训组等，分管政抬、人事、宣传、教学（包括学工、学农、学军）。总务和学校民兵、保卫等工作。[44]

为稳定学校秩序，中央决定派临时工作队进驻学校。由于大量干部在"文化大革命"中被打倒，知识分子又不被信任，只有派军人、工人、贫下中农前往，被称为"解放军毛泽东思想宣传队""工人毛泽东思想宣传队""贫下中农毛泽东思想宣传队"，简称"军宣队""工宣队""贫宣队"。1968年8月下旬，从广州开始，全省各地陆续向中、小学派驻"毛泽东思想宣传队"。9月，县革委会开始组织"毛泽东思想宣传队"进驻机关、工厂、学校。在石门中学，工宣队、军宣队、贫宣队均有活动，其负责人亦参加革命委员会。[45]他们进入学校后，随即与师生员工中的"革命派"实现所谓的"三结合"，取得学校领导权，开展"斗、批、改"，"天天学习毛泽东著作，日日批判资产阶级"，成为师生员工的必修课（图4-25）。

1968年元旦，"两报一刊"又提出要彻底清查所谓混在阶级队伍内部的一小撮叛徒、特务、党内走资派以及没有改造好的"五类分子"，于是清理阶级队伍的运动在全国展开。10月，南海县开始在教育战线中"清理阶级队伍"，以沙堤机场军人组成的军宣队进驻石门中学等县属各中学以及师范学校，对所谓的"地、富、反、坏、右、特务、叛徒、走资派、漏网右派、国民党残渣余孽"来一次"大清查"。这些被"清理"出来的人多被冠以"隐藏在革命队伍里的叛徒""特务""反革命分子""顽固不化的走资派"之类的罪名，被"批深、批透、批倒、批臭"。许多优秀的教师被戴上"反动学术权威"

图4-25 部分学生于1967—1968年在黄岐参加勤工俭学时回母校留影（由石门中学档案室提供）

的帽子，受到不同程度的迫害，许多人不堪摧残，含恨而死，也有一些教师被打成"牛鬼蛇神"后，精神上受到折磨。

1968年7月11日，县革命委员会发出通知，改变过去由教育部门直线领管学校的制度，决定中、小学由所在公社（大队）革委会（党支部）直接领导，中学革委会成员由公社革委会任命，分别由驻校工宣队、贫宣队负责人担任正主任或正组长，另选一名教师担任副主任或副组长。"工人贫下中农讲师团”（兼职）进驻石门中学，他们登上学校讲台，打破知识分子的“一统天下”。教师要和贫下中农结成“一对红”，接受贫下中农再教育，并经常参加生产队的毛主席著作讲用会。大批中学教师被下放到各小学或小学附设初中班去。公办学校教师工资一度改为与生产队社员一样的“劳动记工分，按工分参加生产队分配”的制度。不过这一分配制度根本行不通，不久即恢复按月发工资制度并补回已停发的工资。1969年6月，县革命委员会政工组发出文件，决定本年高中不招收新生。[46]

此后，石门中学成为盐步公社的一所中学，不少学生来自盐步公社（图4-26、图4-27）。

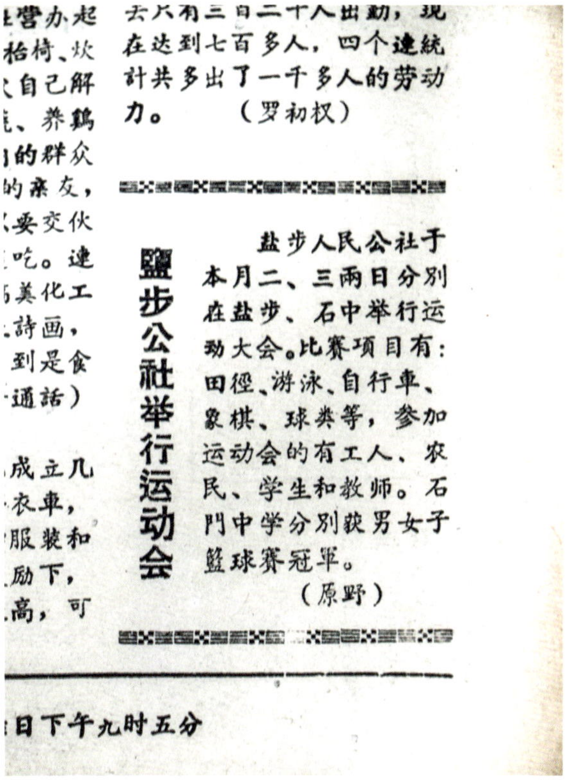
在达到七百多人，四个連統计共多出了一千多人的劳动力。（罗初权）

盬步公社举行运动会

盐步人民公社于本月二、三两日分别在盐步、石中举行运动大会。比赛项目有：田徑、游泳、自行車、象棋、球类等，参加运动会的有工人、农民、学生和教师。石門中学分别获男女子籃球赛冠軍。（原野）

图4-26 《盐步公社举行运动会》，提到石门中学师生参加，并获得男女子篮球赛冠军（选自《南海日报》1958年11月8日）

1968年10月，1963、1964、1965年秋季入学的高中3个年级（各级分别有2个班）、初中3个年级（初一、二各有4个班，初三有3个）。1968年秋季在盐步公社范围内招收了高一年级新生2个班，初中没有招收新生。初中下放到小学，办小学附设初中，留校教师仅10人，其余下放到小学任教。1969年秋季，高中没有招收新生，把盐步公社广三铁路以北的小学附设的初中合为2个初二班并入石门中学就读，同时招收了6个班的初中一年级新生。1970年秋季招收了高中一年级新生2个班，初中一年级新生4个班。此时，1968年秋入学的2个高中班学生满两年毕业离校，1969年秋入学的2个初二班也同时毕业离校（图4-28）。[47]

1971年4至7月，全国教育工作会议出台《全国教育工作会议纪要》，对新中国成立后17年的教育成绩做出了所谓的“两个基本估计”，即“教育战线推行了一条反革命修正主义教育路线，毛泽东的无产阶级教育路线基本上没有得到贯彻执行，原有的教师队伍的大多数世界观基本上是资产阶级的，是资产阶级知识分子，各级各类学校是封、资、修的大染缸”。这种不加分析、否定一切的做法，给教育事业带来了更加严重的灾难。

同年9月中下旬，广东省革委会召开全省教育工作会议。会议根据《纪要》精神，全面否定新中国成立后17年广东教育的成绩，总结交流了所谓“教育革命”的经验，并提出“深入开展教育革命”的要求和措施。主要有加强所谓“党对学校的一元化领导”，“充分发挥工宣队的政治作用”；全面落实“五七指示”，“把转变学生的思

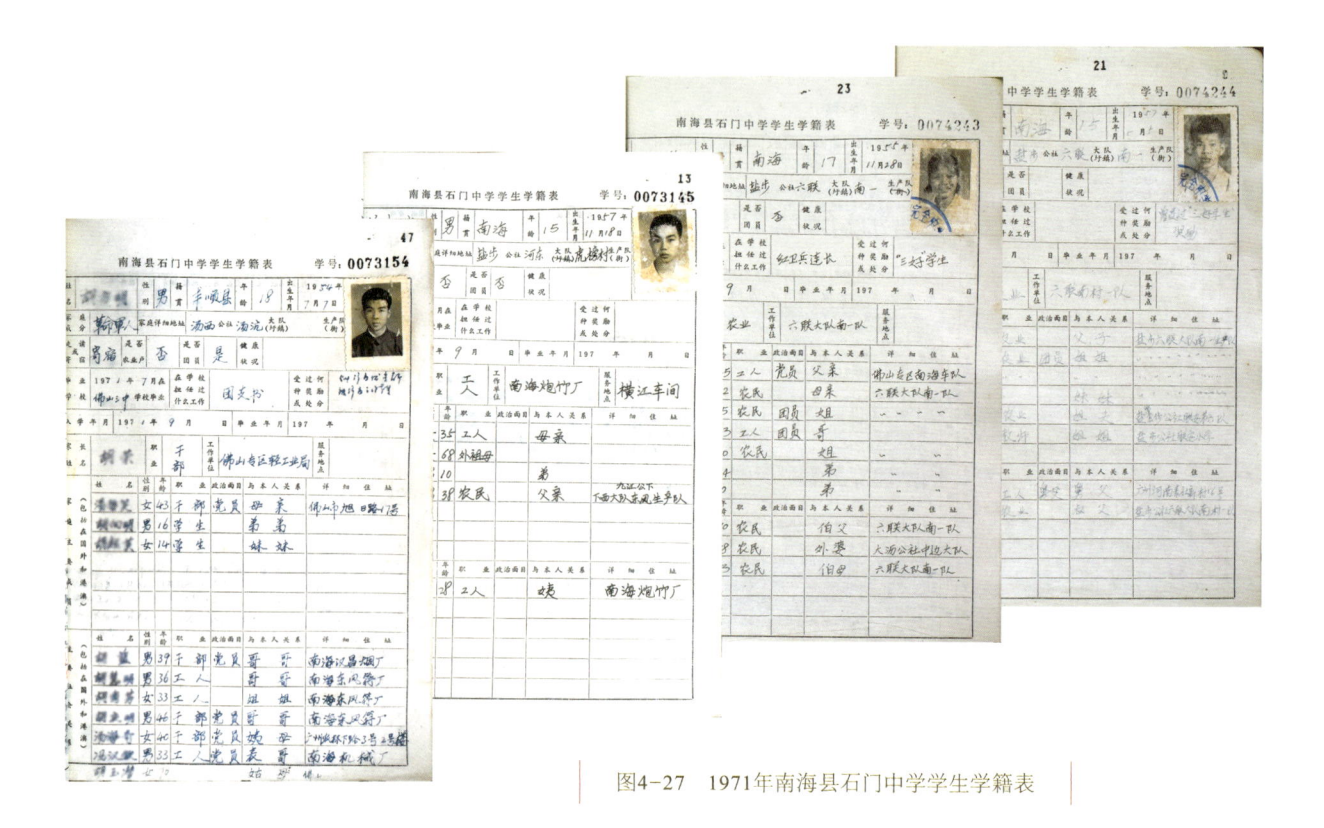

图4-27　1971年南海县石门中学学生学籍表

图4-28　南海石门中学1971届高二（2）班同学毕业留念（摄于1972年6月25日）

想放往首位",实行教育同三大革命实践结合,以厂(社)校挂钩为主,以多种形式实行"开门办学";狠抓意识形态领域的"阶级斗争",深入批判所谓"资产阶级统治学校的精神支柱";建立"工农兵、革命技术人员和原有教师三结合"的无产阶级教师队伍等。[48]10月6至17日,南海县革委会召开教育工作会议,传达贯彻《全国教育工作会议纪要》。[49]这个《纪要》从此成为广大教师的精神枷锁。当时社会中流传着"知识越多越反动"的言论,"读书无用论"思想广泛流行,导致学生思想被毒害,有些学生在"造反有理""反潮流"等精神的鼓舞下,目无法纪,恣意破坏学校秩序,打架斗殴、损坏公物犹如家常便饭。学校正常教学秩序无法建立,教育质量严重下降。

1972至1973年,周恩来提出"落实政策",恢复了以前的一些合理做法。从1972年7月起,《人民日报》连续报道各地整顿学校秩序、落实知识分子政策、教师陆续回到教学岗位的消息。《光明日报》也发表相应文章,要求坚持对教师"大胆使用,并在使用中加强教育与改造"[50]。1972年4月24日《人民日报》发表社论《惩前毖后,治病救人》,指出对一切犯错误的同志,要以教育为主,要"团结—批评—团结",指出新老干部都是党的宝贵财富。据此,上海教育系统的一批干部教师开始从"五七干校"和其他地方调学校,恢复工作。

1972年4月,南海县革命委员会政工组举办小学领导干部学习班,围绕教育形势和教学质量问题进行"大学习,大批判,大辩论"。5月,县革命委员会政工组教育办公室又在平洲大圩小学召开教育改革现场会议。这两次会议除了继续开展"批林"等政治运动外,还提出要努力提高教育质量,注意纠正学生受无政府反动思潮的影响,纪律松弛、无心向学的不良倾向;并让一批教育领导干部和骨干教师重新回到领导和教学岗位。1972年9月至1973年8月,县革委会根据上级指示,对"文化大革命"以来的一些遗留问题进行清查,落实党的知识分子政策,以调动广大教师积极性,推动教育革命深入发展。全县中学副教导主任以上45人中安排了38人复任原职,占84.9%。小学副教导主任以上322人中按其职别任用了279人,占86.6%,1970年退职教师116人有110人重新任用,占94.8%,其余进一步考察任用。[51]

学校在加强学生思想政治教育的同时,采用省编经过修改、加强了文化基础知识的教材,注意教好学好社会主义文化课,实行布置作业和开卷考试,还恢复了英语、物理、化学、历史、地理等文化课,取消了"工业基础知识"和"农业基础知识"课。石门中学的教学秩序基本恢复正常。1971年秋季招收了2个班的高中一年级新生,4个班的初中一年级新生。该年没有高中生毕业,有6个1969年秋季入学的初中班毕业。1972年开始均有初、高中新生入学,也有初、高中学生毕业离校,直至1978年秋季石门中学被恢复为重点中学为止。1968至1978年的初中均为两年制,高中两年制,延伸至1982年才转为三年制。1974年,下放小学的教师返校完毕。[52]1972年学校教学计划的安排一般是,中学全年上学时间44周;政治课、文化课教学,高中34周、初中36周;学工学农(含农忙假),高中8周、初中6周;学军和体育训练,高、初中各2周(图4-29-1至图4-29-3)。[53]

广大教师为迫切提高质量、挽救年轻一代而努力着。陈玮老师1971年重回石门中学后,加强学校的体育锻炼,恢复了优秀的体育传统。[54]在她的指导下,70年代初,石中又涌现出一批新的力量,参加广

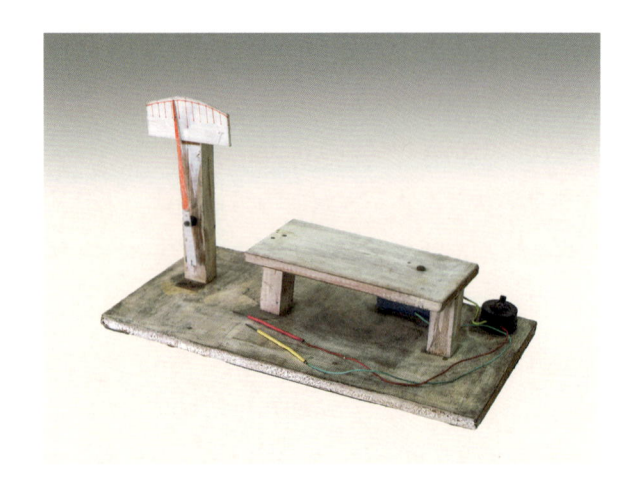

图4-29-1　石门中学实验室中的简易电学实验仪，蛙跳实验（20世纪70年代）

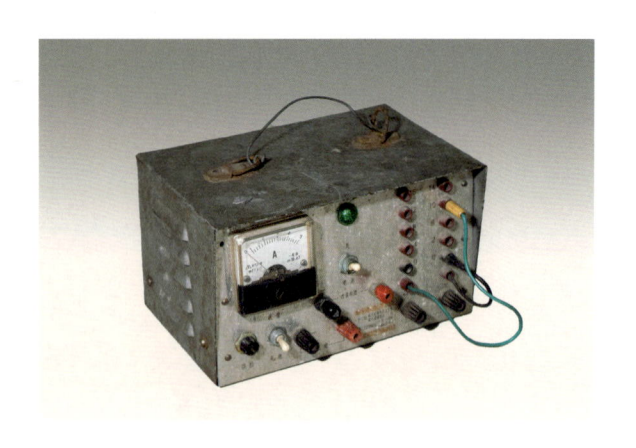

图4-29-2　学校实验室，低压电源（20世纪70年代）

图4-29-3　学校实验室，指针验电器（20世纪70年代）

东省或佛山地区比赛，取得优异成绩。其中，邓宇在1972年参加全国儿童游泳比赛夺得一项冠军，1973年在全国业余体校游泳赛上又夺得一项冠军。[55] 何化万老师之前一直从事地理专业的教学工作，来到石门中学后，学校安排他任教农业课，并兼任学校农场专长。他不计个人得失，认真研究，边教边学，经过一个学期的教学实践和结合课堂教学开展的科学实验，在没有资料、没有经验、没有器材、没有药物的情况下，在培育高产、优质、抗性强的水稻品种上取得了突破。"文化大革命"结束后的1979年获得全国青年组科技作品展览金质奖章，其论文获得全国青年组一等奖（图4-30、图4-31）。[56]

但是从1973年元旦起，全国风向突变，开始从批"左"转向批"右"。至此，纠"左"的努力被迫中断，极左思潮再度在教育领域泛滥成灾。1973年3月，"批林"与"批孔"联系在一起。此后又于1976年初又发起了"批邓"的"反击右倾翻案风"，教育整顿的成绩也在一系列的运动中丧失殆尽。

1974年1月，河南省唐河县马振扶公社中学初二一名女学生考英语交了白卷，在试卷背面写上一首打油诗，被校长批评，投水自尽。这件事本已妥善处理，却被某些人视为"修正主义教育路线进行复辟的严重恶果"，以中央名义发出"简报"，要各地组织师生检查，揭露修正主义路线的"复辟回潮"。接到"简报"后，广东省委立即发出通知，要求各地各学校"检查类似情况"，迅速"抓基层，抓典型"，消除"复辟回潮的恶果"。是年2月，中共南海县委组织到大沥中学和沥北小学办点，错误地开展批判"师道尊严"。学校为建立正常教学秩序所采取的措施，教师对学生的教育管理和严格要求，统统被指为搞"复辟回潮""师道尊严"；学校不敢抓文化课教学，不敢进行考试和文化考试，教学放任自流，质量严重下降；学校普遍又陷入"干部管不了，教师教不了，学生学不了"的混乱局面，学生中反对"五分加绵羊"成为最时髦的口号，纪律松弛，侮辱教师，旷课打斗，破坏公物，无政府主义思潮极端泛滥，学校在"反潮流""反复辟"的恶浪中，桌椅被拆毁，门窗被砸烂，玻璃被打碎，学校财产又遭到破坏，学校教育又一次受到摧残。[57] 历经磨难的区杰老师一生中很少流泪，此时目睹学生不想读书，心痛不已，作诗曰："园丁三十载，历尽雨和风。倘说曾流泪，茫茫白卷中。"[58]

图4-30 何化万老师（右一）指导学生开展地震测报（20世纪70年代中期）

图4-31 邹耀时老师（左）、陈麒雄老师（中）与农宣队队员研究禾苗生长情况（20世纪六七十年代）

1975年1月19至29日，全省中小学"教育革命"座谈会在屯昌县召开，向全省推广屯昌县的学校大办农场，大种甘蔗，让学生"读书务农"，成为"农村有用、顶用、耐用的人才"的经验，将之树立成"大面积的教育革命同县的中心任务紧密结合，教育与生产劳动相结合"的典型，并号召全省中小学"学屯昌，把学校办成学大寨的先进典型"，提出"把学校作为生产单位来抓"，"把农村中小学教育革命纳入农业学大寨的轨道，实行教育与生产劳动相结合，学校与社队相结合，学校教学活动与社队的生产活动紧密结合"，为大搞劳动，"以劳代学"提供指示性的依据。[59] 11月，在南海县范围内开展学习、宣传，推广"屯昌县教育革命"的经验，动员师生"大办农场"。1975年8月11至19日，南海县委召开全县教育革命会议，总结"大办农场"和"开门办学"等经验，做出学习无产阶级专政理论和深入开展教育革命的部署。

由于"学校也是生产单位，应纳入农业学大寨的轨道"，因而生产劳动便成为学校的主旋律，"主学"和"兼学"完全颠倒了。很多学校每学期的劳动时间竟占总时数的60%至70%，主要学科的课本教不到三分之一。中小学生不仅在校办农场劳动，而且每年都要参加农田基本建设、兴修水利、开荒造田、夏收夏种、平整土地等"大会战"（图4-32、图4-33）。[60] 1977年恢复高等学校招生考试，数学0分的，全佛山有35.1%，1978年，全国8省举行数学竞赛，广东名列倒数第一。是年高考，全广东的合格率在全国占据第二十一位。当时的教学质量由此可见一斑。[61] 1977年南海高中毕业生参加全国高等学校招生考试，被录取者只占高中毕业生总数的2.41%。1978年全县初中毕业生参加统一考试，成绩合格率只有5%。[62]

当时石门中学也同样陷入一片混乱之中，实行开门办学、开卷考试，动员师生"大办农场"，把学制、课程、教材、教法全部打乱。当时全校组织了53人的"红卫兵纠察队"，各班也组成了数人的"红卫兵纠察小分队"，以扫荡校内的"封资修"毒素。1975年2月，高中分成大班到学校附近的九村边上课边劳动。学校让学生把水稻田全部深翻改工，对小农场做重新规划安排，做到所谓"三化"（方格化、平整化、排灌合理化）、"四直"（河涌要直、排灌渠道要直、道路要直、田基要直），并对学校校办的再生机油厂进行改造，还新建了一个描图晒图厂。同时，强调班与队挂钩。高二级各班分批到挂钩队学习、劳动一个星期，接受贫下中农教育，上农村应用知识课，帮助生产队积肥、冬种。高一级用一个星期时间参加公社开展的泌冲岗大会战，开山造田，在劳动中接受教育。学校还组织学生参加了开挖大港河的工程，又协助各个挂钩队平田基，挖山岗，修筑公路，并为附近的六联大队深翻叠土。在课程上，语文科组增加了有关"批林""批孔"的政论文章和法家著作，增加了农村应用较广的语文知识，数学课删掉了过分繁难、抽象的内容，增加了民用建筑、渠道测量等实用知识，化学科删掉了工业应用的内容，补上自编的农业应用较广的化肥、土壤和农药等章节，物理课讲解拖拉机的构造和操作知识。当时高中已经围绕面向农村而全部采用了自编教材，而且还规定各科教材要根据面向农村实际和阶级斗争实际进行再次修改。在考试上，强调要做到"开卷"又"开门"，做到"五性"，即考试命题要注意政治性（为当前农村政治工作服务）、实践性（理论与实践结合）、综合性（基础知识的较多方面的考查），调查、写作、修改要注意集体性（分组进行），确定考试方案和评卷要注意民主性（有学生代表参加）。其中初二的农业课考试是带领学生到生产队医治病猪。[63]

学校当时还规定教师坚持参加集体生产劳动，每年劳动时间在60天以上，要求教师会驾驶手扶拖拉机，掌握水稻种植和生猪喂养的科学方法，农业老师还要学会驶牛耕田和红萍全年养殖的科学方法。高

图4-32 何化万老师（左三）与学生一起参加学校农田劳动（20世纪70年代）

图4-33 石门中学师生参加学校农田劳动场景（20世纪70年代）

中学生则规定每月两天和寒暑假期各一个星期，回大队参加"三大革命活动"。每学期结束前回生产队（城镇的回居委）做一学期的学习汇报，并经生产队党小组、革领组和贫协小组评议鉴定，高中毕业班学生毕业前要回大队参加农村政治运动和学做群众工作，由大队工作队领导和使用，运动后，由大队支部和贫协做评议鉴定毕业成绩优劣。学校还创办了九村分校和农机修造厂分校，吸收分校生产队长和工厂负责人为学校革委会成员。定期组织工人、贫下中农对师生进行评教评学，称要使教育革命保证在工人、贫下中农监督下有效发展下去。在一份工作规划中提出了要坚持"五七"道路，办好厂场和开展学工、学农、学军活动，为农业大上快上做贡献。校办农场和工厂抓好科学试验，以科学试验带动生产、带动教学，把厂场办成科学实验、教学、生产劳动三结合的场所，要进行多项科学试验，包括（图4-34）：

1. 培育水稻良种，搞单倍体育种试验。
2. 搞两亩亩产2200—2500斤的高产试验（9——1000，8——900，5——600）和继续各种插植规格试验，为农村提供科学种植数据。
3. 常年育萍，继续试验生物防治红萍病虫害，掌握科学养殖红萍的方式，为农村提供萍种。
4. 继续养生猪一百头，实行糖化饲料，进行快速育肥猪试验。
5. 搞好支农气象、虫情测报站，继续健全支农兽医小分队，面向农村，为生产队和社员医治病猪，继续健全支农修理农机具小组。
6. 新办与教学对口的小工厂两间和搞一二项支农的农业机械的研制实验。[64]

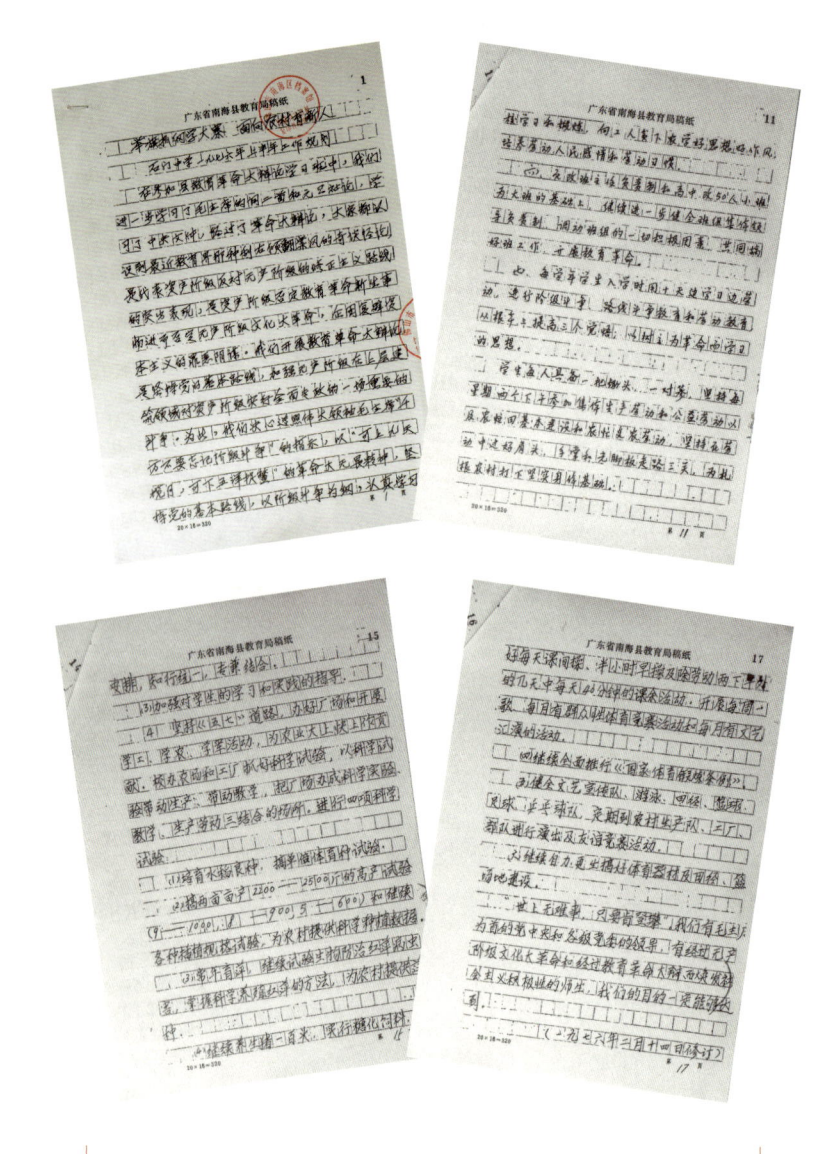

图4-34 《举旗抓纲学大寨，面向农村育新人》（选摘，1976年）

当时提出的口号就是"举旗抓纲学大寨，面向农村育新人"。这是一个特殊的时代，在这样的大背景中，学校教育变得主次不分，学生的学业荒废了，教师的主要精力也不在教学上。

但石门中学的一些教师对此也进行了不同方式和不同程度的抵制和斗争，他们利用一切有利的机会，排除干扰，坚持教学和科研工作，抓教学质量，将对学校造成的损失降到最低限度（图4-35）。

1976年10月6日，中共中央一举粉碎江青反革命集团，"文化大革命"结束。喜讯传来，全校师生欢欣鼓舞，人心大快，召开了庆祝大会（图4-36）。

此后，石门中学开始进行拨乱反正，逐步清理和清除"左"的错误影响，全校的发展进入了一个新的时期。

图4-35　1975年石门中学毕业生留影

图4-36　石门中学1976年秋初二（2）班全体同学毕业留影

注 释

[1] 广东省地方史志编纂委员会:《广东省志·大事记》，广东人民出版社2005年版，第531页。

[2] 广东省地方史志编纂委员会:《广东省志·大事记》，广东人民出版社2005年版，第532页。

[3] 南海县教育局、南海县成人教育委员会办公室编:《南海县教育志》，1990年刊印，第15页。

[4] 《区老喜作黄昏颂》，收入佛山市南海区石门中学编:《石门中学八十年（1932—2012年）》，2012年刊印，第252页。

[5] 中国教育科学研究所:《中华人民共和国教育大事记（1949—1982）》，教育科学出版社1983年版，第229页。

[6] 何辛:《广东教育50年》，广东高等教育出版社1999年版，第64页。

[7] 何辛:《广东教育50年》，广东高等教育出版社1999年版，第75页。

[8] 何辛:《广东教育50年》，广东高等教育出版社1999年版，第77页。

[9] 何辛:《广东教育50年》，广东高等教育出版社1999年版，第76页。

[10] 南海县教育局、南海县成人教育委员会办公室编:《南海县教育志》，1990年刊印，第16页。

[11] 《南海县石门中学十三年来的政治思想工作》，佛山市南海区档案馆藏，档案号：001-A12.9-435-013。

[12] 《南海石门中学生产劳动情况和问题》，佛山市南海区档案馆藏，档案号：005-A12.1-034-014。

[13] 《南海县石门中学十三年来的政治思想工作》，佛山市南海区档案馆藏，档案号：001-A12.9-435-013。

[14] 郭柏:《石门重返照》，收入《石门返照：石门中学高中1965届毕业50周年纪念集》，2015年刊印，第8—10页。

[15] 何辛:《广东教育50年》，广东高等教育出版社1999年版，第82页。

[16] 《中国教育年鉴（1949—1981）》，中国大百科全书出版社1984年版，第942页。

[17] 何辛:《广东教育50年》，广东高等教育出版社1999年版，第83页。

[18] 何辛:《广东教育50年》，广东高等教育出版社1999年版，第82—84页。

[19] 南海县教育局、南海县成人教育委员会办公室编:《南海县教育志》，1990年刊印，第115页。

[20] 《石门中学八十年办学历程》，收入佛山市南海区石门中学编:《石门中学八十年（1932—2012年）》，2012年刊印，第74页。

[21] 何辛:《广东教育50年》，广东高等教育出版社1999年版，第89—91页。

[22] 何辛:《广东教育50年》，广东高等教育出版社1999年版，第83页。

[23] 南海县教育局、南海县成人教育委员会办公室编:《南海县教育志》，1990年刊印，第115页。

[24] 南海县教育局、南海县成人教育委员会办公室编:《南海县教育志》，第98页。

[25] 南海县教育局、南海县成人教育委员会办公室编:《南海县教育志》，第115页。

[26] 《光明日报》1961年1月24日，第1版。

[27] 《光明日报》1961年1月24日，第1版。

[28] 石门中学普通中学年初报表（1964—1965学年初），佛山市南海区档案馆藏，档案号：059-A12.1-041-002。

[29] 何百源:《石门·石门·石门》,收入佛山市南海区石门中学编:《石门中学八十年(1932—2012年)》,2012年刊印,第204页。

[30] 南海县教育局、南海县成人教育委员会办公室编:《南海县教育志》,第103页。

[31] 李志深:《校里校外》,收入《石门返照:石门中学高中1965届毕业50周年纪念集》,2015年刊印,第23页。

[32] 郭柏:《石门重返照》,收入《石门返照:石门中学高中1965届毕业50周年纪念集》,2015年刊印,第5—6页。

[33] 陈玮:《石中:南海游泳的摇篮》,收入佛山市南海区石门中学编:《石门中学八十年(1932—2012年)》,2012年刊印,第217—218页。

[34] 吴健民:《石中生活的回忆》,收入《石门返照:石门中学高中1965届毕业50周年纪念集》,2015年刊印,第26页。

[35] 戚燕平:《难忘的田径队经历》,收入《石门返照:石门中学高中1965届毕业50周年纪念集》,2015年刊印,第41页。

[36] 李志深:《校里校外》,收入《石门返照:石门中学高中1965届毕业50周年纪念集》,2015年刊印,第22页。

[37] 何百源:《石门·石门·石门》,收入佛山市南海区石门中学编:《石门中学八十年(1932—2012年)》,2012年刊印,第204页。

[38] 戚敬焯:《毕业50周年纪念》,收入《石门返照:石门中学高中1965届毕业50周年纪念集》,2015年刊印,第46—47页。

[39] 《区老喜作黄昏颂》,收入佛山市南海区石门中学编:《石门中学八十年(1932—2012年)》,2012年刊印,252页。

[40] 南海县教育局、南海县成人教育委员会办公室编:《南海县教育志》,第18页。

[41] 南海县地方志编纂委员会编:《南海县志》(第二卷),中华书局2000年版,第44—45页。

[42] 南海县地方志编纂委员会编:《南海县志》(第二卷),中华书局2000年版,第45页。

[43] 《关于石门中学成立革命委员会的批示》,佛山市南海区档案馆藏,档案号:001-A0.15-005-054。

[44] 南海县教育局、南海县成人教育委员会办公室编:《南海县教育志》,1990年刊印,第98页。

[45] 南海县教育局、南海县成人教育委员会办公室编:《南海县教育志》,1990年刊印,第98页。

[46] 南海县教育局、南海县成人教育委员会办公室编:《南海县教育志》,1990年刊印,第18页。

[47] 《石门中学八十年办学历程》,收入佛山市南海区石门中学编:《石门中学八十年(1932—2012年)》,2012年刊印,第75—76页。

[48] 何辛:《广东教育50年》,广东高等教育出版社1999年版,第166—167页。

[49] 南海县教育局、南海县成人教育委员会办公室编:《南海县教育志》,1990年刊印,第19页。

[50] 《狠抓路线教育,坚持对教师边使用边改造》,《光明日报》1972年3月22日。

[51] 南海县教育局、南海县成人教育委员会办公室编:《南海县教育志》,1990年刊印,第198页。

[52] 《石门中学八十年办学历程》,收入佛山市南海区石门中学编:《石门中学八十年(1932—2012年)》,2012年刊印,第76页。

[53] 何辛:《广东教育50年》,广东高等教育出版社1999年版,第169页。

[54] 陈玮:《石中:南海游泳的摇篮》,收入佛山市南海区石门中学编:《石门中学八十年(1932—2012年)》,2012年刊印,第218页。

[55] 《默默耕耘,成绩突出:陈玮获省体育工作荣誉奖章》,收入佛山市南海区石门中学编:《石门中学八十年(1932—2012年)》,2012年刊印,第260页。

[56] 《科研成果与论著丰厚的何化万老师》,收入佛山市南海区石门中学编:《石门中学八十年(1932—2012年)》,2012年刊印,第257—258页。

[57] 何辛:《广东教育50年》,广东高等教育出版社1999年版,第173—174页。

[58]《区老喜作黄昏颂》,收入佛山市南海区石门中学编:《石门中学八十年（1932—2012年）》,2012年刊印,第252页。

[59]何辛:《广东教育50年》,广东高等教育出版社1999年版,第182—184页。

[60]何辛:《广东教育50年》,广东高等教育出版社1999年版,第185—186页。

[61]何辛:《广东教育50年》,广东高等教育出版社1999年版,第198页。

[62]南海县教育局、南海县成人教育委员会办公室编:《南海县教育志》,1990年刊印,第252页。

[63]《南海石门中学学期工作总结》(1975年2月1日),佛山市南海区档案馆藏,档案号:059-A12.2-027-002。

[64]《举旗抓纲学大寨,面向农村育新人:石门中学一九七六年上半年工作规划》,1976年2月14日,佛山市南海区档案馆藏,档案号:059-A12.2-038-001。

第五章 开拓进取的石门中学

开拓进取的石门中学

图5-1 在学校运动场举行升国旗礼（摄于1988年）

  自实行改革开放以来，广东南海石门中学也迅速从"文化大革命"的阴霾中走出，拨乱反正，落实知识分子政策，充分调动广大教职员工的积极性，逐渐恢复正常教学秩序。学校吸收了一批德才兼备的教师加入中国共产党，加强师资队伍建设，在教师中开展职业责任、职业道德、职业技能和职业纪律的教育。学校通过多种途径努力营造稳定、安宁的校园环境，鼓励学生自主学习，培养读书兴趣，开展多姿多彩的校园生活，教学质量稳步上升。全校师生员工振奋精神，同心同德，以崭新的姿态迎接改革开放的时代（图5-1）。

  学校积极实行教育改革，在学校管理、人才培养、教学方法上不断创新，强调"从严要求，全面发展，勤教勤学，开拓进取"的校风，秉承"任重道远，毋忘奋斗"的校训，发扬"科学、协作、拼搏"的石中人精神，开拓进取，逐步建设成为一所现代化、信息化的一流名校，成为佛山地区最具竞争力的普通高中之一。自1978年改革开放以来到1999年间，石门中学相继获得"广东省普教系统先进集体""广东省大中专学校社会实践活动红旗单位""广东省普教系统先进单位""广东省电化教育优秀等级学校""广东省

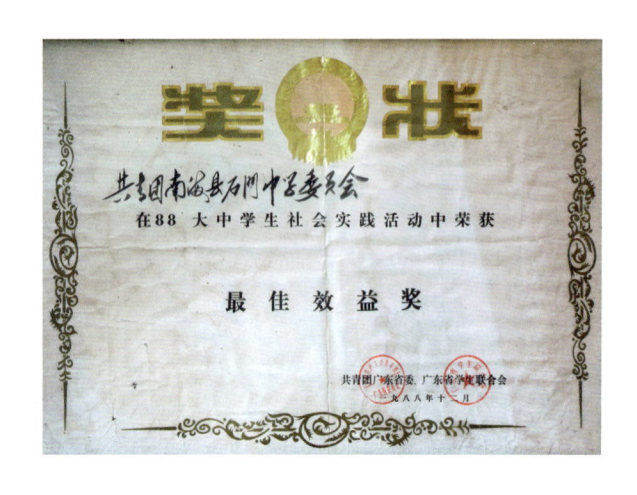

图5-2 学校获得广东省大中学生社会实践"最佳效益奖"（1988年）

图5-3 学校被评为"广东省一级学校"（1994年）

中小学普及普通话先进单位"等称号。[1] 1988年曾获得广东省大中学生社会实践"最佳效益奖"。1994年学校被评为"广东省一级学校"（图5-2、图5-3）。

石门中学办学卓有成效，赢得社会各界的广泛赞誉，声名远播。

第一节 重点建设的学校

1977年，国家恢复高等学校招生考试制度，南海县石门中学陆续有学生被各类高校录取。这是一个新时代的开启。

随着国家招生考试制度与正常学制的重新恢复，南海县石门中学的教学工作也渐入正轨，学校在提高教学质量、培养学生综合素质等方面做了大量工作。从1977年的第二学年开始，学校重心发生了明显转向，日益突出教学工作。是年10月，调整教职员工工资，升级面为40%。广大教职员工的积极性有了很大提高（图5-4）。

1978年，党的十一届三中全会召开，国家实行改革开放，石门中学恢复为佛山地区和南海县重点中学，学校教育进入全面振兴时期。中共南海县委和南海县人民政府重视加强对教育工作的领导，根据国家的教育方针、政策和法令，先后颁发《关于加速我县教育事业发展的决定》《关于集资办学的决定》《贯彻〈中共中央关于教育体制改革的决定〉的意见》《关于深化改革、加速我县普通教育发展的决定》等文件。此后，石门中学领导班子得到充实，改革了原有的教育管理体制，开始实行校长负责制与教师聘任制，与此同时，加强制度建设，推行与实施教师岗位责任制和对各级学校实行监督、评估、奖励等制度。学校积极落实知识分子政策，全面复查并清理"文化大革命"时期教师中的冤假错案和此前

图5-4　南海县石门中学1977届高二（2）班同学毕业留念（摄于1977年7月）

的历史案件，为恢复正常的教育教学活动奠定基础。其中张炳垣老师（"文化大革命"时受迫害致死）、区杰老师（曾被划为"右派"）等12位教师得到平反。学校通过一系列的努力，"提高了教师的经济待遇和社会地位，表彰、奖励和提拔一批优秀教师，吸收一批先进教师参加中国共产党，加强了师资队伍建设，在教师中开展了职业责任、职业道德、职业技能和职业纪律的教育"[2]。学校面貌焕然一新，广大教职工心情舒畅，精神振奋，全身心地投入学校的各项工作中（图5-5）。

1978年8月，石门中学重新被确定为佛山地区和南海县重点中学，由谢日华任校长[3]，黄贤佳、陈耀煊为副校长。这一年，高一招新生6个班，其中4个班全县招生，2个班盐步招生，初中在全县招新生4个班。9月，撤销校革命委员会，实行党支部领导下的校长分工负责制，明确规定校长为学校行政负责人。10月，集中全县高中二年级的精英办2个升大重点班，其中一个班47人，设在石门中学，定为高二（5）班。"恢复高考后，学校迅速调整班级，挑选好学生，组织了一个好班，集中起来，老师精心辅导。后来这些学生在高考中都取得较好成绩。我们学校当时实行初中三年制，高中两年制。"[4]（图5-6、图5-7）

学校采取循序渐进、逐步提高的措施，努力提高教学质量。在教学方面，充实教师队伍，加强教研组建设，注重师德建设，发扬"爱、严、勤、韧"的精神，抓教材研究，抓课堂教学研究，做到以教学为中心，并贯彻"以学生为主体，以教师为主导，以训练为主线"的"三主"原则，开展课堂教学改革，鼓励探索行之有效的教学方法，努力把教改的重点放在能力培养和智力开发上。在学生培养方面，重视德育，坚持对学生进行爱国主义教育，建设社会主义精神文明的教育，坚持对学生进行"四项基本原则"的教育，坚持"以导为主，导中有禁，形成习惯，鼓励进步"的德育教育原则，坚决贯彻"中学

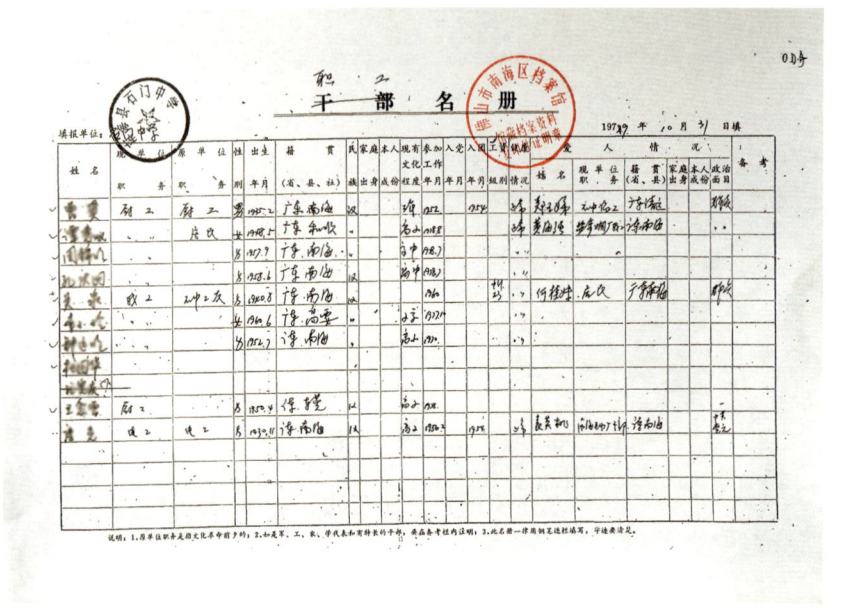

图5-5 南海县石门中学职工名册（1979年）

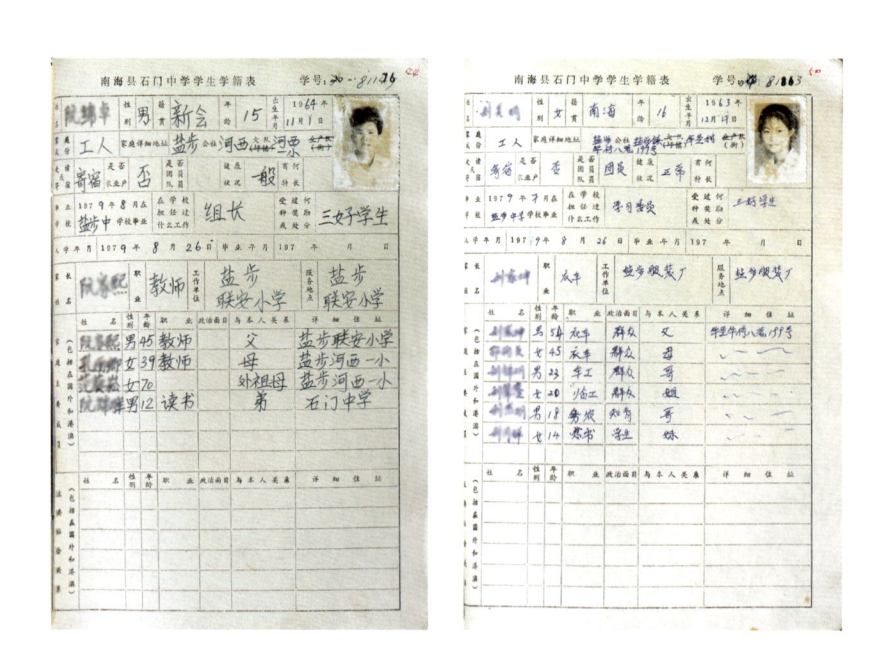

图5-6 南海县石门中学学生学籍表（1979年入学）

图5-7　南海县石门中学1978届高二（2）班毕业全体师生摄影留念（摄于1978年6月）

生守则"与创"三好"活动相结合的德育活动，加强学生自治，恢复学生会组织机构。[5]这些措施务实有效，使石门中学的恢复振兴有了一个良好的开端（图5-8至图5-10）。

彼时，石门中学教师刻苦钻研教学教法，同时在专业领域不断深造，成绩斐然。1978年10月，何化万老师的《利用水化学预测地震的技术研究》这项成果在广东省地震工作会议上介绍，何老师本人被评为"地震战线先进工作者"。1979年12月，何化万老师的《利用孤雌生殖诱发水稻单倍体的技术研究》这项成果获全国青年组科技作品展览金质奖章，论文同时获全国青年组一等奖，并获广东省科学大会奖励。石门中学还为南海县乃至佛山市培养了一批优秀的教育人物。1980年3月，凌风老师、黄光副校长被选为南海县人大教育界代表。5月，凌风、宋达庭、梁炳钊、区杰被选为南海县第四届政协委员，其中凌、宋两位老师为常委。1982年1月，南海县委、县政府对30年以上教龄的"老园丁"进行慰问。1982年，石中有32人被评为"南海县先进工作者"。1984年4月，何维孜老师被选为南海县人大教育界代表，凌风、宋达庭、何式安、区杰当选为南海县第五届政协委员。5月，谢日华校长被选为佛山市第八届人大代表，并出席佛山市第八届人民代表大会。尊师重教，石中的社会声誉得到恢复。

在全校师生的共同努力下，石门中学的办学也初见成效。据1978年高考的情况，石中学子考上高等院校的有：潘伟加考上华中工学院，梁汉光考入武汉测绘学院，李兆洪就读广州轻工业学院，杨卫强考上湛江水产学院，陈志民考入佛山卫校，林杰钊就读南海兽专，等等。[6]表5-1为石门中学1979至1981届普通高校考试上线情况。

图5-8 南海县石门中学1979届高二（3）班全体同学留影（摄于1979年7月）

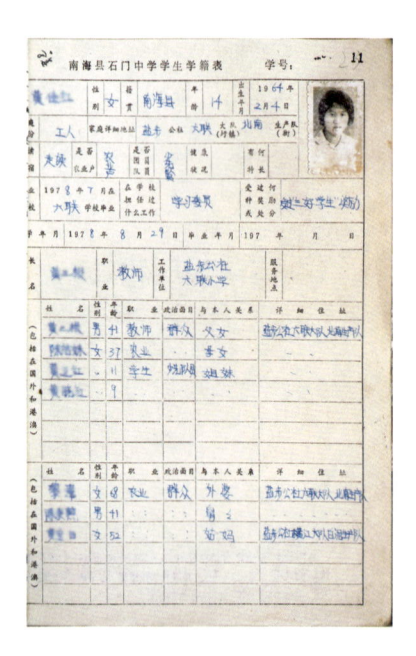

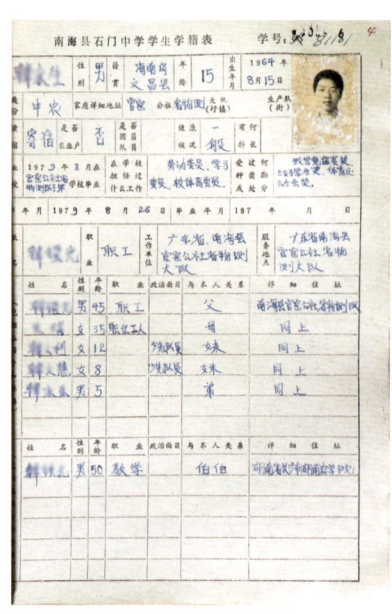

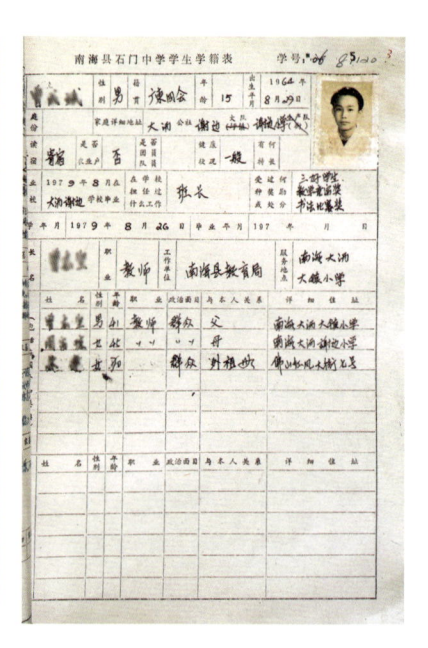

图5-9 南海县石门中学学生学籍表（1978年入学）

图5-10 南海县石门中学学生学籍表（1979年入学）

表5-1　1979—1981届普通高校考试上线情况

单位：人

届别	报考人数	重点线	省大专线以上	市大专线以上	总上线（含中专）
1979	报考大专66人 报考中专166人	16		30	48
1980	报考大专75人 报考中专206人	10		29	81
1981	报考大专84人 报考中专167人	28	42	49	119

*资料来源：广东省南海市石门中学编：《石门中学：广东省南海石门中学建校七十五周年志庆》，2007年刊印，第36页。

1982年7月，石门中学二年制高中最后一届毕业，高考上普通高校招生第一批本科线（重点线）22人，上省大专线以上39人，市大专线以上56人，总入围117人。[7] 从1982年起，广东省实行预考制度，预考后达要求者可参加高考。实际上几年来，石门中学所有毕业生均取得了参加高考的资格。石门中学的教学质量明显提升，逐渐恢复原有的办学声誉。1982年，学校荣获"南海县先进团委""广东省普教系统优秀集体"等称号（图5-11至图5-13）。

1983年，石门中学没有学生参加高考，而是过渡到三年制高中。至1985年，石门中学成为一所六年制完全中学。南海县实行三级办学，石门中学直接由南海县管理（图5-14）。

这一时期，石门中学形成了"从严要求，全面发展，勤教勤学，开拓进取"的优良校风，广大师

图5-11　南海县石门中学1980届高二（6）班全体同学毕业留念（摄于1980年7月）

图5-12　南海县石门中学1982届初三（4）班毕业留念

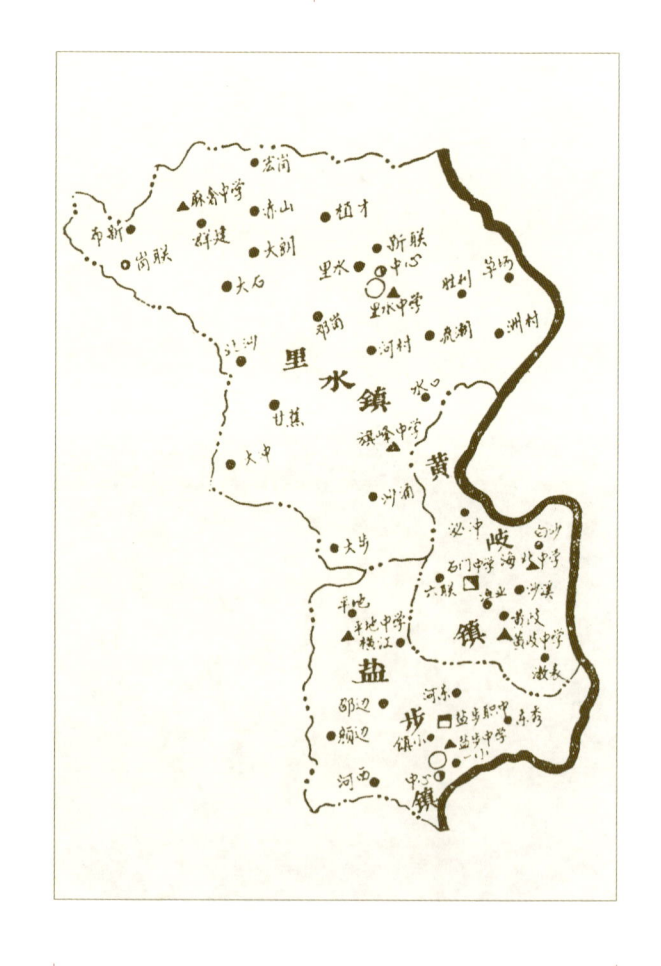

图5-13　1978—1987年石门中学获得各类奖励一览

图5-14　《南海县学校分布图》（1988—1989年度）（局部），石门中学地属黄岐镇

图5-16 师生们在新竣工的教学楼前参加植树活动（摄于1987年）

图5-17 石门诗社复社雅集

生朝气蓬勃，校园一派欣欣向荣。作为一所被列为重点建设的学校，有关部门也开始在石门中学加大投入，石中校园设施不断完善，这可以从一些项目的建设中得以体现。1979年9月，学生宿舍一号楼竣工，建筑面积1264平方米。1980年4月，卫生室（即红楼）竣工，建筑面积215平方米。1981年1月，教师宿舍二号楼竣工，建筑面积776平方米。6月，教师宿舍三号楼竣工，建筑面积878平方米。1983年7月，学生宿舍五号楼竣工，建筑面积2171平方米。1985年5月，教师宿舍七号楼竣工，建筑面积1538平方米。6月，南海矿务局等单位捐资兴建的友谊球场建成使用。12月，杨敬中校友捐建的杨敬中篮球场建成。[8] 这些项目的建设，极大改善了石门中学的教学环境以及生活设施，同时也为校园各类活动的开展提供了有利条件（图5-15、图5-16）。

此时，石中的校园文化也开始活跃起来。这里，特别要提到"石门诗社"（图5-17）。1983年4月16日，学校正式成立石门诗社。据凌风老师回忆："1983年就在南海率先办起来的石门诗社，是一个让诗词最早进入佛山地区的校园诗社。"[9] 这也是改革开放后在珠三角地区成立较早的诗社。诗社成员初时只限于本校教职工，且以语文组老师为主，如凌风、邹耀时、易唯志、黄锦恩、赵国耀、严作然、邓兵、陈小红等，此后其他组老师如区杰、宋达廷等，以及校长谢日华、教职工如胡国英也纷纷参加。改革开放初期的南海县，除了石门诗社外，还有罗村诗社、青云（南一中）诗社、大沥诗社三个诗社。1983年夏，这几个诗社共同成立了南海诗社，石门诗社社长凌风被推举为南海诗社首届社长。1984年，石门诗社首届社长凌风老师退休离校后，继任者邹耀时老师承前启后，有所创新。到1987年左右，由于种种客观原因，石门诗社一度暂停活动。诗社成员多半转入南海诗社。[10]

石门诗社，成为当时石中的一道"亮丽风景"，也可以说是学校社团的一张名片。该诗社办诗词小组，招收学生中的诗词爱好者。诗社开展了一些活动，有节令的、庆典的吟唱，举办专题讲座，与兄弟

培根固本

图5-15 石门中学校园（20世纪80年代）

图5-18 石门中学学生会创办的校刊《青春短笛》

诗社的联欢雅集等，还刊印刊物，有《石门诗选》《嫩芽》（后者为学生习作选）。石门诗社对学校师生产生了较大影响。石中诗文一时称盛，与该诗社不无关系。后来石门中学学生会创办了《青春短笛》，也值得一提（图5-18）。

经过近10年的恢复与振兴，石门中学进入了良好的发展时期。作为一所重点建设的学校，备受各界关注。

第二节　何维孜和石中的改革

这是一个改革的年代，这时石门中学也迎来了一位改革的校长，他就是何维孜。

何维孜，广东南海人，1964年毕业于石门中学高中。1983年，因工作调动回到母校。1985年，校领导换届，何维孜出任校长。同时，黄光任副校长，范允波任副书记。这一届校领导上任后，从调研开始了解学校的实际情况，分析办学中存在的具体问题。随后，实事求是、有针对性地进行了一系列改革，主要做法有：

第一，明确石门中学的办学指导思想，可以归纳为五个"坚持"。这五个"坚持"是：坚持正确的培养目标，把学生培养成为"四有"的社会主义建设者和接班人；坚持全面发展的方针，德、智、体、美、劳"五育"并举；坚持面向全体学生，因材施教，既重视转变"差生"，又重视培养"尖子"；坚持在加强素质教育的同时，多层次、多方位出人才；坚持在"五育"和谐发展的基础上，争取向高一级学校输送更多的合格新生。[11]学校明确了校风，即"从严要求，全面发展，勤教勤学，开拓进取"，校训为"任重道远，毋忘奋斗"，发扬石中优良传统，学生要做到"尊师、爱校、勤学、俭朴"（图5-19）。

第二，积极探讨学校机构改革与教学管理经验。关于这一点，何校长在1992年的一份《述职报告》中有自己的总结（图5-20）：

> 石门中学在实施科学管理中积累了经验，其基本思路是"建立常规，责任到人，形成系统，加强调控，提高效率"。这几年实施的"五处建制"（校务、教务、教研、德育、总务）及所形成的层级管理系统，使学校工作更好地运转；"不设副职"有利于责任到人，独当一面，减少同级扯皮，

图5-19 石门中学校训

大大提高了各级的工作效率；由于权力下放，较强的部门进一步把工作细分，做到人人有事管，事事有人管，把齐抓共管落到实处；由于加强了反馈，形成了信息通道的闭合，大大加强了学校对总体工作的调控。[12]

1988年对学校机构进行改革，把教导处和总务处两大机构改为"五处建制"，即校务处、教务处、教研处、德育处、总务处，每处只设一正主任，不设副主任，强调各处岗位职责。各处主要职能如下：

（一）校务处

1.人事：调动、工资、户口、退休等；

2.保卫：学校保卫、门卫、值班等；

3.秘书：调研、校长信箱、行文、值日教师安排、教职员工评先进；

4.行政：对外、接待、校级会议筹备、节日布置、电话总机、传达室、收发室、卫生室、土建及维修。

（二）教务处

1.科学楼（包括电影）；

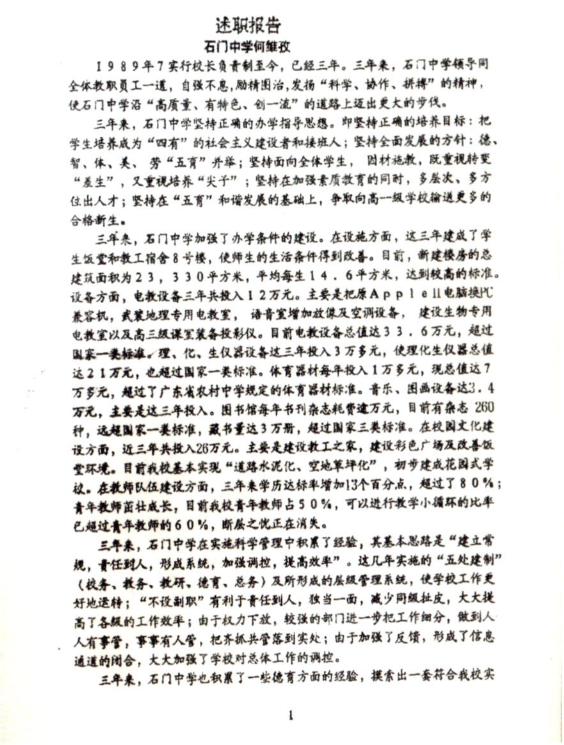

述职报告

石门中学何维孜

1989年7实行校长负责制至今，已经三年。三年来，石门中学领导同全体教职员工一道，自强不息，励精图治，发扬“科学、协作、拼搏”的精神，使石门中学沿“高质量、有特色、创一流”的道路上迈出更大的步伐。

三年来，石门中学坚持正确的办学指导思想。即坚持正确的培养目标：把学生培养成为“四有”的社会主义建设者和接班人；坚持全面发展的方针：德、智、体、美、劳“五育”并举；坚持面向全体学生，因材施教，既重视转变“差生”，又重视培养“尖子”；坚持在加强素质教育的同时，多层次、多方位出人才；坚持在“五育”和谐发展的基础上，争取向高一级学校输送更多的合格新生。

三年来，石门中学加强了办学条件的建设。在设施方面，这三年建成了学生饭堂和教工宿舍8号楼，使师生的生活条件得到改善。目前，新建楼房的总建筑面积为23，330平方米，平均每生14.6平方米，达到较高的标准。设备方面，电教设备三年共投入12万元。主要是把原Apple Ⅱ电脑换PC兼容机，武装地理专用电教室，语音室增加放像及空调设备，建设生物专用电教室以及高三级课室装备投影仪。目前电教设备总值达33.6万元，超过国家一类标准。理、化、生仪器设备这三年投入3万多元，使理化生仪器总值达21万元，也超过国家一类标准。体育器材每年投入1万多元，现总值达7万多元，超过了广东省农村中学规定的体育器材标准。音乐、图画设备达3.4万元，主要是这三年投入。图书馆每年书刊杂志耗费逾万元，目前有杂志260种，远超国家一类标准，藏书量达3万册，超过国家三类标准。在校园文化建设方面，近三年共投入26万元。主要是建设教工之家，建设彩色广场及改善饭堂环境。目前我校基本实现“道路水泥化、空地草坪化”，初步建成花园式学校。在教师队伍建设方面，三年来学历达标率增加13个百分点，超过了80%；青年教师茁壮成长，目前我校青年教师占50%，可以进行教学小循环的比率已超过青年教师的60%，断层之忧正在消失。

三年来，石门中学在实施科学管理中积累了经验，其基本思路是“建立常规，责任到人，形成系统，加强调控，提高效率”。这几年实施的“五处建制”（校务、教务、教研、德育、总务）及所形成的层级管理系统，使学校工作更好地运转；“不设副职”有利于责任到人，独当一面，减少同级扯皮，大大提高了各级的工作效率；由于权力下放，较强的部门进一步把工作细分，做到人人有事管，事事有人管，把齐抓共管落到实处；由于加强了反馈，形成了信息通道的闭合，大大加强了学校对总体工作的调控。

三年来，石门中学也积累了一些德育方面的经验，摸索出一套符合我校实

1

图5-20 《何维孜校长述职报告》（节选，1992年）

2.图书馆（包括课本订发）；

3.处务：作息时间表、课程表、学籍管理、誊印、考试测验安排、学生升学材料、升大升中考务。

（三）教研处

科组工作、教改工作、教学资料、讯息、第二课堂（含学科竞赛）、教学经验总结交流、考试命题、科组墙报、实习教师。

（四）德育处

1.级组工作、班主任工作；

2.团委教育活动统筹；

3.学生会；

4.学生文体活动；

5.学生社会实践活动；

6.学生管理（卫生、值周、电视、膳堂、宿舍纪律助学金、学生先进集体及先进个人评选）；

7.教学楼、学生宿舍、清洁工管理；

8.宣传（广播站、墙报）。

（五）总务处

1.勤工俭学：校办厂、企业；

2.膳食；

3.处务：财务、校产、教学设施的添置和维修、水电、木工、汽车、师生生活、学校校服定造。[13]

第三，围绕教学的改革。从1985年秋开始，学校只办高中，每级招生8个班。1986年始，学校工作从整体着眼，较好地解决了几个影响教学质量的关键问题。其中包括加强科组建设，落实教学常规管理，加强学生的能力培养，大面积提高教学质量，抓住教学中“学”这一关键，发挥教师的群体效应等。同时，学校还持续推进各项工作。这些措施有：（一）实行年级组长负责制的横向管理；（二）提出并实施教学上“以学生为主体，以教师为主导，以训练为主线”，行政管理上“人人有事管，事事有人管”，德育工作上“低起点、慢速度、细渗透、讲实效”的做法，倡导“科学、协作、拼搏”的石中人精神；（三）率先形成丰富多彩的学生社会实践活动，这一项实践效果显著，获团中央嘉奖；（四）率先提出“测练”这一介乎练习和测验之间的教学手段。何维孜校长与黄炼和撰写的论文《遵循教学规律，优化教育管理》获第二届“广东省教育管理科学吴汉良奖”一等奖。[14]

石门中学为了把学校办成高质量、有特色的学校，反复学习中共中央的《决定》《决议》和

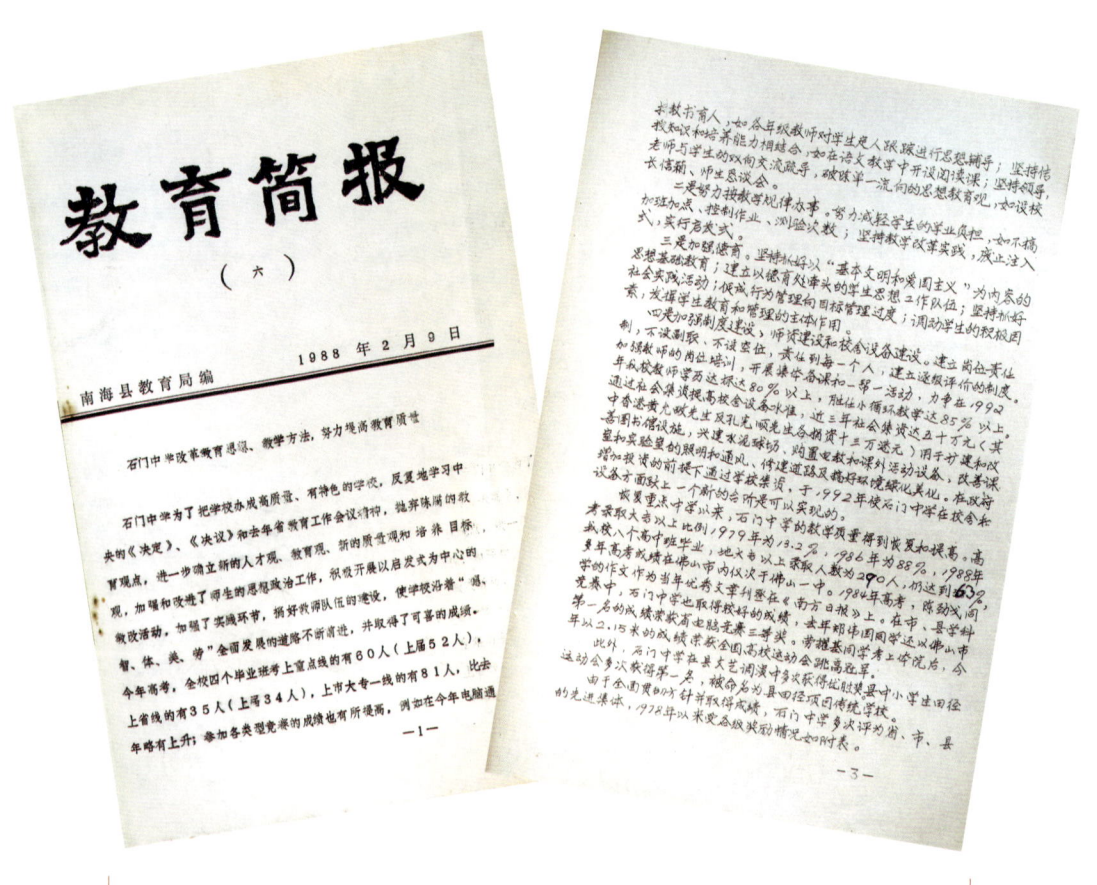

图5-21 南海县教育局编的《教育简报》，介绍石门中学办学经验（节选，1988年）

有关省教育工作会议精神，抛弃陈腐的教育观点，进一步确立新的人才观、教育观、质量观和培养目标观，加强和改进师生的思想政治工作，积极开展以启发式为中心的教改活动。加强了实践环节，搞好教师队伍的建设，使学校沿着"德、智、体、美、劳"全面发展的道路不断前进，并取得了一些成绩。具体做法有：首先，在教学中加强学生的主体作用，包括开展以启发式为中心的课堂教学改革，调动学生的非智力因素，使学生主动学习，收集学生反馈讯息，不断改进教学。其次，创造条件，让更多的学生参加课外活动。1988年全校已建立30个课外活动小组，包括电脑、航模、打字、书法等，参加人数从1987年的500多人发展到991人，占全校人数的58.3%。此外，还组织各种科学讲座。再次，坚持抓好体育、美育和劳动教育（图5-21）。[15]

如何实现教学改革，关键是教师队伍的建设，这也是何校长最关心的问题。石门中学重视教师队伍建设，注重引进、培养青年教师。从1988年起，学校对教师进行普通话、计算机、科研方法等方面的专题培训，提高了教师的综合素质，更新了教育观念。对刚毕业和新调入的教师实行"先培训、后上岗"，并实行"一帮一"式的三年导师制。学校有计划地开展"立高尚师德，树教育新风""加强师德建设，完美教师形象"等系列教育活动，形成了一个师德高尚、业务精湛的教师群体。在教学上，以

《系统论》《控制论》《信息论》为指导，取得了一些成果。从20世纪90年代开始，又定期进行计算机基础知识的培训，要求教师学会汉字输入、文件编辑和学生成绩管理，利用计算机备课、储存教学资料和打印试卷。可喜的是，通过采取一些措施取得了一定的成效。到了1989至1992年，石中的师资队伍情况："三年来学历达标率增加13个百分点，超过了80%；青年教师茁壮成长，目前我校青年教师占50%，可以进行教学小循环的比率已超过青年教师的60%，断层之忧正在消失。"[16]但是，校方也看到了在教师队伍中还有一些问题没有解决："在教师方面，学历达标率未能达到85%，能进行小循环的教师比例也未达到85%。"[17]可见，学校领导还保持着清醒的认识。

几年来，石门中学涌现了一批优秀教师。张英和老师1988年被评为"全国优秀教师"；陈坚仪老师1990年被评为"广东省特级教师"，1991年被评为"全国教育系统劳动模范""佛山市优秀专家"；何维孜先后被评为"佛山市优秀教育工作者""广东省普教系统先进教育工作者""全国优秀教育工作者"；杨玉麟老师被评为"南粤教书育人优秀教师"。被评为佛山市南海县"先进教师""先进工作者""优秀班主任"等的教师超90人次，青年教师茁壮成长。到1993年，青年教师已占教师队伍50%强，已参与高中教学循环的青年教师超过青年教师总人数的60%。[18]以1992至1993学年度为例，正编教职员工为110人，专职教师78人，其中高级教师24人、一级教师21人、二级教师36人、未定级4人，学历达标率为86%（图5-22）。[19]

第四，重视制度建设。自1989年起，学校实行"两聘、两制、一包、一奖"的内部管理办

图5-22 《石门中学教育教学经验论文集》封面

法，落实校长任期目标责任制。在实施科学管理方面，学校的基本思路是"建立常规，责任到人，形成系统，加强调控，提高效率"。除了实施"五处建制"以外，这几年学校落实了一系列管理层面的改革措施。如"不设副职"有利于责任到人，独当一面，减少同级扯皮，提高了各级的工作效率；由于权力下放，较强的部门进一步把工作细分，把齐抓共管落到实处；由于加强了反馈，形成了信息通道的闭合，加强了学校对总体工作的调控。实施科学管理需要科学规章制度指导。几年来，石门中学陆续制定指导教育

图5-23 《石门中学常规制度》（1985年9月）

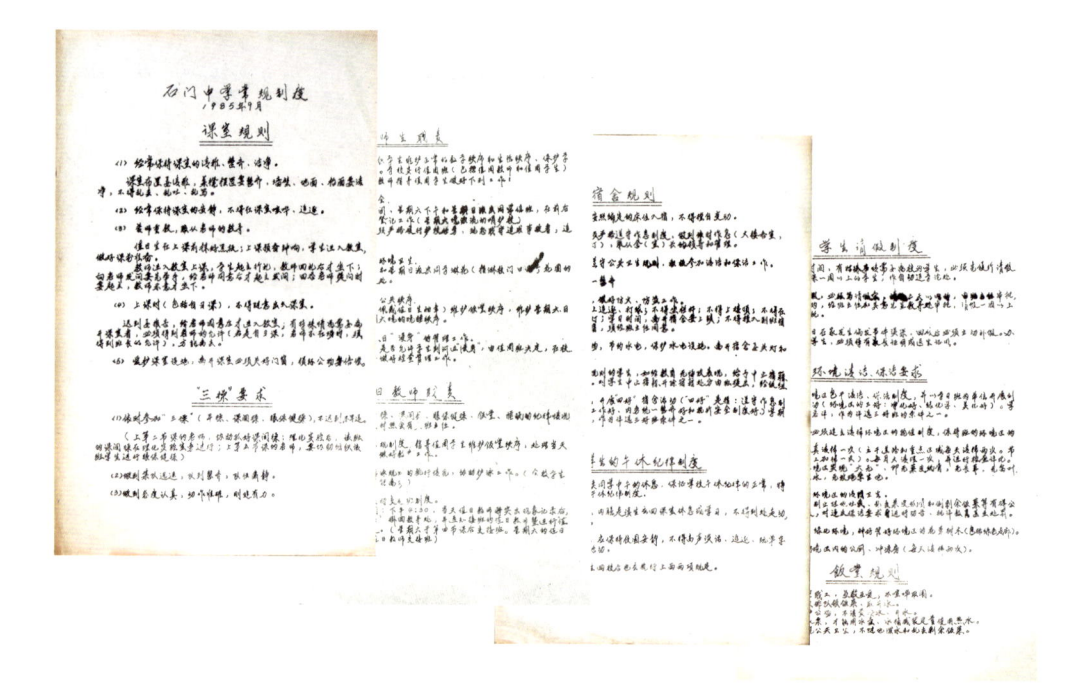

图5-24 《石中学生记功表彰办法》（1987年）

图5-25 《石门中学教学工作常规》（节选，1985年）

教学、学习的规章制度，使学校的一切工作有章可循，有据可依。如：制定《石门中学教学工作常规》《教研组长职责和权利》《石门中学导师制工作计划》《石门中学教研组评估方案》《石门中学奖励条例》《石门中学学生学习常规》《学生奖惩办法》《学生宿舍规则》《保持学生健康成长十项禁令》等。这些规章制度，后汇编成如《石门中学常规制度》《石门中学教师手册》《石门中学学生手册》等（图5-23至图5-25）。

第五,加强办学条件的建设。以1989至1991年三年为例,学校围绕校园建设,完成的项目主要有:"建成了学生饭堂和教工宿舍8号楼,使师生的生活条件得到改善。目前,新建楼房的总建筑面积为23330平方米,平均每生14.6平方米,达到较高的标准。设备方面,电教设备三年共投入12万元。主要是把原Apple II 电脑换PC兼容机,武装地理专用电教室,语音室增加放像及空调设备,建设生物专用电教室以及高三级课室装备投影仪。目前电教设备总值达33.6万元,超过国家一类标准。理、化、生仪器设备这三年投入3万多元,使理化生仪器总值达21万元,也超过国家一类标准。体育器材每年投入1万多元,现总值达7万多元,超过了广东省农村中学规定的体育器材标准。音乐、图画设备达3.4万元,主要是这三年投入。图书馆每年书报杂志耗费逾万元,目前有杂志260种,远超国家一类标准,藏书量达3万册,超过国家三类标准。在校园文化建设方面,近三年共投入26万元。主要是建设教工之家,建设彩色广场及改善饭堂环境。"[20]为此,石门中学基本实现了道路水泥化、空地草坪化,初步建成"花园式学校"(图5-26至图5-27-2)。

考察石门中学的校史,1985至1995年是该校办学史上的重要阶段。一方面得益于改革开放的大好局面,同时学校也通过自身的努力与实践不断探索,按教学规律办事,大胆破除旧教育观,建立新的教育观。值得一提的是,1990年石中确立了"科学、协作、拼搏"的石中人精神,此为石门中学办学赋予了新的内容。[21]石中人要不断发扬这种精神,自强不息,励精图治,使石门中学沿"高质量、有特色、创一流"的道路迈

图5-26 石门中学饭堂动工兴建(摄于1990年)

图5-27-1 石门中学图书馆藏书

图5-27-2 石门中学图书馆藏书章

出坚实的步伐，办学成绩突出。以1989至1991年为例，三年中，石中高考上省线以上的情况，以及参加学科竞赛情况如表5-2、表5-3所示。

表5-2　1989—1991年石中高考上省线以上情况

单位：人

年份	上重点人数	上本科人数	上省大专人数
1989	100	46	25
1990	117	59	35
1991	127	70	28

*资料来源：《何维孜校长述职报告》，1992年4月5日。由南海石门中学档案室提供。

表5-3　1989—1991年石中参加学科竞赛情况

单位：人

年份	获省一等奖人数	获省二等奖人数	获省三等奖人数
1989	0	0	1（数）
1990	2（征文）	0	2（理、化）
1991	1（化）	3（理、化）	2（数、计）

*资料来源：《何维孜校长述职报告》，1992年4月5日。由南海石门中学档案室提供。

何校长在他的《述职报告》中也提到："1990年和1991年，我校上重点线人数相当于顺德、高明和三水三县之和，分别超过潮州、中山等八个市，可列全省前茅。作为我校的薄弱环节，数、理、化奥林匹克竞赛，呈上升势头，也跨进省内上等的行列。"[22]（图5-28）

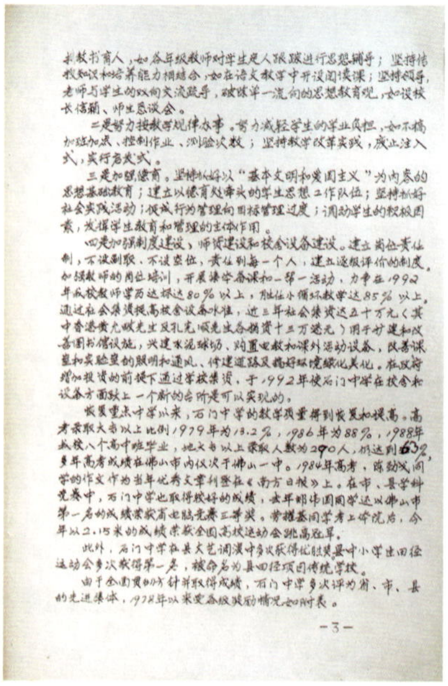
求教书育人，如各年级教师对学生定人跟踪进行思想辅导；坚持传授知识和培养能力相结合，如在语文教学中开设阅读课；坚持领导、老师与学生的双向交流疏导，破除单一流向的思想教育观，如设校长信箱、师生恳谈会。

二是努力按教学规律办事。努力减轻学生的学业负担，如不搞加班加点、控制作业、测验次数；坚持教学改革实践，废止注入式，实行启发式。

三是加强德育。坚持抓好以"基本文明和爱国主义"为内容的思想基础教育；建立以德育处牵头的学生思想工作队伍；坚持抓好社会实践活动；促成行为管理向目标管理过度；调动学生的积极因素，发挥学生教育和管理的主体作用。

四是加强制度建设、师资建设和校舍设备建设。建立岗位责任制，不设副职、不设虚位，责任到每一个人，建立逐级评价的制度。加强教师的岗位培训，开展集体备课和一帮一活动，力争在1992年我校教师学历达标达80%以上，胜任小循环教学达85%以上。通过社会集资提高校舍设备水准，近三年社会集资达五十万元（其中香港黄允畋先生及孔宪顺先生各捐资十三万港元）用于扩建和改善图书馆设施，兴建水泥球场、购置电教和课外活动设备，改善课室和实验室的照明和通风、修建道路及搞好环境绿化美化。在政府增加投资的前提下通过学校集资，于1992年使石门中学在校舍和设备方面跃上一个新的台阶是可以实现的。

恢复重点中学以来，石门中学的教学质量得到恢复和提高。高考录取大专以上比例1979年为13.2%，1986年为88%，1988年我校八个高中班毕业，地大专以上录取人数为290人，仍达到63%，多年高考成绩在佛山市内仅次于佛山一中。1984年高考，陈劲戈同学的作文作为当年优秀文章刊登在《南方日报》上。在市、县学科竞赛中，石门中学也取得较好的成绩，去年邵伟国同学还以佛山市第一名的成绩荣获高中物理竞赛三等奖。黄耀泰同学考上华南师范后，今年以2.15米的成绩荣获全国高校运动会跳高冠军。

此外，石门中学在县文艺调演中多次获得优胜奖，县中小学生田径运动会多次获得第一名，被命名为县田径项目传统学校。

由于全面贯彻方针并取得成绩，石门中学多次评为省、市、县的先进集体，1978年以来受各级奖励情况如附表。

-3-

图5-28《石门中学简介》（节选，1988年）

改革让石中充满活力，让学子们得益匪浅，成为他们人生中的重要"财富"。据1988届校友张德敏回忆，严谨的治学与丰富多彩的生活是石中的一大特色（图5-29）：

老师教学是严格的，严师出高徒。每年石中有源源不断的高才生奔赴各所知名院校，状元辈出，名扬南海市、广东省，甚至全国。每个同学也养成了刻苦耐劳、严于律己的学习作风。……

多姿多彩的文娱、体育及课外活动，令我们不但可以掌握课本的知识，更加能提高我们课本外的各种技能。在学校里有爱好音乐的、有喜欢体育的、有热衷于社会活动的，各个同学可以大显身手，尽情展露，充分体会到怎样才是有品位且高质素的生活。

社会活动是我经常参加的项目。我曾经到南海各镇调查，去乐昌深入当时全国最长的隧道——大瑶山隧道的建设情况。回来后我用心整理资料，写汇报，还得到崔耀枢老师的热心指导，而且惊喜地获得了"广东省社会活动积极分子奖"。通过课余各项活动，我充分感受到群居的乐趣、生活的情趣、互相合作的重要、真挚友情的可贵，更知道社会在变化，懂得怎样才能跟上社会的步伐，怎样才能改造社会，怎样才能创造更多的社会财富。在石中我们既可以读万卷书，又可以开启行万里路的历程，这成为我们人生旅途上重要的启航点。[23]

石门中学的德育工作也能真正渗透到学生心中，培养出一批具有社会责任感、充满正能量的学生。这里，要讲述一个石中同学帮助渔民救火的故事。1987年12月7日傍晚，黄岐渔业村突然起火。当时江边刮着凛冽的东北风，使火势迅速向西南蔓延。同学们一见渔业村起火，纷纷赶至现场，自觉投入

图5-29 1988届高三（4）班毕业同学照（摄于1988年5月）

灭火的战斗。当时，学校领导尚未闻讯。赶至现场的近500名男女同学自觉地组织起来，迅速投入几个火区的灭火。经过了两个小时的搏斗，终于降服了这场可怕的火灾，大部分同学的衣服鞋袜全沾上了泥水，有的连脚上穿的鞋子也掉了，自用水桶有的丢失了，有的弄得歪歪扁扁，有的同学还丢失了手表。但他们谁也没有一句怨言，当他们匆匆忙忙回到宿舍更衣后，又赶回课室上自修课。翌日，渔业村的几位负责干部来到学校，向同学们表示诚挚的感谢。他们说：经有关部门核准过，光是学生们抢救出来的原藤价值就达100万元。这场大火突然烧毁了我们渔业村的80户人家，但在同学们的奋力抢救下，余下的100多户房舍和财物免遭于难。至于学生们的精神及其影响倒是无法用金钱估量了。[24]石门中学学生的英勇救火行动，得到《羊城晚报》《广州日报》《佛山报》以及南海县人民广播电台的相继报道。南海县教育局对此则专门发文通报，给予石门中学以嘉奖和奖励，"希望全县各中小学结合学习石门中学学生英勇救火的事迹，加强教书育人的工作，将学校的社会主义精神文明建设提到一个新的水平"[25]。后来，学校建成"一二·七"路的校道，以作纪念（图5-30、图5-31）。

石中同学见义勇为的事例还有很多。另有一位石中校友曾有一段回忆校园生活的片段：

> 1993年10月16日14时许，石门中学高一（4）班陶瑞环同学在宿舍里听到外面有喊"救命"的声音，于是起床走到宿舍走廊上查看，这时她发现宿舍楼对面泥塘的淤泥中有两个小男孩，淤泥已过半身，若不马上救助，小孩会有生命危险。见此情景，陶瑞环立刻与同层宿舍的几个同学一起赶过去，途中遇到一位饭堂员工，就叫他一起来到淤泥塘边。淤泥很深、很软，小孩离塘边很远。当时黄岐大桥还在建设中，学生们请工地工人帮忙但无人响应。师生们只好跑去桥边工地上拿了九块钢板，平铺在淤泥上，大家小心翼翼地踩着钢板朝小孩走去，待靠近小孩后再用绳子套在小孩身上把他们拖上来。事毕，学生们赶回教室上课，那位好心的饭堂员工则负责善后工作。参加救人行动的还有高一（4）班谭海燕同学、吴凤珊同学、叶瑞玲同学，高一（5）班何钻玉同学、陈宝玲同学。[26]

这也成为石中校园生活的"集体记忆"。

除了开展德育，石门中学还特别重视学生的全面发展。体育方面，旨在增进学生身心健康，增强学生体质，使学生掌握体育基本知识，培养学生体育运动技能和习惯，提高学生运动技术水平。张德敏回忆道，每天早上铁定的晨运让同学们保持一日良好的学习状态。体育课程具体而明确，不会对任何人有半点放松。严明的纪律不会让任何人有逃避的机会。"傍晚各个同学会自觉地参加各项体育活动，蔚然成风的锻炼气氛，令我们由一个弱者渐渐成为一个强者，更让我们积聚一笔保障日后全力拼搏的生理资本。"[27]学校自1979年9月开始执行《国家体育锻炼标准》，彼时达标率仅为57.5%；至1984年，达标率达72.5%。1990年，石门中学被评为"广东省实施国家体育锻炼标准先进单位"，此后又获得各类省市级奖项。学校的做法是：

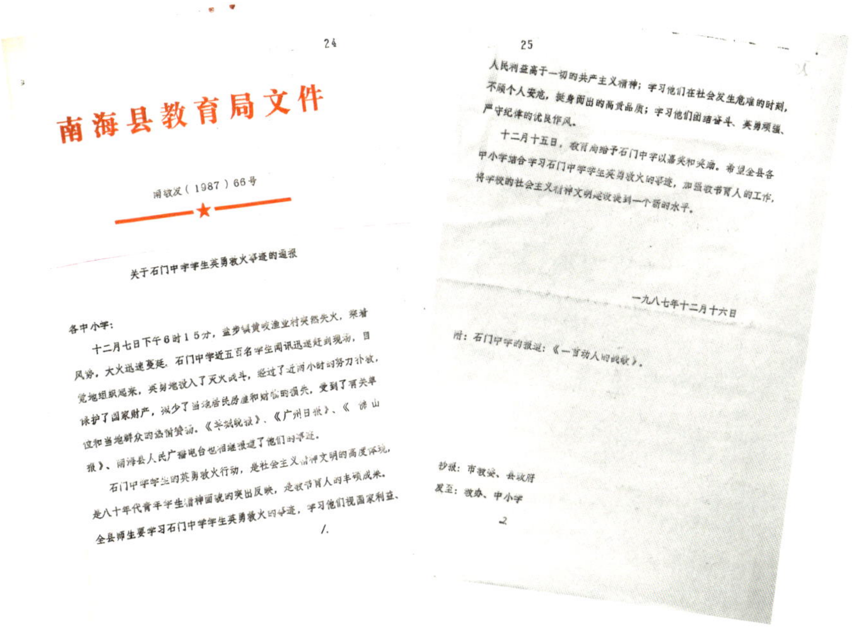

图5-30 南海县教育局《关于石门中学学生英勇救火事迹的通报》(1987年12月)

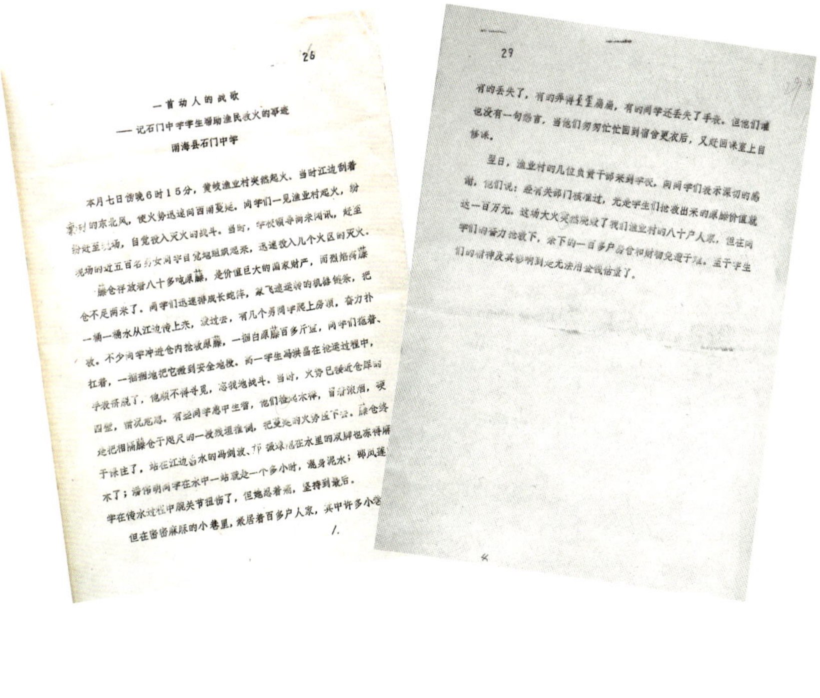

图5-31 南海县教育局《关于石门中学学生英勇救火事迹的通报》附文《一首动人的战歌——记石门中学学生帮助渔民救火的事迹》(节选)

图5-32 举办田径运动会（摄于1979年）

图5-33 石门中学等校引导学生参加体育锻炼（选自《人民日报》1990年2月24日，第3版）

　　近年在高一开设音乐课，及全校性每月一次的音乐欣赏会、独唱独奏音乐会、各种美术讲座、学校乐团、美术课外活动小组和小工艺品展览等，使学生提高了发现美、理解美、评价美、创造美的能力，1990年培养了一名"珠江三角洲的十大乡村歌手"。通过美育途径给学生以美的熏陶，触动学生美的心灵，潜移默化地给学生对人生、理想、道德和情操等产生良好的影响，这是当前学校工作的一个新的课题，今后仍要进一步抓好。[28]

　　《人民日报》在一篇报道中，还提到"广东省的南海石门中学等对文化成绩优秀但体育不合格的学生采取了绝不袒护的态度"，积极贯彻《中学生体育合格标准试行办法》，学校"制订切实可行的措施，引导和督促学习努力上好体育课，积极参加体育锻炼，使其成为体魄健壮的全面发展优秀人才"[29]（图5-32、图5-33）。

　　石门中学促进学生全面发展的理念，在校徽上同样得到体现。校徽由"石门"二字的汉语拼音开头字母"SM"变化而成绿叶托出花蕾的艺术造型。"M"呈鼎足三立之状，象征德、智、体全面发展；中部造型，体现了教育教学的特殊规律，寄寓着螺旋式前进之意；上部圆球，寄予着师生们对教育面向未来、面向世界的理解和愿望（图5-34、图5-35）。[30]

　　这一时期的石中获得了不少荣誉，详见表5-4。

表5-4　1985—1993年间石门中学获得的荣誉（据不完全统计）

年份	荣誉称号	备注
1985	佛山市普教系统先进单位	
1985	佛山市社会主义精神文明单位	
1985	南海县文明单位	
1986	佛山市先进集体	
1986	南海县文明单位	
1987	佛山市先进单位	
1987	广东省大中专学校社会实践活动红旗单位	广东省团委和省学联授予
1987	南海县体育传统项目学校（田径）	
1988	在88年大中学生社会实践中荣获最佳效益奖	共青团广东省委和省学生联合会授予
1988	佛山市先进基层团委	
1988	南海县先进团委	
1988	佛山市勤工俭学先进集体	
1989	南海县精神文明建设先进单位	
1989	佛山市电化教育先进单位	
1989	佛山市先进基层团委	
1989	南海县先进团委	
1990	广东省实施国家体育锻炼标准先进单位	
1990	广东省社会实践活动达标单位	
1990	佛山市先进集体	
1990	佛山市先进基层团委	
1990	南海县先进基层工会	
1990	南海县先进基层党组织	
1991	中学实践教育活动合格单位	共青团中央授予
1991	广东省普教系统先进单位	
1991	佛山市青少年教育工作先进单位	
1991	佛山市先进基层团委	
1991	佛山市体育传统项目学校	
1992	佛山市体育先进学校	
1992	南海县电化教育先进单位	1992年9月，南海撤县设市
1993	成为首批广东省一级学校	1994年6月8日，广东省教育厅颁发证书
1993	广东省电化教育优秀等级学校	
1993	南海市文明单位	

*资料来源：据南海石门中学档案室提供资料汇总。

图5-34 《广东省南海市石门中学章程》(节选)

图5-35 石门中学信封上的校徽

图5-36 在校内举行活动（摄于1994年11月11日）

经过多年的努力，石中初步形成了以学生为主体的办学特色；加强反馈环节，形成"人人有事管，事事有人管"的层级管理特色；以学生为主体参与的德育系列活动的德育工作特色；以电化教学为突破口，结合以练为主线的教育改革特色。学校的设施设备更加完善。据1993年4月的统计，学校新建楼房的总建筑面积为24710平方米，计有教学楼1座、科学楼1座、图书馆1座、教师宿舍6座、学生宿舍3座、饭堂1座。"科学楼常规仪器设备总值达18万元，超过省一类标准。电化教学设备总值35.4万元，也超过省一类标准。体育器材每年投入1万多元，总值达8万多元，超过了广东省农村重点中学规定的体育器材标准。音乐、国画的设备达3.4万元。图书馆有杂志265种，藏书量逾5万册，超过国家一类标准。"[31]石门中学已具备相当的综合实力（图5-36）。

1993年4月20至25日，广东全省中小学等级评估试点在南海进行，石门中学参加省一级学校评估工作。6月21日，省教育厅发文批准石门中学为首批"广东省一级学校"。该文件提出，希望石门中学等校"进一步总结办学经验，深化教育教学改革，不断增强办学实力，向更高的办学水平奋进"[32]（图5-37）。

石中成为"广东省一级学校"后，更加注重练内功，补短板，认真对待评估组对学校存在的

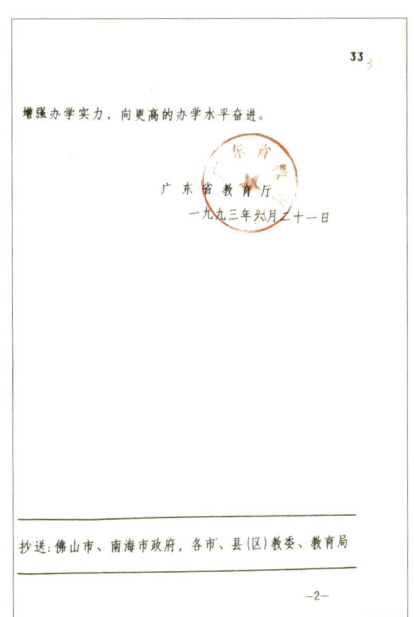

图5-37 广东省教育厅《关于批准佛山市第九小学等六所学校为首轮广东省一级学校的通知》(其中包括南海市石门中学,1993年)

图5-38 《改革、开拓、向前》(选自石门中学20世纪90年代档案资料)

问题所提出的中肯意见,"以改革的精神努力整改,并为创办全国一千所示范性学校,把石门中学办成具有现代化特色的学校而努力开拓"[33]。为打造一所具有影响力的名校,石门中学志存高远(图5-38)。

第三节 教育改革的新探索

石门中学在改革中前行,也在改革中不断突破自己,实现自我完善。

1995年2月,何维孜调离石门中学,任南海市教育局局长。是年3月,黄炼和任石门中学校长(兼任党支部书记)。此后的几届石中校领导班子继续深化学校的教育改革。

1995年,学校制订了以"全面优化学校教育管理,努力创办全国示范高中"为主要内容的《南海市石门中学1996—2000年办学发展规划》,提出"努力把石门中学办成具有一流管理、一流师资、一流教学质量、一流育人环境、培育一流人才的特色学校,继续向办学的标准化、规范化、现代化方向前进"[34]。这一阶段,学校主要从几个方面着手,在教育、教学改革方面开始新的探讨(图5-39):

(一)在学校管理层面,进一步加强党支部建设和教代会建设,完善校长负责制。1997年5月,党支部升格为石门中学党总支委员会,把支部建立在年级组内,成立了5个支部:高三、高二、高一级支部、后勤支部、退休教师支部。同年,以教研组建制为主体,改为以年级组建制为主题,实行年级组教

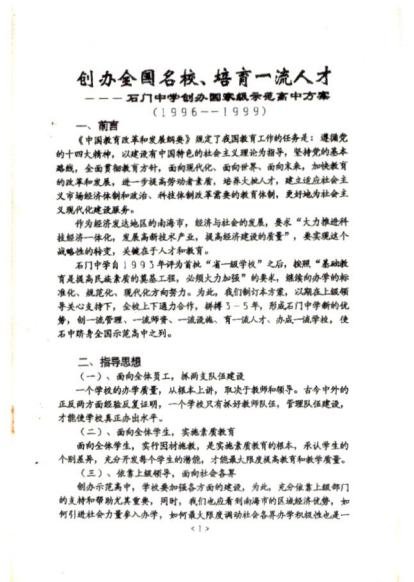

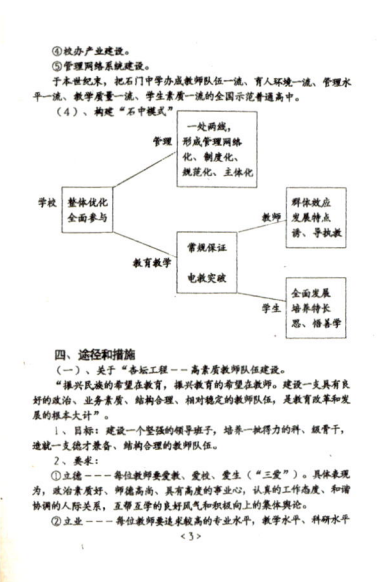

图5-39 《创办全国名校、培育一流人才——石门中学创办国家级示范高中方案(1996—1999)》(节选)

育教学工作负责制,年级组由正、副组长,党支部书记3人组成领导小组,把1988年行政机构"五处建制"中的校务处撤销成立党政办公室,使校长负责制和党总支其保证监督作用更为落实。[35]努力使领导班子成为勇于改革、开拓进取、团结战斗、勤奋工作、廉洁奉公、群众信赖的集体。

(二)在教师队伍层面,强调转变观念,提高教师的素质。为此,石门中学制定《师德建设十要》来规范教师品德。这"十要"是:一要热爱社会主义祖国,拥护中国共产党,忠诚于人民的教育事业;二要自觉执行教育方针,教书育人;三要努力提高科学文化和教育理论水平,自觉钻研业务,精益求精;四要热爱学生,建立融洽的师生感情,严格要求,循循善诱;五要关心集体,团结协作,取长补短,提高群体效益;六要以身作则,为人师表,作风正派;七要讲奉献,为事业多做有益的工作;八要经常自省、自我诊断、自我调控、自我改进;九要讲文明,规范一言一行,以礼待人,与人为善;十要遵纪守法,有社会公德。[36]石门中学实行积极引进全国各地优秀人才与重点培养并重的政策,实施"杏坛(名师)工程",制定以"立念、立德、立业、立说"为主要内容的教师培训要求。这"四立"的含义值得阐述。所说的"立念",即确立现代教育观念。"立德",即树立良好的职业道德。"立业",即终生奉献于祖国的教育事业。"立说",即认真总结自己的教学经验,著书立说。"写出有理论指导价值和实践借鉴价值的论文,1997年学校已有16篇论文刊登在省级以上的专业杂志,扩大了自己和学校的知名度。"[37]"四立"要求,成为石门教师鉴定职业信念、不断提高教学水平的一根标杆(图5-40)。

(三)在教育教学方面,全面实施素质教育是这一时期学校发展规划的一大特点。一所学校的教育质量最终体现在全体学生整体素质提高的基础上,特别是大多数中下水平学生整体素质的提高。石门中学的德育建设主要着眼于全面提高学生思想品德、科学文化、身体心理、劳动技能四方面的素质,同

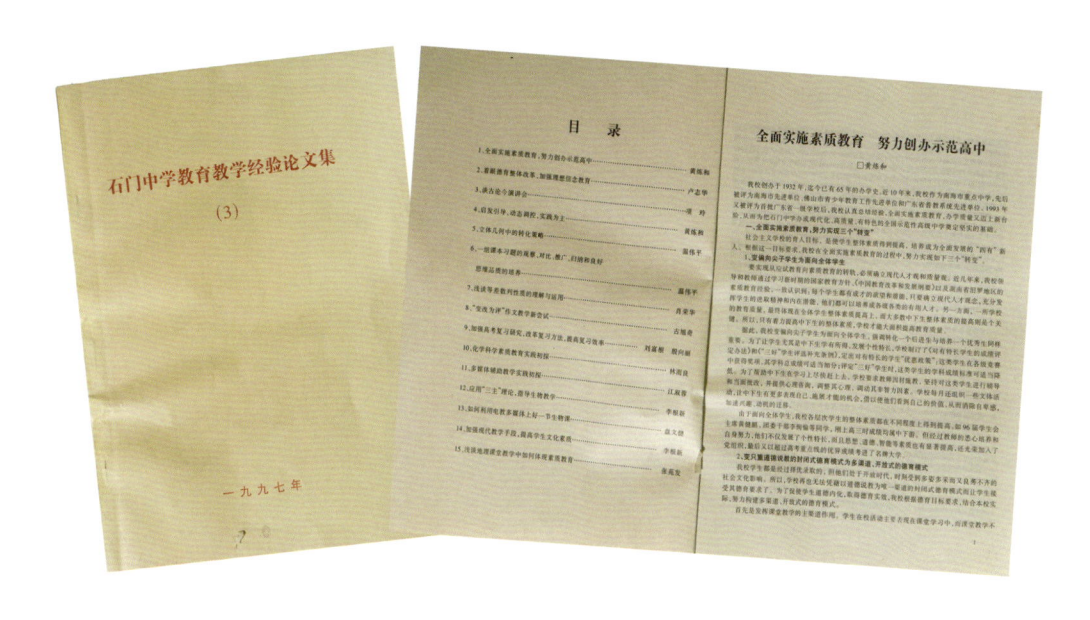

图5-40 《石门中学教育教学经验论文集》（1997年刊印）

时也重视发展健康的个性。为此，学校实施"青蓝（名生）工程"，提出了抓好素质教育的"四要"，即"首要"任务是德育建设，"主要"渠道是课堂教学，"必要"举措是全面开设选修课和活动课，"重要"手段是学生参与教育教学管理。如此，才能使学校通过多渠道发展学生素质，培养出多层次、多方面人才。具体来说：

1.将德育工作作为素质教育的一项首要任务。石门中学的德育目标是要求学生"学会做人、学会做中国人、学会做高尚的人"。通过评选"十优"学生，树立学生身边的榜样。积极开展学生的文体活动。男子篮球队蝉联冠军、女子篮球队和田径代表队的成绩名列前茅。高三学生黄颖瑜参加香港晓风学社书法比赛获第二名。由于石门中学实施全面素质教育成绩显著，佛山市教委在学校召开现场会，在会上介绍石门中学创建全国示范高中和加强素质教育方面的经验（图5-41）。[38]

图5-41 学校德育处《关于对颜志强等四位同学记功表彰的决定》（1997年）

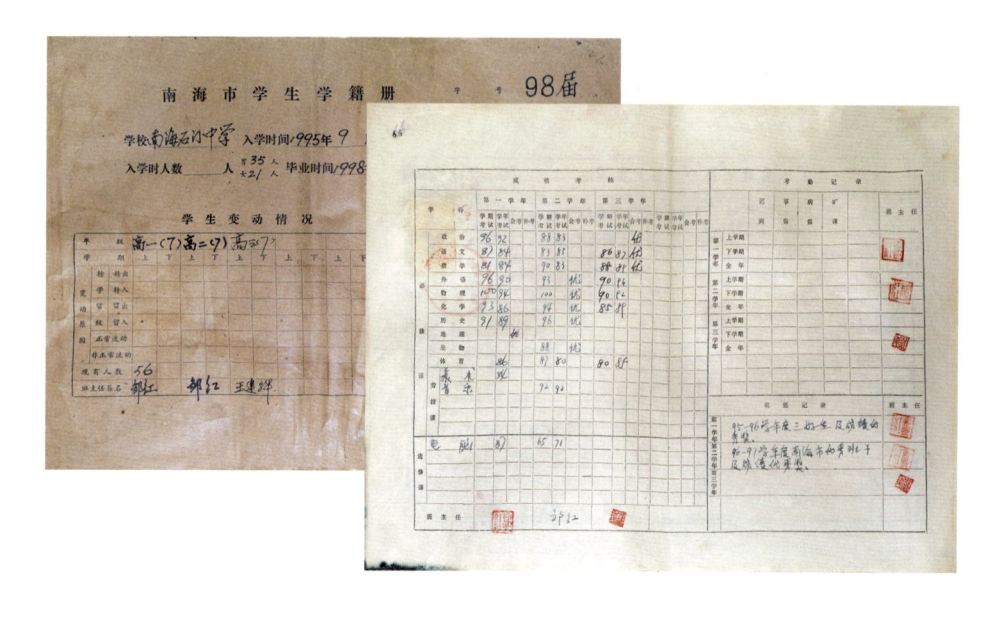

图5-42 石门中学学生20世纪90年代学籍册

图5-43 石门中学教学调查各班所有调查学科平均分一览表（1997年8月22日填表）

2.将优化课堂教学作为提高素质教育的主要渠道。优化课堂是提高质量的重要环节。石门中学明确教学目的是以双基为基础，培养智能为中心（自学能力、思维能力、分析综合问题能力），发展特长提高素质为宗旨，学生全面发展为目标。教学程序是稳步子、高程度（学懂、会做、准确、速度快），在基础扎实的前提下抓能力培养（以自学为主、读书为主、训练为主、分析综合为主）。同时，学校开展素质教育课的研讨，利用一些课例，例如文科、理科、小三门、文艺、班会课进行讨论研究。标志之一是教师教得主动，学生学得主动，即教师善于调动学生思维的积极性，善于设疑提问，学生主动参与动脑动手动口，师生均为教学不同位置的主体；标志之二是打好基础，培养智力，发展能力；标志之三是面向全体学生，因材施教，上、中、下学生各有所得；标志之四是学生主动参与而不是被动接受教育。这个研究还是初步的，但有了一个初步的规范以后，素质教育的分量就会不断增加（图5-42、图5-43）。[39]

3.将全面开设选修课和活动课作为进行素质教育的必要举措。以1995年下半年为例，石门中学在非毕业班开设2节电脑课、2节选修课、1节英语语音课、1节阅读课或听说训练课（隔周轮换）、1节音乐课或美术课（高一级和高二级分别设置了7节课）。高一、高二的选修课学生均要选一门参加，以增广知识。其中艺术教育选修课和英语语音训练，参加的同学特别多。同时，学校还开设了活动课，活动小组分提高类、兴趣类、体艺类，安排在固定时间活动，还有不定期或定期举行的音乐、美术欣赏课，学习策略指导课等讲座。让图、音、体、美花开校园，有利于拓广知识，发展个性和特长，培养各方面的人才（图5-44、图5-45）。[40]

4.全校师生参与教育管理作为素质教育的重要手段。石门中学通过"一处两线"（即教研处或德育处，教师线、学生线）这两个主要的反馈网络，对学校的情况进行了解和监督。

石门中学除因循原有的改革措施，还务实创新，逐渐形成自己的办学特色：在行政管理方面，师生参与管理，学校形成全方位的管理体系。在德育工作方面，构建以学生为主体的"五育"互补、全员参与模式。在教学工作方面，形成以教育科研为先导、培养智能为核心、电教为手段的全面发展的现代化教育系统。[41]

"好风凭借力，扬帆正当时。"1998年，学校又提出把石门中学办成现代名校的奋斗目标：办一流学校，育高素质人才，出素质教育经验。这是石中的一个新目标。为此，石门中学要大力加强教育的信息化、现代化建设，促进教育理念、手段的更新和学生综合素质的培养，使学校发展踏上了一个新的台阶。

首先，重视现代化教育技术发展。学校教育质量的提升、良好学习氛围的构建、教学方法的更新，都有赖于硬件设施的不断完善。

1998年学校制订《石门中学1998—2001年现代化教育技术发展规划》，总目标是在实现常规电教媒体（如录音机、录像机、电视机、投影机等）普及、应用和实现多媒体计算机应用的基础上，实现网上资源共享，进而实现多媒体网络环境下的远程教育。1999年，石门中学建成闭路电视双向控制系统、一个主干网为100兆的光纤以太网校园计算机网络，信息点分布在每个教师的宿舍、教学场室和办公室，为全校师生提供了上网的环境。开办了石中电视台，每周定期播放社会和学校新闻。全面改造了2个电脑室、12个电教平台，在13个综合电教室加装了大屏幕液晶投影仪。可见，石门中学认识到教育与信息技术结合之重要性，学校把重点放在教学设施的信息化建设上。与此同时，学校也意识到推进素质教育，需要营造良好的育人环境，先后投入3700万元改建、扩建教学用室、师生宿舍，充实设备设施，建立校园网络系统，为全面推进素质教育、实现教育现代化创设了良好的物质基础。[42]环境与设施的进步和教育理念的更新是相辅相成的。石门中学于20世纪90年代初即提出"以电化教学为突破口，抢占教育

图5-44 1995年石门中学体育艺术节文艺汇演

图5-45 1995年体育艺术节开幕式乐队演奏

制高点",这为石门中学日后在新型教育理念下开展教学活动奠定了基础。

其次,继续建设高素质的教师队伍。学校要求更新教育观念,提高师德修养,提高教师的业务水平,提高应用现代教育技术教学的水平和能力。

从1998年开始,培训的主要内容有计算机的应用、课件的制作和网络知识,每周进行两晚,分应用班和提高班。经过这一阶段的培训,90%的教师都会利用计算机辅助教学,30%的教师学会了制作课件,部分教师承担了省级电教研究课题。2000年开始,石中进行分教研组、部门,分专题的培训。要求教师学会利用网上资源教学,学会在线辅导学生。[43]

再次,运用现代教育技术教学,是实施教育信息化与推进教育现代化的重要内容。

实施教育信息化,才能改变传统的教学模式、教学方法、教学手段,促进教学观念、教学思想的转

图5-46 1994年学校举行"十大优秀学生"表彰大会

变；才能拓展教师和学生的视野，而且有利于培养学生的创造性思维，提高学生获取信息、分析信息、处理信息的能力和适应现代社会的能力，教师也会在这一过程中增强终身学习的能力，不断提高业务水平，有利于素质教育的实施。[44] 石门中学在改革的过程中，十分重视信息技术与教育的结合问题。2000年10月，石门中学率先开展"现代信息技术环境下创新性教学模式的创建"的课题研究，构建并实施了新型的教学模式：教学内容问题化、教学过程探究化、教学活动网络化、教学结果创新化。其成果获得南海市2002年度科学技术进步奖一等奖的殊荣，总结出可推广的结论，出版专著《网络与创新》。[45]

基于现代信息技术环境下的创新性教育模式，学校还采取了一些措施：（一）建立学生自主管理模式，发挥学生的主体作用，培养学生自我管理的能力。全校推行班级干部轮换制，开展争创文明班活动，建立团委学生会的组织机构，实行团干、学干竞选制等。（二）开展主题活动，鼓励学生自主参与，增强学生自我教育的能力。学生的课余活动非常丰富，每学年定期举行班级"十大优秀学生"评比、年级"十大优秀学生"评选、校园"十大优秀学生"表彰活动、校园"十大歌手"选拔赛、中英文演讲比赛（两年一届）、社会实践活动、国防教育活动（军训）、迎新文艺晚会"绿色"教育月（纪律、环境教育等）、成人宣誓及义务献血活动、体育艺术节、迎新年系列活动（科技节、越野跑、校园司仪大赛、拥军慰问演出等）。（三）开展心理健康教育活动，培养学生健康的心理品质。石中为全校学生配备专职的心理教师，开展心理咨询活动，同时开设心理健康教育课程，设立心理健康教育网上辅导中心

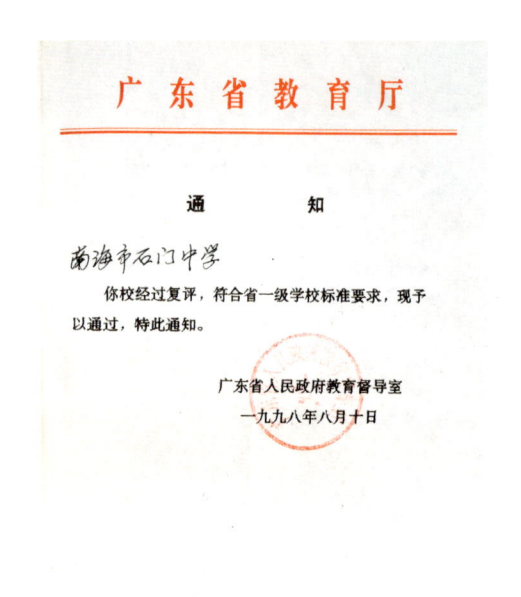

图5-47 广东省一级学校复评通过（1998年）

等。（四）举办多种开放性活动，开拓学生视野，激发学生潜能。如邀请教育专家、校友及其他社会人士做专题报告会，各科开展第二课堂等具特色的教学。充分挖掘教育资源，在课余和假日向学生全天开放物理实验室、化学实验室、电脑室、图书馆及电子阅览室，发展学生特长，培养学生的实践能力和创新精神（图5-46）。[46]

1998年，石门中学研究制定了《石门中学创新型教学改革研究方案》，力图探索创新教育的路子，突出素质教育的核心，使学校的教育教学工作与时代的要求相一致。[47] 1999年，高中扩招，数学、英语两科实行按学生的不同程度分层次教学，突出因材施教的教学原则。创新教育理论，实施"网络环境下创新教学模式"的整体改革实验。这一时期的石中，之所以能迅速打开局面，赢得良好的办学声誉，就在于坚持教学改革，这主要表现在：（一）始终坚持以科研为先导，走"科研促教""科研兴教"之路。（二）认真落实各项教学常规。各科组科学规划三年的教学计划，并以此细化出每学年、每学期及每周的教学进度计划安排。备课、上课、作业、辅导、考试等教学环节都有详细的要求及实施方案。坚持开展集体备课活动。课堂教学坚持启发式原则，积极开展课内"研究性学习"活动，注重培养学生的实践能力和创新意识。（三）大力开展特色教学活动。包括三个方面：构建并实施现代信息技术环境下的创新性教学；大力开发"基于网络环境下的研究性学习"等校本课程；坚持因材施教，实施分层教学。（四）有明确的教育科研目标。（五）教育科研有实施的措施。将教育科研列入工作常规，并制定评估和奖励方案。（六）坚持开展常规性课题研究。例如制定并落实常规科研课题，每学期开展公开课例研讨，举办教学经验交流学术研讨会，开展教师优秀教学软件制作评比活动等。（七）积极开展具有前瞻性的课题研究。据统计，到2002年学校已立项的国家、省级等各级各类科研课题计25项（图5-47）。[48]

梳理1995至2000年间石门中学发展的脉络，真正做到了与时俱进、开拓进取，学校不断向着信息化、现代化方向发展。在这一过程中，学校除了建设一系列先进的硬件设施，如石中电视台、校园广播系统等，还伴随着教育理念的更新，并开发了基于现代信息技术环境下的创新性教育模式。

这一时期的石中"蓄势而发"，高考升学连年上台阶，升学率最高时达到98%，学科竞赛成绩也一年比一年进步，石中在省内名声渐起。表5-5、表5-6、表5-7，为1994至1998年石门中学竞赛成绩及高考成绩。

表5-5　1994—1998年石门中学竞赛获奖情况

单位：人

年份	1994	1995	1996	1997	1998
省一等奖	0	0	3	3	0
省二等奖	3	4	6	8	7
省三等奖	7	11	17	16	11

*资料来源：广东省南海市石门中学编：《石门中学：广东省南海石门中学建校七十五周年志庆》，2007年刊印，第46页。

表5-6　1994—1998年各届正取生上线情况

届别	应考人数	重点线以上人数	本科线以上人数	省大专线以上 人数	省大专线以上 比例	市大专线以上 人数	市大专线以上 比例
1994	357	94	154	198	55.5%	310	86.8%
1995	392	172	280	321	81.9%	371	94.6%
1996	356	172	275	335	94.1%	348	97.8%
1997	358	217	305	339	94.7%	344	96.1%
1998	341	157	284	315	92.4%	330	96.8%

*资料来源：广东省南海市石门中学编：《石门中学：广东省南海石门中学建校七十五周年志庆》，2007年刊印，第46页。

表5-7　1994—1998年各届应届生上线情况

届别	应考人数	重点线以上人数	本科线以上人数	省大专线以上 人数	省大专线以上 比例	市大专线以上 人数	市大专线以上 比例
1994	387	95	165	203	52.5%	330	85.3%
1995	449	174	289	338	75.3%	419	93.3%
1996	461	180	296	379	82.2%	408	88.5%
1997	460	226	322	373	81.1%	387	84.1%
1998	415	161	302	348	83.9%	376	90.6%

*资料来源：广东省南海市石门中学编：《石门中学：广东省南海石门中学建校七十五周年志庆》，2007年刊印，第46页。

顺应时代，开拓进取，在保持高考成绩稳定的基础上，石门中学学子的竞赛成绩也屡创佳绩。石中的校领导，从何维孜校长开始，就意识到要抓数、理、化奥林匹克竞赛，"以后各校之间的竞争，就是来自高层次人才的竞争，力抓高考尖子和力争多获奥赛奖，并要采取相应的措施，要见成效"[49]，并将此

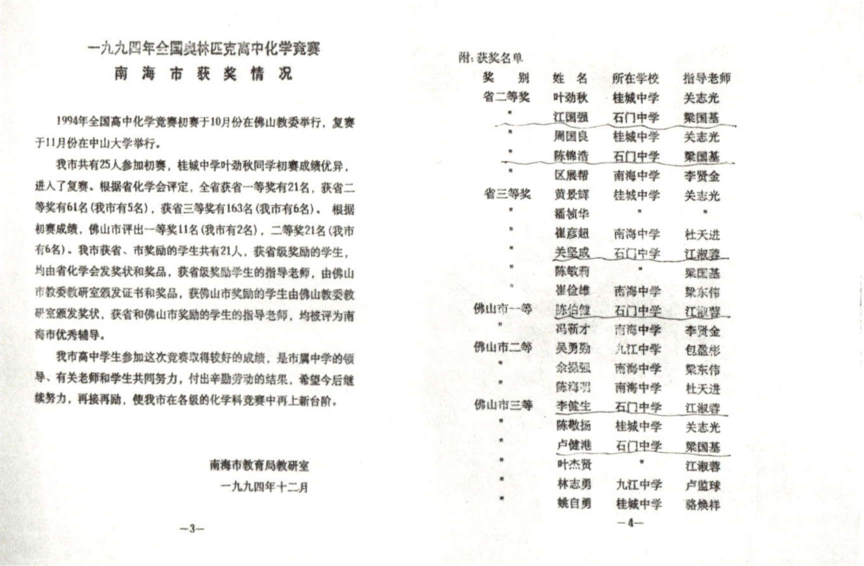

一九九四年全国奥林匹克高中化学竞赛

南海市获奖情况

1994年全国高中化学竞赛初赛于10月份在佛山教委举行，复赛于11月份在中山大学举行。

我市共有25人参加初赛，桂城中学叶劲秋同学初赛成绩优异，进入了复赛。根据省化学会评定，全省获省一等奖有21名，获省二等奖有61名（我市有5名），获省三等奖有163名（我市有6名）。根据初赛成绩，佛山市评出一等奖11名（我市有2名），二等奖21名（我市有6名）。我市获省、市奖励的学生共有21人，获省级奖励的学生，均由省化学会发奖状和奖品，获省级奖励学生的指导老师，由佛山市教委教研室颁发证书和奖品，获佛山市奖励的学生由佛山教委教研室颁发奖状，获省和佛山市奖励的学生的指导老师，均被评为南海市优秀辅导。

我市高中学生参加这次竞赛取得较好的成绩，是市属中学的领导、有关老师和学生共同努力，付出辛勤劳动的结果，希望今后继续努力，再接再励，使我市在各级的化学科竞赛中再上新台阶。

南海市教育局教研室

一九九四年十二月

—3—

附：获奖名单

奖别	姓名	所在学校	指导老师
省二等奖	叶劲秋	桂城中学	关志光
〃	江国强	石门中学	梁国基
〃	周国良	桂城中学	关志光
〃	陈锦浩	石门中学	梁国基
〃	区展帮	南海中学	李贤金
省三等奖	黄景辉	桂城中学	关志光
〃	潘桢华	〃	〃
〃	崔彦超	南海中学	杜天进
〃	关坚成	石门中学	江淑蓉
〃	陈敏莉	〃	梁国基
〃	崔俭雄	南海中学	梁东伟
佛山市一等	陈伯健	石门中学	江淑蓉
〃	冯新才	南海中学	李贤金
佛山市二等	吴勇劲	九江中学	包盈彬
〃	余振强	南海中学	梁东伟
〃	陈海明	南海中学	杜天进
佛山市三等	李健生	石门中学	江淑蓉
〃	陈敬扬	桂城中学	关志光
〃	卢健港	石门中学	梁国基
〃	叶杰贤	〃	江淑蓉
〃	林志勇	九江中学	卢监球
〃	姚自勇	桂城中学	骆焕祥

—4—

图5-48　学校荣誉（石门中学学生列名1994年全国奥林匹克高中化学竞赛获奖名单）

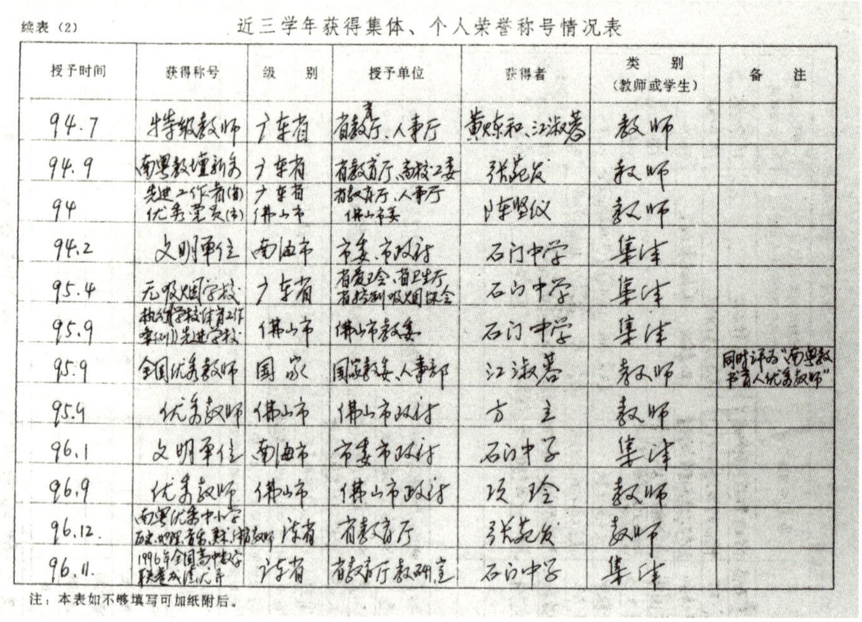

续表（2）　近三学年获得集体、个人荣誉称号情况表

授予时间	获得称号	级别	授予单位	获得者	类别（教师或学生）	备注
94.7	特级教师	广东省	省教育厅、人事厅	黄炽和、江淑蓉	教师	
94.9	南粤教坛新秀	广东省	省教育厅、高校工委	张苑发	教师	
94	先进工作者(省) 优秀党员(市)	广东省 佛山市	省教育厅、人事厅 佛山市委	陈坚仪	教师	
94.2	文明单位	南海市	市委、市政府	石门中学	集体	
95.4	无吸烟学校	广东省	省爱卫会、省卫生厅 省控制吸烟协会	石门中学	集体	
95.9	执行《学校体育工作条例》先进学校	佛山市	佛山市教委	石门中学	集体	
95.9	全国优秀教师	国家	国家教委、人事部	江淑蓉	教师	同时评为"南粤教书育人优秀教师"
95.4	优秀教师	佛山市	佛山市政府	方主	教师	
96.1	文明单位	南海市	市委市政府	石门中学	集体	
96.9	优秀教师	佛山市	佛山市政府	项玲	教师	
96.12.	南粤优秀中小学历史、地理、音乐、美术、体育教师	广东省	省教育厅	张苑发	教师	
96.11.	1996年全国高中数学联赛成绩优异	广东省	省教育厅教研室	石门中学	集体	

注：本表如不够填写可加纸附后。

图5-49　1994—1996年学校获得荣誉统计

第五章 开拓进取的石门中学

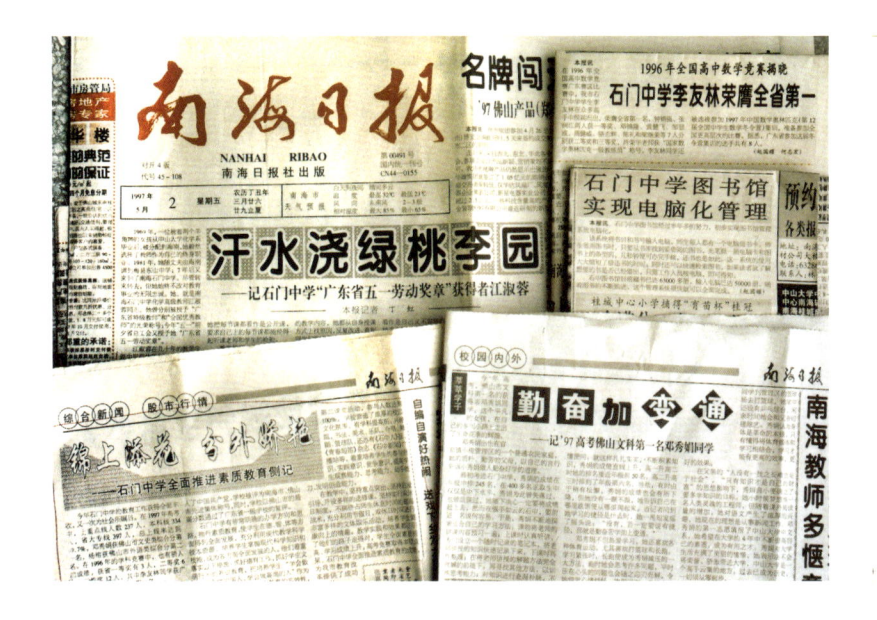

图5-50 1996、1997年报刊对石门中学的报道（选摘）

图5-51 《石中人》（创刊号，1997年）

视为石中的"薄弱环节"，经过努力，在其任内就扭转局面，使石中参与的竞赛"呈上升势头，也跨进省内上等的行列"[50]。此后的几届校领导对此常抓不懈，石中多有突破。1996年，石中学子李友林、钟锦强、张润江参加高中数学联赛获省一等奖，其中李友林为省第一名，这是石中参加奥林匹克竞赛取得的历史性突破。是年12月，学校召开庆功会，表彰李友林及辅导老师肖荣华等，肖老师被评为"全国数学奥林匹克竞赛优秀辅导员"。1997年，石门中学参加高中化学奥林匹克竞赛，梁杰锋获广东省一等奖。1998年，石门中学参加全国高中数学联合竞赛，物理、化学奥林匹克竞赛，计算机奥林匹克竞赛获得省二等奖的有7人，省三等奖的有11人。3月，梁志峰获1997年全国青少年信息学奥林匹克竞赛分区联赛广东省一等奖。12月，吴昊获1998年全国中学生外语口语竞赛全国一等奖。1999年12月，李锡贤获1999年全国高中化学竞赛（广东赛区）全国二等奖（省一等奖）。[51]在各大竞赛中，石中捷报频传（图5-48）。

石门中学锐意改革，在各个方面取得显著成绩，在广东省内的排名也年年攀升，声名远扬。石门中学多次被评为广东省、佛山市和南海市（县）教育系统先进单位和文明单位，屡屡得到省、市有关部门的嘉奖（图5-49、图5-50）。[52]

石中人满怀信心，昂首阔步，以更开放的姿态进入新世纪（图5-51）。

注释

[1] 据不完全统计，1980至1998年，石门中学获得的省级以上（含省级）主要荣誉有：1. 1984年石门中学被确立为"广东省普教系统先进集体"；2. 1987年，石门中学被广东省团委和省学联授予"广东省大中专学校社会实践活动红旗单位"称号；3. 1991年，石门中学被评为"广东省普教系统先进单位"；4. 1993年，石门中学被评为"广东省电化教育优秀等级学校"；5. 1998年，石门中学被评为"广东省中小学普及普通话先进单位"。同时，学校还获得"佛山市先进集体""佛山市文明学校""南海市文明学校""佛山市大中学生社会实践先进单位"等称号。此资料由石门中学校长办公室提供。

[2] 参见佛山市南海区石门中学编：《石门中学八十年（1932—2012年）》，2012年刊印，第76—77页。

[3] 谢日华，1956年8月至1963年2月曾任石门中学校长，此次为调回重任。

[4] 陈耀煊（1972至1978年任石门中学革委会副主任，一度任副校长）口述，马学强采访、整理，2020年10月27日。

[5] 广东省南海市石门中学编：《石门中学：广东省南海石门中学建校七十五周年志庆》，2007年刊印，第35页。

[6] 由石门中学档案室提供资料。

[7] 由石门中学档案室提供资料。此数据与广东省南海市石门中学编《石门中学：广东省南海石门中学建校七十五周年志庆》稍有出入，据后者记载：1982年，本校应考人数为265人，上重点线24人，省大专线以上42人，占15.8%。市大专线以上59人，占22.3%。

[8] 佛山市南海区石门中学编：《石门中学八十年（1932—2012年）》，2012年刊印，第16—19页。

[9] 凌风：《寿祝退龄，重兴诗教：渴望石门诗社东山复起》，收入佛山市南海区石门中学编：《石门中学八十年（1932—2012年）》，2012年刊印，第225—226页。

[10] 详见佛山市南海区石门中学编：《石门中学八十年（1932—2012年）》，2012年刊印，第224—225页。

[11] 参见《我和石门中学》，何维孜口述，马学强采访、整理，2020年10月27日。

[12] 《何维孜校长述职报告》，1992年4月5日。由南海石门中学档案室提供。

[13] 佛山市南海区石门中学编：《石门中学八十年（1932—2012年）》，2012年刊印，第27、88页。

[14] 广东省南海市石门中学编：《石门中学：广东省南海市石门中学建校七十周年志庆》，2002年刊印，第61页。

[15] 南海县教育局编：《教育简报》（六），1988年2月9日。

[16] 《何维孜校长述职报告》，1992年4月5日。由南海石门中学档案室提供。

[17] 《何维孜校长述职报告》，1992年4月5日。由南海石门中学档案室提供。

[18] 佛山市南海区石门中学编：《石门中学八十年（1932—2012年）》，2012年刊印，第79页。

[19] 该数据由石门中学校长办公室提供。

[20] 《何维孜校长述职报告》，1992年4月5日。由南海石门中学档案室提供。

[21] 参见《我和石门中学》，何维孜口述，马学强采访、整理，2020年10月27日。

[22] 《何维孜校长述职报告》，1992年4月5日。由南海石

门中学档案室提供。

[23] 张德敏:《财富源自石中》,收入佛山市南海区石门中学编:《石门中学八十年（1932—2012年）》,2012年刊印,第229—230页。

[24] 南海县石门中学:《一首动人的战歌——记石门中学学生帮助渔民救火的事迹》,1987年,石门中学档案室藏。

[25] 南海县教育局:关于石门中学学生英勇救火事迹的通报,南教发〔1987〕66号。

[26] 《10·16救人经过》（石中1996届校友提供）,收入佛山市南海区石门中学编:《石门中学八十年（1932—2012年）》,2012年刊印,第231页。

[27] 张德敏:《财富源自石中》,收入《石门中学八十年（1932—2012年）》,2012年刊印,第229页。

[28] 《何维孜校长述职报告》,1992年4月5日。由南海石门中学档案室提供。

[29] 《国家教委通报〈中学生体育合格标准〉施行情况,强调积极引导学生参加体育锻炼》,《人民日报》1990年2月24日,第3版。

[30] 《广东省南海市石门中学章程（1998年）》,石门中学档案室藏。

[31] 佛山市南海区石门中学编:《石门中学八十年（1932—2012年）》,2012年刊印,第79页。

[32] 广东省教育厅:《关于批准佛山市第九小学等六所学校为首轮广东省一级学校的通知》,粤教督字〔1993〕4号。

[33] 石门中学:《改革、开拓、向前》,20世纪90年代,石门中学档案室藏。

[34] 《南海市石门中学1996—2000年办学发展规划》,石门中学档案室藏。

[35] 广东省南海市石门中学编:《石门中学:广东省南海石门中学建校七十五周年志庆》,2007年刊印,第44页。

[36] 《1997年工作总结》,收入《南海市石门中学党总支工作计划、总结及1997年党内统计年报》,1997年,南海市档案室藏,档案号:240-W12.2-12。

[37] 《1997年石门中学工作总结》,收入《南海市石门中学工作计划、总结及简况》,1997年,南海市档案室藏,档案号:240-W12.2-14。

[38] 《1996年石门中学工作总结》,收入《南海市石门中学关于学年工作、创办国家级示范高中情况的总结、计划、经验介绍》,1996年,南海市档案室藏,档案号:240-W12.2-3。

[39] 《1996年石门中学工作总结》,收入《南海市石门中学关于学年工作、创办国家级示范高中情况的总结、计划、经验介绍》,1996年,南海市档案室藏,档案号:240-W12.2-3。

[40] 《1996年石门中学工作总结》,收入《南海市石门中学关于学年工作、创办国家级示范高中情况的总结、计划、经验介绍》,1996年,南海市档案室藏,档案号:240-W12.2-3。

[41] 《1997年石门中学工作总结》,收入《南海市石门中学工作计划、总结及简况》,1997年,南海市档案室藏,档案号:240-W12.2-14。

[42] 《对省一级学校南海市石门中学的复评意见》,收入《佛山教委督导室关于对石门中学复评省一级学校的意见》,1998年,南海市档案室藏,档案号:240-W12.2-46。

[43] 佛山市南海区石门中学编:《石门中学八十年（1932—2012年）》,2012年刊印,第102页。

[44] 佛山市南海区石门中学编:《石门中学八十年（1932—2012年）》,2012年刊印,第102页。

[45] 广东省南海市石门中学编:《石门中学:广东省南海石门中学建校七十五周年志庆》,2007年刊印,第53页。

[46] 详见广东省南海市石门中学编:《石门中学:广东省南海市石门中学建校七十周年志庆》,2002年刊印,第81页。

[47] 《对省一级学校南海市石门中学的复评意见》,收入《佛山教委督导室关于对石门中学复评省一级学校的意见》,1998年,南海市档案室藏,档案号:240-W12.2-46。

[48] 参见佛山市南海区石门中学编:《石门中学八十年

[49] 《我和石门中学》，何维孜口述，马学强采访、整理，2020年10月27日。
[50] 《何维孜校长述职报告》，1992年4月5日。由南海石门中学档案室提供。
[51] 由石门中学档案室提供。
[52] 《1997年石门中学工作总结》，收入《南海市石门中学工作计划、总结及简况》，1997年，南海市档案室藏，档案号：240-W12.2-14。据不完全统计，1995至2000年间，石门中学获得的主要荣誉有：1997年，被评为"广东省中小学普及普通话先进单位"；1998年，被评为"南海市文明学校""佛山市大中学生社会实践先进单位"；1999年，被评为"南海市现代教育技术应用与研究先进单位""省特级档案综合管理单位"；2000年，被评为"贯彻南海市《体育、卫生工作条例》先进学校"。

（上接页首）（1932—2012年）》，2012年刊印，第107页。

第六章

创建新世纪一流的现代化名校

创建新世纪一流的现代化名校

图6-1 石门中学（摄于2020年10月26日）

广东南海石门中学诞生于特殊的时代，因图强而生，因改革而兴，因人才而盛。围绕"培养什么样的人，怎样培养人"，以及"办什么样的学校，怎样办学校"，石门中学不断探索，始终坚持朴素的办学观，以育人为本，以兴邦为责（图6-1）。

进入21世纪后，石门中学迎来新的发展机遇。学校确立把石门中学办成现代化名校的奋斗目标：办一流学校，育高素质人才，出素质教育经验。学校硬件设施逐步完善，加快教育现代化的步伐。学校率先在广东省开展研究性学习，并尝试与信息技术进行整合。学校秉承优良的办学传统，朴素致远，在传承中创新，多方拓展，切实提高教学质量。近年来，学校各项事业整体发展，学生综合素质全面提升。同时，石中学子参加全国高考成绩屡创佳绩，在全国数学、物理、化学、生物、英语、信息学奥林匹克竞赛中的获奖人数也在逐年攀升。作为具有悠久办学历史的一所老校、名校，石门中学

图6-2　2006年石门中学获评"广东省国家级示范性普通高中"

图6-3　石门中学成为2021—2023年"北京大学博雅人才共育基地"

是首批"广东省国家级示范性普通高中""广东省一级学校""佛山市卓越高中创建学校"等，近年来获得荣誉颇多，声誉卓著（图6-2、图6-3）。[1]

如今，石门中学以其深厚的历史底蕴和显著的办学特色，成为国家级示范性学校、全国县域中学的标杆，愈来愈受到海内外各界的关注。

第一节　新世纪、新气象

跨入新世纪的石门中学，焕发出勃勃生机。

学校提出"创建现代化名校，争当示范性高中"的目标，"确立把握机遇，实现传统名校向高效、优质、创新的现代化名校跨越式的发展战略"[2]。要达到这一目标，需要做大量工作，包括：探讨基于现代教育理念上的新的教育模式、管理模式、学习模式等；培养一支适应现代化教育的教师队伍；建设教育信息化的环境，为师生构建网络化、数字化、智能化的学习、研究平台；坚持以科研为先导，走"科研促教""科研兴校"之路，将现代教育技术与教育教学相结合，切实推动学校的现代化建设（图6-4）。

2000年2月24日，由石门中学自筹资金80多万元兴建、由广东南方信息通信有限公司承建的"石门中学多功能电脑教学培训室"通过验收。[3]是年，建成了覆盖全校，实现多媒体教学、远程教学和管理的千兆智能计算机网络系统，并以5条100兆的光纤与市教育城域网相连。新建了石门中学网络管理中心、南海市自学辅导网络管理中心、学生电子阅览室、协作教学课室、多媒体网络互动课室、远程教学示范室、教学研究中心等应用和研究开发现代教育技术的场室，学生计算机增至400台，为全体教师配置手提电脑。[4]开局之年，就有大手笔。

图6-4　石门中学学生前往社区参加活动，从校门口出发（摄于2000年）

此后几年，学校更加注重信息化建设。2001年，学校为每个教室配置包括实物投影仪在内的电教平台和51英寸的背投电视。这一年的3月10日，国家教委基础教育司及省教育厅信息处领导到石中视察。4月24日，中央电视台来学校拍摄有关信息教育的内容。4月28日，全国中小学教育信息化会议代表来学校考察。2002年，学校开发Co-created-smt短信交互系统、智能化校园应用平台和一卡通应用系统，建成拥有近200台IBM电脑的数字化学习中心，提供有线及无线局域网环境，中心内设有IT实验室、语言拓展区、IT创业区、艺术欣赏区、心理维护区、休闲讨论区各个区域。[5]当年，实现无线网点覆盖校园。

2002年9月18日，《光明日报》刊登《让信息资源流动找人——广东南海石门中学教育信息化纪实》的报道，其中写道：在石门中学，"不但可以在最短时间内了解到孩子在校表现，而且教师、家长可以通过手机、电话及上网等方式与校园网互联，随时从校园网定制孩子的各种信息，包括：纪律考勤、健康状况、学习成绩、德育评价、教师留言、家庭作业、校长寄语、校园新闻等。教师可以定制教学资源，包括：图书信息、会议通知、课程安排等。所有这些信息按照预先设定的时间自动从校园数据库发送到学生、家长、教师的手机、录音电话或信箱"。那么，这套完整的学生、家长、教师互动的机制是

图6-5 石门中学数字化学习中心

图6-6 石门中学2001届毕业生合影留念（由石门中学档案室提供）

第六章 创建新世纪一流的现代化名校

图6-7-1 石门中学举行高考表彰大会（摄于2002年8月，由石门中学档案室提供）

图6-7-2 2002年广东省高考总分状元的陈兴荣同学与杜尚强校长合影（由石门中学档案室提供）

如何实现的？"这是通过后台预先编制的应用程序将各种定制的资源按时发送。所有的资源都是不断更新的，应用程序定时对数据库进行搜索，有最新的信息会立即发送。"据此，《光明日报》记者评述说：南海石门中学的短信息平台，这是"信息资源流动找人思想在全国教育系统的首例应用"[6]（图6-5）。

新世纪伊始，石中把握时机，抢占先机，与时俱进，向现代化名校建设迈出坚实的一步（图6-6）。

此时的石中，喜讯频传。2000年8月底，高考成绩揭晓，石中上普通高校招生第一批本科线（重点线）人数为183人，上第二批本科线人数为171人，上省大专线以上人数为419人，占全体考生的91%。2001年，石门中学高考上普通高校招生第一批本科线（重点线）有196人，第二批本科线143人，第三批大专线83人，第四批大专线29人。[7] 2002年，石中学子陈兴荣获物理类综合总分900分，成为全省状元，"创下了我校建校以来第一个高考总分省状元"[8]。是年高考，总分800分以上的学生有10人，在佛山市公布的总分前六名中石中占据4人；700分以上的达98人（图6-7-1、图6-7-2）。

表6-1为2000至2002年各届应届生上线情况。

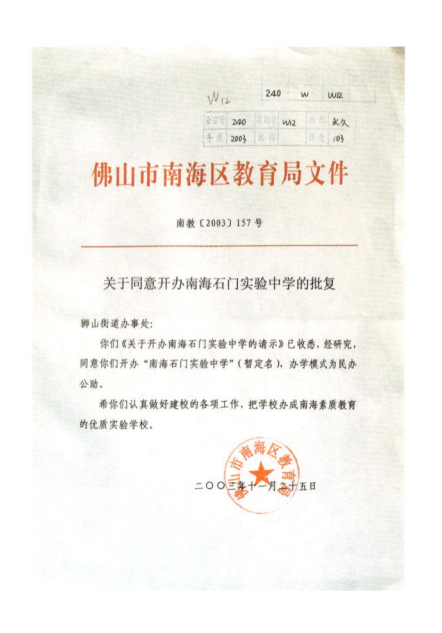

图6-8 佛山市南海区教育局文件：《关于同意开办南海石门实验中学的批复》（2003年）

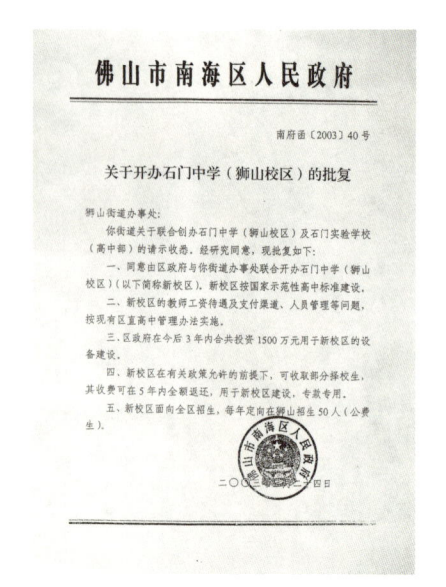

图6-9 佛山市南海区人民政府：《关于开办石门中学（狮山校区）的批复》（2003年）

表6-1　2000—2002年各届应届生上线情况

届别	报考人数	重点线	本科线以上	省大专线以上 人数	省大专线以上 比例	市大专线以上 人数	市大专线以上 比例
2000	484	183	344	395	81.6%	402	83.1%
2001	505	196	344	423	83.8%	452	89.5%
2002	688	239	429	567	82.4%	635	92.3%

*资料来源：《石门中学八十周年校庆画册》编辑委员会编：《岁月如歌：石门中学八十周年校庆画册》，2021年刊印，第53页。

注：1.应届生由正取生及择校生两部分组成；2.高三的往届生的上线情况不在此表列出。

　　在石中参加的各项各类竞赛方面，也是屡创佳绩。2000年9月，陆盛强、梁展鹏、关嘉华、周炳坤、罗焯炬5位同学获得第十七届全国中学生物理奥林匹克竞赛省一等奖，全省排列第二，仅次于华南师范大学附属中学。2000年11月，李杰超、柯乐获全国高中化学竞赛省一等奖。[9]2001年10月，在全国高中学生化学竞赛中，来自石中的陈静文、陈鉴祥、梁珩灿、叶剑明获得省一等奖。在全国高中英语能力竞赛中，李凌波、李秋萍、陈盼眉、林敏斯、司徒宇臻、黄伟等荣获全国一等奖。

　　进入21世纪，随着石门中学事业的拓展、名声的扩大，为了让更多的学子分享优质教育资源，石门中学除了专心于学校自身的发展，也着眼于"传递和推广"办学经验，创建新兴学校，作为"新枝"培育。自2000年起，相继成立了石门实验学校、石门实验小学、石门中学狮山校区、石门实验中学4所从小学到高中教育的学校或校区。[10]这些学校传承并创新老校名校的办学理念。经过一段时间的培育与发展，"石门"各校渐成系列，办出特色，办出品牌，石门中学真正发挥了"示范"的作用（图6-8至图6-11）。

图6-10　石门实验小学

图6-11　石门实验中学

图6-12 南海市石门实验学校奠基碑（1999年）

这里，重点介绍石门实验学校的创立。这是南海市开办的第一所民办公助全日制寄宿学校。1999年10月18日，石门中学与黄岐房地产总公司合办的石门实验学校举行签约仪式。2000年9月1日，石门实验学校开学典礼暨揭幕仪式在实验学校举行。[11]石门实验学校的创建，在当时被赋予了一定的意义："既是老牌名校石门中学70多年深厚底蕴的发展与延伸，又注入了雄厚的经济实力；既有民办学校的自主性和灵活性，又有公办学校的规范性和稳定性，这一优质资源的重组给学校带来了蓬勃向上的生机与活力，折射出教育创新体制的曙光。"[12]（图6-12）

石门实验学校依托于石门中学，借鉴石门中学的办学模式和管理经验。在行政管理上，初由石门中学副校长兼任石门实验学校校长。2000年4月，由石门中学校长兼任石门实验学校校长，另一位副校长兼任石门实验学校常务副校长。2001年12月，杜尚强任石门中学校长，兼任石门实验学校校长。石门实验学校也以"办一流的学校，育高素质的人才，出素质教育经验"为办学目标，全面推进素质教育。

石门实验学校被定为广东省首批"研究性学习"实验学校，其创建特点如下。首先，能够广泛吸纳全国乃至海外的优秀人才。约至2012年，学校有专任教师100人，教学班30个，教师中有来自英国、澳大利亚等国的专任外教。教师学历100%达标，大部分获得过市级以上的荣誉称号，还有不少曾获得过"全国先进教育工作者""南粤优秀教师""南海优秀校长"等荣誉。"不同的地域文化、不同的教学风格在这里交融，使教育教学更有活力更具开放性，包容性。"[13]其次，学校能够发挥其办学体制灵活的特点，依靠雄厚的经济实力，以高起点、高标准为全校师生提供一流的教育教学软硬件环境。"学校投入资金2000多万元，设备配置全部超过省一级标准，有目前国内一流的宽带校园网，1000多个接口可以同时连接国际互联网。有3间高规格的专用网络电脑室、2间语言实验室、多间配有大屏幕投影机和多媒体电教平台的综合电教室和学科电教室、2间美术专用教室、2间音乐室、1间乐器室、11间钢琴室、2间形体训练室，还有专门的理化生实验室、地理电教室、电子阅览室、书刊阅览室等，每间教室都是多媒体电教室，配有52英寸背投彩电。"[14]

石门实验学校可以说是石中的发展与延伸，在办学目标与办学理念上，与石中也是一脉相承，但更强调实验、创新。反映最新课程标准理念的综合活动课教材也由该校学校教师负责编写并正式出版。学校注重课程改革，积极为学生搭建实践的舞台，推进个性化教育，教学科研氛围浓厚，积极开展数学和

图6-13 石门实验学校（摄于2019年2月10日）

英语等分层教学，实验效果颇为明显。鼓励培养"基础扎实，特长明显"的创新型人才。在发展与创新中成立的石门实验学校，曾先后被评为"广东省一级学校""中英国际教育交流基地""中国南海合唱特色学校""全国作文教学先进单位""佛山市德育示范学校"等（图6-13）。[15]

自1995年以来，学校制订《石门中学1996—2000年改革和发展的规划》，实施六项建设创建示范高中。进入21世纪后，学校更以创建国家级示范性高中为契机，深化教育教学改革，坚定不移地大力推进教育信息化；全面落实教学常规，继续走"科研促教""科研兴校"的道路，深入开展教育教学科研，深化分层教学实践，探索适合时代要求的教学方式和学习方式。2006年4月1日，石门中学通过广东省国家级示范性普通高级中学的初期督导验收。是年，获评"广东省国家级示范性普通高中"。这在石中办学史上具有重要意义。表6-2为石门中学2003至2016年间获得的省级以上主要荣誉（称号）。

表6-2 2003—2016年间石门中学获得的省级以上主要荣誉（称号）

年份	获得荣誉（称号）	备注
2003	广东省绿色学校	
2004	广东省模范职工之家	广东省总工会

（续表）

年份	获得荣誉（称号）	备注
2004	"广东省中小学心理健康教育"示范学校	广东省中小学心理健康教育指导中心
2004	第十九届广东省青少年科技创新大赛优秀组织奖	广东省科学技术协会、广东省教育厅
2005	2004年度"全国青少年信息学奥林匹克联赛优秀参赛学校"	
2005	"广东省现代教育示范学校""现代教育技术实验学校"	广东省教育厅
2006	广东省国家级示范性普通高级中学	
2006	广东省先进集体	中国共产党广东省委员会、广东省人民政府授予
2008	广东省优秀共青团集体	共青团广东省委
2008	广东省中小学校长培训实践基地	广东省教育厅
2009	2008全国校园文化先进单位	
2010	2008—2009学年度全国中小学图书馆先进集体	中国图书馆学会中小学图书馆委员会颁发
2011	"开信杯"广东省第七届中小学生天文奥林匹克竞赛优秀组织奖	广东天文学会、广东省青少年科技教育协会天文专委会等共同举办
2014	信息学奥林匹克特色学校奖	中国计算机学会颁发
2015	广东省中小学心理健康教育特色学校	
2015	2015年度AFS国际文化交流项目全国金牌学校	
2016	被确定为"清华大学2016年生源中学"	

* 资料来源：据石门中学校长办公室、档案室提供资料汇总，此为不完全统计。

与此同时，学校还获得佛山市、南海市（区）颁发的各种荣誉、称号（图6-14、图6-15）。这

图6-14 石门中学荣获"广东省先进集体"称号（2006年5月）

图6-15 石门中学被清华大学授予"清华大学2016年生源中学"称号

图6-16 石门中学《新课程探索》(Ⅰ、Ⅱ)(2007年)

图6-17 温校长撰写的「前言」(选自石门中学《新课程探索》[Ⅱ]，2007年)

图6-18 石门中学《新课程探索》(Ⅱ)，目录

一时期（2000至2016年），石门中学有很多教师、学生获得各种荣誉。据对教师的不完全统计：2001年，王炳龙老师被评为"南粤教书育人优秀教师"；2002年，物理科组刘富根老师被评为"广东省特级教师"；2003年，冯艳仙老师获得"全国中小学外语教师园丁奖"；2004年，方明老师获得全国"五一劳动奖章"、2004年度"全国师德先进个人"荣誉称号，谢伟成副校长获得"全国模范教师"荣誉称号；2007年，宋立民老师被评为"广东省师德先进个人"；2009年，李根新副校长获得"2008年全国杰出校长"荣誉称号，盘文健校长获得"2009年度广东省南粤先进教育工作者"称号；2010年，江涛老师获得广东省教育厅授予的首批"广东省教师工作室（主持人）"的牌匾；2012年，李根新副校长被评为"南粤优秀教师"；2016年，英语科雷蕾老师被授予"广东省中小学教师工作室主持人"荣誉称号……[16]可谓名师辈出。他们勇于探讨，不断总结教学经验（图6-16至图6-18）。

彼时，石门中学在办学上能不断突破，取得辉煌的成绩，与学校领导采取激励教师多元化发展的措施有关：

> 为了学校不断实现发展，我们引进了很多名师。比如2007年的时候，我们引进了信息学的江涛老师。自从引进江老师，就让我们学生在学习信息学方面发生了翻天覆地的变化。当年，我们学校的信息学在广东省就排到了第三名。第二年后，就基本保证在广东省第一名。他带着学生参加全国信息学竞赛，获得了很好的名次。也正是通过他带队的信息学，学生考入清华、北大等名校又多了一条路，因为通过竞赛成绩，可以获得加分，让更多孩子有机会进入清华、北大。引进名师方面，我们是不拘一格的。像传统的语、数、英等学科，只要有优秀的老师，我们都积极引进。[17]

继任石门中学校长的是盘文健（2008年8月至2016年7月），他曾这样总结："我担任校长后，主要做了几件事情：首先，推行小班化。此前平均每班人数六十多人，通过推行小班化，平均为五十多人。但这样一个年级就要增加8至10个班。增加了班级，就要增加教师。我们就开始招收优秀的应届毕业生，来扩充我们的教师队伍。新进了一批老师，实现教师队伍的年轻化。他们年轻，有活力，有干劲。为学校持续发展注入新的血液。这些教师后来不少成为学校的骨干力量，使石中发展有了坚实的师资力量，基础夯实了。其次，推行导师制。小班化与导师制结合，有很多潜力可挖掘。第三，根据学校不同的发展阶段，有针对性予以突破。就石中而言，当时高考升学率已经很高了，在全省已处于前列。如何在办学上再更进一步，我们就要考虑适应尖子生、特长生的培养模式，因材施教，为优秀学生脱颖而出创造条件。学校要集中优质资源，为国家培养卓越人才。我们开设了有为班、奥数班等。同时，对平行班也要注重，实行有效平衡。所以，我们要不断研究，不断摸索，不断调整，走出一条具有石中特色的人才培养方式。"[18]

自2000年广东省实行高中新课程改革以来，以高考为主的传统教学方式有所转变，石门中学积极探索学校发展的新路径。[19]

基于学校培养人才的需求及区域教育信息化的资源，学校选择信息学作为切入口，打造学科竞赛。2007年，石中引进信息学特级教师江涛老师，建立"竞赛总教练制"，在学科竞赛中迈出了坚实的一步。也在这一时期，石中与南海区信息学科联动，建立"小学—初中—高中—集训队"金字塔式的纵向连接的信息学人才培养体系。学校信息学竞赛成绩斐然，多名信息学特长生因竞赛成绩突出获得清华大学或北京大学提前预约录取。石中把信息学赛的培养模式辐射到其他学科的竞赛，将总教练制机制化（图6-19至图6-26）。

要让每一位学生都得到最好的发展，让教师关注每一个学生，最大程度地满足每一个学生的个性化需求，更有效实行因材施教，那么必须逐步推行小班化教学。从2008年开始，石中逐步推行小班化教学，以此作为突破口，进一步提升教育教学质量。这一举措得到了教育局和区政府的大力支持，为了具

图6-19 江涛老师，正高级教师、特级教师、信息学竞赛金牌教练（由石门中学校长办公室提供）

图6-20 贾永山老师，化学竞赛金牌教练（由石门中学校长办公室提供）

图6-21 冯有兵老师，数学竞赛金牌教练（由石门中学校长办公室提供）

图6-22 梁冠健老师，信息学竞赛金牌教练（由石门中学校长办公室提供）

图6-23 雷勇老师，数学竞赛金牌教练（由石门中学校长办公室提供）

图6-24 洪跃明老师，生物竞赛金牌教练（由石门中学校长办公室提供）

图6-25 黄宗泳老师，生物竞赛银牌教练（由石门中学校长办公室提供）

图6-26 秦泽鑫老师，化学竞赛银牌教练（由石门中学校长办公室提供）

体落实小班化教学，加强教育的针对性，及早发现问题，科学制定教育教学方案，有的放矢地教育和培养每一个学生。

2011年，由于需要对具有不同学科潜能的学生进行大规模的因材施教培养，石门中学将"总教练制"横向辐射到普通高考班，从特长培养转向全员培养，进一步打造"导师制"全员育人品牌。在"整体、合作、优化"教育理念的引导下，将学校班级学生成长的诸多目标、诸多任务分解到担任"导师"的任课老师身上，改变以往任课老师"只管教、不管导"的状况，形成真正意义上的"全员育人"局面，并能够满足学生的个性化需求。通过这一制度，石门中学真正营造出了一种"让每一位学生都有可倾诉的教师，让每一位教师都有要牵挂的学生"的育人氛围。

2013年，石中在导师制的基础上，创新教育方法，探索多维度的培养模式，深度挖掘学生发展潜能，实行"一生三导"的培养模式，即每一名学生拥有学业、成长和科研三类导师，形成"导师智囊团"，为学生多向发展出谋划策。

教育理念与方法要与时俱进，不断更新。现代化的教育是一个不断追求一系列动态发展目标的过程，发展变化了的教育，又会对教育提出新的要求，从而不断更新教育理念与方法。

2015年，学校创新性地提出"办新时代'立人教育'，育未来社会的引领者和建设者"的办学理念，正是传承创新石门中学一贯的育人理念，更是适应时代发展要求，本着以人为本、全面发展的教育思想，落实核心素养的培养，从"立德、立言、立身、立业、立品"五个方面全方位育人。三年"立人教育"实施成效显著，2018年2月，佛山市教育局公示《关于2018年卓越高中创建学校评审结果》，石门中学被确定为"佛山市卓越高中创建学校"。

新世纪，新发展。石门中学在传承中创新，不断焕发出新的活力。

第二节　朴素致远

石门中学是一所具有深厚文化底蕴的老校，2003年1月8日，南海市改称南海区，石门中学更名为"南海区石门中学"，作为广东省佛山市南海区的一所公办区（县）级中学，仍然是一所"县域"中学（图6-27）。

近年来，从全国范围来看，由于区域位置、城乡经济、社会发展上的差异，优质教育资源被不合理、不恰当地过度集中到中心城市，客观上造成不同区域、不同城市在资源分配、办学条件、师资水平、学生来源、教育质量等方面的差距，尤其是城乡优质教育资源的配置失衡严重，成为一个值得关注的问题。一个普遍的现象是"县域"或"县级"中学相对衰落，不少学校发展面临着诸多困难。

作为一所"县域"中学，广东南海石门中学立足于"人"，探索出"朴素教育"的新路径，打造最强"县中"模式，创建新时代高品质的一流学校。石门中学的做法值得深入探究。这需要从几个方面予以解读。

第六章　创建新世纪一流的现代化名校

图6-27　石门中学（由石门中学档案室提供）

一、"朴素"教育阐释[20]

走进石门中学校区，在办公楼一侧醒目地耸立着一块刻有"朴素教育"的大石，以此凸显石中的教育理念（图6-28）。

现代化的教育是一个不断追求一系列动态发展目标的过程，发展变化了的教育，又会对教育提出新的要求，从而不断更新教育理念与方法。2016年7月，李卫东成为新一任的石门中学校长（图6-29）。如何在高起点上办好石门中学这所名校，这是他上任以来一直思考的问题。李校长通过一段时间的调研，并反思当前教育出现的浮躁现象，总结石门中学历史上的办学经验，汲取"海纳百川、敢为人先、团结奋进、脚踏实地"的南海精神内核，提炼出"朴素教育"办学理念。

2019年4月27日，全国优秀中学校长教育思想研讨会在江苏省南菁高级中学召开，李卫东校长以"朴素的教育才能恒久"为题，就朴素教育之"道"、朴素教育之"行"和朴素教育之"进"三个维度详细介绍了他的教育理念。同年7月的《教育家》杂志刊登谷珵、冯小凤采写的《李

图6-28　校园一景："朴素教育"

图6-29 李卫东校长（由石门中学校长办公室提供）

卫东："朴素教育"为县中打开一扇窗》。[21] 2019年11月23日，由广东省教育研究院、香港校长专业发展促进会、澳门中华教育会联合主办的"粤港澳大湾区中小学校长论坛"上，李卫东校长做了《朴素的教育才能恒久》专题报告，向粤港澳大湾区高中校长代表阐述石门中学"朴素教育"的办学理念。通过李卫东校长所做的报告、撰写的论文及其相关访谈，可以梳理出石门中学"朴素"教育的主要内容与特点。

关于朴素教育观的来源与诠释：

> 朴素观，发轫于中国本土文化，延伸至教育之道，诠释着教育的本色与精诚。李卫东进一步阐释："以朴素观的视角来看待教育，教育者的'本色'即朴实无华、踏实拼搏的教育初心；教育者的'精诚'即积极进取、共同奋斗的持久态度。"这样的朴素之道，已经融入石门中学发展的骨血。1932年，石门中学成立之初，首任校长李景宗要求全体教职员工：要像关心自己的小孩一样关心学生，要像教育自己的小孩一样教育学生。淳朴的思想代代相传，"亦师亦友"成了校园中常见的风

景，并衍生出颇具特色的"导师制"——"让每一位学生都有可倾诉的老师，让每一位老师都有要牵挂的学生"，以此理念引领，面向全体学生。导师制的小组成员通常不会超过10位，导师会建立受导学生的成长档案，量身定制发展指导表。[22]

李校长进一步阐发："不同的时代有不同的教育特色，不同的地域生发不同的教育模式，但是究其根本，学校教育，始终是培养真正的人。教育者，始终是以培养全面、完整的人为己任。回望我的教育生涯，结合石门中学近百年的办学历史，我和一代代石中人的共同回答是：以朴素之道，立'人'之根本。"[23]"朴素教育"是朴素的、忠实的、扎实的教育，是符合人性、符合社会、符合生活的教育，是回归宁静、回归常识、回归本质的教育。就石门中学而言，"朴素教育"不仅是石中人的教育情怀，更是历代石中人在继承"质朴、俭朴"的中华优秀传统文化，汲取"务实、进取"的优秀岭南文化营养，传承"勤教、勤学、俭朴"的石门中学优秀传统文化的基础上，贯彻落实党和国家的教育方针，勇于探索踏踏实实的行动实践，以及在这些探索实践中沉淀和总结出来的一种教育思想。石门中学"朴素教育"思想内涵丰富，概括起来，集中体现在四个字上：纯、真、简、实。教育初心，朴素在纯；教育理念，朴素在真；教育管理，朴素在简；教育教学，朴素在实。此四个字道出了石门中学朴素教育之"道"。

李校长提到的朴素教育之"行"，具体就在于践行朴素教育的基本设计，以系统、有逻辑的"立人课程"提升学校品位，以踏实、扎实的课堂教学提升学生的学习效能，以赤诚、务实的教师队伍促成学生的自主成长，通过解构与重组、创新与共享，进而实现发展与成就。作为教育管理者来说，校长的任务就是为教师提供良好的环境和条件，尽量降低各类非教学因素对教育的干扰，回归教育本身。"教育就是要把围墙内的事做好，让师生沉下心来。校长要敢于挑战传统的教育观念，将学校变为一个强调尊重、合作的学习场域，创生一种尊重学习、专业和探索的学校文化。"[24]为了让教师投入在教育教学的核心工作上，石中实行弹性工作制，只要老师备好课，上好课，批改好作业，充分尊重老师的自由。宽松的环境，反过来也促进了高效产出——集体备课、分层教学、同课异构。这些实实在在的教学举措富有成效，也稳定了教师队伍的根基。

石门中学初创时期的创始人提出"欲树之茂者，先培其根，欲学之博者，先固其本"，"培根固本"被几代石中人所铭记。如今，随着时代的演进、社会的变革，如何坚守教育之"本"，李卫东与他的石中同事们以"朴素教育"予以回应。从"培根固本"到"朴素教育"，有着一脉相承的内在逻辑，在纷繁复杂的教育实践中，坚守朴素、朴实的教育初心，这才是回归教育的根与本。

近年来，随着国家新课改的推行、高考招生的改革以及大规模城镇化的推进，县镇级中学普遍衰落，而作为"植根本乡"的石门中学却仍能在重重压力中不断取得辉煌的成绩，颇有意味。石门中学的"朴素教育"办学理念根植于石门，发展于教育改革的新时代，在"县域中学"的样本研究中有其典型意义。

二、石中课程建设[25]

课程建设，是一所学校教学的核心内容。石门中学的课程设置、课本编写有其独特性，受到教育界的关注。表6-3为广东省南海石门中学高一、高二、高三课程科目表，从中了解该校目前的课程设置。

表6-3 广东省南海石门中学高一、高二、高三课程科目表

课程科目	周课时数		
	高一年级	高二年级	高三年级
语文	5	5	5
数学	5	5	6
外语	5	5	5
物理	3	4	4
化学	3	4	4
生命科学	2	4	4
思想政治	2	4	4
地理	2	4	4
历史	3	4	4
信息技术	1	2	
通用技术	1	1	
综合实践活动与劳动	1	1	1
体育与健康	2	2	2
艺术	1	2	
心理	1	1	1
口语	1		
专题教育校、班、团队、社团活动	2	3	2
社区服务、社会实践	20节/学期	20节/学期	20节/学期
研究型学习	20节/学期	20节/学期	20节/学期

*资料来源：由南海石门中学教务处提供，2021年12月。

石门中学按照一般中学课程设置的要求外，积极推进富有本校特色的课程建设，逐渐形成自己的学校办学特色。

作为南海的传统优质名校，石门中学顺应形势，积极求变，通过创建卓越学校、创新课程体系、联动校内外，将学校推向发展的新高度。基于国家提出"坚持五育并举，立德树人"的人才培养方向，结合本校的"朴素教育"办学理念，创新育人模式，重构课程体系，形成"立人课程"体系（详见

图6-30）。从"立德、立言、立身、立业、立品"五个方面全方位育人，全面推进素质教育，培养具有真才实学、能够服务和引领地方发展的高品质人才。

立德，以培养学生社会主义核心价值观为主旨，落实立德树人的根本任务。立德课程重点在于引导学生自觉树立和践行社会主义核心价值观，成为有理想、有担当的中国青年。体现在传统文化课程、现代公民课程、国际视野课程等课程设计中。

立言，旨在培养学生的沟通与表达能力，帮助学生适应集体和社会的沟通要求。重点在于教育学生多思考、多讨论、多交流，做新时代的"发声者"。体现在思辨特色课程、社团联合国活动课程、精品社团建设课程等课程设计中。

立身，旨在培养学生的健康素养，引导学生积极锻炼，保持健康的体魄。重点在于设计全面合理的体育课程，培养学生运动的兴趣，同时在课程设计中渗透"为祖国健康工作五十年"的崇高理想。体现在心理健康特色课程、游泳特色课程、每日一跑活动课程、户外拓展课程等课程设计中（图6-31、图6-32）。

立业，以学生的科学（社会）探索与劳动实践能力的培养为主旨。重点在于引导学生的核心素养和创新能力结合运用到生活情境与未来自我规划中；引导学生进行生涯规划，为未来进入社会打好基础，为终身幸福奠基。体现在生涯规划课程（初高中衔接）、社会实践课程、科学探索课程、劳动教育课程等课程设计中。

立品，旨在培养学生的艺术审美与人文感知，重点在于引导学生发现和创造真善美，提升自己的修养、品位与格调，同时自觉将自身的价值践行与人民对美好生活的向往进行联系，怀有"为天地立心，

图6-30 石门中学立人课程体系（由南海石门中学教研处提供，2021年12月）

图6-31 上课场景（摄于2020年10月26日）

图6-32 石门中学篮球场（摄于2020年10月26日）

为生民立命，为往圣继绝学，为万世开太平"的胸怀。体现在人文艺术课程、校园特色活动课程等课程设计中。

在"立人课程"体系的基础上，学校创新建设四大特色拓展课程，具体包括：（1）生涯规划课程。石门中学成立了佛山市第一间"学生生涯发展指导中心"，在全省率先开设了生涯必修课，形成学生生涯教育校本模式。课程内容包括了生涯意识启蒙、自我探索、外部世界探索、生涯决策、生涯管理五大模块，结合成长导师的指导，引导同学们探索和规划自己的学业及生涯发展，树立远大理想。（2）阅读拓展课程。学校鼓励学生广泛阅读、博涉经典。导师指导学生每周进行10万字左右的阅读，并要求学生撰写读书心得。（3）科学研究课程。引入高校资源，共建课题科研平台。学校组织和指导学生开展科学研究课题，体验科学研究过程。同时，加强学术交流，组织学术讲座，培养未来科学界领导者的责任感。（4）学科特长拓展课程依托于南海区"学科共建"项目，聘请高校教师及本校金牌教练开发特长拓展课程，挖掘学生潜力，开阔学生视野。

2020年，石中通过对已有的各种综合性实践活动进行整理，总结发展出以"朴素致远、润心育德"为主题的"润心"德育模式，此模式可归纳为：（1）润健康之心，育修身之德；（2）润诚善之心，育处世之德；（3）润责任之心，育奉公之德；（4）润文化之心，育崇雅之德。至此，学校构建起"多育并举"的大德育体系，包括以下几个方面。（1）课程育人。我校实施"立人课程"体系，通过立德、立言、立身、立业、立品等课程的科学设置，培养符合时代发展的新型人才。（2）文化育人。巧用校园环境，以宣传"润心"德育内涵。以李卫东校长提出的"文化治校是灵魂"为原则，在校园环境与文化的打造上，注重教育性和美化环境和谐统一，打造诗意而又极富文化气息的校园环境，潜移默化陶冶师生情操。（3）活动育人。以"润心"德育为活动纲领，积极开展各项德育活动。（4）实践育人。如组织学生喜闻乐见的体育活动，加强艺术社团的管理工作等，同时将智育、体育、美育、劳动教育作为立德树人的重要载体，达到既润心又育德的目的。（5）管理育人。我校积极制定各项以人为本、符合本校实际的育人制度，分类明确，执行到位，修订流程明确、有效，并将学校各种章程和制度汇编成册。（6）协同育人。我校在家校共育的道路上锐意创新，建立"四友家长书院"，借助书院形式，对书院的学规、课程、管理制度等加以科学设置，进一步提高家庭教育水平，盘活家长资源，形成家校教育合力，实现协同育人。

在课程建设方面，石门中学一直积极探讨与摸索。经过多年的实践，学校做到了几个"结合"：一是与学校课题研究相结合，突出跨学科的专题性新课程开发和建设；二是与社会发展的人才素质相结合；三是与学校传统特色相结合。

加强课程建设，关键在于师资。学校需要拥有一支优秀的师资队伍。经过长期的培育，石门中学逐渐拥有一支优质的师资队伍（图6-33）。截至2022年1月初，全校有教职员工373人，专任教师260人，获得高级职称106人，其中有特级教师2人，正高级教师3人，"全国金牌教练"6人，"南粤优秀教师"2人，"佛山市领军人才"2人，佛山市"三名"人才7人，"南海区名师"57人。[26]

图6-33 石门中学七十五周年校庆全体教师合影（摄于2007年11月15日，由石门中学档案室提供）

庆全体教师合影留念

图6-34-1　李根新老师（2012年"南粤优秀教师"称号获得者）

图6-34-2　"南粤优秀教师"证书（李根新老师）

图6-35　黄志平老师（2021年"南粤优秀教师"称号获得者）

图6-36　罗建中老师（正高级教师）

图6-37 雷蕾老师（正高级教师、"广东省特级教师"）　　图6-38 覃光红老师（正高级教师、"广东省特级教师"）　　图6-39 刘富根老师（"广东省特级教师"）

这里，是一组石门中学校长办公室提供的"名师风采"照片。李卫东校长，"金牌教练"江涛、贾永山、冯有兵、梁冠健、雷勇、洪跃明，"银牌教练"黄宗泳、秦泽鑫的照片可见于前文，此处照片分别为："南粤优秀教师"获得者李根新、"南粤优秀教师"获得者黄志平、正高级教师罗建中、正高级教师及"广东省特级教师"雷蕾、正高级教师及"广东省特级教师"覃光红、"广东省特级教师"刘富根（排序不分先后）（图6-34-1至图6-39）。

石门中学一直在丰富与完善自己的办学理念，并赋予其内在的驱动力。在课程建设、校本教材、教学研究、体育、美育等方面，都切实做好传承与发展工作，在南海，在佛山，在广东乃至全国都产生了一定影响。

三、在开放中办学

坚持特色办学、优质办学。在这一过程中，石门中学拓展视野，积极开展多种层次、各种形式的合作与交流，包括：（1）建立校外基地，拓展学生的活动空间；（2）加强与著名高校、科研院所的合作，相继建立起科学、人文、艺术等研究基地，了解学科前沿，开拓师生视野，引导学生往更高的阶段发展；（3）做好与家长的联络、沟通，招募家长志愿者等；（4）建立与校友的联系，合理利用校友资源；（5）积极引进社会、社区资源，实行资源共享。凡此，增加了学校课程的丰富性、专业性与科学性，有利于学生综合素质的提升。学校、家庭、校友、社区、社会，构建开放的格局，让学校教育教学融入相互影响、相互促进的共同成长的协同办学体系中。

在开放办学中，还有一项重要内容就是与海外学校的交流。客观地说，在很长一段时间内，石门中学的海外交流活动并不多。据1999年统计，出访批数1，出访人次2，来访批数1，来访人次3。[27]进入21世纪，学校逐渐重视对外交流，开展经常性的业务交往活动。在交流中拓展视野，在交往中增加见识。开放办学，为学校师生开拓更广阔的平台，也为学校走向海外开辟一条新渠道（图6-40、图6-41）。

2004年，石门中学成为AFS（中国国际文化交流协会）项目学校。2005年1月，石中舒畅、冯璧琦、陈思宁、周咏欣、谭国栋5位同学通过遴选成为AFS项目的成员，8月被派往巴西、意大利等国进行为时10个月的文化交流活动。这是石中加入AFS后首次参加的交流活动。此后，有更多的学生被派往美国、法国、德国、意大利、挪威、墨西哥、巴西等国进行交流与学习。同时，学校也接待了来自美国、法国、德国、瑞士、日本、泰国、意大利、玻利维亚各国的学生来石中交流，互相切磋，共同提高。

石门中学要发展，需要拓展视野，在开放的大格局中办学：

在石中，有一位人称"阿牛老师"的英国教师Neil，执教英语已经16个春秋。2016年，李卫东履新未满三月，便批准Neil竞岗的申请，于是Neil成为学校发展指导中心主任，也成了佛山市首位担任公办学校中层行政的外国人，开放办学落到了实处。"曾经很多人想挖走阿牛老师，但他并没有选择离开。"提及其中的奥妙，李卫东侃侃而谈，"一是因为他觉得学校工作氛围好；二是作为校长，我充分支持和尊重他。Neil有着深厚的国际教育背景，如果做教学组长，教学模式只能在一个学科产生影响，我们希望他能把先进经验辐射到其他学科，对教学改革带来冲击"。

不仅是对教师，开放也体现在为学生提供国际交流的平台。作为广东省最早加入AFS（国际文

图6-40　2012—2013年度AFS（中国国际文化交流协会）秋季中学生出国项目选拔冬令营在石门中学举行
（由石门中学档案室提供）

图6-41 意大利交流学生在石门中学参加演出（由石门中学档案室提供）

化交流协会）的单位之一，石门中学是广东省AFS项目派出学生最多的学校之一，并接待了30名各国学生来校学习和交流。[28]

学校陆续与英国、法国、澳大利亚等国的名校建立校际联系。2018年9月，广东省南海石门中学与马来西亚尊孔独立中学建立友好交流学校。植根于本土的石中，要走向世界，也要让世界走进石中，这是21世纪的石中应有的气魄与胸怀。表6-4为2013至2019年广东南海石门中学海外交流活动统计。

表6-4 2013—2019年广东南海石门中学海外交流活动统计

年份	出访批数	出访人次	来访批数	来访人次
2013	3	8	2	2
2014	3	9	2	2
2015	3	4	2	4
2016	3	3	2	2
2017	3	3	2	2
2018	3	3	2	4
2019	3	3	2	2

*资料来源：由南海石门中学提供，2021年12月。

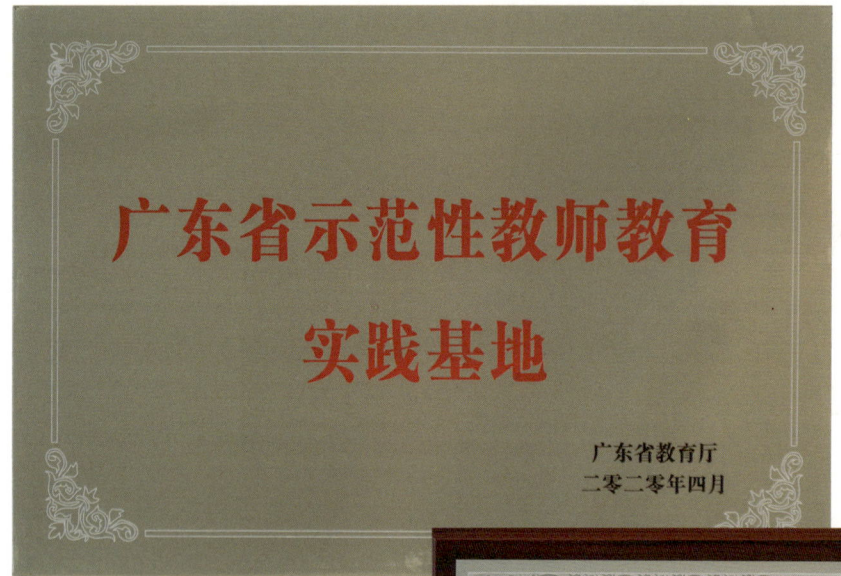

图6-42　石门中学成为"广东省示范性教师教育实践基地"（2020年4月）

图6-43　石门中学荣获"广东省先进基层党组织"称号（2021年6月）

近年来，在"朴素"教育的理念导引下，石门中学与时俱进，不断开拓，不断进取。2016年11月，石门中学获得"清华大学2016年生源中学"授牌。2017年，获得"2017年佛山市普通高中教学质量综合评价优秀奖"。2020年4月4日，石门中学团委被共青团中央授予"全国五四红旗团委"称号；是月，石门中学成为"广东省示范性教师教育实践基地"；10月，李卫东校长撰写的论文《基于朴素教育理念的"立人课程体系"实践》获得首届广东教育创新优秀成果一等奖。2021年4月，石门中学获评"北京大学博雅人才共育基地"；这一年的6月，石门中学荣获"广东省先进基层党组织"称号（图6-42、图6-43）。

第三节 "石中"的校园与校园文化

此处"遥对白云，前濒珠江，颇具山川之美"，这是石门中学创始人当年选定的校址。90年岁月沧桑，石中的校园虽有面积数量的增减，周边景观的变化，校址一直未变。位于珠江之畔，承载了多少代石中人的美好回忆。石门中学的校园自成一体，形成了独特的石中时空。这里的每一幢建筑、一砖一瓦、一草一木，都寄托着石中学子的情感与思念。

一、图说石中校园的变迁

下面选取一些校园示意图与老照片，反映各个时期的样态与风貌。

图6-44为石门中学平面图，1990年4月绘制。

图6-45至图6-52为一些老照片。

在2002年，学校有47个教学班，在校学生2700多人，"拥有教学楼、电教楼、科学楼、图书馆、体

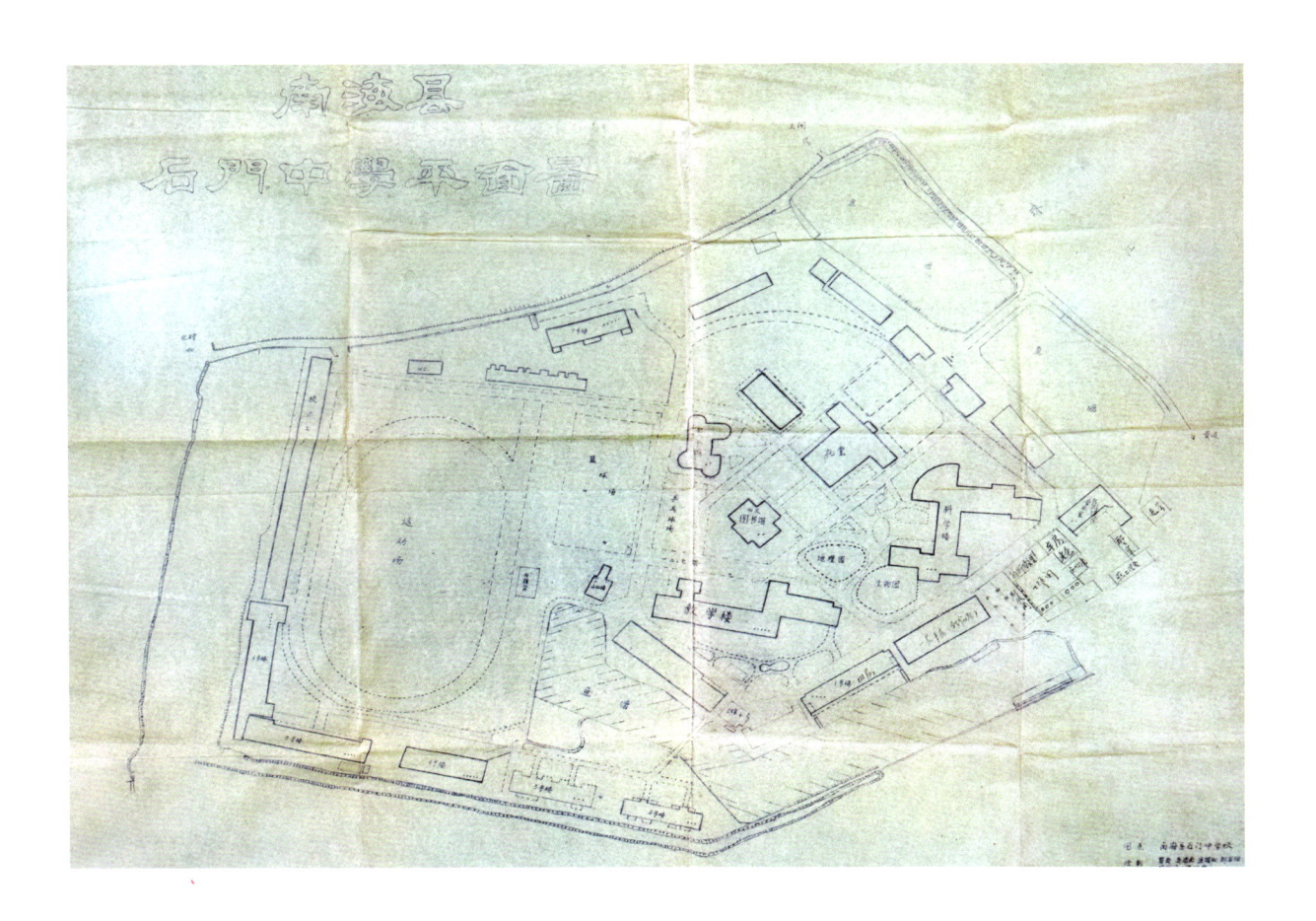

图6-44　南海县石门中学平面图（1990年4月绘制）

图6-45 校园老照片

图6-46 校园老照片

图6-47 校园老照片

图6-48 校园老照片

图6-49 校园老照片

图6-50 校园老照片

图6-51 校园老照片：科学楼

图6-52 在学校下水道工程修建前，运动场成了「泽国」（摄于1998年）

育馆（兼礼堂）、400米全塑型塑胶跑道的运动场、办公楼、师生宿舍楼、饭堂等场所，建筑面积达5.8万平方米"。新建的宿舍楼内，"每个学生宿舍内设有电话和供应太阳能热水供应系统；所有课室和实验室均安装了空调设备"。[29] 在石中80周年校庆之际，学校策划制作《八十周年校史展览及画册》，其中有一段这样的描写：

> 艳阳高照，古朴的校门上"石门中学"熠熠生辉。在繁枝叶茂、锦花绣草的怀抱中，科学楼、办公大楼、冯志强体艺楼已拔地而起，像三艘巨大的油轮，载着石门学子顶住成长的风浪、跨越人生的海洋；三栋教学楼紧密相连，饱含着各界人士对石门中学发展蒸蒸日上的愿望。石门为师生提供了理想的学习与生活环境。[30]

还是这座校园，但建筑与景观一直在变化。图6-53至图6-55，是涉及校园改造的档案摘选。图6-56至图6-66是近年拍摄的一组照片，可以作为留存。

图6-53　石中扩建改造工程的相关批文（节选，2019年）

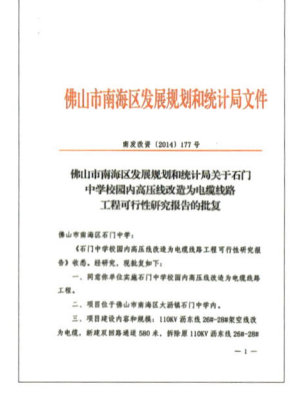

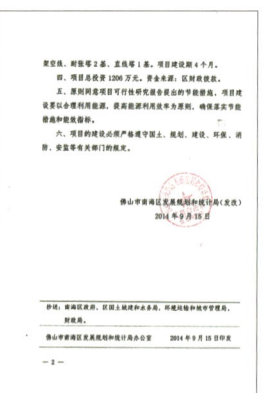

图6-54　石中高压线改造为电缆线路工程的相关批文（2014年）

图6-55　石门中学新建饭堂建设工程的相关批文（2017年）

图6-56　石门中学办公楼（摄于2019年2月10日）

图6-57　冯志强体艺楼（摄于2022年2月22日）

图6-58　天佑楼（摄于2022年2月22日）

图6-59　启沅楼（摄于2022年2月22日）

图6-60　飞鸿楼（摄于2022年2月22日）

图6-61　国际课程中心楼（摄于2022年2月22日）

图6-62-1　科学楼楼层总索引

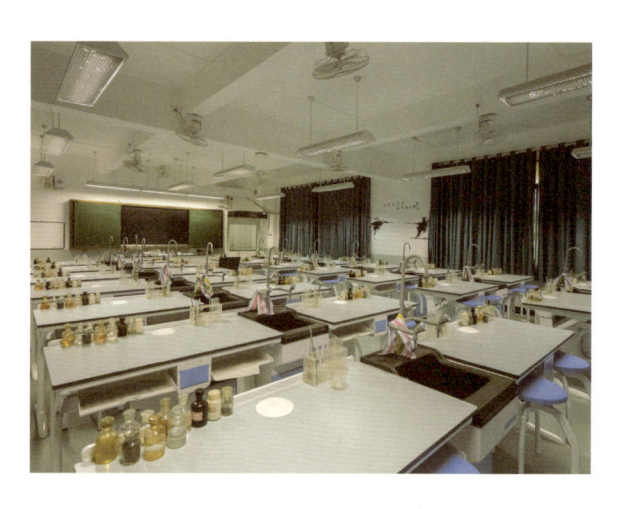

图6-62-2　化学实验室（摄于2022年2月22日）

图6-62-3　物理实验室（摄于2022年2月22日）

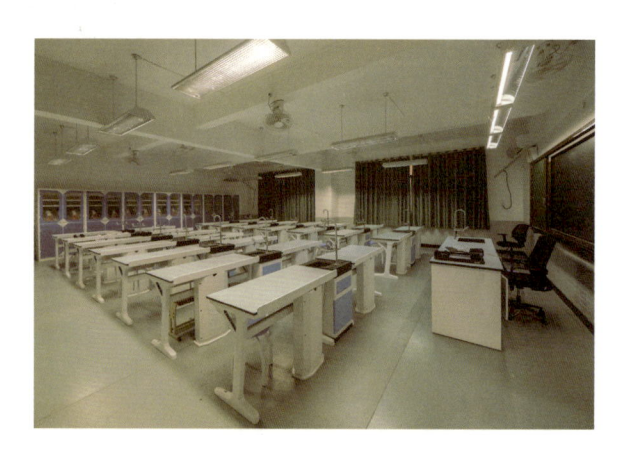

图6-62-4　生物实验室（摄于2022年2月22日）

图6-63　图书馆阅览室（摄于2022年2月22日）

图6-64-1　芝庭堂（摄于2022年2月21日）

图6-64-2 芝庭堂教师自助餐厅一角
（摄于2022年2月21日）

图6-64-3 芝庭堂学生餐厅
（摄于2022年2月21日）

图6-65 友谊球场（摄于2022年2月22日）

图6-66 石门中学一瞥（摄于2020年10月26日）

图6-67 石门中学校景（摄于2020年10月26日）

图6-68 石门中学校景（"石中人精神"）
（摄于2019年2月10日）

图6-69 石门中学校"校歌艺术墙"
（摄于2022年2月22日）

图6-70 校史室、校友会
（摄于2019年2月10日）

这里需要指出的是，校园内的楼宇、场馆、道路、河流、亭榭等，都学校重要的基础设施，也是校园文化环境的组成部分。楼宇、场馆、道路、河流、亭榭乃至树木名称是一所学校办学传统与特色、独特人文风貌的集中展示，是学校办学理念、文化传承和价值追求的集中体现（图6-67至图6-70）。

在这座校园中，保留着几代石中人的集体记忆，成为无数石中学子永远的依恋。

二、独特的文脉，多彩的校园文化

石门中学作为一所老校、名校，拥有自己一以贯之的独特文脉。重视校史研究，构建历史记忆，传承自身文脉，成为近年来一些历史名校的一项重要内容。石中拥有自己的校史室（馆），展示自己厚重的历史与独特的文脉。与此同时，师生们也一直在努力营造富有特色的校园文化。这方面包含的内容非常广泛，如守护自己的校园文化，开展多种多样的社团活动，等等。这里，选取几个方面予以反映。

首先，关于学校的校训、校歌与校徽。

经过数十年的办学实践，经过几代"石中人"的开拓，石门中学逐渐形成自己的校风、校训与精神，总结、提炼如下：

第六章　创建新世纪一流的现代化名校

图6-71　学校大门前的珠江（摄于2022年2月22日）

石门中学校风：从严要求，全面发展，勤教勤学，开拓进取

石门中学校训：任重道远，毋忘奋斗

石门中学学生优良传统：尊师、爱校、勤学、俭朴

石中人精神：科学、协作、拼搏[31]

石门中学有自己的校歌。原版的石中校歌，由李景宗作词，朱健作曲。歌词为：

南海衣冠　岭表光　武烈文章　日星同耀　南方之强　石门浩瀚贯宗邦　源远流长　菁莪雅化继芬芳　文风丕振　我武维扬　爱乡爱国众勿忘　石门浩瀚贯宗邦　源远流长　源远流长[32]

石门中学校歌诞生于20世纪30年代创校初期，词作者为石门中学首任校长李景宗，歌词大意是向学子介绍学校地理坐落位置，强调岭南的学风和传承，要求学生们爱国爱乡，刻苦攻读，以才报国，以身许国（图6-71）。

图6-72　石门中学校徽

石门中学的校徽参见图6-72。

校徽寓意：标志是由"石门"二字的汉语拼音开头字母"SM"变化而成的绿叶托出花蕾的艺术造型。"M"呈鼎足三立之势，象征德、智、体全面发展；上部圆球，寄予着教育面向未来、面向世界的理想和愿望。[33]该校徽于1989年确定下来，校徽设计者为1981届校友、原石门中学语

203

文教师陈小雄。[34]

独特的校训、校歌、校徽，构建了独特的石中文化。

其次，提倡自主，积极开展学生社团活动。

在校园文化建设方面，石门中学秉承办学传统，提倡学生自主活动，鼓励学生自主建立社团，以年级为单位组织，每学期开始，老社团招募社团成员，学生可以自主组建社团。

石门中学的一些社团成立很早，如1983年在南海率先办起来的石门诗社，这是一个让诗词最早进入佛山地区的校园诗社，也是改革开放后在珠三角地区成立较早的诗社。另如放飞文学社，也在1998年前即已成立（图6-73）。

石门中学现有的学生社团组织，见表6-5。

图6-73 放飞文学社刊物《放飞》

表6-5 石门中学现有学生社团组织情况

社名	指导老师	社员范围	活动地点	成立时间	最初人数
机器人队	肖伟东	高一高二高三	办公楼四楼科技活动室	2002年	10
体育协会	孟凡旭	高一高二	友谊篮球场	2008年	20
排球队	林琳	高一高二	排球场	2012年之前	15
动物保护协会	张通	高一高二高三	6号楼后空地	2020年	7
戏剧社	但永隽	高一高二	飞鸿楼二楼报告厅	2015年	27
心理协会	黄国琼	高一高二	科学楼二楼心理室	2005年	36
记者站	黄宇钊	高一高二	科学楼五楼音像制作室、演播厅、总控室	1997年	20
说唱社	陈隆岸	高一高二高三	音乐室+飞鸿楼四楼天台	2018年	3
The Sixth Floor 六楼乐队	王金辉	高一高二高三	办公楼六楼band房	2007年	6
模拟联合国社团	黄琳	高一高二	办公楼六楼活动5室	2009年	8
生涯研习社	王丽霞	高一高二	科学楼二楼生涯活动室	2018年	10
羽毛球协会	柯展鸿	高一高二	体育馆羽毛球场	2012年之前	22
舞蹈队	蒙志新	高一高二高三	办公楼六楼舞蹈室、启沅楼五楼舞蹈室	1996年	25

(续表)

社名	指导老师	社员范围	活动地点	成立时间	最初人数
科技协会	曾俊妮	高一高二	飞鸿楼化学一室	2012年之前	20
S.A.I.动漫社	薛广超	高一高二高三	办公楼六楼动漫社活动室	2012年之前	15
金融社	戴露	高一高二	启沅楼一楼美术二室	2020年	10
辩论队	莫维星	高一高二	办公楼五楼音乐二室	2009年	30
青年志愿者协会	陈文昭	高一高二	嘉怡社区和学校里	2017年	15
书画协会	薛广超	高一高二高三	启沅楼一楼美术一室	2012年之前	20
放飞文学社	杨璐	高一高二高三	科学楼前的敬师亭及过道石凳	1998年之前	30
礼仪队	曾晓岚	高一高二高三	科学楼	2012年之前	48
航空航天协会	林灏	高一高二	办公楼四楼418室	2020年	7
广播站	黄永端	高一高二高三	天佑楼（A座）一楼广播室	1937年	30
桐心诗社	张加林、陈伟香	高一高二	飞鸿楼化学三室或物理五室	2021年	2
棋艺社	莫维星	高一高二	四友图书馆	2012年之前	10
管弦乐团	王金辉	高一高二	市政楼二楼	2012年之前	30
民艺社	洪家泳	高一高二	启沅楼一楼美术一室	2012年之前	20
街头健身社	杨璐帆	高一高二高三	体育馆旁单双杠处	2019年	10
阿卡贝拉	陆颖	高一高二	办公楼六楼阿卡贝拉室、琴房	2015年	10
BPEC西兰花英语角	叶欲潇	高一高二	办公楼四楼西语室	2015年	15
哲学社	王仲	高一高二	天佑楼2室	2015年	10
吉他社	王金辉	高一高二	办公楼五楼音乐1室	2012年之前	8
民乐队	吴星源	高一高二	办公楼五楼音乐3室	2012年之前	20
北落师门天文社	叶俊宇	高一高二	科学楼四楼物理光学实验室	2012年之前	20
街舞社	徐少林	高一高二	游泳馆前空地、飞鸿楼六楼舞蹈室	2008年	20
乒乓球协会	魏学锐	高一高二	体育馆乒乓球场	2012年之前	15
推理协会	李锡均	高一高二	启沅楼二楼学生活动中心	2015年	15
拾梦合唱团	陆颖	高一高二	启沅楼一楼语言学习中心	1993年	30
仰风行止汉文化社	肖翔	高一高二	启沅楼五楼原双师6班	2015年	10
摄影协会	于海缘	高一高二	启沅楼五楼原双师4班	2012年之前	10

*资料来源：由南海石门中学校长办公室提供，2021年12月。

石门中学的学生社团数量之多，涉及门类之广，参与人数之众，这在中学是比较少见的。这里，选取几个社团予以介绍，并用他们自己的语言表达：

石门中学辩论队

成立于2009年的石门中学辩论队秉持"心游万仞，功聚仲昆"的队训，始终坚持真诚、思考、谦卑的理念，经过历届队员的共同奋斗获得"雅鸣杯"冠军、"上海杯"冠军、"礼济杯"冠军、华语辩论世界杯广东赛区冠军、"纵横杯"亚军和季军、"东吴杯"季军等多项荣誉，并在2021国际中学生华语辩论排行榜上位列世界第三，在发展队伍的过程中与国内外辩论队真诚探讨交流，结下深厚的友谊，成为石门中学社团的一大特色。

石门中学辩论队队内和谐、团结、温暖，历届师兄姐以深厚的知识底蕴、出色的辩论能力和鲜明的带队魅力将队伍打造成辩论大家庭，不仅受学校一贯的支持于每周三社团课开展特色队课，而且拥有丰富的交流、比赛资源，队友们在忙碌的学习与紧张的备赛日程中共同勉励，被奋斗、鼓励与感动包围，也成为队员心中"第二个家"（图6-74、图6-75）。

石门中学舞蹈队

石门中学舞蹈队（SMDT）始建于1996年，是石门中学的官方校队，自成立以来，代表学校外出进行多次演出比赛，取得优异成绩。SMDT秉承兼容并蓄的舞蹈理念，是一支由多种舞蹈风格和元素凝聚而成的优秀队伍。在这里，你会为一举一动皆藏情的中国舞所惊叹，因独特纯实的民族舞而感慨，被风情万种的拉丁舞所吸引，随热情激昂的韩团舞而舞动……我们有超多的表演机会，在舞蹈队你的才华一定可以在大小舞台上充分展现，在校园生活中留下浓墨重彩的一笔。

当然啦，在这个庞大而温馨的队伍里，怎么会只有舞台呢。每一次演出之后，最快乐的，就是在我们宽敞明亮的舞蹈室里面，咔嚓咔嚓不断地合照，记录下我们在一起的分分秒秒（图6-76、图6-77）。

石中街舞社

我们是石中街舞社（Emotion Crew），简称EMC。

创立于2008年，现由Hiphop、Jazz、Breaking、Popping四个舞种组成。

我们常作为嘉宾节目，在校内外大大小小舞台上演出。2021年先后夺得佛山市和广东省健美操锦标赛第一名！EMC还会不定期请老师进校教学，或去外校与其他舞者切磋交流。我们还举办了

图6-74　石中辩论队合照（2020年）

图6-75　石中辩论队参加华语辩论世界杯（2021年）

图6-76　石中舞蹈队在舞蹈室训练（2020年）

图6-77　石中舞蹈队参加文艺晚会（2021年）

"衔石填海"街舞比赛。相比起一个社团，EMC更像一个热情温暖有凝聚力的大家庭。

在这里你不仅能在最轻松的氛围内学习街舞，发展自我，更能与同样热爱街舞的同学们结下珍贵友谊，留下美好高中回忆。

在这里，每个人都能自信地发光发热。

我们在石中街舞社等你（图6-78、图6-79）。

石中机器人队

那地板上散落的图纸，那屏幕上滚动的代码，那盏黑夜中最后关上的灯，那满怀热爱的我们……

图6-78 石中街舞社参加文艺晚会节目表演（2020年）

图6-79 石中街舞社参加校内文艺晚会（2021年）

图6-80 石中机器人队合照

图6-81 石中机器人队参加全国比赛（2021年）

图6-82 拾梦合唱团参加校内文艺晚会（2020年）

图6-83 拾梦合唱团参加南海区比赛

在石中机器人队，你能成为机械工程师，参与机器Solidworks模型绘制、制作与维修；能成为程序员，进行嵌入式开发、视觉研究、全场定位；你更能成为Team 19320的一员，征战VEX 2021—2022 TIPPING POINT赛季。2021年4月，石门中学机器人队获VEX机器人亚洲公开赛一等奖。2021年10月，石门中学机器人19320M队勇夺全国青少年机器人邀请赛银奖和全能奖，机器人19320S队勇夺铜奖。

我们的故事，未完待续……（图6-80、图6-81）

石门拾梦合唱团

石门拾梦合唱团于1993年成立，作为石门中学一枚历史悠久的名牌，每年都会参与校内大大小小的演出活动，参与省市区级的合唱比赛并获得优异成绩。石门中学合唱团多次参加中央电视台校园精品节目会演，并到维也纳金色大厅演出。享受舞台和喜欢唱歌的你一定不要错过！

也许你担心自己的音准，纠结自己的发音，害怕一个人唱歌表演……没有关系！在这里，我们会从基本的乐理知识和唱歌技巧方法开始，由专业的指挥老师、出色优秀的师兄师姐们带领，与你们一起遨游音乐的海洋！

或许你会认为合唱团只是一个严肃认真死板的社团，no，no，no！在这里你不仅能学到唱歌知识，还能结识与自己志同道合、同样喜欢唱歌的好朋友，我们还会定期举行联欢会等社联活动。

最后，只要你有一颗热爱唱歌、热爱音乐的心，那就只需怀着沉着冷静、放松愉快的心态，带上你的好朋友来石门拾梦合唱团一起来嗷一嗓子吧（图6-82、图6-83）。[35]

这些文字、图片都由各社团提供。石中学子活泼可爱，洋溢着青春的活力。

在学校的统一管理下，石中的学生社团以自主参与为原则，社团负责人是学生，学校委派指导教师参与活动，加强指导。大量学生社团的涌现，极大丰富与活跃了石中的校园生活，同时也从各个方面培养学生们的兴趣，锻炼学生们的能力。一些社团极其活跃，经常举办活动，频频参加比赛，享有一定的知名度。

第四节　校友会与校庆活动

一、校友会

石门中学拥有独特的文脉传承，其中的一个体现就在于学校注重与校友的联系，重视利用校友资源，构建自己的校友文化，这也是石门中学办学的一大特色。

校友会是学校与校友、校友与校友之间加强联络、增进友谊、促进合作的重要桥梁，更是学校成长的宝贵资源。据校史文献记载，石门中学校友会最早成立时间约为抗战胜利后至新中国成立之前，确切时间因资料稀缺而难以判定，不过战后复校的第三年，即1948年5月10日，石门中学曾发布校友会通知，准备进行第一、二届理事会监事交接。

> 敬启者，兹定本月十六日（星期日）正午十二时（夏令时间）假广州市学宫街南海同乡会为本会第一、二届新旧理监事交接日期，届时敬希指导为荷。此致同学
>
> 南海石门中学校友会启
五月十日[36]

据此可以大致判定，石门中学校友会成立时间应早于1948年，成立背景应与战后需要充分动员广大校友力量助力母校复兴有关。另一方面，此时距石门中学创校已历15年，无论士农工商、政军文教各领域，历届校友均已初露头角，尤其是经历了抗战烽火之磨砺，爱国荣校情怀已成为石中校友铭于心、践于行的共同价值观。李景宗校长曾对当时的石中校友有此评价："以八年沦陷之历程为试金石，本校历届毕业同学，无论在省在港，无论士农工商，为殉国难者则有之，特立战功而受盟军统帅特奖者亦有之，从未有一人附从敌伪，悉数均能参加抗战阵线，更足为本校光荣历史之一页。"[37]

1949年以后，校友会的活动一度停止。自改革开放以后，随着各级学校普遍开始重视加强与海内外校友的联系，石门中学校友会组织得以重新恢复。1984年3月，成立石门中学校友会筹备小组，拟定《南海县石门中学校友会简章（草案）》。该章程草案共计8条，对名称、宗旨、会员、机构、经费、会址、分会、活动做了规定。如校友会宗旨是加强校友联系，增进友谊，交流学习与工作经验，为繁荣母校振兴中华做出贡献；校友会设会员大会、理事会、顾问。会员大会的主要职能是讨论、审查、决定本会的各项有关事宜，推选产生理事会；理事会负责联络校友、处理本会日常事务与组织各项活动；校友会顾问，由理事会邀请。凡曾在母校学习或工作过的师生员工，赞同本会章程，自愿参加者，均可成为本会会员。会址方面，石门中学母校设总会，在广州设两个分会址，佛山设一个分会址，香港、澳门各设一个分会址。[38] 1989年5月4日，石门中学校友会以"社会团体"的资质向南海县民政局申请登记，

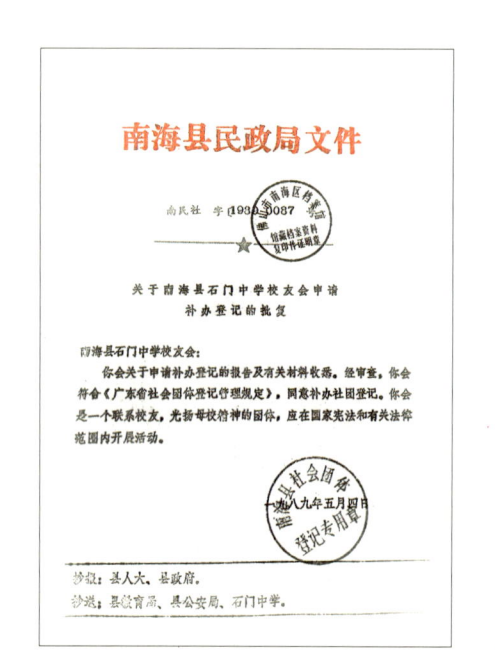

图6-84 《关于南海县石门中学校友会申请补办登记的批复》（1989年5月4日）

第六章　创建新世纪一流的现代化名校

图6-85　石门中学校友会第七届理事会第四次会议

获准通过[39]，正式成为校友自愿结成的联合性、非营利性社会团体法人（图6-84、图6-85）。

校友会自恢复后，不断通过完善组织架构，为全体校友打造交流学习、互助提升、创造价值的平台，经过多年的发展，校友会组织形态与架构日益齐全。下设各届年级分会、地区分会、行业分会、功能分会，以及兴趣俱乐部，负责人团队过百人。较有特色的如医疗分会、教育促进分会、公益慈善服务队、文创联盟、石超体育俱乐部、篮球联盟、羽毛球俱乐部、乒乓球俱乐部等等（图6-86、图6-87）。至于地区分会，较值得一提的是石门中学香港校友会。

石门中学与香港素来渊源深厚，香港校友是石门中学校友中的重要群体。据不完全统计，目前有超过1000名石中校友在香港学习、工作和生活。基于此，2021年6月底，香港校友会在香港特区政府公司注册处成功注册，成为石门中学在香港的合法组织。该校友会尊重并执行石门中学校友会的宗旨，按照章程组织相关的校友活动，在香港构建起石中人的沟通交流平台。据石门中学香港校友会创会会长邵亮标介绍，香港校友会要积极创造条件，搭建校友资源平台，支持校友的终身发展。创会荣誉会长简伟文表示，石门中学香港校友会是在港校友联络互助的家、新香港人的服务社区，以及母校校友会会务创新的试验田（图6-88、图6-89）。

举办各种活动，加强校友之间的凝聚力，是校友会的主要职能之一。在校友会内部，每年会定期或不定期地组织日常特色活动。如校友会总会层面每年开展石门方阵佛山50千米徒步、"石门见证·爱心传承"联合年会等大型品牌活动。各分会及兴趣俱乐部层面，则积极开展石超足球联赛、篮球联赛、羽

图6-86 石门中学教育促进会咨询活动

图6-87 石中校友会公益慈善服务队

图6-88 石门中学香港校友会（2021年）

图6-89 石中香港校友会2021「线上迎新夜」活动

毛球联赛、乒乓球联赛等常规性活动，以及教育咨询讲座、父亲节音乐会、公益慈善服务等特色活动，这些活动都得到广大校友及社会人士的热烈支持。近年来，不少特色活动引发媒体与社会的广泛关注（图6-90至图6-92）。

在校友会加强校友对母校的归属感和认同感的基础上，校友通过各种途径、各种方式回馈母校，助力教育发展。如改革开放之初，校友李炳发、杨敬中就为学校捐建图书馆、球场，较早留下了以他们名字命名的"李炳发活动中心""杨敬中球场"；2007级校友吴侃考入北京大学后，就把自己积攒下来的10万元捐赠出来，设立"吴侃奖学金"，专门奖励之后考入

图6-90 石门见证·爱心传承——2018石门中学校友会&石门中学教育基金会联合年会暨慈善盛典

图6-91 2019石门中学校友会&石门中学教育基金会尊师仪式

图6-92 2020石门中学校友会&石门中学教育基金会联合年会暨校友发展沙龙

图6-93 李炳发敬师楼

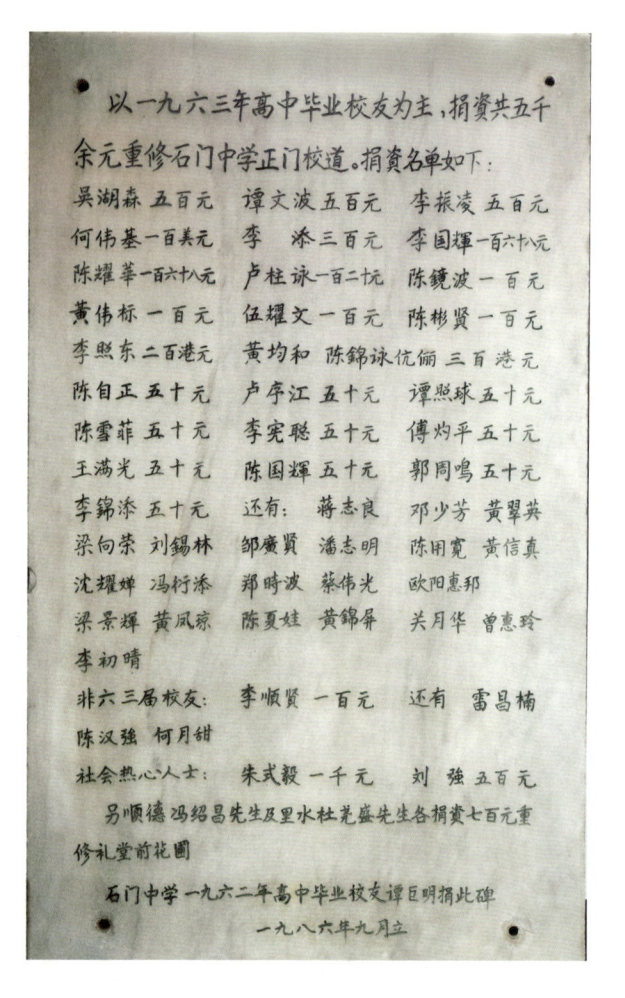

图6-94-1 1963年高中毕业校友捐修正门校道（1986年）

清华、北大的学子，每人5000元，直到发完为止（图6-93）。[40] 2012年建校80周年庆典举行，近万名校友返校欢聚，石门中学累计收到校友捐资捐物超150万元。[41] 2019年5月18日，1998届校友集体筹集善款67万元，为母校捐建滴水园，取意"感念母校滴水滋润之恩"，作为毕业20周年的献礼。"滴水园"园名由石门中学校友会会长、1964届校友何维孜命名和题字。由1998届捐建的这个滴水园，寓意深刻，潜移默化石中学子，一代一代茁壮成长。

"石门岁月不曾忘，梦系魂牵思母校。"饮水

图6-94-2 "敬师亭"捐建校友名单（1990年）

图6-95 毕业逢"十"校友感恩母校（1979届、1989届、1999届、2009届、2019届）

思源，感恩母校，石门万千英才，怀常回家看看之心，抱助母校发展之志，出谋划策、捐资助学，以报答母亲拳拳的师恩。石中校友营造了反哺母校、薪火相传的捐赠文化氛围。各届校友雀跃而起，用创新性的思维和方式，开创支持母校发展的新局面（图6-94-1至图6-95）。

二、教育基金会

除了搭建交流平台、组织特色活动之外，校友会还肩负着支持母校教育基金会运作、推动母校教育事业持续发展的重任。2017年9月27日，在28名热心校友的发起下，石门中学教育基金会成立，同时获得了慈善组织的资格认定，是《慈善法》出台后佛山地区率先被认定为慈善组织的基金会之一，也是全国首批被认定为慈善组织的中学基金会之一。

表6-6 石门中学教育基金会发起人暨首届监事理事会名单

姓名	毕业届别	基金会内职务	备注
许家杰	1981届	监事长	
项玲	1979届	监事	
孙燕秋	1997届	监事	
叶桂林	1966届	名誉会长	基金会发起人
简伟文	1979届	会长	基金会发起人

(续表一)

姓名	毕业届别	基金会内职务	备注
叶钰泉	1998届	执行会长	基金会发起人
梁炽英	1974届	常务副会长	基金会发起人
黄家达	1976届	常务副会长	基金会发起人
邱伟平	1978届	常务副会长	基金会发起人
何炳祥	1978届	常务副会长	基金会发起人
许方德	1979届	常务副会长	基金会发起人
邵亮标	1980届	常务副会长	基金会发起人
钟善全	1982届	常务副会长	基金会发起人
周文捷	1986届	常务副会长	基金会发起人
李军	1986届	常务副会长	基金会发起人
黄静仪	1988届	常务副会长	基金会发起人
曹灿荣	1989届	常务副会长	基金会发起人
暨沛权	1989届	常务副会长	基金会发起人
李显斌	1990届	常务副会长	基金会发起人
叶锦华	1990届	常务副会长	基金会发起人
高耀庭	1991届	常务副会长	基金会发起人
冯小慧	1996届	常务副会长	基金会发起人
叶桃均	1998届	常务副会长	基金会发起人
苏广年	1901届	常务副会长	基金会发起人
陈贤初	1902届	常务副会长	基金会发起人
陈国业	1905届	常务副会长	基金会发起人
冯敏达	1907届	常务副会长	基金会发起人
黄焕强	1995届	常务副会长	
关正生	1982届初	副会长	基金会发起人
陈伟任	1990届	副会长	基金会发起人
德联集团		副会长	基金会发起人
陈贺枝	1906届	副会长	基金会发起人
黎岗	1982届	副会长、秘书长	
陈慕贤	1996届	副会长、执行秘书长	
梁虹	1978届	副会长	
任志明	1981届	副会长	
刘志发	1989届	副会长	
刘志根	1992届	副会长	
邵子林	1978届	副秘书长	

(续表二)

姓名	毕业届别	基金会内职务	备注
崔炽华	1988届	副秘书长	
江洪彬	1996届	副秘书长	
陈鸣	1999届	副秘书长	

*资料来源：由石门中学校友会秘书处提供，2021年12月底。

教育基金会旨在广泛联络社会各界，加强交流与合作，拓宽筹措办学资金渠道，争取海内外校友及社会知名人士对石门中学发展的关心和支持，以实现"奖教奖学、助学兴教、扶贫助困、支持母校教育事业的持续发展"的宗旨。其主要职责在于接受和管理社会各界给予石门中学的捐赠，获捐善款用于更新教学设施，延揽中外名师，扶植特色学科，支持校史研究，奖励优秀教师和学生，帮助困难教师及学生，资助优秀师生参与国际交流、拓展国际视野，以及一切有利于促进石门中学教育事业发展的项目。

教育基金会一直坚持践行"善款100%用于受助人身上"的理念，日常运营的行政管理费用另行筹措，不从善款中提取。自成立起，至2021年12月，基金会共募得善款合计人民币3600万元，资助母校项目共74项，资助金额共860万元，受助人数近3000人次，为石门中学的腾飞提供了强有力的资金支持。[42]在挖掘校友和社会资源的过程中，石门中学实现了学校、校友会、校友、基金会"四位一体"的协同发展与良性循环（图6-96）。

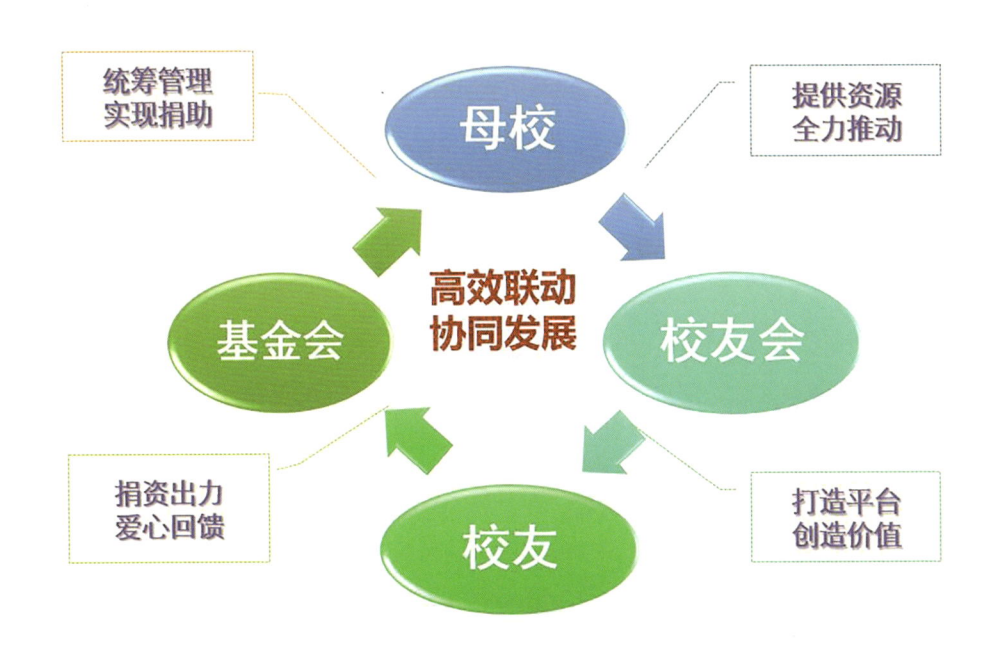

图6-96 石门中学、校友会、校友、基金会"四位一体"协同发展关系图

教育基金会还通过每年组织各项常态化会议和特色活动,激发校友和社会爱心人士支持石门中学教育事业发展的意愿和热情。

三、举办校庆活动

与校友会、校友紧密相连的另一项重要活动就是校庆。校庆是校友返校、共叙旧情、共商学校发展大计的重要节日,更是学校文化传承的重要载体与文化记忆的重要形式。石门中学历来高度重视校庆纪念活动。据校史档案记载,最早举办的校庆纪念大会是1947年15周年校庆。当时尽管复校不久,百废待兴,物质条件匮乏,但学校独辟蹊径,借重"南海盛衣冠"之名,向就近的二、三、九区各乡征借文物,发起颇具特色的"古代文物展览"。"不论私人、团体或祖祠,倘庋藏有古代文物如铜器、瓷器、陶器、书画、字帖及古玩珍奇等物品"[43],来者不拒,展毕归还。这种将博物展览的理念较早地引入校庆活动的做法,创意新颖,既增广师生见闻,又扩大学校的社会影响力,一度引领当时南海县各校博物展览风气之先(图6-97)。

自校友会成立后,校庆纪念活动开始有了"总领"与"主唱",校友会所组织的活动通常是校庆日一道亮丽的风景线。如1948年5月,学校举办建校16周年庆祝活动。当时的校友会组织"归宁团",邀请校友回校聚会,连续几天举行粤剧演出,放烟花,二、三、九区篮球比赛,征联活动,营火晚会,内容有歌舞、短剧、游戏等联欢活动,并在四友图书馆楼上展览中国近代科学家邹伯奇自制的天文仪器3天。[44] 1949年以后,校友会一度停止活动,但校庆庆典并没有取消。"文化大革命"以前,也相继举办过1957年25周

图6-97 1947年石门中学庆祝成立15周年纪念大会征借古代文物办法

图6-98 1962年庆祝建校30周年校庆时的学生合影

图6-99-1 1992年石门中学60周年校庆校友回校（由叶桂林校友提供）

图6-99-2 1992年60周年校庆大会场景

图6-100-1 嘉宾参加建校65周年庆祝大会（1997年）

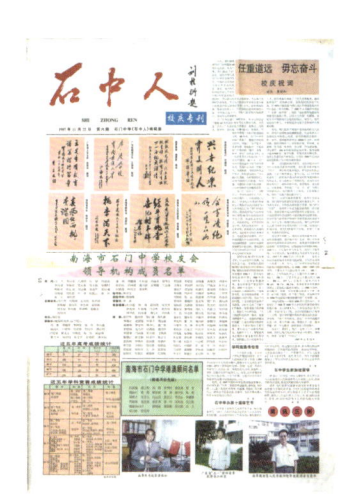

图6-100-2 1997年65周年校庆，刊印《石中人》校庆专刊

图6-101　2002年举行校庆70周年庆祝大会（由石门中学档案室提供）

年校庆、1962年30周年校庆（图6-98）。

1984年，校友会重新恢复运行。石门中学校友会筹备小组1984年3月制定《南海县石门中学校友会简章（草案）》（供讨论稿），第八条（也是最后一条），提到活动："原则上总会结合母校校庆活动（每两年一次）在母校聚会；分会每年聚会一次，具体地点时间由分会定；分会下的小组则由小组自行商定。"[45]步入20世纪90年代以后，大规模校庆活动基本是每隔5年举办一次，自1992年60周年校庆至2017年85周年校庆，共举办过6次（图6-99-1、图6-99-2）。

1997年，石门中学举办建校65周年校庆，校庆盛典简朴而隆重。佛山市、南海市有关领导和市内外各界人士前来参加校庆，3000多名校友齐聚母校，石门中学的社会影响进一步扩大（图6-100-1、图6-100-2）。

从70周年校庆开始，除了举办形式多样的系列活动外，学校及校友会还开始注重编印校史、校庆方面的资料、图册。如2002年编印《石门中学建校七十周年志庆》《石门中学七十年》；2007年编印《石门中学：广东省南海石门中学建校七十五周年志庆》；2012年编印《石门中学八十年》。如今，这些都成为石门中学校史上的珍贵资料，留存在全体师生的共同记忆之中（图6-101至图6-103-2）。

2012年11月18日，石门中学迎来建校80周年华诞。各届校友、各方来宾齐聚石中，共同为这所历史悠久却又充满朝气的名校送上生日的祝福。以下摘录学校"大事记"的部分内容：

当天上午8时许，石门中学陆续为参加庆典的来宾敞开怀抱，宁静的校园里顿时充满欢声笑语。久违母校的校友重新踏上石中的热土，大家都激动不已。有的三五成群，追忆峥嵘岁月；有的则抓紧时间在舞台上合影留念，记录珍贵瞬间……

在庆典之前，我校为嘉宾和校友安排了丰富多彩的活动：（1）"八秩春晖，师生情浓"聚会联谊活动（科学楼、教学楼等场室）；（2）"八秩春秋，岁月如歌"校史展览（四友图书馆）；（3）"情系母校，师恩难忘"签名售书活动（体艺楼前）；（4）"翰墨传情，心灵快门"师生校友书画摄影作

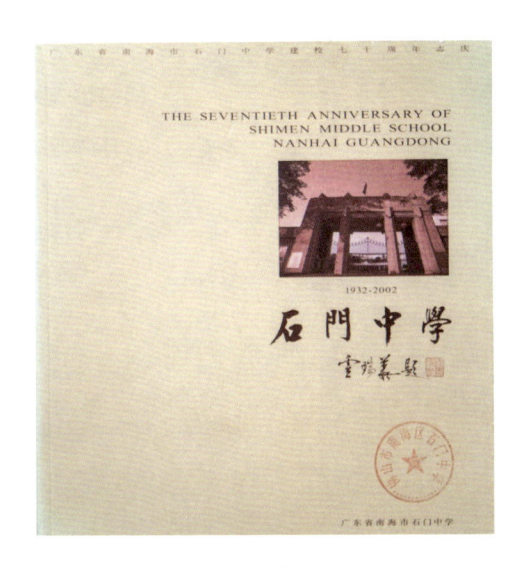

图6-102-1 2002年编印的校庆纪念画册

图6-102-2 2007年编印的校庆纪念画册

图6-103-1 庆祝母校八十华诞，校友捐资修建的敬师亭（2012年）

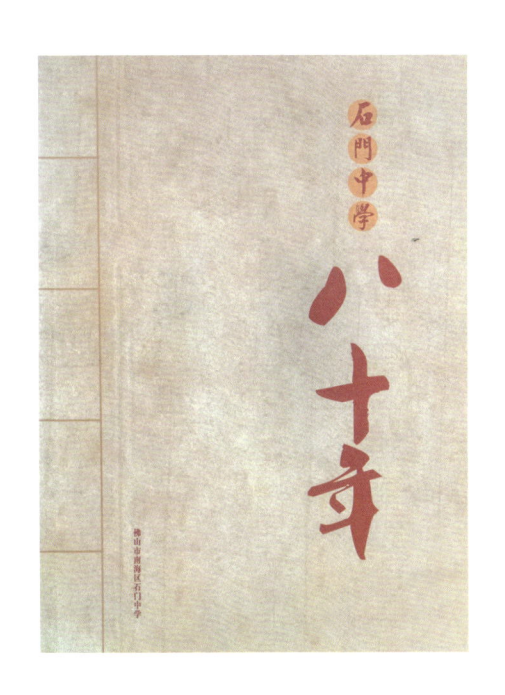

图6-103-2 2012年编印《石门中学八十年》

品展（办公楼下）；（5）"树人八秩，桃李芬芳"校友风采展（校道宣传栏）；（6）"峥嵘岁月，走过八秩"石中八十载辉煌历程纪实展（办公楼侧、后）；（7）"八秩龙腾，石门情深"纪念邮票、首日封、明信片展销（体艺楼前）；（8）"育才兴邦，造福桑梓"捐款活动（办公楼前）。这些精心设计的活动项目向大家展示了石中气度恢宏、海纳百川的胸襟，同时也为大家了解石中历史、石中文化、石中精神打开了一扇窗口。

上午10:10，石门中学建校八十周年庆典在体育场隆重召开。伴随着节奏明快的鼓点，两条巨龙从舞台两侧迅猛腾空，拉开了盛典的帷幕。庆典共分为"八秩龙腾舞春秋""桑梓情深岁月

图6-104 2017年10月28日,石门中学迎来建校85周年

图6-105 石门中学举行建校85周年纪念大会

稠""回顾蜡炬正年华"以及"石门菁华砥中流"四个篇章，全面回顾了石中八十年的风雨历程，展现了石中辉煌的办学业绩。其间穿插了由石门中学校本部、石门中学狮山校区、石门实验中学以及石门实验小学选送的文艺表演，精彩纷呈，令人目不暇接，赢得在场观众的阵阵叫好。在庆典过程中，主持人宣读了广东省省长朱小丹同志发来的贺信。朱省长在贺信中高度赞扬石门中学的办学业绩，同时勉励石中师生深化教育教学改革，始终践行"任重道远、毋忘奋斗"的校训，为我省建设教育强省和人力资源强省做出更大贡献！八十载岁月如歌，八十载流年似梦。在舞台的背后，是厚重的石门历史；在学子的眼前，是锦绣的石门未来。

……

龙腾霄汉名校喜迎八秩华诞；虎踞雄峰石中笑揽五方众山。八十年的辉煌业绩不是炫耀，而是责任；八十年的风雨历程不是终点，而是起点。承载者岭南名邑润泽厚重的流风遗韵，寄托着社会各界殷切热烈的期望信任，石门中学必将一路风雨兼程，扬帆远航。[46]

2017年10月28日，石门中学迎来建校85周年华诞。在校庆日，石门中学教育基金会揭幕，万余校友齐聚，为母校庆生。清华大学、北京大学、浙江大学、上海交通大学、复旦大学等海内外名校，也专门为石门中学校庆发来贺信。[47]庆典共分为"时光荏苒八五载""桃李福报石门情""一带一路总关情""共圆中国梦"四个篇章，全面回顾石中办学85年来的风雨历程，展现石中辉煌的办学业绩（图6-104、图6-105）。

2022年10月，石门中学将迎来建校90周年华诞。为此，学校领导与广大教职员工、校友会多次商谈，很早就在筹划如何做好校庆工作。2019年底，学校就开始与国内名校研究专业团队合作，共同筹建石门中学校史研究课题组，从系统的文献整理着手，对学校校史进行深入挖掘。在此基础上，撰写一部校史研究专著，由李卫东、马学强主编，在校庆90周年之际由商务印书馆出版。校史是对一所学校发展历程的真实记录，是校园文化建设的重要内容。撰写、出版一部系统、完整、准确的校史著作，此有助于彰显石门中学的办学特色、丰富学校的文化内涵，对提升学校的办学水平和扩大社会影响具有重要意义。

自1932年肇创以来，石门中学走过了整整90年。

90年来，风雨兼程，学校历经磨难而坚韧不拔，屡受挫折而自强不息，书写传奇。

90年来，几代"石中人"筚路蓝缕，艰苦创业，继往开来，发奋图强，屡创辉煌。

90年来，弦歌不断，桃李春风，学校培养出众多校友，他们活跃于各个领域、各个行业，足迹遍布海内外。

如今，身处新时代，面临新征程，教育强国之重任在肩，承载着岭南名邑润泽厚重的流风遗韵，寄托着社会各界殷切热烈的期望信任，石门中学必将不忘初心，砥砺前行（图6-106）。

图6-106 石门中学校园航拍图(摄于2022年3月,由石门中学校长办公室提供)

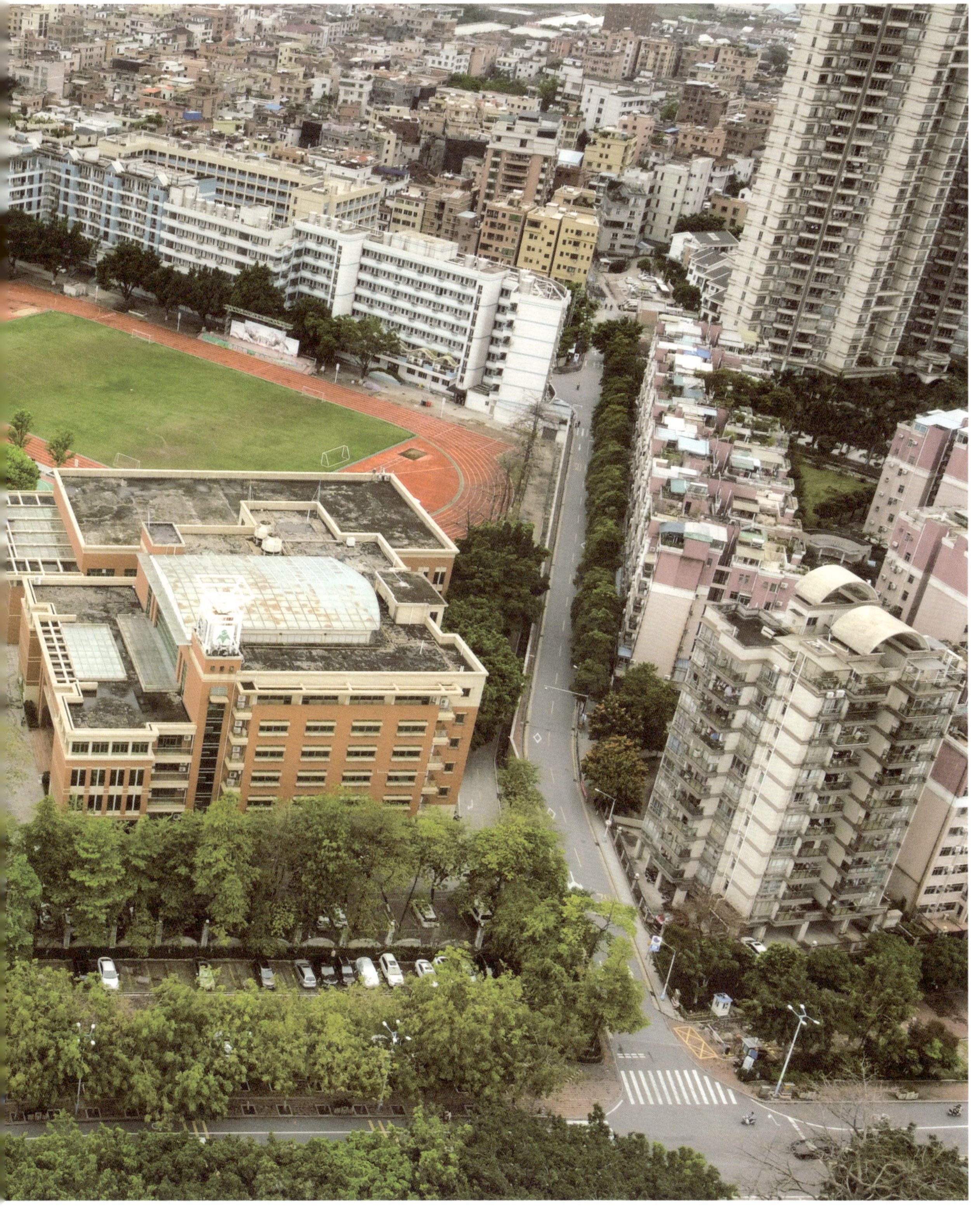

图6-108-1 石门中学2022届301班毕业生照

图6-108-2 石门中学2022届302班毕业生照

图6-108-3　石门中学2022届303班毕业生照

图6-108-4　石门中学2022届304班毕业生照

图6-108-5　石门中学2022届305班毕业生照

图6-108-6　石门中学2022届306班毕业生照

图6-108-7　石门中学2022届307班毕业生照

图6-108-8　石门中学2022届308班毕业生照

图6-108-9 石门中学2022届309班毕业生照

图6-108-10 石门中学2022届310班毕业生照

图6-108-11　石门中学2022届311班毕业生照

图6-108-12　石门中学2022届312班毕业生照

图6-108-13 石门中学2022届313班毕业生照

图6-108-14 石门中学2022届314班毕业生照

图6-108-15　石门中学2022届315班毕业生照

图6-108-16　石门中学2022届316班毕业生照

图6-108-17　石门中学2022届317班毕业生照

图6-108-18　石门中学2022届318班毕业生照

图6-108-19 石门中学2022届319班毕业生照

图6-108-20 石门中学2022届320班毕业生照

图6-108-21 石门中学2022届321班毕业生照

图6-108-22 石门中学2022届322班毕业生照

图6-108-23　石门中学2022届323班毕业生照

注释

[1] 据不完全统计，2000年以来学校获得的主要荣誉有：2003年，被评为第三批"广东省绿色学校"；2004年，被广东省总工会评为"广东省模范职工之家"；2005年，被广东省教育厅评为"广东省现代教育示范学校""现代教育技术实验学校"等；2006年，荣获"广东省先进集体"，获评广东省"国家级示范性普通高中"；2009年，获得"全国校园文化先进单位"光荣称号；2010年，获得中国图书馆学会中小学图书馆委员会颁发的"2008—2009学年度全国中小学图书馆先进集体"证书；2016年，被清华大学授予"清华大学2016年生源中学"称号；2018年，成为佛山市首批卓越高中创建学校；2020年，获得共青团中央颁发的"全国五四红旗团委"称号，获评"广东省绿色学校"，成为"广东省示范性教师教育实践基地"；2021年，成为2021至2023年"北京大学博雅人才共育基地"，党支部荣获"广东省先进基层党组织"称号。与此同时，学校还获得佛山市、南海市（区）颁发的各种荣誉、称号。此资料由石门中学校长办公室、档案室提供。

[2] 佛山市南海区石门中学编：《石门中学八十年（1932—2012年）》，2012年刊印，第107页。

[3] 参见附录二"大事记"。

[4] 《石门中学八十周年校庆画册》编辑委员会编：《岁月如歌：石门中学八十周年校庆画册》，2021年刊印，第74页。

[5] 相关资料由南海石门中学校长办公室提供。

[6] 《让信息资源流动找人——广东南海石门中学教育信息化纪实》，《光明日报》2002年9月18日，第C3版。

[7] 参见附录二"大事记"。

[8] 依据附录二"大事记"。

[9] 相关资料由石门中学档案室提供。

[10] 2000年9月，石门实验学校创办，成为南海市第一所民办公助全日制寄宿学校。2003年1月，南海市改称南海区。也在这个月，石门实验小学在狮山成立，区教育局、区直学校、各街道中学参加签约仪式。此后，石门中学狮山校区成立。2003年9月，石门实验中学在狮山街道办事处成立。关于这几所学校的创建状况，可参见《石门中学：广东省南海市石门中学建校七十周年志庆》（2002年刊印）、《石门中学七十年》（2005年刊印）、《石门中学：广东省南海石门中学建校七十五周年志庆》（2007年刊印）、《石门中学八十年（1932—2012年）》（2012年刊印）、《岁月如歌：石门中学八十周年校庆画册》（2021年刊印）等。

[11] 参见附录二"大事记"。

[12] 广东省南海市石门中学编：《石门中学：广东省南海石门中学建校七十五周年志庆》，2007年刊印，第165页。

[13] 佛山市南海区石门中学编：《石门中学八十年（1932—2012年）》，2012年刊印，第106页。

[14] 佛山市南海区石门中学编：《石门中学八十年（1932—2012年）》，2012年刊印，第106页。

[15] 相关资料由石门中学校长办公室提供。

[16] 相关资料由石门中学档案室提供。

[17] 《亲历石门中学发展有感》，温伟平（2005至2008年任石门中学校长兼党委书记）口述，李东鹏采访、整理，2020年10月27日。

[18] 《我在石门中学任校长》，盘文健（2008至2016年任

石门中学校长）口述，马学强采访、整理，2020年10月27日。

[19] 以下几段文字由石门中学校长办公室提供初稿。

[20] 本节由石门中学校长办公室提供初稿。

[21] 谷理、冯小凤：《李卫东："朴素教育"为县中打开一扇窗》，《教育家》2019年7月第1期，第58—60页。

[22] 谷理、冯小凤：《李卫东："朴素教育"为县中打开一扇窗》，《教育家》2019年7月第1期，第58页。

[23] 李卫东口述，石门中学校史研究课题组采访。另参见李卫东：《以朴素教育打造高质量发展的县级中学样本》，《中小学德育》2022年第3期。

[24] 李卫东口述，石门中学校史研究课题组采访。

[25] 本节由石门中学校长办公室提供初稿。

[26] 石门中学教师队伍数据（统计时间为2022年1月初，不含退休人员），由石门中学校长办公室提供。

[27] 此数据由石门中学校长办公室提供。

[28] 谷理、冯小凤：《李卫东："朴素教育"为县中打开一扇窗》，《教育家》2019年7月第1期，第60页。

[29] 此数据由石门中学校长办公室提供。

[30] 《八十周年校史展览及画册》，由石门中学档案室提供。

[31] 详见1998年《广东省南海市石门中学章程》第一章总则第八条，在《章程》中，将石中人精神称为"教风"。

[32] 相关资料由石门中学校长办公室提供。

[33] 1998年《广东省南海市石门中学章程》第一章总则第八条，关于校徽：校徽由"石门"二字的汉语拼音开头字母SM变化而成。M字呈鼎足三立之状，象征德、智、体全面发展；中部造型，体现了教育教学的特殊规律，寄寓着螺旋式前进之意；上部圆球，寄托着师生们对教育面向未来、面向世界的理解和愿望。

[34] 相关资料由石门中学校长办公室提供。

[35] 文字资料由石门中学相关社团提供，2021年12月底。

[36] 《校友会通知》（1948年），收入广东省佛山市南海区政协文史和学习委员会编：《南海文史资料》第37辑《石门中学七十年（1932—2002年）》，2005年印行，第169页。

[37] 《李景宗校长演述石门中学校实况》，收入佛山市政协文史资料委员会、南海县政协文史资料委员会合编：《旅港南海商会史料专辑》，1990年内部印行，第160页。

[38] 《南海县石门中学校友会简章》，收入广东省佛山市南海区政协文史和学习委员会编：《南海文史资料》第37辑《石门中学七十年（1932—2002年）》，2005年印行，第52页。

[39] 《关于南海县石门中学校友会申请补办登记的批复》（1989年5月4日），佛山市南海区档案馆藏，档案号：00059-A12.5-0019-00018。

[40] 温伟平口述，李东鹏采访、整理，2020年10月27日。

[41] 《石门中学校庆校友捐款百万》，《新快报》2012年11月19日，第7版。

[42] 《佛山市石门中学教育基金会》，由石门中学校友会办公室提供。

[43] 此数据由石门中学校友会秘书处提供，截止时间为2021年12月底。《南海县私立石门中学庆祝成立十五周年纪念大会征借古代文物办法》，佛山市南海区档案馆藏，档案号：034-基-042-023。

[44] 李耀华：《石门中学体育活动的回忆》，收入广东省佛山市南海区政协文史和学习委员会编：《南海文史资料》第37辑《石门中学七十年（1932—2002年）》，2005年印行，第183页。

[45] 《南海县石门中学校友会简章（草案）》（供讨论稿），1984年3月。

[46] 参见《石门中学2012年大事》，由石门中学校长办公室提供。

[47] 《石门中学85岁啦》，《广州日报》2017年10月3日，第16版。

附录

附录一

石门中学历史沿革图

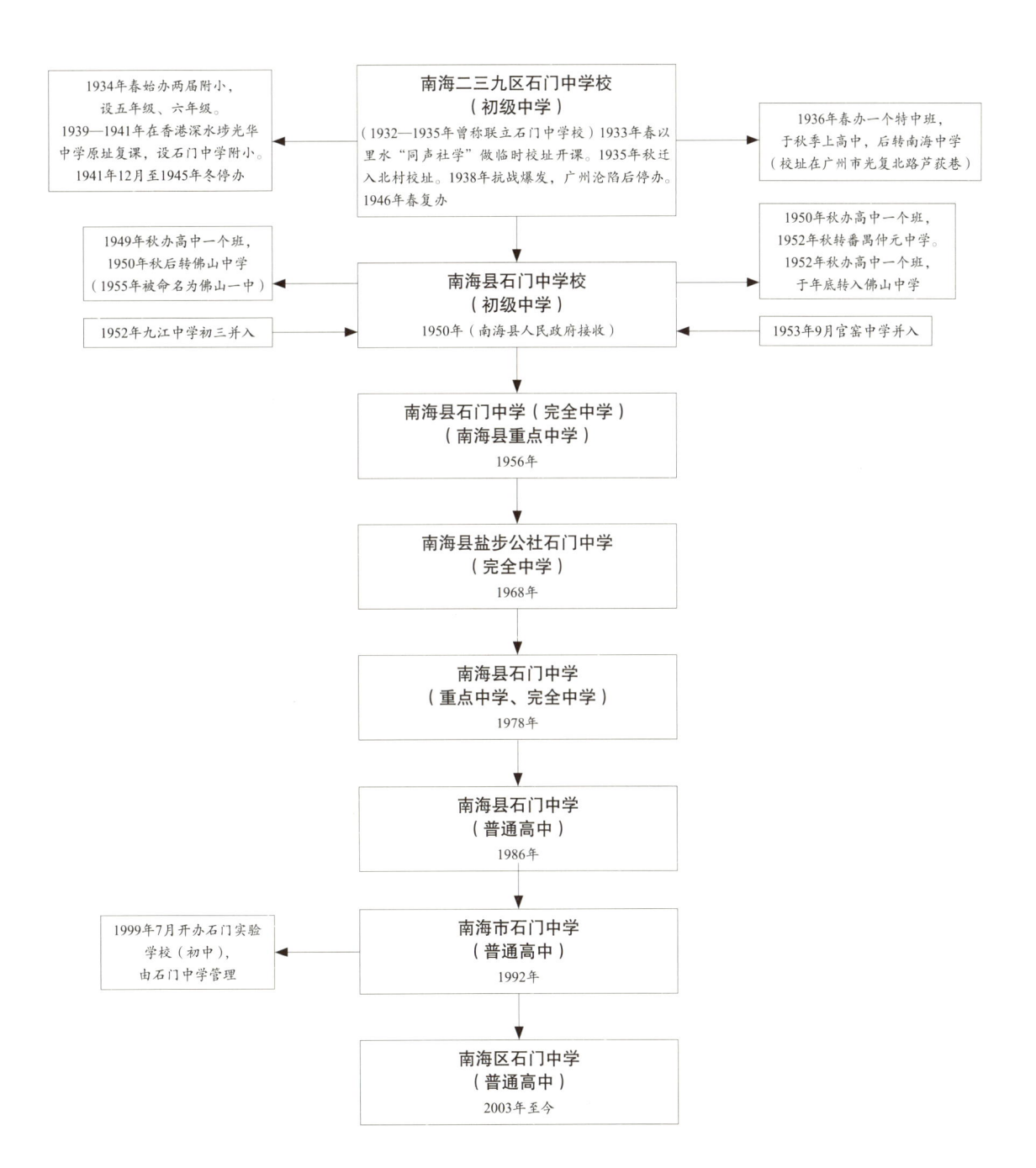

```
                    ┌─────────────────────────────┐
                    │   南海二三九区石门中学校       │
                    │      （初级中学）             │
┌──────────────────┤ (1932—1935年曾称联立石门中学校) ├──────────────────┐
│ 1934年春始办两届附小，│ 1933年春以里水"同声社学"做临时│ 1936年春办一个特中班，│
│ 设五年级、六年级。    │ 校址开课。1935年秋迁入北村校址。│ 于秋季上高中，后转南海中学│
│ 1939—1941年在香港深水埗│ 1938年抗战爆发，广州沦陷后停办。│ （校址在广州市光复北路芦荻巷）│
│ 光华中学原址复课，设石门│ 1946年春复办。                │                          │
│ 中学附小。           └─────────────┬───────────────┘                          │
│ 1941年12月至1945年冬停办            │                                         │
└──────────────────                  ▼                  ──────────────────────┘
                    ┌─────────────────────────────┐
┌──────────────────┤    南海县石门中学校           ├──────────────────┐
│ 1949年秋办高中一个班，│      （初级中学）             │ 1950年秋办高中一个班，│
│ 1950年秋后转佛山中学 │ 1950年（南海县人民政府接收）  │ 1952年秋转番禺仲元中学。│
│（1955年被命名为佛山一中）│                             │ 1952年秋办高中一个班，│
└──────────────────    │                             │ 于年底转入佛山中学    │
┌──────────────────    │                             │ ──────────────────┘
│ 1952年九江中学初三并入 │                             │ 1953年9月官窑中学并入 │
└──────────────────→   └─────────────┬───────────────┘ ←──────────────────┘
                                      ▼
                    ┌─────────────────────────────┐
                    │   南海县石门中学（完全中学）  │
                    │      （南海县重点中学）       │
                    │           1956年              │
                    └─────────────┬───────────────┘
                                  ▼
                    ┌─────────────────────────────┐
                    │   南海县盐步公社石门中学      │
                    │       （完全中学）            │
                    │           1968年              │
                    └─────────────┬───────────────┘
                                  ▼
                    ┌─────────────────────────────┐
                    │      南海县石门中学           │
                    │   （重点中学、完全中学）      │
                    │           1978年              │
                    └─────────────┬───────────────┘
                                  ▼
                    ┌─────────────────────────────┐
                    │      南海县石门中学           │
                    │       （普通高中）            │
                    │           1986年              │
                    └─────────────┬───────────────┘
                                  ▼
┌──────────────────┐  ┌─────────────────────────────┐
│ 1999年7月开办石门实验│  │      南海市石门中学           │
│ 学校（初中），       │←─│       （普通高中）            │
│ 由石门中学管理       │  │           1992年              │
└──────────────────┘  └─────────────┬───────────────┘
                                    ▼
                    ┌─────────────────────────────┐
                    │      南海区石门中学           │
                    │       （普通高中）            │
                    │         2003年至今            │
                    └─────────────────────────────┘
```

＊资料来源：由石门中学校长办公室提供，2021年12月。

附录二

大事记

民国二十一年（1932）

秋，南海县四司联防局局长陈凤江委托旅港南海商会李景宗在二、三、九区筹建一所乡村中学。

民国二十二年（1933）

1月19日，假广州南海公会为筹备处，成立校董会，选举陈凤江为校董会主席，邓刚、黄咏雩为副主席。区芳浦、杜益谦、李右泉、孔安道、黄梓林、霍芝庭为名誉主席，李景宗为校长，即日成立。取"羊城八景"之一"石门返照"之意，命名为"石门中学校"。

2月，石门中学开办。以里水"同声社学"为临时校址，招生开课。

11月19日，石门中学校奠基。

是年，李景康撰《石门中学校校训说》，刊登于《南海县教育月刊》1933年第1期。

民国二十三年（1934）

是年，北村河边石门中学校址的各项建筑筹建中。

是年，李景康撰《石门中学四友图书馆碑记》。

民国二十四年（1935）

秋，学校由里水迁入北村校址。

是年，新建课室9座，每座耗资白银2500元，有"清泉课室""耀东课室""善松课室""谔侨课室""镜湖课室""序图课室""容碧课室""念藏课室""星檀课室"。大礼堂1座，名为"芝庭堂"，耗资白银4万元，为霍芝庭所捐。"四友图书馆"1座，耗资白银3万元，捐建者为黄梓林、黄健之昆仲，孔墨缘、孔仙洲昆仲。正门大门楼1座，耗资白银5000元，捐建者是南海县薯莨商。余心一县长拨留开办费4000元，旅港南海商会捐助开办费3000元，泌冲邹继孔、北村陈元项各捐特别室乙间每间1500元。陈立三捐地73井，百色灵洲会馆捐助1000元，和泰押捐助580元，李右泉、陈礼庭、立诚堂、黄渭颂、黄冤南、陈济棠等各捐500元。刘沛泉捐《万有文库》一、二集854元。黄焕福、李景宗捐助"动植物标本"全套500元。黄伯芹捐"矿质标本"全套美钞500元。李海云县长捐《古今图书集成》全套400元，莫贤冠捐《古今碑帖大全》一套300元，陈绮云捐《英文百科全书》乙套港币400元，陈世德堂捐助300元。陈维周、黄学经、马鹤亭诸人各捐200元。王金石捐110元，缪培南、李洁芝、黄光锐诸人各捐100元。李耀生捐1000元，高绍义捐助200元，颜绚之捐500元。冯遂南、陈雨蕃、邹伯裕、陈可翰、右泉小学等300个人与单位各捐100元。

12月，本校学生参加广东省举办名校国技比赛获特别奖。

是年冬，初一第一届学生参加省毕业会考。

是年，石门中学初中第一届毕业。

民国二十五年（1936）

11月30日，定于民国二十六年2月2、3日两天，举行春季中学毕业会考。

民国二十六年（1937）

2月，校长李景宗，奉南海县政府示，任南海教育科科长后，对学校校长之职无暇兼顾，特委任校教务主任戴翼峰为代理校长。

4月1至3日，举行第二次全校运动会，项目有径类10项、田类7项，以及篮球、排球、国技、拔河等，各高级军政机关、各团体致赠奖品。

民国二十七年（1938）

5月5日，石门中学与南海中学、联安小学三校联合纪念"五四运动"大会，假座石门中学礼堂开会，附近乡民也到会参加，2000余人。散会后随即举行抗日游艺表演。6日利用课余时间，到附近乡村进行"雪耻及兵役宣传"工作。

7月1日，县府公布各中学校生，须乘暑期参加军训，在7月7日以前报名，各校生实行入伍受训。

10月21日，广州沦陷。石门中学师生约70人退至里水显子岗，在孔氏宗祠暂住下来，后又退至麻奢象林寺坚持上课。旋解散。

1933年春至1938年秋，共有春、秋4届初中学生毕业。在校学生约240人，教师25名。学生每年参加省会考，成绩均全数及格，成绩突出。每次算学会考成绩均为全省各校之冠。

民国二十八年（1939）

3月，学校在香港深水埗荔枝角道光华中学原址复课。设有石门中学附小。

是年，刊印《（广东教育厅立案）南海石门中学港校高初中部暨附小招生简章》。

民国三十年（1941）

冬，太平洋战争爆发，日本侵略军入侵香港、澳门。石门中学被迫停办。

民国三十四年（1945）

10月，成立新的校董会，推举区芳浦任董事长。

11月4日，校董会会议研究复校一次过经费筹集方法。决定由县属前二、三、九区属内各乡（镇）摊派负担，每一单位凡男女人口在300人以下者拨助学谷50斤，500人者拨助100斤，1000人者拨助200斤，1500至2000人者拨助300斤，2000至2500人者拨助400斤，2500至3000人者拨助500斤，余照类推等议。

12月27日，县长黄俊民签发南海县政府训令，令县属前二、三、九区各乡（镇）执行石门中学校董会关于复校一次过经费筹集办法的决议。

民国三十五年（1946）

2月5日，公布私立南海石门中学招生简章，由董事长区芳浦、校长黄慎之签发。石门中学在原址复课。招收学生约120人。

2月，校董会聘请前广雅中学校长黄慎之任校长，办理招生复课。

春季开学，组织学生进行校园环境建设的劳动。首先是把荒芜已久的校园内半人高的杂草铲除。全校师生均参加此项劳动。

7月21日，校长黄慎之辞职，董事会复委李景宗为校长。校董会一致通过原二、三、九区各乡乡长为当然的校董，如建安乡乡长陈季宣，白沙乡乡长邹卓文等。同时决议由原二、三、九区内各乡村每年每亩捐助学谷一斤，作为石门中学办学经费。

8月1日，公布私立南海石门中学1935年度上学期招生简章，由董事长区芳浦、校长李景宗签发。

8月4日，在礼堂召开董事会，共策维持之法。

秋季招生约150人。

秋季开学后，由体育老师黄永藻规划并率领全校学生进行修建环校跑道及篮球场的劳动。经过一段时间的辛勤劳动，400米的环校跑道建成，篮球场也初具规模，全校的体育场地已具雏形，可以进行一般的体育锻炼与比赛。

12月，严升阶捐建简单饭堂2座、男生宿舍2座。

是年，石门中学用木栅在江边围起两个50米的游泳场，是南海县当时唯一的游泳训练场地。

民国三十六年（1947）

春，学校举办诗钟、对联征文活动，本校老师、学生以及南海县各界人士均可报名应征。学校组织了评选委员会，语文老师何雅选、黄梦觉任评委主任。

夏初，学校组织了学生演讲比赛。

6月间，因洪水淹没教室，被迫停课约10天。

9月28日，旅港南海商会听取李景宗校长演述南海石门中学实况。旅港南海商会给予大力支持。

秋，学校组织一次童子军野营活动，活动地点在南海松岗。学校举办首届书法、图画比赛。在校内排练演出以揭露国民党接收大员罔顾亲情、虐待遗弃亲人为主线的话剧《还乡泪》。

是年，组建童子军2444团，是作为学生进行准军事训练的组织。

是年，陈仁康等10位同学代表母校参加广东省第十五届田径运动会。

民国三十七年（1948）

5月，石门中学举办建校16周年庆祝活动，校友组织归宁团，回校聚会，连续几天举行粤剧演出（三晚通宵），放烟花，二、三、九区篮球比赛，征联活动。营火晚会内容有歌舞、短剧、游戏等联欢活动，并在四友图书馆楼上展览中国近代科学家邹伯奇自制的天文仪器（现存广州五层楼博物馆）三天。

上半年，南海县举办中学生作文比赛，石门中学参赛学生黄森栩获第一名。

秋，当时的音乐老师叶冷组织1946、1947届学生60余人，排练《黄河大合唱》，并在本校礼堂演出。正式演出时，还到广州邀请某中学音乐教师来校作小提琴伴奏，盛况空前。

是年，音乐教师叶冷作导演，组织部分师生担任角色，排练话剧《黄金迷》。先在本校礼堂演出，然后到广州长堤基督教青年会售票公演三晚，受到当时某些看过演出的单位及教育界人士的好评。

1949年

5月，镜湖课室因地基不固，日久失修势将倾塌，由于乏资修理，赖刘立群、孔凌普商承，灵芝药房主人刘公永康慨然捐药义卖得资交筹建高中校舍委员会重建，始得保存。

10月15日，南海县解放。

10月下旬，中国人民解放军以某部营长为首，率领20余名指战员到本校接管原四司联防部，并在芝庭堂召开师生大会，宣布共产党的政策、解放军的纪律，号召全校师生安心教学，维护学校正常秩序。

11月26日，学生欧阳绍春（欧阳康）（1947年秋季入学）第一个参军，到军政大学入伍。随后有学生在1949年冬从131师参军，也有在1949年底报考广东军政大学入伍。

12月，南海县为解决教师生活困难，视家庭负担和原底薪情况，教师每人预借粮（大米）220至420斤，工友120斤。

是年，全校发展到10个初中班，400多名学生。

1950年

1月2日，在校礼堂举行欢送在校学生光荣参军的盛会。

2月25日，南海县支前指挥部接管石门中学，委派指挥部负责人杜路兼任校长。时全校开设三个初中班，一个高一班（1951年撤销），学生140余人，教师10多人。

3月，县政府成立后定出，中学教师工资每月不超过粮350斤。

4月，郭汾伍老师与陈五珠、陈民裔同学被选为南海县的人民代表大会教育界的代表。陈五珠为代表会议的主席团成员。

12月，全国开展如火如荼的抗美援朝运动，中央军委发出青年学生参加军事干部学校的号召，石门中学报名并被录取的同学有60多人。

1951年

1月7日上午，在礼堂召开欢送学生参军大会。首批抗美援朝参干的同学离校。

2月，南海三区区长赵钊兼任校长。

8月，教师投入"镇压反革命"学习，开展忠诚老实交待历史问题的运动。

是月，南海县游泳比赛在石门中学举行，石门中学学生囊括比赛全部名次，并获粤中区游泳比赛男女各7项冠军、广东省游泳比赛6项冠军：陈昆钿的1500米自由泳，郑燕瑛的100米仰泳，唐少然的50米仰泳，郑敏英的400米自由泳、200米仰泳、50米自由泳。

1952年

2月，南海三区区长钟仕诚兼任校长。

6月，南海县第一届游泳选拔赛在石门中学举行，参赛人数80人，夺标者大多为石门中学学生。

是月，石门中学学生陈仁康被选入中国人民解放军"八一"男子篮球队，成为南海县被选拔为体育专业运动员的第一人。

7、8月间，中学外语课从英语改为俄语。

是月，九江中学初三级并入石门中学。

是年，学校广泛开展"学习好、工作好、身体好"和"爱祖国、爱人民、爱劳动、爱科学、爱护公共财物"的三好和五爱活动。

1953年

1月，教师参加粤中专区主办的思想改造班学习，地点在江门市。

3月，邹文挺、谭泳辉任副校长，邹文挺主持学校工作。

6月，成立少年先锋队。评定"三好"（思想好、学习好、身体好）学生活动开始。

9月，石门中学成立新民主主义青年团团支部，团员20多人。支部委员是容羡（副教务主任）、杜启殿、邓全胜。

是月，官窑中学合并入石门中学。

10月，吕任远任石门中学副校长。

1954年

2月，副校长邹文挺调出。

10月，成立新民主主义青年团团总支部，配一名专职团干。

是年，教工团支部成立，此为南海县属中学第一个教工团支部，人数10人，苏国平老师负责团支部工作。

1955年

5月，由教育部制定的《中小学学生守则》公布实施。

6月20日，原石门中学学生邹海佳、李玉潜、张淑英代表粤中区参加广东省游泳分区赛获6项冠军，黄惠兴获3项亚军。邹海鉴、韦庆绵共获3项第三名。邹海鉴、卢细虾、梁金旺（女）入选省游泳队。

9月，教职员工调整工资。

是年，推行《准备劳动与卫国体育制度》。

1956年
8月，谢日华任石门中学校长。

9月，石门中学复办高中。为适应高中要求，在原建的8间课室中每两间之间加建一间共增加4间课室。

1957年
是年初，成立中共石门中学支部，党员有谢日华、张秩友、苏国平、杜启殷、陈家政。

3月，石门中学成立团委会。

11月16日，县内中等学校开展整风运动，教职员工在校内张贴"大字报"实行"大鸣大放"。

是年，石门中学把校园面积扩大到105亩，自力更生，修建一个运动场。

是年，区杰老师当选为南海县第二届人大代表。

1958年
1月27日起，全县小学教职工分别集中在南海师范学校和石门中学内参加整风运动，中学教职员工集中在南海师范学校继续"鸣放"辩论。

5月，学生林国梁、李锦泉、陈德钿加入中国共产党，成为首批学生党员。

是月，石门中学师生在校内建成400米简易田径场。

11月，投入"大跃进"和"大炼钢铁"运动，学校垒起"土高炉"，兴建小高炉20多个，停课炼钢。

是年，石门中学自办农场20多亩。

1959年
1月29日，《人民日报》第6版报道"广东开展群众性冬季游泳活动"，提到"南海县石门中学的师生除少数身体条件不适宜于参加游泳运动以外，都经常进行冬泳锻炼"。

是日，《光明日报》第2版发表《北国千里冰封，南国中流击水》，也报道了南海县石门中学。

3月，南海县委宣传部长郑浩兼任校长，谢日华仍为主持学校工作的正校长。

5月，教师投入教学改革运动，在教育思想阵地上"插红旗、拔白旗"，批判资产阶级教育教学思想，贯彻"教育与生产劳动相结合"方针，走出校门，拜工农为师，改进教学工作。

7月，第一届高中三年级学生毕业，约100多人，90余人被大学录取，成绩列全省第十八名。

1960年
7月，第二届高中毕业生约150人，90%考上大学，成绩列全省第十三名。

8月，石门中学确定为佛山专区重点中学，并评为省先进学校。

1961年
1月24日《光明日报》第1版发表题为《进一步提高中学语文教学质量 广东召开教学研究会议交流经验》的报道，提到南海石门中学等校在会上介绍了讲读教学、古典文教学、写作教学等方面的经验。

是年，为贯彻"调整、巩固、充实、提高"方针，国家颁布《全日制中学暂行工作条例（草案）》和《十二年制新教学计划（草案）》，学校教育逐渐好转，基础知识和基本技能的教学得到重视。

是年，为适应教育发展，学校建成大操场外平房教室7间。

1962年
3月，谢日华被选为南海县人大教育界代表。

9月，宋达庭、凌风、梁炳钊被选为南海县第二届政协委员，其中宋达庭为常委。

1963年
2月，校长谢日华调离，副校长蚁振让主持学校工作。

4月，学校开展学雷锋活动。

8月，石门中学被确定为重点办好的学校，做贯彻执行中央颁发的《全日制中小学暂行工作条例（草案）》的试验。

9月，宋达庭、凌风、梁炳钊被选为南海县第三届政协委员，其中宋达庭为常委。

1964年
2月1日至3月12日，党员校长、教导主任和总务主任由县委宣传部集训，内容是以阶级斗争为纲，进行自觉革命。

1965年
8月，高中毕业生参加首批插队务农。

9月，部分老师参加"四清"（清政治、清经济、清组织、清思想）工作团，开展"四清"运动。

1966年

"文化大革命"爆发后，石门中学广大教师受迫害，学校遭破坏。此后，石门中学成为一所盐步区区办中学。

1967年

11月，南海县按佛山地区军管会转发省军管会《关于贯彻执行中央指示，大中小学复课闹革命的通知》，开始复课。

1968年

6月，学校成立革命委员会，作为学校行政领导机构。

7月，县革命委员会发出通知，决定中小学由所在公社（大队）革委会（党支部）直接领导，并派贫下中农管理学校。

10月，在教育战线"清理阶级队伍"开始。

是年，1966、1967、1968年三届初、高中学生同时毕业离校。

1969年

2月，高中教师下放到各小学附设初中班去，教师工资改为"劳动记分制"。但结果行不通，不久即恢复原按月发工资制度。

6月，县革命委员会政工组发出文件，决定本年高中不招收新生。

1970年

8月，恢复招收高中一年级新生。

1971年

9月，语文并入政治设"政文课"，物理、数学合并为"工业基础课"，生物、化学等合并为"农业基础课"，还设"天天读""革命大批判"等科目。

1972年

9月，下放的高中教师陆续归队。

10月26日至11月1日，县革命委员会召开全县教师代表大会，开展"批修整风"运动。

1973年

11月，县革命委员会召开教育工作会议，贯彻党的第十次全国代表大会的精神，开展"批林整风"，交流教育革命的经验，部署进一步搞好"斗、批、改"。

1974年

9月，掀起批判"师道尊严"的浪潮，教师受到冲击。

11月，学习、宣传、推广屯昌县教育革命的经验，实行"开门办学""开卷考试""坚决同十七年对着干"，动员师生"大办农场"等。

1975年

2月，我校高中按大班到九村边上课边劳动。每班约120人。

1976年

1月，周恩来总理逝世，学校师生开展吊唁活动。

6月，朱德委员长逝世，学校师生开展吊唁活动。

9月，毛泽东主席逝世，学校师生开展吊唁活动。

10月6日，中共中央粉碎"江青反革命集团"。喜讯传来，全校师生欢欣鼓舞，召开庆祝大会。

1977年

7月，全国恢复高中升大学入学考试。

10月，调整教职员工工资，升级面为40%。

1978年

7月，高考，本校有多位同学考上高等院校，其中潘伟加考上华中工学院，梁汉光考上武汉测绘学院，李兆洪考上广州轻工业学院，杨卫强考上湛江水产学院，陈志民考上佛山卫校，林杰钊考上南海兽专。

8月，石门中学重新被确定为佛山地区和县重点中学，谢日华调回任校长，黄贤佳、陈耀煊为副校长。高一招新生6个班，其中4个班全县招生，2个班盐步招生。初中在全县招新生4个班。

9月，撤销革命委员会，实行党支部领导下的校长分工负责制，明确规定校长是学校行政负责人。

10月，集中全县高中二年级的精英办两个升大重点班，其中一个班47人，设在石门中学，定为高二（5）班。

是月，石门中学被评为佛山地区教育系统先进单位。

是月，石门中学受到县体委、县教育局联合表彰为"体育先进单位"。

是月，何化万老师的《利用水化学预测地震的技术研究》这项成果于1978年在广东省地震工作会议上介绍并被评为地震战线先进工作者。

1979年

5月26日，石门中学举行建校47周年庆典活动。

7月，高中二年级毕业生参加高考，全校上普通高校招生第一批本科线（重点线）16人、市大专线以上30人，总入围48

人（含上中专招生分数线人数）。其中高二（5）班，参加高考上线达25人，占班上人数的53%。

是月，黄贤佳副校长离校，调入苏国屏为副校长。

9月，学生宿舍一号楼竣工，建筑面积1264平方米。

是月，执行《国家体育锻炼标准》后，达标率达57.5%。

12月，石门中学被评为"广东省教育战线思想政治工作先进单位"、南海县"教育战线先进单位"。

是年，调整教职员工工资，升级面为40%。

是年，何化万老师的《利用孤雌生殖诱发水稻单倍体的技术研究》这项成果获全国青年组科技作品展览金质奖章，论文同时获全国青年组一等奖，并获广东省科学大会奖励。

1980年

3月，凌风老师、黄光副校长被选为南海县人大教育界代表。

4月，卫生室（即红楼）竣工，建筑面积215平方米。

5月31日，石门中学举行建校48周年庆典活动。

是月，凌风、宋达庭、梁炳钊、区杰当选为南海县第四届政协委员，其中凌风、宋达庭为常委。

7月，高考上普通高校招生第一批本科（重点线）10人、市大专线以上29人，总入围81人。

9月，本学年在初一进行"数学自学辅导教材"实验。

是年，执行《国家体育锻炼标准》的达标率达72.5%。获得佛山地区"施行国家体育锻炼标准先进单位"的荣誉称号。

是年，试行班主任津贴，每月7元。

1981年

1月，教师宿舍二号楼竣工，建筑面积776平方米。

2月，学校开展"五讲、四美、三热爱"活动。

6月，教师宿舍三号楼竣工，建筑面积878平方米。

7月，恢复高中三年制，招收6个高一班。

是月，高考上普通高校招生第一批本科线（重点线）26人、省大专线以上40人、市大专线以上50人，总入围140人。

10月，调整工资，1978年底前参加工作一般升一级，工作成绩显著而又工资偏低可升两级。

1982年

1月，县委县政府对30年以上教龄的"老园丁"进行慰问。

3月，全校师生参加全国开展的"文明礼貌月"活动。

5月31日，石门中学举行建校50周年庆典活动。

7月，二年制高中最后一届毕业，高考上普通高校招生第一批本科线（重点线）22人、省大专线以上39人、市大专线以上56人，总入围104人。

8月，范允波任副校长。

10月，石门中学被评为"南海县先进单位""广东省普教系统先进单位"，共青团石门中学委员会被评为"南海县先进单位"。被评为南海县先进工作者的有32人。

1983年

4月16日，成立石门诗社。

7月，恢复高中三年制，是年本校没有学生参加高考。学生宿舍五号楼竣工，建筑面积2171平方米。

10月，石门中学团委被评为佛山地区"先进团委"。

1984年

4月，何维孜老师当选为南海县人大教育界代表，凌风、宋达庭、何式安、区杰当选为南海县第五届政协委员。

5月，谢日华校长当选为佛山市第八届人大代表，并出席佛山市第八届人民代表大会。

7月，高三学生参加高考，取得近年来的最好成绩，上普通高校招生第一批本科线（重点线）80人，省大专线以上125人、市大专线以上165人，总入围230人。

10月13日，石门中学建校52周年庆祝活动。

11月，高三学生卢耀基在佛山地区田径运动会获跳高第一名，成绩1.96米。

1985年

5月，教师宿舍七号楼竣工，建筑面积1538平方米。

6月，南海矿务局等单位捐资兴建的友谊球场建成使用。

7月，高中一年级在全县招8个班。

是月，高考上普通高校招生第一批本科线（重点线）40人、省大专线以上77人、市大专线以上114人，总入围189人。校领导换届，何维孜任校长，黄光任副校长，范允波任副书记。

9月，学校庆祝新中国第一个教师节。县教育局领导到石门中学慰问，拨款慰问教师，给20年以上教龄的教育工作者颁发"荣誉证书"。

是月，石门中学被评为"佛山市普教系统先进单位""佛山市社会主义精神文明单位""南海县文明单位"。

是月，制定《石门中学常规制度》，包括《课室规则》《"三操"要求》《宿舍规则》《走读学生的午休纪律制度》《学生请假制度》等。

10月，为理顺工资，全县给各类教师发放教龄津贴。

12月，杨敬中校友捐建的杨敬中篮球场建成。

是年，石门中学不再办初中，向高级中学过渡。

1986年

5月,邀请1951届校友、广州中医学院副院长李国桥到校做报告。

7月,高考上普通高校招生第一批本科线(重点线)53人、省大专线以上90人、市大专线以上196人,总入围218人。

是月,教工宿舍四号楼竣工,建筑面积1142平方米。

是月,黄光副校长调任桂城中学校长。

9月27日,石门中学举行建校54周年校友聚会日。

是月,广东省重点中学评估,省教厅奖励1万元,我校被评为"佛山市先进集体""南海县文明单位"。

9月,学生宿舍六号楼竣工,建筑面积2854平方米。

10月2至11日,何维孜校长作为佛山市人民政府级派考察团的成员赴日本伊丹市考察教育工作。

1987年

1月,"孔安道纪念金有限公司"成员,孔安道之子孔宪顺、孔宪中先生莅临石门中学。

3月,黄炼和、吕文贯、区杰老师被选为南海县第六届政协委员,何维孜被选为人大代表。

学校被评为"佛山市先进单位"。

6月,县属中学足球赛在石门中学举行,共8个队参赛,人数80人,石门中学荣获冠军。

7月,高考上普通高校招生第一批本科线(重点线)60人、省大专线以上95人、市大专线以上207人,总入围229人,其中邵俊青、梁婉娜分别取得佛山市理科、外语类第二名、第三名。

8月,教师开始评定职称。经省批复石门中学有17名教师被评为广东省高级教师,有27名教师被评为广东省一级教师。

9月21日,黄炼和被任命为石门中学副校长。

9月,教学楼竣工,建筑面积3340平方米。

陆永光老师获"省优秀青少年科技辅导员"荣誉。

10月,我校获广东省团委和省学联授予"广东省大中专学校社会实践活动红旗单位"的称号。

是月,我校被命名为"南海县体育传统项目学校"(田径)。

12月7日,我校邻里渔业社下午6时失火,我校师生自带工具跑步赶到现场灭火,后上级奖励建成石中"一二·七"路。

12月16日,南海县教育局发文《关于石门中学学生英勇救火事迹的通报》,向全县通报石门中学学生英勇救火的事迹,并给予学校以嘉奖和奖励,同时附石门中学的报道《一首动人的战歌》。

1988年

2月9日,南海县教育局编印的《教育简报》刊登《石门中学改革教育思想、教学方法,努力提高教育质量》文章,总结石中的办学经验。

7月,高考上普通高校招生第一批本科线(重点线)60人、上第二批本科42人、省大专线以上123人、市大专线以上302人,总入围368人,其中曾海坚取得佛山市理科第二名。

科学楼竣工,建筑面积2900平方米。

9月,我校开始贯彻执行国家教育委员会颁发的《中学生日常行为规范》(试行稿)。

是月,学校机构进行改革,把教务处和总务处两大机构改为"五处建制",即校务处、教务处、教研处、德育处、总务处。

10月,截至统计,石门中学校园面积为70399平方米。新建楼房建筑面积达17668平方米。计有含26个课室的教学楼1幢,有14个实验室的科学楼1幢,有4个课室的艺术楼1幢,教师宿舍5幢,学生宿舍3幢。还有旧图书馆1座、旧礼堂1座、300米运动场1个、水泥篮球场3个等。

12月5日,由黄炼和副校长带队,各教研组长组成学习参观团到梅州中学、梅县高中、兴宁一中学习一个星期。

是月,校团委获得共青团广东省委和省学生联合会授予的"在88年大中学生社会实践中荣获最佳效益奖";被评为"佛山市先进基层团委""南海县先进团委"。

学校被评为"佛山市勤工俭学先进集体"。

1989年

2月,制定《石门中学教学工作常规》《石门中学学生学习常规》《教研组长职责和权利》《石门中学奖励条例》等,并开始执行。

7月,高考上普通高校招生第一批本科线(重点线)100名,上第二批本科线46名,上省大专线以上171名,上市大专线以上300名,总入围355名。其中李希文、范隽佳、邝鹏飞分别取得佛山市理科第一名,外语类第二、三名,有7位同学取得市单科第一名。

是月,新图书馆竣工,建筑面积780平方米,造价31.5万元(主要由以黄允畋先生为首的兴德慈善有限公司、以孔宪顺先生为首的孔安道纪念金有限公司分别提供13万港元建成)。并同时维修四友图书馆,合计资金36万元。

9月,张英和获"全国优秀教师"称号。

10月3日,旅港南海商会会长杨莘辉先生、理事长关亨时先生、关振雄先生及庞鼎珍先生莅临参观。

是月,石门中学被评为南海县"精神文明建设先进单位"及"佛山市电化教育先进单位"。

12月,学校获得1988年度"佛山市先进基层团委"、1988年度"南海县先进团委"荣誉。

是年，确定石门中学校徽。校徽设计者为1981届校友、学校语文教师陈小雄。校徽由"石门"二字的汉语拼音开头字母"SM"变化而成艺术造型，像一朵含苞待放的花蕾，寓意为"园丁精心耕耘，学子茁壮成长"。

1990年

1月，1963届校友捐赠"敬师亭"一座。

2月24日，《人民日报》第3版发表题为《国家教委通报〈中学生体育合格标准〉施行情况，强调积极引导学生参加体育锻炼》，提到广东省南海石门中学贯彻执行《中学生体育合格标准》，对文化成绩优秀但体育不合格的学生采取了绝不袒护的态度。

3月，黄炼和、区杰、吕文贯被选为南海县第七届政协委员，何维孜被选为县人大代表。

5月，李德民同学获广东省征文比赛高中省一等奖（题目《〈资本论〉与裸女艳照及其它》）；彭剑娥同学获全国五十城市中学优秀小论文一等奖（论文题目《先天下之俭而俭》）。

是月，全国劳动模范、省优秀共产党员、广州中医学院副院长李国桥教授回到母校，向师生做报告。

是月，学校厨房竣工，建筑面积560平方米。

是月，制定《对有特长的学生的成绩评定办法》《三好学生补充条例》。

7月，我校高考上普通高校招生第一批重点线117人，上第二批本科线59人，上省大专线以上324人，总入围369人，其中曹兆林、梁粤强、刘国灿、陈瑞华分别获得佛山市外语类第一名，理科第一名，文科第二、三名，取得单科第一名的有13人。

是月，学校总结高三精神为"科学、协作、拼搏"，并确定为石中人的精神。

9月，陈坚仪老师被评为广东省特级教师。

是月，周锦明按责任承包制规定承包厨房饭堂的工作。

10月，石门中学分别被评为"广东省实施国家体育锻炼标准先进单位""广东省社会实践活动达标单位""佛山市先进集体""佛山市先进基层团委"，以及"南海县先进基层工会""南海县先进基层党组织"。

11月18日，学校校举行建校58周年校友接待日。

是月，学生饭堂竣工，建筑面积1757平方米。

12月25日，李炳发"敬师楼"落成剪彩。

是月，石门中学被评为广东省"学校体育工作先进集体"。

是年，学校与广州橡胶七厂合作，创办石门中学橡胶厂，生产胎垫，投资80万元。

1991年

3月22日，县委县政府在县大会场隆重召开1990年度南海县普教系统表彰先进大会暨教育工作会议，石门中学被授予"教育工作先进单位"称号。

5月，我校乒乓球队参加南海县属乒乓球赛分别获男女团体第一名，指导教师为杨玉麟。

6月，我校获县中学文艺会演钢琴、管弦乐合奏一等奖。

7月2日，1973届高中毕业校友郭耀荣捐资2.3万元建水泥雕塑一座。

是月，高考成绩揭晓，我校高考上普通高校招生第一批本科线（重点线）127人，上第二批本科线70人，上省大专线以上225人，上市大专线以上328人，总入围375人。其中李彦琛、何国生分别取得佛山市外语第一名、理科第二名。

是月，石门中学党支部被评为"佛山市先进基层党组织"。

9月，陈坚仪老师被评为"全国教育系统劳动模范"，何维孜被评为"广东省普教系统先进教育工作者"。

是月，高一级开始实行全省会考制度，高一级会考地理，第二年高二级会考物理、化学、英语、生物、历史，第三年高三级会考语文、数学、政治。

10月，石门中学被评为"广东省普教系统先进单位""佛山市青少年教育工作先进单位""佛山市先进基层团委"，被命名为"佛山市体育传统项目学校"。

是月，伍景勋、梁炽琼同学分别获全国高中化学竞赛广东省一等奖和二等奖。

是月，何维孜校长参加广东省1991年普教系统先代会。

11月30日，学校决定石门中学购销部由罗满昌老师承包。

12月5至9日，黄炼和副校长一行赴湖北省黄冈中学参观学习。教师宿舍八号楼竣工，建筑面积2347平方米。

是年，共青团中央授予石门中学"中学实践教育活动合格单位"。

1992年

1月7日，制订并实施《石门中学导师制工作计划》。

2月18日，广东省教育厅副厅长周国贤到石门中学考察。南海县人民政府通知从2月份起教师每人月均增资100元。《石门中学教育教学经验论文集》（第一辑）刊印。

3月7日，国家教委教育基础司副司长马立一行到石门中学参观指导。

5月，南海县召开电化教育经验交流暨表彰大会，时间为2天，石门中学被评为"南海县电化教育先进单位"。

7月，高考上普通高校招生第一批本科线（重点线）133人，上第二批本科线82人，上省大专线以上245人，上市大专线以上397人，总入围460人。
9月，石门中学教育成绩显著，南海市委、市政府决定记集体一等功，奖励10万元。
是月，石门中学被评为"佛山市体育先进学校"。
10月26日，举行隆重庆祝石门中学建校60周年的活动。
11月，南海市举办中小学生田径运动会，我校获市属高中组团体总分第一名。
12月，教师宿舍九号楼竣工，建筑面积1120平方米。
是年，石门中学被评为"1991—1992年佛山市先进集体"。
是年，化学教研组被评为"佛山市优秀科组"。

1993年

3月24日，教育局在石门中学召开"特级教师陈坚仪老师教学特点研讨会"，总结和推广特级教师的经验。
是月，赵国耀、吕文贯当选为南海市第八届政协委员，何维孜当选为市人大代表和市党代表，并选为南海市委候补委员。
4月20至25日，全省中小学等级评估试点在南海进行，我校参加省一级学校评估工作。
6月，省教育厅在21日发文批准石门中学为首批"广东省一级学校"。
7月1日，省教育厅副厅长陈锦铎一行约30人到石门中学调研。我校高考上普通高校招生第一批本科线（重点线）75人，上第二批本科线57人，上省大专线以上154人，上市大专以上252人，总上线362人，总入围率81%（本届高三毕业生是小学五、六年制的"分流生"，高一时入学成绩很低，比常规入学成绩低40分左右）。
7月，学生宿舍一号楼B座竣工，建筑面积1364平方米。
9月，何维孜校长被评为"全国优秀教育工作者"，杨玉麟老师被评为"南粤教书育人优秀教师"。
12月，石门中学被评为"1993年度南海市文明单位"。
是年，石门中学被评为"广东省电化教育优秀等级学校"。

1994年

3月，学校深入宣传贯彻《中华人民共和国教师法》。
4月，石门中学"青年党校"正式开学。
6月26日，学校召开祝贺易唯志老师八十寿辰会议。
7月，我校高考上普通高校招生第一批本科线（重点线）103人，上第二批本科线77人，上省大专以上224人，上市大专以上272人，其中张彦鹏同学获理工类佛山市第一名。
8月，黄炼和、江淑蓉被评为广东省第四批特级教师，张苑发老师被评为"南粤教坛新秀"，江淑蓉老师被评为广东省1994年"南粤教书育人优秀教师"（特等奖）。
9月，陈坚仪老师获"广东省先进工作者""佛山市优秀党员"称号。
10月，高一（4）班陶瑞环、谭海燕、吴凤删、叶瑞玲，高一（5）班陈宝玲、何钻玉同学勇救落入泥潭的儿童，获记功奖励。

1995年

2月23日，何维孜任南海市教育局局长。
3月10日，黄炼和任石门中学校长，龚心汇、卢志华为副校长。
3月30日，黄炼和校长任石门中学党支部书记。
4月24日，省电教馆李沁荣副馆长莅校指导安装两个电脑室，共安装486型号电脑120台，投资80万元。
4月，省爱卫会、省卫生厅、省控制吸烟协会命名石门中学为"无吸烟学校"。
5月12日，获南海市属中学乒乓球赛女子团体第一名，指导教师为杨玉麟。
5月，吕文贯老师被评为广东省贯彻《学校体育工作条例》先进体育教师。
6月，学校办公楼、体育馆竣工，建筑面积2532平方米，造价215万元。其中含旅港南海商会于1989年9月赞助的27.8万元。
7月，我校高考上普通高校招生第一批本科线（重点线）174人，上第二批本科线115人，上省大专以上338人，上市大专线以上419人，总入围人数424人，正取生上省大专线率为84%，上市大专率为98.6%，其中梁凤霞、马丽贤同学分别取得佛山市文科、外语类状元。
是月，制订《石门中学1996—2000年的改革和发展的规划——实施六项建设创建示范高中》。
8月21日，南海市市长邓耀华奖励石中三菱吉普车1辆，并奖励18万元表彰石门中学高考取得好成绩。
9月10日，石门中学执行《学校体育工作条例》成绩显著，被评为佛山市先进学校。
9月，江淑蓉获全国优秀教师称号。
是月，南海市委市政府决定在南海体育馆举办一个较大型的"南海市教育成就展览会"，我校在内设展馆。
是月，推进素质教育，按照国家教委的课时计划排课（必修课），腾出时间开设选修课和活动课，其中增设两节选修课，两节电脑课，听力训练、语文阅读、文艺课各一节。
10月，开展学生自我教育活动，举行"向不文明行为告别"的签名仪式（四项内容：不冲饭堂、不踩鞋跟、不讲粗话、不乱扔纸屑）。
11月17至18日，参加南海市中小学生田径运动会，我校取得市属高中级团体第一名。
11月26日至12月3日，由黄炼和校长一行9人组成石门中学参观团赴北京，到北京二中、四中、中国人民大学附中参观学习。
12月14日，《广东省特级教师江淑蓉教学经验介绍会》在我校举行。
12月31日，何维孜、黄炼和提交论文的《遵循教学规律、优化教育管理》获第二届"广东省教育管理科学吴汉良奖"一等奖。
是年，石门中学《教育教学经验论文集》（第二辑）刊印。

1996年

1月13日，图书馆15万元电脑管理网络安装完毕。
1月25日，成立办学顾问组，由国家督学、广东省教育学会副会长、原省教厅副厅长周国贤，省教研室教研员、全国人大代表何化万，广东省教育学院教育系讲师周锋等组成。
1月27日，广东省教育科学研究所主办的研究生课程班在南海师范阶梯室开学，我校有39位教师参加学习。
是月，石门中学由市委、市政府授予南海市"文明单位"称号。
4月，石门中学校考察团一行9人赴北京，在北京二中、四中、人大附中参观学习。
5月，我校获市属中学男子篮球赛冠军。
6月，教工宿舍十号楼竣工，建筑面积2509平方米。
7月，高考上普通高校招生第一批本科线（重点线）188人，上第二批本科线124人，上省大专以上396人，上市大专线以上429人，总入围人数454人，正取生上省大专线率为94%，上市大专线率为98%，上线率为99.7%。
8月，电教楼（即后来的B座教学楼）落成。
10月3日，我校召开"广东省特级教师黄炼和教学经验介绍会"。
10月，参加高中数学联赛，获省一等奖的有李友林（省第一名）、钟锦强、张润江。
12月23日，张苑发老师获得"广东省1996年度南粤优秀中小学历史、地理、音乐、美术、体育教师"称号，荣获"广东中华文化基金奖章"。
12月25日，当年参加奥林匹克竞赛取得历史性的突破，召开庆功大会，表彰李友林及辅导老师肖荣华等，肖老师被评为"全国数学奥林匹克竞赛优秀辅导员"。

1997年

2月，我校李根新老师到罗村镇罗村一中支教，任该校副校长，为期一年。
3月，撤销校务处，组建党政办公室。

是月，全校教工及家属户口由六联迁到黄岐城区管辖，解决了多年的问题。
4月8日，教育成就展览馆闭馆，我校展室被评为一等奖。
4月9至10日，评估"南海教育强市"，省评估组到石门中学参观抽检。
5月，教育局党委批准石门中学成立党总支委员会，由卢志华任总书记，组建5个党支部：高三级、高二级、高一级、后勤、退休支部。
是月，江淑蓉老师被评为"1995—1996年度佛山市劳动模范""南海市劳动模范"，获广东省劳模"五一劳动奖章"。
是月，石门中学被评为1995—1996年度"佛山市先进集体""南海市先进集体"。
7月，高考成绩公布，本校上普通高校招生第一批本科线（重点线）235人，上第二批本科线103人，上省大专以上397人，上市大专以上401人，总入围人数440人；正取生上线率99.7%，其中上重点率62%，上本科率85%，上省大专率95%，其中邓秀娟同学在佛山市赢得文史类总分第一名。
8月，学生宿舍六号楼B座竣工，建筑面积2458平方米。
9月8日，市委市政府在市委小礼堂隆重庆祝第十三个教师节，黄炼和被评为"南粤优秀校长"；肖荣华被评为"南粤教书育人优秀教师特等奖"。
9月，教工宿舍11号楼、12号楼竣工，建筑面积分别为3292平方米、1624平方米。
10月2日，庆祝张达衡老师八十大寿。
10月21日，办学顾问小组来校，研讨软件建设问题，同时制定素质教育方案优化课堂教学、优化师资队伍、优化育人环境。
10月，电教楼竣工，建筑面积4200平方米。电教楼、教学楼、科学楼连廊竣工。
是月，图书馆扩建竣工，建筑面积1551.9平方米。正门、四友图书馆柱廊、围墙、新广场竣工。
11月22日，举行石门中学建校65周年庆典活动。
11月31日，石门中学被评为1997年"佛山市文明学校"，并在佛山市德育工作会议授牌。
是年，参加高中化学奥林匹克竞赛获广东省一等奖的有梁杰锋同学。石门中学被评为"广东省中小学普及普通话先进单位"。石门中学《教育教学经验论文集》（第三辑）出版。

1998年

1月16、21日，中央教育电视台3位记者两次来到我校采访拍摄，对学校课堂教学、课外小组活动、校容校貌进行录像拍摄，并就素质教育问题采访校长和3位特级教师，还深入退休老教师家中访问。
1月，我校被评为"南海市文明学校"。
2月16日，殷向丽老师任南海市政协委员。
2月18日，江淑蓉获国务院特殊津贴奖励。
3月5日，学校决定把3月份定为"学雷锋、讲文明、树新风"活动月。
3月，梁志峰获1997年全国青少年信息学奥林匹克竞赛分区联赛广东省一等奖。
5月20日，石门中学团委被评为1997年度佛山大中学生社会实践先进单位。
6月22日，卢志华任校长。
6月29日，彭元珠任党支部书记。
7月，龚心汇、林雨良任副校长。
8月25日，高考成绩公布，我校参加人数427人，其中上普通高校招生第一批本科线（重点线）人数为165人，上第二批本科线人数为148人，上省大专线以上人数为375人，上线总数为413人，正取生上线率为96.7%。
9月2日，林雨良被评为广东省第五批特级教师。
9月，学校举行教职工代表大会，通过《广东省南海市石门中学章程》。
12月，吴昊同学获1998年全国中学生外语口语竞赛全国一等奖。
是年，杨玉麟老师当选为南海市第十二届人大常委会委员。

1999年

3月18日，成立助困基金，以帮助我校家庭经济比较困难的同学。
3月23日，为提高我校教师的电化教育技术水平，本学期每周星期二、五晚上，分别开设电脑基础课程学习班和电脑软件制作班。
5月10日，我校被评为南海市现代教育技术应用与研究先进单位。
5月17日，黎岗被省数学会评为1998年高中数学奥林匹克竞赛优秀辅导员。
5月20日，我校档案室以97.5分（满分100分）被评为省特级档案综合管理单位。
6月4日，张苑发（地理）、盘文健（生物）、徐跃洲（化学）、刘富根（物理）、肖荣华（数学）被聘为南海市学科带头人；盛珩（化学）、潘秀琼（物理）被聘为南海市学科骨干教师。
8月28日，我校高考成绩：上普通高校招生第一批本科线（重点线）146人，上第二批本科线159人，上省大专线以上共443人，占考生89%。

9月1日，我校高一年级数学与英语两科在课堂教学中实行分层次（A、B、C）的分班教学。
是月，开办"石中电视台"，每周定期播放社会和学校新闻。
10月18日，举行石门中学与黄岐房地产总公司合办的石门实验学校合作双方签字仪式。签字仪式结束后，全体领导和嘉宾前往石门实验学校工地参加奠基仪式。
11月，我校合唱团参加1999年南海市中小学文艺会演，获高中组一等奖（第一名）。
12月22日，在1999年全国高中化学竞赛（广东赛区）中，我校李锡贤同学获全国二等奖（省一等奖）。

2000年

2月24日，由我校自筹资金80多万元兴建、由广东南方信息通信有限公司承建的"石门中学多功能电脑教学培训室"通过验收。
3月25日，为诗画家区太杰老师庆祝八十寿辰。
4月20日，卢志华兼任南海市石门实验学校校长，盘文健兼任南海市石门实验学校常务副校长。
6月11日，中国教育中心基础教育司、高中教育处郑增仪处长及全国中小学计算机教育研究中心王本中主任在南海市教育局何维孜局长的陪同下，对我校进行了视察指导。
6月24日，我校再投资710万元的校园工程通过验收。
8月25日，我校为每位任课老师分别配备一台价值17000多元的IBM笔记本电脑，这些电脑为教师备课、做课件、上网、上课等提供了非常便利的条件，标志着我校在现代化教育信息系统工程建设上走在国内的前列。
8月30日，高考成绩揭晓，我校上普通高校招生第一批本科线（重点线）人数为184人，上第二批本科线人数为171人，上省大专线以上人数为419人，占全体考生的91%。
9月1日，石门实验学校开学典礼暨揭幕仪式在实验学校举行。
9月25日，在第十七届全国中学生物理奥林匹克竞赛中，我校陆盛强、梁展鹏、关嘉华、周炳坤、罗焯炬5位同学获得省一等奖，全省排列第二，仅次于华南师范大学附属中学。
10月31日，熊振伟任中共石门中学总支部委员会副书记。
11月8日，南海市分层教学研讨会暨开题会议在我校召开。前来参加会议的市教育局领导、市直属中学校长以及我校和有关学校的教师共40余人。
11月9日，国家教委来我校视察电教及网络情况。
11月18日，全国高中化学竞赛中，李杰超、柯乐同学获省一等奖。
12月26日，石门中学被评为贯彻《体育、卫生工作条例》先进学校。

2001年

2月5日，全校开学暨颁奖大会，奖励考入全国前二十名高校的学生和获省一等奖的学生。

3月1日，全国教育督导会议的代表一行来校调研，参观图书馆协作室、教研中心等。

3月10日，国家教委基础教育司及省教育厅信息处领导到校视察。

3月13日，背投电视安装就绪。

3月31日，全体党员（包括退休及实验学校）一行赴深圳南岭村参观。

4月18日，市直学校乒乓球比赛在我校举行，石中男、女队分别获第四名、第一名。

4月24日，中央电视台来校拍摄有关信息教育的内容。

4月28日，全国中小学教育信息化会议代表莅校参观。

5月4日，南海团市委授予我校团委"五四红旗团委"光荣称号。

5月24日，香港胡兆炽中学60多名教师到我校参观并听课。

6月1日，王炳龙、杨燕宜、陈少涛老师被聘为南海市学科骨干教师。

7月10日，盘文健任副校长。

8月29日，陈仲元市长、区邦敏副市长、市教育局何维孜局长等领导到校考察。

8月30日，华南师范大学未来教育中心主任桑新民教授来校讲学。

9月4日，谢伟成任副校长。

9月10日，王炳龙老师被评为南粤教书育人优秀教师。

9月26日，新教学楼落成并通过验收。

是日，中央电视台来校摄录反映基础教育的系列电视片。

9月28日，南海市"研究性学习"课程研讨会在我校召开。

是日，校足球队在南海市足球比赛中获市属高中第一名，指导老师为吕文贯。

9月，高考成绩揭晓，我校高考上普通高校招生第一批本科线（重点线）有196人、第二批本科线143人、第三批大专线83人、第四批大专线29人。

10月30日，在2001年全国高中学生化学竞赛中，我校陈静文、陈鉴祥、梁珩灿、叶剑明4位同学获省一等奖。在全国高中英语能力竞赛中，李凌波、李秋萍、陈盼眉、林敏斯、司徒宇臻、黄伟同学获全国一等奖。

12月11日，国家基础教育司陈司长等到校考察。

12月12日，卢志华任南海市教育局局长，杜尚强任石门中学、石门实验学校校长。

12月30日，教育部基础教育司高中处处长郑增仪到校讲学。

2002年

5月17日，我校举行教改开放日，上级领导及兄弟学校千余人来校参观交流。

6月2日，加拿大网络神童凯斯·佩里斯来校做"未来的对话"的演讲，石门中学、石门实验学校两校师生参加。

7月7日，高考第一天，市政府、教育局、公安、卫生等各部门人员到校监督考场工作。这是我校恢复高考考场的第一年。

7月27日，高考成绩公布。我校高考成绩：陈兴荣同学获物理类综合总分900分，夺取全省状元，创下了我校建校以来第一个高考总分省状元。总分800分以上的学生有10人，在佛山市公布的总分前六名中我校有4人；700分以上的有98人。上第一批录取分数线有257人，上线率为32.3%；上第二批录取分数线共479人，上线率为60.2%；上第三批录取分数线总人数为647人。单科800分以上人数共29人次。（考生总人数796人。）

8月21日，我校举行高考表彰大会。

8月22日，招汉铨常务副市长、区邦敏副市长莅校指导学校规划。

9月10日，石门中学、石门实验学校教职工共计400余人共进晚餐，欢度教师节。

9月14日晚，石门中学、石门实验学校两校300多名教工参加半岛花园赞助的珠江夜游活动。

9月16日，在第十九届全国中学生物理竞赛中，陈志杰、罗琳捷、谭志桓同学获省一等奖，由张红梅老师辅导。

9月18日，《光明日报》刊登《让信息资源流动找人——广东南海石门中学教育信息化纪实》的报道。

10月21日，由南海市教研室主办的石门中学分层次教学推广会在我校举行。

11月17日，举行了石门诗社复社雅集暨《投林集》首发式活动。

12月1日，新规划范围内需要拆除的行政楼、宿舍楼、体育馆等搬迁完毕，施工队进场拆迁，石门中学行政办公迁往实验学校的办公室。

12月23日，举行石门中学70周年校庆，1万余人参加庆典。举行庆典仪式、南海风光展、校史展、学生才艺表演等多项活动。

12月，物理科组刘富根老师被评为广东省第五批特级教师。

是年，我校被评为南海市2002年度"科技工作先进单位"、南海市2002年度"科技进步一等奖"。佛山市总工会授予我校"先进职工之家"光荣称号。

2003年

1月8日，南海市改称南海区，石门中学更名为"南海区石门中学"。

1月13日，广东省著名书画家15人莅校，全天在四友图书馆挥毫献艺。

1月22日，石门实验小学在狮山成立，区教育局、区直学校、各街道中学参加了签约仪式。

1月27日，我校被评为"佛山市绿色学校"。

2月18日，佛山市副市长李玉光等莅校指导。

2月，我校工会被评为南海区总工会"先进职工之家"。

3月11日，我校获2002年度"南海市科技工作先进单位"，由我校卢志华、谢伟成、盘文健、禹飚、温伟平等老师为主要完成者的《现代信息技术环境下创新性教学模式构建》项目获2002年度南海市科技进步奖项目一等奖。

3月27日，石门中学文体楼建设签字仪式在四友图书馆进行。

3月31日，石门中学第一届科技创新节在运动场隆重开幕。

3月，冯艳仙老师荣获"全国中小学外语教师园丁奖"。彭元珠老师当选为中共佛山市南海区第十次代表大会代表，盘文健老师当选为南海区政协委员。

5月12日，在2003年广东省中学生生物联赛上，我校周之活、彭丽恩、汤淑仪、梁卫民、潘灿龙等同学获一等奖，李小克为辅导老师。

5月16日，南海区教育局在南海区政府大楼里隆重举行"石门中学狮山校区开办、南海艺术高中开办、南海信息技术学校扩大招生"新闻发布会。石门中学狮山校区正式成立。

5月30日，我校被评为2000—2002年度"佛山市南海区先进集体"。

6月3日，石门中学、石门实验学校聘请南海区公安局局长莫德富为法制副校长。

6月17日，我校获2000—2002年度"佛山市先进集体"光荣称号。

6月28日，高考成绩公布：我校范灿升同学以900分荣获全省数学状元；总分800分以上共11人次，佛山市公布的总分前十名我校有5人；总分700分以上共127人。上第一批录取分数线的有285人，上线率为36.12%；上第二批录取线的共576人，上线率为73%；上第三批录取分数线的共767人。数学、物理、综合单科成绩均获全市第一名；在单科佛山市前六名中，我校共有12人，其中语文占2人、数学占2人、英语占2人、化学占2人、地理占2人、物理占1人、综合占1人。（考生总人数789人。）

8月16日，由南海教育局、南海日报社、石门中学联合举办的"高考状元与你面对面"活动在石门实验学校大阶梯室举行。

9月6日，在南海区庆祝2003年教师节暨教育先进工作者表彰大会上，由石门中学、石门实验学校两校区教师共同演出的大型歌舞节目《共和国的旗帜》获得金奖。

9月23日，石门实验中学在狮山街道办事处成立。

10月17日，我校被评为第三批"广东省绿色学校"。

10月，我校学生在全国中学生物理、化学竞赛中，有7位同学荣获省一等奖，其中由王炳龙老师辅导的李锦成获物理竞赛国家一等奖；由刘德江老师辅导的胡楚文、孔庆成、廖丽贞、招玉华、周烽明、林天杰等6位同学获省一等奖。

是月，在南海区首届中小学电脑机器人比赛中，由把傲、邹永捷和宋远乐同学组成的"勇往直前队"获得机器人比赛足球赛一等奖，机器人灭火比赛二等奖，辅导老师是邓毅怡、巨峰庆。

11月15至16日，我校把傲、邹永捷和宋远乐同学组成的"勇往直前队"在全国智能机器人大赛中荣获冠军，辅导老师是邓毅怡、巨峰庆。

12月21日，中科院空间与应用研究中心研究员张厚英教授莅校为我校师生做《载人航天与应用》的科普讲座。

是年，我校党总支获中共佛山市委授予的"先进基层党组织"光荣称号。

2004年

1月，我校舞蹈队赴中央电视台参加第四届"全国校园春节联欢晚会"，经过评选，我校舞蹈《青春飞扬》荣获全国一等奖，蒙志新老师获创作指导全国一等奖。

2月3日，在2003年全国中学生英语能力竞赛决赛中，我校荣获佛山赛区高二组第一名。16名参赛选手中经过冯艳仙、罗群和易奇勋3位老师辅导，11人获全国一等奖，谢锦辉同学以126分（满分150分）荣获佛山赛区高二组第一名。

2月，在2003年第九届全国青少年信息学（计算机）奥林匹克赛联赛竞赛中，我校张钊毅、刘远宏、关国坚同学获得全国一等奖，辅导老师是邓毅怡、梁敏丽。

5月23日，由刘韵健、武秋霞、陈雪莹、宋天舒、佘亦龙5位同学共同表演的现代舞《位子》，在2004年南海区中小学、幼儿园文艺会演高中组决赛中荣获金奖。蒙志新老师获得优秀辅导员荣誉称号。

5月，何碧霞同学荣获本学年度广东省"三好学生"称号。

是月，方明老师获得全国"五一劳动奖章"。

是月，我校被广东省中小学心理健康教育指导中心评为"广东省中小学心理健康教育"示范学校，被广东省科学技术协会、广东省教育厅评为"第十九届广东省青少年科技创新大赛优秀组织奖"。

6月12日，石门实验中学落成揭幕。

6月28日，高考成绩公布，我校欧阳尚夫同学以900分荣获综合科全省第一名。总分800分以上的有9人，总分700分以上的人数共168人。上第一批录取分数线的有426人，上线率为44.6%，上重点线人数高居佛山市第一；上第二批录取线的共737人，上线率为77.2%；上第三批录取分数线的共938人。单科800分以上人数为26人：数学10人、英语8人、综合7人、化学1人。英语和综合科摘取全市单科第一名。（考生总人数955人。）

6至7月，在全国生物联赛中，我校把傲同学理论成绩排名全省第十名，获得竞争全省20个一等奖实验决赛的资格。佛山市前十名，我校占7人，其中把傲同学排名第一。

8月20日，学校新办公楼启用，行政办公室和教师休息室及部分功能室陆续搬进新楼。

8月，我校被佛山市科学技术协会、佛山市教育局评为"第十九届佛山市青少年科技创新大赛优秀组织奖"。

9月20至24日，在"广东省第三届中小学音乐课教学比赛"上，吴星源老师的《琵琶与十面埋伏》一课，荣获中学比赛一等奖。

是月，我校荣获佛山市人民政府颁发的"佛山市教育系统先进单位"荣誉称号。

10月，方明老师获得2004年度"全国师德先进个人"荣誉称号，谢伟成副校长获得"全国模范教师"荣誉称号。

12月14日，中国工程院院士潘健生教授应邀向我校以及石门实验学校的全体师生做"理想与成才"的报告。

12月31日，我校举行首届教职工庆元旦晚会，共有来自石门中学、石门中学狮山校区两校区的300余教职工参加了本次活动。

是月，我校被广东省总工会评为"广东省模范职工之家"，被佛山市教育局评为"佛山市中小学教师继续教育先进单位"。

2005年

1月，在2005年全国中学生英语能力竞赛中，刘瑞、李思婷、何静、黎海莹、郑超、谭晓恩、王永赞、潘志煊、杨趣玲、梁晢凌、陈东明、杨柳等12位同学荣获一等奖。

是月，我校学生舒畅、冯璧琦、陈忠宁、周咏欣、谭国栋5位同学通过遴选成为AFS（中国国际文化交流协会）项目的成员，8月份将被派遣往巴西、意大利等国进行为时10个月的文化交流活动。这是我校加入AFS后首次参加的交流活动。

是月，我校荣获2004年度"全国青少年信息学奥林匹克联赛优秀参赛学校"称号。

2月3日，温伟平任校长；谢伟成任副校长，兼任石门中学狮山校区校长职务。

2月15日，盘文健、关浩华、游海峰任南海区石门中学副校长，李根新、项玲、叶影颜、王跃、李双强任南海区石门中学代副校长。

2月18日，盘文健兼任佛山市南海区石门实验中学校长，叶影颜兼任佛山市南海区石门实验学校代校长，项玲兼任佛山市南海区石门实验小学代校长。

2月28日，由广东省教研室组织的"普通高中新课程实验工作现场研讨会"分会场安排在我校进行。

2月，综合楼启用，各个场室和功能室陆续搬入及启用。

是月，我校被评为"佛山市中小学思想道德教育工作先进单位""佛山市南海区科技教育网点学校"，获"佛山市南海区第一届中小学科技节最佳组织奖"。

4月18日，图书馆书库开始搬迁到新综合楼。

4月28日，肖东亮同学获得"广东省2004—2005学年度三好学生"光荣称号。

5月24日，我校首届"教师形象大赛"在体育馆二楼举行，比赛分形象展示、才艺表演、智慧问答3个大项，莫凤玲老师获得一等奖。

5月25日，温伟平、林旭升、覃光红、潘秀琼、盛昕、徐跃洲、董光有7位老师被评为佛山市第一届学科带头人；纪光一、方明、刘学平、雷蕾、陶红玲、王炳龙、谢伟成、姚正辉、薛广超、邓毅怡10位老师被评为佛山市第一届骨干教师。

5月31日，南海区举办首届校园艺术节之"六·一"文艺会演高中组合唱比赛，我校荣获大赛金奖。

5月，我校被广东省教育厅评为"广东省现代教育示范学校""现代教育技术实验学校"。

6月23日，学校召开第七届教职工代表大会第一次会议。

6月27日，高考成绩公布，我校总分800分以上的共有11人（12人次），在佛山市总分前十名中有5人。总分700分以上的人数共200人。有531人上重点本科分数线，上线率为50.3%，上重点线人数高居佛山市第一；上本科录取分数线共855人，上线率为81%。各科平均分均超过或接近600分，单科800分以上的人数共有51人，其中语文4人、数学21人、英语6人、综合6人、物理5人、化学1人、政治1人、历史5人、生物2人。（考生总人数1055人。）

6月，我校被评为"佛山市安全文明学校"。

7月1日，石门中学党总支部被中共佛山市委评为"佛山市先进基层党支部"。

7月12日，我校节目《师韵飞扬》荣获2005年南海区首届校园艺术节教师综合文艺会演金奖。

8月，我校被评为"2003—2005学年度佛山市南海区法制教育先进学校""2003—2005学年度佛山市南海区科技教育先进学校""2003—2005学年度佛山市南海区环境教育先进学校"。

9月9日下午，佛山市委常委、南海区委书记刘海一行莅校参加我校高三党支部的民主生活会，之后为石门五校（区）全体党员做了题为"南海的昨天，南海的今天，南海的明天"的演讲。

9月17日，我校举行首届教职工游泳比赛，全校各科组组成8支队伍参赛。

9月，我校工会被评为佛山市"先进教育工会"。

10月23日，学校合唱团在佛山市"学子风采，志愿魅力"校园合唱大赛比赛中获"佛山市2005年校园合唱大赛金奖"。

是月，我校首次评出石门中学2005—2006学年度首席教师杨燕宜、刘富根、黎岗；石门中学学科带头人林雨良、覃娇燕、陈克梅、冯艳仙、徐玉城、潘秀琼、刘晓红；模范班主任李莹燕。

11月2日，佛山市副市长杨锡基莅校指导。

11月11日，中国首间"中国·南海合唱特色学校"在石门5个校（区）同时成立。

11月19日，佛山市委常委、南海区委书记刘海一行来校考察，参加"石门中学党总支部先进性教育活动整改工作会议"。

11月，我校获得中共佛山市委、佛山市人民政府颁发的"佛山市文明单位"荣誉称号。

12月7日，傅陆根任副校长。

12月30日，信息科组唐浩老师参加广东省教育厅教研室举办的"粤教版高中信息技术优质课交流活动"，其教学课例《认识专家系统》获得一等奖。

12月，雷蕾老师的现场录像课《My Dream House》在广东省教育厅教研室举行的"广东省2005年中学英语新课程录像课比赛"中，获得一等奖。

是月，我校被评为佛山市"知识产权教育试点学校"，获南海区"知识产权教育优秀录像课例评选活动"中学组优秀组织奖。

2006年

1月，在2005年全国信息学奥林匹克分区联赛中，我校白桂洪（佛山市第一）、莫晓龙、何万可、梁绮华、钟家明同学获全国一等奖，占佛山大市7位中的5位，辅导老师为邓毅怡、梁敏丽、李萦。

是月，我校荣获佛山市人民政府颁发的"1998—2005年度佛山市无偿献血先进单位"荣誉称号。

2月9日，中国共产党佛山市南海区石门中学委员会成立暨第一次代表大会召开。

3月21日，1990届高三（2）班的校友在邹子文牵头下，在当年班主任、已退休特级教师江淑蓉老师的带领下，回校捐赠了一块刻着"满招损谦受益"警句的价值约3万元的黄蜡石，还栽种一棵10米高的价值约2万元的香樟树。

3月23日，温伟平任学校党委书记，彭元珠任副书记、纪委书记，熊振伟任副书记。

4月1日，我校通过广东省国家级示范性普通高级中学的初期督导验收。

4月，我校获得中共佛山市南海区委员会、南海区人民政府授予的"2003—2005年度佛山市南海区先进集体""2004—2005年度南海区无偿献血先进单位"荣誉称号。

5月3日，我校与英国汉普夏郡凌武中学正式签约缔结成合作伙伴。

5月，我校获得中国共产党广东省委员会、广东省人民政府授予的"广东省先进集体"荣誉称号，是当年佛山市科教文卫系统唯一获此殊荣的单位。

6月底，高考成绩公布，我校陈敏莹同学以总分888分摘取佛山市总分状元，梁杏媚同学以英语单科900分勇夺广东省英语单科状元。总分800分以上的人数高达11人。上700分高分层人数多达201人，上重点线人数649人，首次突破600人大关，上线率为57.3%，上重点线人数高居佛山大市各校第一。上第二批本科录取分数线的共967人，上线率为85.4%。各科平均分均超过或接近600分，单科800分以上的人数共有37人。物理、历史摘取佛山市单科状元。（考生总人数1133人。）

6月，区直属机关工委授予南海区石门中学党委"2003—2005年度红旗党委"荣誉称号；南海区委授予我校党委"南海区先进基层党组织"荣誉称号；南海区委、区政府授予我校"南海区'四五'普法先进集体"称号。

是月，1982届校友钟善全资助校道文化墙的修建。

7月，佛山市委授予石门中学党委"红旗基层党组织"荣誉称号。

8月3日，石门五校（区）合唱团受"中欧国际关系促进协会"邀请，中华人民共和国文化部和中国对外文化交流协会的选派，于当地时间晚上8:00在维也纳金色大厅进行"56个民族合唱精选音乐会"合唱演出。次日，合唱团还赴莫扎特故乡萨尔茨堡参加"萨尔茨堡音乐节"的合唱演出，获得圆满成功。"56个民族合唱精选音乐会"是中国民族合唱艺术第一次走进维也纳金色大厅。

8月14日，黄伟亮老师参加广东省高中青年数学教师说课比赛，荣获说课比赛的一等奖。

8月22日，由冯志强先生捐资200万元人民币修建的"冯志强体艺楼"揭幕典礼暨冯志强先生捐资助学仪式在体育馆二楼举行。冯先生还将在未来10年每年资助300位品学兼优的贫困学生，合计资金约360万元。

8月25日，在学校周转房首层的李炳发活动中心落成。

8月27日，学校周转房竣工，教师们喜迁新居。

8月28日，分别来自AFS项目的德国、泰国的两名女同学（Eva、陈幼玲）来校，在我校学习，并开展文化交流，为期一年。

8月，学校"一二·七"路宣传栏、北围墙文化长廊（该长廊由1982届校友钟善全捐资修建）初步建成。

9月8日，我校教师黎岗老师当选为佛山市南海区政协常委，张红梅老师当选为佛山市南海区政协委员，盘文健老师当选为佛山市南海区人大常委会委员，覃光红老师当选为佛山市南海区人大代表。

10月22日，冯志强在我校设立"石门中学冯志强教育教学奖"，每年奖励石门中学教师15万元。

10月29日，我校游泳队在"2006年南海游泳协会杯游泳公开赛"中，获得9个参赛项目中的7个第一名。

10月，评出2006—2007学年度石门中学首席教师刘富根、胡玲、覃娇燕、冯艳仙、吴勇；石门中学学科带头人陈少涛、刘楚雄、熊晓芳、黎岗、查军、潘秀琼、舒敬中、宋立民、周莉、刘晓红、蔡松波；石门中学模范班主任宋立民、刘楚雄、田文新、黄志平。

11月2日，吴迪老师，作为广东省唯一的选手参加由教育部指导、中央电教馆主办的"第十届全国多媒体教育软件大奖赛"，获全国仅有的6个一等奖中其中一席的殊荣。

11月13日，我校学生在2006年全国高中学生化学奥林匹克竞赛（广东赛区）中，黄志东（佛山市第一名）、黎劲良、陈家浩同学获省一等奖，佛山5人获省一等奖，我校就占了3人。辅导老师为何轩。

11月24日，在我校第十九届体艺节上，沈志诚同学以2.03米的成绩打破学校运动会跳高的纪录，同时也打破南海区校运会的跳高纪录。

11月28日，我校获南海区第三届"詹天佑杯"青少年科技创新大赛优秀组织奖。

11月，我校体育运动队在南海区2006年中小学生运动会中获得高中组团体总分一等奖。

12月29日，我校保安队被中共佛山市委员会、佛山市人民政府授予"先进保安队"光荣称号。

是月，我校武超同学在"第九届粤港澳普通话大赛总决赛"中，勇夺"飞跃大奖"，获大赛学生最高殊荣。

2007年

1月17日，南海区政府区邦敏区长等莅校考察。

1月23日，我校莫晓龙保送到清华大学机械工程与自动化专业学习，此为我校第一位保送到清华大学的同学。

1月，我校获得南海区教育局颁发的南海区第二届优秀教育网站评比"十佳校园网站"荣誉称号。

4月28日，我校合唱团首次在广州星海音乐厅表演。

6月29日，高考成绩公布，我校取得佳绩：黎劲良同学勇夺广东省化学单科第一名（广东省教育考试院公布的唯一化学单科状元），刘荣星同学勇夺广东省理科基础单科状元；上重点线人数631人，上线率为59.3%；上本科线人数978人，上线率为92%；上重点和本科线的人数高居佛山大市第一。佛山市公布的文、理科总分前六名中我校占5人，化学、文科数学、英语、生物、理科基础5科分别夺佛山市单科状元，进入佛山市公布的单科前三名有37人次。（考生总人数1064人。）

7月13日，我校合唱团应邀出席第五届"北京2008奥林匹克"文化节。

7月16至31日，由英国驻广州总领事馆文化教育处和南海区教育局主办，石门中学协办的"2007年英国学生中国文化夏令营"活动在我校开展，来自英国两所学校共计61名师生与中国学生共同参加近半个月的各种丰富多彩的文化交流活动。

8月26日，我校2007届考入北京大学的优秀毕业生吴侃，捐助10万元人民币，设立"石门中学吴侃奖学金"，奖励从2008年起凡考入清华、北大的石中毕业生，每人5000元。

8月10日，我校获得"佛山市师德建设先进集体"。

8月，安徽省特级教师江涛到我校工作，这是我校首位由南海区名师工程引进的高级专家。

9月3日，我校评为2007—2008学年首席教师的有江涛、黎岗、潘秀琼、何轩、李小克、吴勇。

9月24日，我校游泳队在"2007年佛山市南海区中小学生游泳比赛"中夺得佳绩，获团体总分第一名和9个单项第一名，以149分的绝对优势获得高中组团体总分第一名；其中，有8人达到国家二级运动员水平。

9月，我校教师宋立民被评为"广东省师德先进个人"。

10月26日，在南海区教职工羽毛球比赛中，我校教职工羽毛球队勇夺冠军。

11月2日，华南师范大学陈佳民教授来我校做有关新课程改革的讲座。

11月12日，广东省省长黄华华为石门中学75周年校庆题词"励精图治，再创辉煌"。

11月15日，在我校建校75周年庆典之际，1957届初三（2）班校友李炳发赞助石门中学2007年"炳发杯"教职工体育比赛运动服，为我校全体在职教职工、退休教职工每人赠送一套运动服。

11月18日，我校体育运动队在南海区2007年中小学生运动会中获得高中组团体总分第一名。

2008年

1月2日，召开石门中学第七届教职工代表大会第三次会议，与会共58名代表。会议由石门中学工会副主席黎岗老师主持。大会听取了游海峰副校长所做的关于石门中学年度财政收支的工作报告，听取了工会主席李根新老师对新《石门中学章程（草案）》的解释，并审议和表决了《石门中学章程（草案）》。

1月3日，在2007年全国信息学奥林匹克竞赛中，在江涛、李萦、梁冠健等老师的辅导下，林海翔、麦树彬、周俊雄、韩旭、钟家明等5位同学荣获全国一等奖。当年佛山大市共有8位学生获此奖项，我校就占了5位，其中林海翔获佛山大市第一名。这5名同学同时获得全国重点大学的保送资格。

3月9日，我校李泓业同学的长篇小说《水逝光华》在源田床具机械公司本部举办首发仪式，本次活动由南海作家协会及源田床具机械公司共同举办，作协、媒体和我校部分领导、教师参加了首发式。

4月16日，由南海区委组织部、共青团南海区委员会主办，由我校承办的"成年与责任"南海青年有为论坛在校举行。此次论坛邀请了南海区委组织部组织科许飞鹏科长、西樵大岸村党支部书记何显溪、我校文芳老师和高二年级闫紫悦同学担任论坛嘉宾。论坛针对当代学生应如何主动关心社会发展、为南海社会经济建设贡献力量进行了深入探讨。

4月21日，雷庆瑶事迹报告会暨《隐形的翅膀》首映仪式在我校体育馆隆重举行。影片中年仅18岁的女主角雷庆瑶亲临现场，讲述了自己艰辛的成长经历，主人公自强不息、与命运抗争的奋斗精神使现场高一、高二级的学生获益良多。

5月6日，高三级钟伟清同学荣获共青团广东省委颁发的"广东省优秀共青团员"荣誉称号。

5月9日，高二（5）班李永焯同学通过网上报名、现场面试等多重选拔，因成绩优秀被选定为奥运火炬手。

5月12日，四川汶川地区发生8.0级强地震，震区伤亡惨重，我校师生以捐款、特殊党费、特殊团费、特殊会费等形式支援灾区重建，截至21日，首批捐款达289355元，特殊党费达12600元。

5月，我校荣获共青团广东省委颁发的"广东省优秀共青团集体"荣誉称号。

6月2日，我校在体育馆二楼为奥运火炬手、我校的李永焯同学举行盛大欢送仪式。

6月7日，李永焯同学在广西南宁市进行了奥运火炬传递，他负责的是第182棒，地点位于石门森林公园，全程70米。

6月10日，高一、高二级全体师生在运动场进行了奥运火炬的校内传递活动。

6月27日，石门中学党委被南海区教育局党委授予2008年南海区教育局直属先进党委（总支）；石门中学高三党支部、石门中学狮山校区第一党支部、石门实验中学党支部被授予2008年南海区教育局直属先进支部；李根新等80位党员被授予2008年南海区教育局直属优秀党员。

6月30日，高考成绩公布，我校上重点本科分数线人数共551人，占考生总人数的50%；上本科录取分数线人数共993人，创历史最高纪录。

是月，我校被区教育局授予"2008年南海区学校卫生工作先进集体"称号。

7月5日，在2008年全国高中生物联赛（广东赛区）中，我校学生在刘丽娜老师的精心辅导和生物科组的通力协作下，勇创佳绩。李俊鸿同学夺取佛山市总分第一名、全国一等奖（佛山市仅此一人），并获得全国重点大学保送资格。潘伟杰、梁浩祥、李淑妍、谭伟华、高梓勋5名同学获全国二等奖。关卓瑜、魏航、欧阳健敏、潘晓菲4名同学获全国三等奖。

7月6日，2008年南海区校长培训班在石门中学举办。培训过程中邀请了当代著名教育改革家、语文特级教师、全国劳动模范、全国优秀班主任、全国中青年有特殊贡献专家魏书生老师莅临讲学。培训之余，魏书生老师还参观了石门中学校园，并为石门中学题字"静能生慧"，以此鼓励石中师生。

7月8日，在2008年广东省青少年信息学奥林匹克竞赛决赛中，在江涛老师的辅导下，以我校学生为骨干的南海区11名学生，代表佛山市队参加了比赛，取得了优异的成绩：我校的黄锦文、邓尚文、安琪和桂江一中的宋扬组成了佛山市代表队的主力阵容，他们4人竞赛的平均分位居全省第三名，佛山市代表队第一次跻身全省三强行列，并成为广东省信息学奥赛A类市，实现了历史性的突破。宋扬、林飞是保送石门中学的信息学奥赛特长生，宋扬同学取得了初中组全省第一名，林飞取得了初中组全省第二名的好成绩。

7月10日，我校杨燕宜老师被确定为广东省基础教育系统"百千万人才工程"第四批省级培养对象。

7月，我校荣获南海区教育局保健所授予的"2008年南海区学校卫生工作先进集体"荣誉称号。

8月31日，盘文健任石门中学校长；谢伟成任石门中学（狮山校区）校长，享受正校长实职待遇；钟文川任石门中学副校长。

8月，我校杨燕宜、陈少涛、冯艳仙老师被佛山市教育局授予"佛山市教育系统名教师"称号。

9月8日，我校刘富根、罗耀宗、刘晓红老师被佛山市教育局评为"佛山市优秀教师"，黎岗老师被评为"佛山市先进工作者"。

9月23日，游海峰、李根新、项玲任石门中学副校长，丁启康、王跃、李双强任石门中学狮山校区副校长。

9月，经过两个月的紧张施工，由区政府出资的学校门前停车场工程顺利竣工，该停车场北起北环东路与中北路交界处，南到黄岐大桥桥下路与洪湖路交界处，共有停车位100个，这个停车场的建成极大地缓解了接送学生的汽车的临时停放问题，学生返校和放学时周边交通拥堵问题得以极好的解决。

10月7日，在南海区教育局举办的2008年度南海区中小学班主任能力大赛上，我校李俊兴老师获得大赛状元及南海区中小学班主任能力大赛专业能手等称号，肖丽老师荣获南海区中小学班主任能力大赛综合成绩一等奖等。

10月20日，南海区长区邦敏一行来校调研。

10月22日，项玲兼任石门实验小学校长，梁世安任石门实验中学校长，陈慧文任石门实验学校校长。

10月31日，在2008年全国高中学生化学竞赛（广东赛区）中，在王怀文、何轩老师辅导下，我校黄允平同学获得全国一等奖，叶浩彬、梁伟豪、朱惠怡、张戈4位同学获得广东省一等奖，另有6位同学获省二等奖，6位同学获省三等奖。

10月，梁世安老师（2008年10月份调入）被佛山市教育局评为"佛山市教育系统名校长"。

是月，在2008年全国高中学生物理竞赛（广东赛区）中，在刘楚雄、欧阳舒实老师辅导下，我校魏凌宇、雷顺波、何展明、陈浩标、周志乐5名同学获广东省二等奖，并且包揽南海区前五名，另有10位同学获省三等奖。

是月，我校获得佛山市教育局颁发的"2007—2008学年佛山市高考优胜奖"。

是月，经广东省教育厅批准，我校成为"广东省中小学校长培训实践基地"。

11月15日，在全国信息学奥林匹克联赛中，由江涛、梁冠健老师辅导，我校林飞、黄锦文、钟远坤、安琪、陈荣峰、宋扬、刘骏泳、戴炜明、邓尚文9位同学荣获全国一等奖，刘展祺、周俊雄、姚绮菁、刘茂铭、谭川5位同学获得全国二等奖，邓伟俊、梁嘉辉、曾楚瑜、罗平益、李子麟、黎子琦6位同学获得全国三等奖。

11月22日，召开石门中学党委党员大会，选举产生新一届石门中学党委委员。

11月25日，在全国（中南片）高中化学实验创新大赛研讨观摩会上，我校化学组王怀文、张平老师代表广东省参赛，王怀文老师的实验创新《二氧化硫喷泉实验的探究》和张平老师研讨课《金属与水的反应》均荣获大赛一等奖。

12月16日，英国著名音乐教育家Colin Touchin（杜程）在我校综合楼举行音乐讲座。

12月24日，我校获南海区人民政府颁发的"2006—2007年度佛山市南海区无偿献血先进单位"荣誉称号，汤燕云老师荣获"佛山市南海区无偿献血先进个人"荣誉称号。

12月31日，项玲任学校党委书记，谢伟成、李根新任副书记，李根新任纪委书记。

是年，我校被南海区教育局评为"佛山市南海区校园文化建设示范学校"。

2009年

1月18日，我校合唱团赴中央电视台主办的、在人民大会堂演出的"第四届全国校园文艺会演暨第九届校园春节联欢晚会"，演出节目《在银色的月光下》获得节目金奖；我校获得"2008全国校园文化先进单位"光荣称号，李根新副校长获得"2008全国杰出校长"荣誉称号。

2月18日，来自四川的半丁导师给石门中学、石门实验学校的学生及黄岐中学的部分学生进行了一次题为"你就是奇迹"的演讲，并为学校题字留念。

2月26日，由南海区教育局和石门中学共同承担的广东省"十一五"规划2008年度课题"新课改背景下信息学特长生培养的实践研究"通过立项，这项课题的研究将探索一套信息学特长生培养的模式，在课题的研究过程中，不仅能帮助学生成长、成才，而且能推动石门中学乃至全区的信息学教师的成长。

3月，我校郭彤同学被佛山市教育局评为2008—2009学年度"佛山市优秀学生干部"；梁海杰、阎紫悦、黄子芸同学被佛山市教育局评为2008—2009学年度"佛山市优秀学生"。

6月，我校荣获华中师范大学《语文教学与研究》杂志社等颁发的"全国作文教学先进单位"荣誉称号。

是月，高考成绩揭晓：梁海杰同学以总分689分，获广东省化学类考生总分状元。省单科状元的人数高居佛山市第一，共有15人次勇夺广东省理科基础单科状元。佛山市单科状元人次高居佛山市第一，共有18人次摘取佛山市单科状元。

尖子生各层人数高居佛山市第一，佛山市公布的文、理科总分前六名中我校占4人，高居佛山大市第一；南海区理科前十名全在我校，文科前九名我校占8人，还有2人并列南海第十。上重点线人数和比例均高居佛山市第一，上重点线人数610人，上线率为57%，远超佛山大市排第二名的学校100多人。本科上线率高居佛山市第一，上本科线人数984人，本科上线率为92%，高居佛山大市第一，达到学校历史最高水平。多门学科平均分居佛山市第一，在12个科目中，语文、理科数学、文科数学、物理、化学、政治、地理7个学科的平均分居佛山市第一名；英语、理科基础、文科基础3个学科的平均分居佛山市第二名。佛山市单科前三名的人次高居佛山市第一，各学科共有28人次进入佛山市单科前三名，其中理科数学、英语、物理获得佛山市单科状元。南海区各单科成绩我校占强大优势，语文、理科数学前六名全是我校学生，文科数学前六名中我校占5人，英语科、物理科前五名均是我校学生，化学科第一、二、四、六名是我校学生。石门中学是2009年佛山市唯一考上新加坡高校全额奖学金项目的学校，2009届学生黄思华、李梓瑞分别考入世界综合排名前二十的新加坡国立大学、世界综合排名前四十的新加坡南洋理工大学，两位同学并获全额奖学金，当年佛山市获得此殊荣的两位学生均是石门中学学生。是月，我校历史教研组被广东省教育厅教研室评为"广东省中学历史学科示范教研组"。

9月10日，盘文健校长获得"2009年度广东省南粤先进教育工作者"称号，黄志平、罗群老师获得"佛山市优秀教师"称号，潘寿南老师获得"佛山市先进教育工作者"称号。

9月12日下午，广东省教育厅罗伟其厅长一行来我校考察。

是月，我校荣获佛山市教育局颁发的2008—2009学年"佛山市高考优胜奖"。

12月2日，项玲任学校总支部书记。

2010年

3月25日，在广东省教师工作室主持人的授牌仪式上，江涛老师获得了广东省教育厅授予的首批"广东省教师工作室（主持人：江涛）"的牌匾。

3月31日，我校承担的广东省中小学心理健康教育"十一五"规划重点课题通过结题鉴定。我校是广东省中小学心理健康教育示范学校，心理健康教育工作在全省乃至全国处于领先水平。《网络环境对中学生心理健康状况的影响及对策研究》是南海区获批立项的唯一一个广东省中小学心理健康教育"十一五"规划重点课题。

5月11日，"广东省中小学教师工作室"在南海区石门中学挂牌。石门中学信息学特级教师江涛成为南海区仅有的两名"中小学教师工作室主持人"之一。

6月，高考成绩揭晓：喜获佛山市理科总分状元，魏凌宇同学在高考前就成为佛山市唯一获得免试保送清华大学的学生，并以排位总分712分的高分摘取佛山理科状元的桂冠；周鹏同学以排位总分708分获佛山市总分第二名。顶尖考生突出，理科总分690分以上有5人（全省143人），魏凌宇以排位总分712分名列全省理科考生第八名，周鹏同学以排位总分708分名列全省理科考生第二十一名。文科考生进入全省前一百名的有5人。魏凌宇同学以147分获得理科数学省第二名，周扬洋以144分获文科数学省第二名，魏凌宇同学以298分获理科综合省第二名。佛山市公布的文、理科总分前六名我校占5人，位列佛山第一；佛山市单科前三名总人数我校有9人次，位列佛山第一。喜获佛山市单科状元，魏凌宇同学以147分摘取佛山市理科数学单科状元，罗功亮同学以144分获佛山市理科数学第二名；魏凌宇同学以298分摘取佛山市理科综合单科状元，王耀辉、黎嘉信、周鹏同学以296分并列佛山市理科综合第三名；周扬洋、杨海啸分别以144、143分获佛山市文科数学单科第二、第三名，邝子栋同学以267分获佛山市文科综合第三名；李林峰、杨雯榆同学以146分并列佛山市英语单科第三名。上重点线人数和比例在佛山市名列前茅。上重点线人数590人，上线率56%。本科上线创历史新高。本科上线大面积丰收，本科上线人数995人，上线率94.3%，比2009年增加2.3%，在2009年高考我校取得重大突破的基础上，本科上线继续保持高水平。

7月23日，旅港南海协会邓祐才先生为我校捐赠人民币100万元，设立"邓祐才教育教学奖"。

7月，我校荣获中国图书馆学会中小学图书馆委员会颁发的"2008—2009学年度全国中小学图书馆先进集体"证书。

10月9日，由南海区教育局、南海区外事侨务局主办，石门中学协办的"我的人生路"主题演讲活动在石门中学大阶梯课室隆重举行。演讲嘉宾有香港特别行政区首任行政司司长、香港基本法委员会副主任梁爱诗太平绅士、香港立法会议员、港澳南海青年联谊会荣誉会长李慧琼女士，香港十大杰出青年、动漫专家及资深电影制作人黄宏达先生。

10月13日，举行"石门中学首届班主任拜师仪式"。

10月14日，在第三届佛山市中小学班主任专业能力大赛总决赛中，我校吴迪老师一举夺得总分第一名的优异成绩，她还获班会设计环节第一名、情景答辩环节第一名。

10月15日，刘铸祥任佛山市南海区石门中学副校长。

10月23日，我校合唱团与到访的英国威尔特郡与斯温顿青年管弦乐团在南海影剧院同台演出。

10月，我校获佛山市教育局授予"2009—2010学年佛山市高考优胜奖"荣誉称号。

11月4日，张平老师上送的信息技术与学科整合课例《化学能与热能》获全国第十四届多媒体教育软件大赛一等奖。

11月19日，在2010年度广东省中小学班主任能力大赛中，我校吴迪老师摘取2010年度广东省中小学班主任能力大赛桂冠，吴迪老师在全省21位参赛选手中脱颖而出，以绝对优势获得该大赛综合成绩一等奖（总分第一名）和所有单项比赛的一等奖。

12月10日，教育专家、全国优秀教师李镇西老师来我校做了题为"做一名幸福的教师"的报告。

12月20日，全国信息学奥林匹克分区联赛中，由江涛、梁冠健老师辅导的我校学生取得了优异的成绩：区汝沛、王苏、丁家怡、严子健、伦宇辉、邓晋荣6位同学获得全国一等奖；潘宏力、周誉昇、钟杰辉、符汉杰、何浩勋5位同学获得全国二等奖；游沛杰、陈瑞等11位同学获得三等奖。我校信息学奥赛选手整体实力较好，团体总分排全省第三名。区汝沛在全省考生中排名第九，同时在全省高一考生中排名第一，并获得资格参加2011年1月18至25日在吉林大学举行的全国信息学奥赛冬令营，广东省仅有6名学生获此资格。

是年，我校被南海区教育综合改革领导小组确定为"推进基础教育高水平均衡发展"国家试点和"广东省教育综合改革示范区"改革试点单位。

2011年

3月14日，佛山市委常委、南海区委书记邓伟根等学校调研、考察。

5月11日，石门中学第八届科技节开幕。

7月11日，南海区邦敏区长一行7人，以校友身份回到母校，对高考成绩志喜，向学校教职工表达问候。

7月，我校高考再创辉煌。吴伟雄同学678分以一分之差摘取佛山市理科总分第二名，宋扬同学以677分位居佛山市理科总分第三名；罗冰玲同学以653分名列佛山市文科总分第二名，霍兆桦同学以652分名列佛山市文科总分第三名。上重点线人数和重点率名列佛山市第一，上重点线人数666人，上线率超60%，比前一年大幅提升，上重点线人数和比率都名列佛山市第一。上本科线人数和本科率名列佛山市第一，本科上线人数1086人，上线率超97%，在2010年高考我校取得重大突破的基础上，本科上线又一次大幅度提升。喜获佛山市单科状元，罗冰玲同学以142分摘佛山市语文科状元，詹泉森同学以140分获佛山市语文科第二名；姜帆同学以282分摘取佛山市理科综合状元，吴伟雄同学以281分获佛山市理科综合第二名，孟浩庭以280分获佛山市理科综合第三名；吴伟雄同学以134分获佛山市理科数学第二名；黄子芸、黎沛琳同学以145分获佛山市英语科并列第二名。

是月，我校谭锋同学被评为2010—2011学年度"佛山市优秀学生干部"，罗冰玲、周楚莹、张睿被评为2010—2011学年度"佛山市优秀学生"。

8月，在第二十八届全国青少年信息学奥林匹克总决赛中，我校符汉杰同学获得银牌，游沛杰同学获得铜牌。

10月20日，李锦万老师获得佛山市高中数学优质课观摩课比赛一等奖。

10月，我校获得佛山市教育局颁发"2010—2011学年佛山市高考优胜奖"荣誉称号。

11月2日，石门中学迎来了一年一度的对外教学开放日活动，本次活动主题为"同课异构"。华南师大教授黄牧航、陈建伟、唐田，广东省教研室教研员王ésar群、黄自成，广东省地理评卷组组长曾玮以及佛山市教研室教研员彭海燕、朱建平、陈文明等省市专家领导应邀莅临指导。全校27名老师同台献艺，来自佛山市内外兄弟学校的700多位同行前来观摩。

11月10至12日，第二十四届石门中学体育艺术节中，举行了首届中英文主持人大赛。

11月16日，在第四届全国中学生地理奥林匹克竞赛中，我校参赛代表队取得优异成绩。我校参赛队团体总分仅次于省实验中学、华师大附中，一同获得了全国团体二等奖（团体赛设奖规则为取前十二支队设团体一、二等奖），省第三名。同时，周翔同学获全国一等奖，位列全国第十二名，省第一名；蓝晨予同学获全国一等奖，位列全国第二十四名；郭海钦同学获全国二等奖，黄健彬同学获全国优胜奖。地理科组潘颖君老师获优秀教师指导奖。

12月18日，我校荣获广东天文学会、广东省青少年科技教育协会天文专委会等共同举办的"开信杯"广东省第七届中小学生天文奥林匹克竞赛优秀组织奖。

是年，我校获得"佛山市德育示范学校"称号。

2012年

1月6日，我校被认定为2011年度佛山市学校卫生等级A级单位。

3月8日，"中国科学院老科学家科普演讲团"副团长、中国科学院地质与地球物理研究所研究员、高温高压地球动力学开放实验室主任、国际地震和地球内部物理委员会（IASPEI）地球动力学专业委员会委员白武明教授为我校师生做了一场题为"地震、火山和大陆漂移"的科普知识讲座。

3月23日，在佛山市高中数学青年教师说课比赛中，我校李锦万老师荣获全市第一名。

是月，学校荣获佛山市教育局颁发的"佛山市德育示范学校"荣誉称号。

4月13日，南海区政府与华南师大签订"学科共建"项目，启动仪式在石门中学举行。

5月11至13日，在广东省青少年机器人竞赛中，我校勇夺多项大奖，包括VEX机器人竞赛银牌、机器人科技创新奖（专项奖）、机器人最佳设计奖（专项奖）等。

5月14日，在广东省青年数学教师优秀课评比中，数学教师李锦万获得特等奖。

7月22日，盘文健任佛山市南海区石门中学校长，温伟平任佛山市南海区石门中学（狮山校区）校长。

7月27日，项玲任佛山市南海区石门中学副校长；李根新任佛山市南海区石门中学副校长；刘铸祥任佛山市南海区石门中学副校长；林景飞任佛山市南海区石门中学副校长，免去其佛山市南海区桂城中学副校长职务。钟文川任佛山市南海区南海中学校长（试用期一年），免去其佛山市南海区石门中学副校长职务。

7月底，高考成绩公布：谭锋以674分摘取佛山市文科状元桂冠，这是佛山市唯一进入全省文科总分前十名的考生。上重点线人数650人，重点线人数名列佛山市第一，重点率61.4%；上二A线人数1000人，二A上线率94.43%；上本科线人数1043人，上线率98.5%，上线率名列佛山市第一，三项成绩均创本校历史新高。总分尖子生突出。

是月，我校历史、英语、化学3个教研组被佛山市教育局评为（2012年6月—2015年6月）佛山市示范教研组。

是月，我校钟杰辉同学被清华大学自动化系录取，赖嘉亮同学被清华大学艺术设计系录取，陈境成同学被北京大学环境工程系录取，谭锋同学被北京大学文科试验班类录取，周楚莹被香港科技大学生物专业录取。

9月2日，我校主管德育的李根新副校长被广东省教育厅评为"南粤优秀教师"。

9月5日，王怀文老师被评为"佛山市优秀教师"，宋试梨老师被评为"佛山市优秀班主任"，刘铸祥老师被评为"佛山市先进教育工作者"。

10月，我校获得佛山市教育局颁发的"2012年佛山市普通高中教学质量优秀奖"荣誉。

11月18日，我校举行建校80周年校庆活动。

12月18日，在新西兰奥克兰市举行的第六届亚洲机器人锦标赛上，由肖伟东老师辅导的石门中学机器人活动小组参加竞逐，梁广儒、黄天昊获第六届亚洲机器人锦标赛——VEX联赛项目金奖，谢新宇、蒲泽铿同学获银奖。

是月，我校陈兴旺老师辅导的天文奥赛小组在2012年广东省第八届"开信杯"天文奥林匹克竞赛中又获得优异成绩。

是年，我校被佛山市教育局列入佛山市教学科研示范学校（2013—2015年）；荣获第二十七届佛山市青少年科技创新大赛"佛山市十强学校"称号。

2013年

2月5日，根据南海区人民政府《佛山市南海区人民政府关于独立设置石门中学狮山校区及其更名的批复》，同意设置狮山石门高级中学。学校性质为区直属公办高中，属新设立事业单位，与现时区直属公办高中享有同等待遇。

2月20日，我校李滢同学被广东省教育厅评为2012—2013学年度"广东省优秀学生"。

5月9至13日，在北京大学举办的第七届亚洲和太平洋地区信息学奥林匹克竞赛（The 7th Asia and Pacific Informatics Olympiad，APIO2013）上，我校黎才华、魏子卿同学荣获银牌，吴昊泽同学获得铜牌。

5月14日，在广东省第四届中学地理奥林匹克竞赛中，我校10个团体获得广东省一等奖，4个团体获得广东省二等奖。

5月15日，石门中学合唱团举办成立20周年纪念音乐会。

5月21日，在广东省青少年信息学（计算机）奥林匹克竞赛决赛中，我校黎才华同学获得全省第八名，入选广东省代表队，将于7月中旬到成都参加全国信息学总决赛。我校另有5名学生在本次竞赛中获得二等奖，3名学生获得三等奖。

6月13日，《中国教育报》第1版刊登《改革让教育重现生机——广东佛山市南海区高中多样化办学采访纪行》文章，多次提及石门中学。

7月，高考成绩揭晓，我校在高考全省前一百名总人数、重点人数和重点率均居佛山市第一。其中全省文科总分前一百名有9人（李滢同学以排序总分674分获得佛山市文科总分第二名），理科总分前一百名有2人（王苏同学以排序总分693分获得佛山市理科总分第二名），全省前一百名共11人，总人数居佛山市第一。

是月，我校外籍教师Neil因在今年高考中，带出全班45人全部上一本、6人成绩进入全省前一百名的骄人成绩，被国内外媒体持续关注和广泛报道。

10月，在第三十届全国高中物理竞赛复赛中，石门中学参赛学生获全国（广东赛区）一等奖2名。

是月，在2013年全国中学生生物学联赛中，石门中学在总教练刘丽娜老师、主教练黄宗泳老师带领下取得佳绩，共获得广东赛区全国一等奖3名、二等奖6名、三等奖3名，获得一等奖人数排广东省第三名，获奖等级及获奖人数均居佛山市第一。许乾威同学成为广东省生物集训队成员，也是佛山唯一进入全国决赛的同学。

11月18日，在全国基础教育英语综合能力竞赛（七级）中，我校17位同学在主教练凌粤蓉老师等带领下参加决赛，取得优异成绩。其中，陈雯同学、梁雅雯同学分别获得佛山赛区第一名和第二名。

11月29日，在第二十七届全国高中化学竞赛中，我校在张福根老师、唐继勇老师的带领下获得佳绩，共取得一等奖2名、二等奖5名、三等奖1名，其中刘仕彦、沈毅龙同学分别以广东省第二十七名和第三十二名，佛山市第一、二名获得全国（省级赛区）一等奖。

是年，我校获得佛山市教育局颁发的2013年佛山市普通高中教学质量优秀奖。

2014年

2月，我校2013届优秀校友、佛山女孩李祎璇赴韩国江原道华川郡代表中国参加第二十六届世界大学生和平大使选拔总决赛，凭借一曲《荔枝颂》和出色表现，她荣膺"联合国世界大学生和平大使"，并被授予"亚洲和平大使"称号。

7月31日，5名南海学子在第三十一届全国青少年信息学奥林匹克竞赛上获得优异成绩（1金3银1铜），其中石门中学高一女生黄天同学夺得五大学科全国决赛金牌（这也是该项目佛山市历史上的首枚金牌），并入选国家集训队。

7月，我校高考成绩突破"双八"，即重点本科人数848人，重点率82.6%。本科二A以上人数1006人，达98%；本科二B以上人数1021人，达99.4%。

8月，我校黄惠璇同学被评为2013—2014学年度"广东省优秀学生"。

11月8日，在2014年全国青少年信息学奥林匹克联赛复赛中，我校共29名学生参加了比赛，获得了优异的成绩：共18人获得全国一等奖，在全省排名第一；我校团体总分再获得全省第一名；我校魏子卿同学获得全省第一名，吴昊泽、李子豪同学并列全省第二名。

12月1至4日，在2014亚太机器人锦标赛（Asia-Pacific Robotics Championship 2014）上，来自国内外中小学校的238支队伍1200多名师生参加比赛，我校机器人活动小组派出苏以鉴、林一凡、陈晓琪、梁广儒4位同学参加此次大赛，获得铜奖；肖伟东老师获得优秀教练员荣誉。

2015年

4月14至18日，以苏以鉴、林一凡、曾子珉、陈晓琪、何国恒5位同学组成的石门中学机器人队伍在肖伟东老师的带领下，应美国机器人教育、竞赛基金会（RECF）与诺斯洛普·格鲁门基金会（NGF）邀请，参加在美国肯塔基州路易斯维尔市国际展览中心举行的"2015 VEX机器人世界锦标赛"，最终在全球的450多支高中强队中脱颖而出，荣获机器人工程设计方面的最高荣誉——"Think Award"（思索奖）。

5月8至12日，在广东省青少年信息学奥林匹克竞赛决赛（GDOI2015）中，我校共14名同学参加比赛，获得突出的成绩，6人入选广东省信息学代表队，创造同一所学校进省队人数的全省新纪录。

5月15日，香港校长交流团一行12人访问我校。

5月21日，我校伍婧尧、陈树艇、林颖莹3位同学被评为2014—2015学年度"佛山市优秀学生"；陈志杰同学被评为2014—2015学年度"佛山市优秀学生干部"。

7月，高考成绩公布，我校重点本科人数868人，重点率84%。

11月4日，我校获得"2015年度AFS国际文化交流项目全国金牌学校"（全国6所）。

是年，我校被评为"广东省中小学心理健康教育特色学校"；被佛山市教育局授予"2015年佛山市普通高中教学质量综合评价优秀奖"。

2016年

1月28日，我校1951届杰出校友李国桥教授回母校，并举行事迹报告会。

3月19日，石门中学职业生涯规划导师团举行成立大会。

4月9日，在由广东省教科文卫工会主办的广东省第一届高中青年教师教学竞赛中，我校语文科组陈芸老师获得语文组别二等奖。

4月，我校英语科雷蕾老师被广东省教育厅授予"广东省中小学教师工作室主持人"荣誉称号。

7月22日，李卫东任石门中学校长。

7月29日，李根新、刘铸祥、李卫平、何轩任石门中学副校长。

7月底，高考成绩揭晓，我校一本重点和本科以上上线人数和上线率再创新高，突破"双九"，连续多年位列佛山市第一。一本重点本科上线人数931人，上线率达90.7%（含双上线艺术考生）；本科以上上线人数1023人，上线率达99.7%。超越2014年高考"双八"，实现"双九"的突破。文理科进入全省总分前一百名共9人，居佛山市第一。

9月23日，学校举行教学开放日活动，本次开放日的主题是"'同课异构'探讨灵动课堂，析课评教切磋教学艺术"。

10月13日，在第三十三届全国高中物理竞赛复赛中，我校在余建刚、许南鑫等老师带领下，获得全国（广东赛区）

一等奖1名，全国二等奖18名、三等奖21名。

10月20日，召开中共佛山市南海区石门中学委员会第三次代表大会。石门各校共计126位党员代表（其中女代表44人）出席本次大会。

11月19日，石门中学获得"清华大学2016年生源中学"授牌。

11月19至20日，在广州举行的第二十二届全国青少年信息学联赛（NOIP2016）复赛中，我校有42名学生参加比赛，其中有29人获得全国一等奖，5人获得二等奖。

11月22日，在广东省第六届地理奥林匹克竞赛中，我校选手共有93人获奖，其中获一等奖22人，在广东省名列前茅；27人获二等奖，44人获三等奖。陈兴旺、张国君、赵喜红老师获省"优秀指导老师"称号。

2017年

1月，我校刘耿明老师在"美育圆梦"第十七届全国校园春节大联欢活动中编导的混声合唱《思念》荣获金奖。李卫东校长在"魅力校园2016中国校园文艺榜中榜"中荣获"十佳最具影响力校长"称号；李卫平副校长被评为"2016年度百佳艺术教育先进工作者"。

4月，我校化学科、地理科、信息技术科3门学科被佛山市教育局评为（2016—2019）佛山市示范教研组。

7月底，高考成绩公布，我校谭慧仪同学高考总分671分，勇夺广东省文科总分第一名；一本（重点）上线率再创新高，重点人数首破千，连续多年位列佛山市第一；重点本科上线人数达1024人，上线率93%（含双上线艺术考生），重点人数在佛山率先突破千人大关。

9月5日，南海区教育局召开教师节座谈会，会上教师代表、我校今年高考文科省状元的班主任、南海十佳教师黄志平，代表南海教师接受区委黄志豪书记赠送给全区教师代表的汉字"德"字。

9月23日，《石门中学校友会管理办法》经石门中学校友会理事会审议通过。

9月29日，石门中学教育教学开放日举行，本校与佛山市内外兄弟学校老师共同推出25节"同课异构"教学研讨课。

10月28日，隆重举行石门中学建校85周年纪念活动。

11月11日，在第二十三届全国青少年信息学联赛（NOIP2017）复赛中，石门中学25名学生获得全国一等奖，8人获得二等奖，7人获得全国三等奖。

11月13日，在全国中学生地理奥赛中，我校代表队在潘颖君老师的带领下获得团体一等奖。

11月，教工宿舍区汽车自动门禁开工建设。

12月10日，在全国中学生英语能力竞赛中，我校参赛选手共23人，其中21人荣获全国一等奖，2人荣获全国二等奖。

是年，我校被佛山市教育局评为"2017年佛山市普通高中教学质量综合评价优秀奖"。

2018年

1月6日，我校地理科组被广东教育学会中学地理教学专业委员会评为广东省中学地理学科优秀教研组。

1月17日，在政协第十一届广东省委员会常务委员会第二十四次会议上，我校李卫东校长当选为第十二届省政协委员。

2月7日，佛山市教育局对2018年卓越高中创建学校评审结果进行公示，南海区石门中学、顺德区第一中学、佛山市第一中学被确定为佛山市卓越高中创建学校。根据《方案》，卓越高中创建内容包括与知名高校合作共建高端学科，探索开设大学先修课程，开发拔尖创新学生人才培养课程，开展选课走班教学改革等。

5月，数学科组张展朋老师在广东省教育学会数学专业委员会组织的《数学问题讲授核心片段展示》比赛中荣获广东省特等奖。

6月，在广东省中学生游泳锦标赛中，石门中学游泳队王子雍同学50米仰泳以29秒83的成绩顺利通达国家一级运动员标准，并勇夺省中学生游泳锦标赛第三名；男子4×100米自由泳接力勇夺亚军；我校以团体总分第一名的成绩，挺进广东省中学生游泳第一梯队。

7月底，我校2018年高考成绩再创佳绩，达到高分优先投档线1042人，全部考生达本科线，其中王浩宇、梁文杰同学进入广东省理科总分前二十名，分数被屏蔽。

是月，雷蕾老师申报广东省第十批特级教师获得省级公示。我校高二（18）班陈悦心同学获评广东省优秀学生。

9月，我校的"有为班拔尖创新人才培养"项目被评为佛山市南海区教育系统2017—2018学年度教育创新工作项目。

11月10至11日，在2018年全国青少年信息学奥林匹克复赛中，我校共38名同学参加比赛，获得优异成绩，共23人获得全国提高组一等奖，获一等奖人数在全省高中（不含初中生）排名第二。

2019年

1月15日，经评审，第五届南海区名师及第一届教坛新秀我校获评人员有：首席校长：李卫东；首席教师（2人）：江涛、何轩；南海区学科带头人（12人）：覃光红、陈芸、罗群、蓝裕勤、余建刚、张国君、张启明、刘晓红、吴迪、张平、李仁、罗建中；南海区高级班主任（2人）：文芳、梁翠竹。另有一批教师被评为南海区骨干教师、骨干班主任与教坛新秀。

4月27日，在全国优秀中学校长教育思想研讨会上，佛山市南海区石门中学校长李卫东在其个人教育思想研讨会上以"朴素的教育才能恒久"为题，从朴素教育之"道"、朴素教育之"行"和朴素教育之"进"三个维度详细介绍其教育理念。

5月2至3日，2019年广东省信息学代表队选拔赛在石门中学举行，我校苏畅同学以全省第二名的成绩入选广东省信息学代表队。

5月18日，由1998届校友捐资63万，位于科学楼与教学楼C座之间的"滴水园"景观落成。景观共3块巨石形成3个圆，四周有扩散开的涟漪，分别是"缘、道、归"，寓意石中学子入学受教、走上社会努力奋斗，并最终回馈母校的情谊。

5月16至20日，在由CCF主办的APIO2019（中国区）中，我校严文谦同学获得信息学竞赛国际金牌大奖。此次石门中学获奖牌6枚，位列广东第一。

6月15至16日，由广东省教育厅主办的2019年广东省中学生游泳锦标赛上，石门中学获得省甲组团体总分第四名，在佛山市参赛队伍中排名第一。

7月22日，全国政协常委马有礼等调研佛山市南海区石门中学教育集团。

7月底，高考总分600分以上达268人，其中理科164人，文科104人；共有5位考生被屏蔽高考成绩，分别为：文科：陈悦心、陈海岚、汤建浩、刘祺；理科：区成铸。其中陈悦心、刘祺、陈海岚、汤建浩、刘淇枋、胡晰、胡绮闻、廖良、梁嘉蔚、黄玉彬、李芊谊11名同学总分进入广东省文科前一百名。高优线上线率再创新高，高优线上线人数1040人，上线率达94.1%。

是月，我校许哲豪同学，被评为2018—2019学年度"广东省优秀学生"。

8月5日，我校李卫东校长为南海区中小学第二轮名校（园）长工作室主持人，我校何轩副校长为南海区中小学第二轮名师工作室主持人。

11月4日，在今年举办的第三十三届中国化学奥林匹克竞赛中，我校学生在贾永山、陈汉诚、郑乐滨、张奋等老师的指导下，共获得全国（初赛）一等奖2人、二等奖25人、三等奖9人。

11月22日，在珠海举办的教博会暨第二届全国优秀中小学校长讲坛上，我校李卫东校长做了"朴素的教育才能恒久"专题报告。

12月1日，石中游泳队在广东省学生游泳联赛（东莞站）中学组比赛中获得高中组团体总分第二名，并获单项9个第一名、5个第二名、14个第三名的优异成绩。其中111班郑家曦同学50米仰泳以29秒91达国家一级运动员标准并获第一名，该次比赛创目前省赛团体总分和单项最好成绩。

2020年

1月9日，学校召开第十一届教职工代表大会暨工会换届选举大会。

1月21日，在2020年化学竞赛北京大学春季联赛活动和2020年清华大学第三届优秀中学生"化学前沿体验营"活动中，我校谭乐君、潘奕霖、邵汉钊、张瑛、郭槟豪、罗言臻、孙鹏7位同学通过北京大学化学春季联赛初审；我校潘奕霖、邵汉钊、张瑛、郭槟豪、赵子睿、聂文慧、麦梓正7位同学通过清华大学"化学前沿体验营"初审。

4月4日，共青团中央发布《关于表彰"全国优秀共青团员""全国优秀共青团干部""全国五四红旗团委（团支部）"的决定》。石门中学团委被授予"全国五四红旗团委"称号。

7月24日，我校梁浩贤同学被评为"2019—2020学年度广东省优秀学生"。

7月，高考成绩公布，我校尖子生发挥出色，尖子层厚实，文、理科共4人分数被屏蔽，屏蔽人数列佛山市第一、广东省公办高中第二（全省所有高中第四）。佛山市文科屏蔽生全部出自石门中学。高优线上线人数1126人，高优线上线率再创新高，上线率达95.6%。

9月1日，李卫东任校长，聘期至2024年7月31日；李根新、陈冰锋、何轩、聂辉、张国君任副校长。

9月6日，在第四届广东省高中地理教师命题比赛中，我校地理科组派出赵喜红和蔡光辉老师，最终双双获得广东省一等奖。

10月5至8日，在第二十九届全国生物奥林匹克竞赛中，我校陈醉之、陈飞宇两位同学获得全国竞赛二等奖（银牌）。

10月9日，在全国中学生物理竞赛复赛（广东赛区）中，我校学生在魏学锐、陈文昭、张灿鹏老师指导下，共获得省赛区全国一等奖3人、二等奖12人、三等奖9人。

10月18日，《佛山市南海区石门中学校友会章程》经第七届第四次校友会会员大会表决通过。

10月，我校党委书记、校长李卫东的论文《基于朴素教育理念的"立人课程体系"实践》荣获首届广东教育创新优秀成果一等奖。

11月2日，佛山市教育局关于佛山市"三名人才"扶持认定名单的公示，我校入选人员名单：名校长：李卫东；名教师：历史科吴迪、化学科何轩、数学科黄伟亮、语文科覃光红、信息技术科梁冠健、物理科余建刚、英语科蓝裕勤、地理科张国君；名班主任：文芳、梁翠竹。

11月，在2020年广东省中小学生定向运动联赛（总决赛）中，我校代表队在邓铭洪、孟凡旭老师的带领下，获得广东省高中组第四名（佛山市第一名）。

12月21日，在2020年广东省中小学生冬季游泳锦标赛中，我校游泳队健儿在余丽红老师的辅导和带领下，以9金8银18铜的成绩勇夺高中组团体总分第一名，实现本校在省比赛团体总分冠军的首次突破（上年第二名）。

2021年

3月8日，我校数学科组、生物科组被评为第三届佛山市中小学示范教研组。

4月22日，石门中学和北京大学共同举行"北京大学博雅人才共育基地"授牌仪式。

4月23日，我校李卫东校长获评2020年度广东省德育正高级教师职称。

6月底，高考成绩公布，2021年全省共屏蔽30名学生分数，佛山有2名学生（覃锦瑶、黄语然）分数被屏蔽，全部来自石门中学。余荃逸获华侨港澳台联考文科全国第一名。共有16人进入全省前一百名。历史类省前三十三名占6人，人数居全省第一。共1174人参加高考，特控线上线人数1148人。特控线上线率再创新高，上线率达97.8%。上线人数及上线率连续多年雄居佛山市第一。

7月6日，徐庆均任石门中学副校长。

7月14至15日，广东省新一轮（2021—2023年）中小学名教师、名校（园）长、名班主任工作室启动授牌仪式暨研讨交流活动在佛山市南海区教师发展中心隆重举行。石门中学李卫东校长获评广东省名校长工作室主持人。在会上，李卫东校长以"县域中学发展模式的探索与实践"为主题，探讨工作室未来三年的研究课题。

8月5日，在全国中学生生物学联赛中，我校由主教练黄宗泳、郭小强老师指导的梁羿丰、陈妍羽、钱进、郝世鹏、刘传岳、夏顺涛、徐画、欧阳晓莹、唐子仁9位同学获省赛区全国一等奖（全省共56人）。

9月3日，我校语文组覃光红老师被评为广东省第十一批特级教师。

9月9日，我校数学科黄志平老师被评为"南粤优秀教师"。

10月15至17日，在第八届广东省中小学班主任专业能力大赛决赛中，我校丁黎敏老师代表佛山市参赛，勇夺中小学组综合奖一等奖第一名，并包揽所有单项一等奖，其中书面测试、教育故事叙述、情景答辩，均获第一名。

10月23日，在广东省中小学生春季定向运动锦标赛中，石门中学定向队在邓铭洪老师的带领下，勇夺广东省高中组团体总分第一名。

10月，我校陈优越同学获得2021年度广东省宋庆龄奖学金。

11月8日，在全国信息学竞赛（CSP2021）第二轮复赛中，我校在江涛、梁冠健、梁敏丽、朱少强等教练带领下，12位同学获全国一等奖，13位同学获全国二等奖，1位同学获全国三等奖，成绩位居全省前列。

11月20日，在全国信息学分区联赛（NOIP）中我校12位同学获得全国一等奖，12位同学获全国二等奖，6位同学获全国三等奖。

11月29日，在第三十五届中国化学奥林匹克竞赛决赛中，我校兰天和卢梓杰两位同学双双获得银牌，竞赛教练为贾永山、秦泽鑫老师。

12月11日，在广东省中小学生冬季游泳锦标赛中，石中游泳队在主教练余丽红老师和教练李天翔老师带领下，蝉联高中组团体总分第一名，并取得15个第一名。

是日，在广东省中小学生秋季定向运动锦标赛中，我校代表队在邓铭洪老师的带领下，获得高中精英组团队总分一等奖。

12月16日，广东省教育厅公布广东省首批优质基础教育集团培育对象名单（71个），以石门中学为核心校的石门教育集团成功入围。石门教育集团以石门中学为核心校，成员校涵盖高中、初中、小学各学段，于2019年12月26日正式获批成立。自成立以来，石门教育集团采取"1+3"模式（"名校+民校""老校+新校""强校+弱校"）发展，首创全省教育集团"孵化育成退出机制"，打造了"以优带新创新优，以优扶弱弱变强"的优质教育新格局。

2022年

1月1日，以石门中学为核心校的石门教育集团获评广东省首批优质基础教育集团培育对象。

1月10日，广东省国强公益基金会向石门中学教育基金会捐赠200万元。广东省国强公益基金会与石门中学教育基金会助学捐赠仪式在石门中学举行。碧桂园服务集团执行董事、CEO李长江，国华纪念中学校长季德华，国强公益基金会常务副秘书长舒玲，碧桂园服务集团行政总监徐官福；石门中学教育基金会执行会长叶钰泉，石门中学教育基金会秘书长陈慕贤；贵州省黔东南州三穗民族高级中学副校长杨春喜；石门中学党委书记、校长李卫东，党委副书记刘铸祥，副校长陈冰锋、徐庆均、聂辉、张国君以及部分师生代表出席捐赠仪式。

1月初，石门中学满曜嘉、袁子彦同学在梁敏丽、巨锋庆老师的辅导下，荣获佛山市中小学人工智能教学成果展示活动一等奖。

2月初，石门中学在第十九届"叶圣陶杯"全国中学生新作文大赛初赛中喜获佳绩，共获省一等奖8人、省二等奖30人、省三等奖40人，其中陈滢、李晓文、李明丽入围全国决赛，19名老师获优秀指导老师奖。

是月，在第八届全国中学生科普科幻作文大赛中，石门中学共有112名学生获省级奖项，其中31名学生获省级一等奖，28名学生获省级二等奖，53名学生获省级三等奖，获奖人数居全省前列。

说明：

1.大事记，根据广东省佛山市南海区档案馆、南海石门中学档案室等所藏的相关档案资料整理，综合参考广东省佛山市南海区政协文史和学习委员会编《石门中学七十年（1932—2002年）》之"大事记"、南海石门中学编《石门中学八十年（1932—2012年）》之"大事记"，以及地方志书、报刊中的一些记载。

2.大事记截止日期为2022年2月底。

3.1950年以来的大事记，主要依据档案资料，经校史研究课题组与南海石门校长办公会议多次讨论确定。

4.1978年以后校长（书记）任职时间以所发公函为准。

5.为行文方便，大事记中有时简称"南海石门中学""石门中学""石中""我校""本校""学校"等。

附录三

校领导名录

学校历任校长（负责人）、副校长名录

石门中学历任校长（负责人）

职务	姓名	任职年月	备注
校长	李景宗	1933年春至1938年	
校长	李景宗	1939年2月至1941年12月	
校长	黄慎之	1946年春至1946年秋	
校长	李景宗	1946年秋至1949年	
校长	杜路	1950年2月至1951年	南海支前指挥部副主任兼
校长	赵钊	1951年至1952年	南海三区区长兼
校长	钟仕诚	1952年至1953年2月	南海三区区长兼
	邓元贞	1950年2月至1953年2月	教导主任，主持学校工作
	邹文挺	1953年3月至1953年8月	副校长，主持学校工作
	吕任远	1953年10月至1956年7月	副校长，主持学校工作
校长	谢日华	1956年8月至1963年2月	
校长	郑浩	1958年3月至1959年2月	中共南海县委宣传部长兼
	蚁振让	1962年8月至1968年6月	副校长，主持学校工作
革委会主任	陈家政	1968年6月至1969年3月	
革委会主任	吴灿禧	1971年3月至1975年11月	
革委会主任	冯鲁	1975年12月至1978年8月	
校长	谢日华	1978年8月至1985年7月	
校长	何维孜	1985年8月至1995年2月	
校长	黄炼和	1995年3月至1998年6月	
校长	卢志华	1998年6月至2001年12月	
校长	杜尚强	2001年12月至2005年2月	
校长	温伟平	2005年2月至2008年7月	
校长	盘文健	2008年8月至2016年7月	
校长	李卫东	2016年7月至今	

*资料来源：由广东省佛山市南海区石门中学校长办公室提供，2022年1月。

注：20世纪五六十年代出现副校长或教导主任主持学校实际工作的情况；1978年以后校长任职时间以所发公函为准。

石门中学历任副校长

职务	姓名	任职年月	备注
副校长	邹文挺	1953年3月至1954年2月	1953年3月至1953年8月主持学校工作
副校长	谭泳辉	1953年3月至1953年10月	
副校长	吕任远	1953年10月至1956年7月	主持学校工作
副校长	蚁振让	1960年3月至1968年6月	1962年8月至1968年6月主持学校工作
革委会副主任	杜启殷	1968年6月至1970年1月	
革委会副主任	杨炽辉	1968年6月至1971年2月	
革委会副主任	招汉铨	1968年6月至1969年3月	
革委会副主任	石泰源	1970年1月至1970年7月	
革委会副主任	梁女	1975年3月至1978年8月	一说，1969年9月至1978年9月
革委会副主任	冯鲁	1972年8月至1975年11月	
革委会副主任	陈耀煊	1972年8月至1978年8月	
革委会副主任	张虹	1972年8月至1974年2月	
副校长	黄贤佳	1978年8月至1979年7月	
副校长	黄光	1978年8月至1986年7月	
副校长	陈耀煊	1978年8月至1980年7月	
副校长	苏国屏	1979年5月至1982年7月	一说，1979年8月至1982年7月
副校长	范允波	1982年8月至1985年7月	
副校长	黄炼和	1987年8月至1995年2月	
副校长	龚心汇	1995年3月至2001年7月	
副校长	卢志华	1995年3月至1998年7月	
副校长	林雨良	1998年7月至2001年7月	
副校长	谢伟成	2000年11月至2011年7月	
副校长	盘文健	2001年7月至2008年8月	
副校长	温伟平	2003年5月至2005年2月	
副校长	游海峰	2003年5月至2010年10月	
副校长	关浩华	2005年3月至2005年12月	
副校长	李根新	2005年3月至今	
副校长	项玲	2005年3月至2016年7月	
副校长	叶影颜	2005年3月至2008年8月	
副校长	傅陆根	2005年12月至2008年8月	
副校长	钟文川	2008年7月至2012年8月	
副校长	刘铸祥	2010年10月至2020年8月	
副校长	林景飞	2012年8月至2016年7月	
副校长	李卫平	2016年7月至2019年7月	

(续表)

职务	姓名	任职年月	备注
副校长	何轩	2016年7月至2021年1月	
副校长	陈冰锋	2020年9月至今	
副校长	聂辉	2019年7月至今	
副校长	张国君	2020年9月至今	
副校长	徐庆均	2021年7月至今	

*资料来源：由广东省佛山市南海区石门中学校长办公室提供，2022年1月。

注：1978年以后副校长任职时间以所发公函为准。

附录四
历任中共党支部书记（党委书记）名录

任职时间	职务	姓名	备注
1957年至1963年2月	党支部书记	谢日华	1957年初，成立中共石门中学支部，党员有谢日华、张秩友、苏国平、杜启殷、陈家政
1963年8月至1968年6月	党支部书记	蚁振让	
1970年7月至1971年2月	党支部书记	杨炽辉	
1971年3月至1975年11月	党支部书记	吴灿禧	
1975年3月至1978年7月	党支部副书记	梁女	
1976年5月至1978年7月	党支部书记	冯鲁	
1978年8月至1985年7月	党支部书记	谢日华	
1982年5月至1985年7月	党支部副书记	苏国屏	
1985年8月至1995年2月	党支部书记	何维孜	
1985年7月至1992年7月	党支部副书记	范允波	
1993年8月至1995年7月	党支部副书记	陈景泉	
1995年3月至1997年5月	党支部书记	黄炼和	
1995年8月至1997年2月	党支部副书记	陈景泉	
1997年6月至1998年6月	党总支书记	卢志华	1997年5月，批准石门中学成立党总支委员会
1998年7月至2006年2月	党总支书记	彭元珠	
2000年11月至2006年3月	党总支副书记	熊振伟	
2006年3月至2008年12月	党委书记	温伟平	2006年2月9日，中共佛山市南海区石门中学委员会成立暨第一次代表大会召开。石门中学成立党委。3月22日，收到南机工组字〔2006〕23号文，同意石门党委领导任职安排
2006年3月至2008年12月	党委副书记	彭元珠	

（续表）

任职时间	职务	姓名	备注
2008年12月至2016年10月	党委书记	项玲	
2008年12月至2016年10月	党委副书记	谢伟成	
2008年12月至2016年10月	党委副书记	李根新	
2016年10月至2020年10月	党委书记	李卫东	
2016年10月至2018年3月	党委副书记	项玲	
2016年10月至2020年6月	党委副书记	温伟平	
2016年10月至2020年10月	党委副书记	李根新	
2016年10月至2020年10月	党委副书记	阳智平	
2016年10月至2020年10月	党委副书记	梁世安	
2020年11月至今	党委书记	李卫东	
2020年11月至今	党委副书记	刘铸祥	

*资料来源：由广东省佛山市南海区石门中学校长办公室提供，2022年1月。

注：1978年以后任职时间以所发公函为准。

附录五
文献档案选摘

整理说明 广东省佛山市南海区石门中学（简称"石门中学"或"石中"）是一所具有90年办学历史的老校、名校，要研究这所学校的校史，需要广泛收集与整理各个时期的各类史料，尤其要注意其多样性、连续性、完整性的特点。此次，上海社会科学院校史研究团队与石门中学合作，成立课题组，从海内外一些机构收集到大量资料，形成了数十万字的"石门中学校史资料库"。石门中学的这些档案文献分散于各处，内容丰富，这些资料对于考察该校历史具有重要的参考价值。限于篇幅，这里仅选摘其中的一部分，作为"文献档案选摘"。需要指出的是，一些资料或因征引版本的不同，或因经多次转引，出现了部分字句的差异，敬请读者留意。

目　录

南海县学校统计说明（1930年）
石门中学校校训说（李景康，1933年）
本校奠基纪盛（邹本枝，1933年）
石门中学四友图书馆碑记（李景康，1934年）
石门中学校前门碑记（三水黄荣康撰，里人邓刚书）
李景康致黄梓林书（节选）（1935年）
石门中学记（附展览会）（黄梓林，1936年）
南海县教育现况（节选）（陈如山，1936年）
（广东教育厅立案）南海石门中学港校高初中部暨附小招生简章（1939年）
南海石门中学史略（1939年）
南海县政府训令（1945年）
石门中学校董会资料摘选（1946年）
私立南海石门中学招生简章（1946年度上学期）
李景宗校长演述石门中学校实况（1947年）
草创时期的南海石门中学（鲁舟）
石门中学普通中学学年初报表（1964—1965学年初）
举旗抓纲学大寨，面向农村育新人：石门中学一九七六年上半年工作规划（节选）（1976年）
南海县石门中学校友会简章（草案）（供讨论稿）（1984年）
石门中学常规制度（1985年）
石中学生记功表彰办法（1987年）

关于石门中学学生英勇救火事迹的通报
石门中学改革教育思想、教学方法，努力提高教育质量（节选）（1988年）
石门中学简介（1988年）
关于批准佛山市第九小学等六所学校为首轮广东省一级学校的通知
改革、开拓、向前（节选）
广东省南海市石门中学章程（1998年）
石门赋（凌风，2002年）
关于开办石门中学（狮山校区）的批复
《南海县教育志》关于"石门中学"的记载
重要报刊摘选
佛山市南海区石门中学章程（2008年）
佛山市南海区石门中学校友会章程（2020年）

南海县学校统计说明（1930年）

南海县物产之繁盛，人民之富庶，为全省冠。惜其学校教育，则尚未见十分发达。现据该县政府之调查，十七年度内，全县中等学校，不过两间，学生人数，仅得二百余。初等学校则较多，公立者计一百一十八间，私立者八十六间，学生约一万四千余人。其中以单设前期小学者为多，完全小学次之。单设后期小学者最少。全县学校支出经费约二十一万元。查该县近年，已有村乡师范学校等设立。想数年后，其学校教育，当有充分之进展也。

*资料来源：《统计汇刊》1930年第1卷第4期，"南海县学校统计说明"。

石门中学校校训说（1933年）

李景康

建国廿一年秋，吾邑二、三、九区诸先达有联立中学之倡。翌年春告成，命名曰"石门中学校"。家弟景宗忝膺校长之选，而问校训于予。予曰：作育始于族党，诚盛事也。中庸以三达德行五达道，而先哲之遗训备矣。盍取智仁勇以为校训乎？夫智者知之至也。学校之教，在乎启发其天性，阐拓其本能，扩其良知良能，而充其未知未能，教者之事也。本其良知良能，而勉其未知未能，学者之事也。然理有未穷，则知有未尽，故知必求其至焉。方今天下滔滔，邪说暴行，儳焉不可终日，亦患知之不明，而行之多惧耳。先民以明辨笃行为训，其忧后世者深矣。若多闻阙疑，多见阙殆，所以为寡尤寡悔之道，又其次也。方今寰宇沟通，科学蜂起，旧学新知，一炉共冶，学校之所以培养者可谓博矣。学博而守约，其庶几乎。然则智育之道，其惟阙疑阙殆，而渐臻乎知明行笃之境欤？今之言教育者，亦知德育之尚矣！窃以为德育之兼赅，无过于仁。盖仁者天理纯全，私欲无间，天下之至德也。天命之性，仁之体也；格至诚正，仁之修也；修齐治平，仁之用也。始于身家而终于天下，德育之道大矣。吾国之大患，非尽无学也。然仍儳焉不可终日者，则智及而仁不能守而已。智及而仁不能守，是无勇也，夫血气之勇不可恃，而义理之勇为可依。孔子曰："有杀身以成仁，无求生以害仁。"义理之勇也。孟子曰："富贵不能淫，贫贱不能移，威武不能屈"。亦义理之勇也。方今体育，兼重强身强国，亦先民射御之意也。他日诸生，能守孔孟之训，本义理之勇，以善用其血气之勇，企予望之，抑尤有进者。校以石门名，盖我校为三区人士所联立，而石门之水，浩瀚磅礴，源远流长，而贯注乎三区也。先民以三达德行五达道为训，譬如日月经天，江河行地，历万世而不磨，其为教之不亦源远流长耶？至于后创三区，而义取于三达德，犹其余旨云尔！

*资料来源：李景康：《石门中学校校训说》，《南海县教育月刊》1933年第1期。
注：《中庸》提出以三达德行五达道，"三达德"即"智""仁""勇"；"五达道"指"君臣""父子""夫妇""昆弟""朋友之交"。此为儒家"礼"之核心内容。

本校奠基纪盛（1933年）

邹本枝

民国二十二年十一月十九日，为本校举行奠基典礼之日，吾辈诸同学，随同各教师及南中同学百余人，早一日抵场鹄候。是夜两校互相露宿于北村郊外，作童军之生活。开野火会以资庆叙，而交换知识。所游戏者，或唱歌，或演讲，或舞国技，或弄幻术，等等。无不欣欣然具有乐趣。会毕，遂寝。至翌晨早餐后，陈、李两师，命吾等整队到场，欢迎来宾。行行重行行，已抵未来之新石门中学校址矣。纵横百亩，地坦而平，前临大水，源远而清，此诚为我辈将来求学之好景地也。是时尚早，来宾未至，吾等遂在会场上立而待焉。是日也，场上备极辉煌，张灯结彩，布置庄严，十时后各长官来宾到者共百余人，参加之学校四十余处，综计学生二千余人，先后入场。军乐声洋洋盈耳。予不觉精神为之振作，身体为之活泼。陆则人山人海，不可胜数；水则紫洞艇迷津，轮船往来不绝，诚盛事也。至十二时开会，莘莘学子，济济一堂。首为主席邓刚宣布开会理由，次则本校监督杜益谦，及本邑教育局长区萃仑训话，其后来宾亦次第演说。大致均系训勉吾人勤学，及发挥普通教育方法，莫不痛快淋漓，娓娓动听。迨至下午三时，即鸣炮，由各长官举行奠基礼，礼毕而散。余得逢其盛，故泚笔记之。

*资料来源：由南海石门中学档案室提供。
注：邹本枝为石门中学第一届初中毕业生。

石门中学四友图书馆碑记（1934年）

李景康

民国二十一年冬。乡中贤达倡立石门中学，以宏造就。咸曰："图书馆为员生研精博洽之所，黉舍之急务也。黄梓林茂才畜德能文，蔚为吾乡耆旧。孔安道君，圣贤之裔，诗书之泽犹存。盍就而谋之。"予深韪其说。以是请于二君，皆欣然慨诺。安道君且告予曰："吾父墨缘公，吾叔仙洲公，实与梓林、健之先生昆仲为凤交。今茂才昆仲慨然斥资，吾代父叔分任其半（墨缘、仙洲二公合捐资一万五千元，梓林君捐资一万元，健之君捐资五千元之）。《尔雅》释训曰：'善史弟为友。'允宜名以'四友'，匪特纪念先人，亦不敢以予兄弟之名，与父执并列也。"既而梓林、安道规划馆址，审订图迹，经营数月，聿观厥成。是馆于校舍之南，位置井然，轩窗豁然，远瞩高瞻，则屏列众山，上薄天际。《易》曰："天在山中，大畜君子。以多识前言往行，以畜其德。"……天者，气也。名山者，畜气之府也。天以二气生人，人得之以为德性。灵台者，畜德之府也。诸生昕夕凭眺其中，宜若静观而自得。则是图书者，前言往行之业。斯馆固诸生多识之资，而畜德之助也。抑予有感焉。方今天下滔滔，莫不厌旧鹜新，是今非古。举古人之嘉言懿行，载在简书者，类皆束而不观。惟役耳目于声色，汩性灵于物欲。故晚近朴学之士，寥若晨星。幸而我校远都会之纷华，迩乡闻之淳朴，而左图右史，尤足以范其驰驱，而纳之正轨。又每念安道善则归亲之足法，梓林、健之兄友弟恭之可风。诸生孝悌之念，当油然而生，以与古人之言行相质证。一若孔步而颜趋，程绍而朱述，则斯校斯馆诚大有造于诸生也。抑昔贤云"以文会友，以友辅仁"。又云"友也者，友其德也"。诸生顾"四友"之名，思昔贤之义，实以践之，扩而充之，吾知其造就必大有可观也。图书馆既成，梓林、安道属予为文以纪之。爱书所见，以为莘莘学子告焉。

*资料来源：李景康：《石门中学四友图书馆碑记》，选自《黄氏家训遗书续编》，收入广东省佛山市南海区政协文史和学习委员会编：《石门中学七十年（1932—2002年）》第37辑《南海文史资料》，2005年印行，第81页。

石门中学校前门碑记

三水黄荣康撰　里人邓刚书

吾粤有特产曰薯莨，滤其汁以晒布与帛，胶质坚而泽滑，可以耐久适用，人多喜服之。贸于南洋群岛，获利不赀，工商交资焉。而工人之倚以为生者尤夥。向无征税，自刘杨踞粤，藉口军费，凡百工艺制造之品，无不起征，而晒莨捐款，岁逾十万元。厥后刘杨虽去，继之者成例奉行，卒卒而未改。噫，其苦矣！二十一年，区芳浦先生任财政厅长，豁免杂捐百十余种，晒莨行捐居其一。先生南海沙水乡人，亲见吾民日夜作劳衣食取给之艰，故决然革之而不疑。而其高瞩远计，此晒莨物产，寔足以敌舶货而挽权利，爱是亟亟焉奖勉之，维持之，固君子之所用心，而仁者之为政也。其可无以记之乎！昔庄子称庚桑楚居畏垒三年，畏垒大穰。其民尸而祝之，社而稷之。今先生之惠于吾侪，何啻大穰，而吾侪思所以祝之稷之者。又何啻畏垒之民耶！二十二年十一月十九日，先生所董石门中学校，奠基礼成。石门有晋刺史吴隐之沉香沙遗迹，廉吏清风，谁谓今不如古？水沿石门下十里许，至北村。山水明淑，林木森秀。建校于此，先生莅临相其阴阳，观其流泉。鞞鞞容刀，威仪有秩。士民咸欣欣然以得瞻仰之为荣，而晒莨行同人，陈季珏、汤少泉、何天裳等，益乐相告语，踊跃趋事，捐建门前工料费五千圆，并介黄子咏雩嘱余为文勒石，以贻水久。俾知先生之功德，都人学子，出入不敢忘。铭曰：

石门之山廉廉其贞兮，石门之水混混其清兮。风日流美明旦新兮，菁菁者莪沐德而咏仁兮。

*资料来源：由南海石门中学档案室提供。

李景康致黄梓林书[1]（节选）（1935年）

……昨接家弟（指李景宗）书，借悉台端曾偕少强（指南海藉画家黄少强）兄至石中一游，主持美术展览事，亦承其乐于肩任。

石中将来完成建筑最低限度尚需二万余元。诚如尊见所料，默计现已绘就之员生宿舍图迹，需款约壹万二千五百元，建筑码头需四五千元（同人计划，倘筑码头，则北村以内各乡木船悉埋石中码头而往省。各轮船悉自石中码头出发，每点钟开行一次，由石中收码头租），由岸畔建一英坭桥，直达头门，约需三千元，即此三项已达二万之数。其余则目前各甬道祇砌浮砖，将来须铺英坭或打灰沙，头门岸边须砌石磡，以防倾陷。凡此种种，祇就苟完方面而言，鄙见以为，倘能确立造福桑梓大计，尤宜于农、工两科别树一帜，以挽乡人生计。农科，则须建一农场，甄别土宜，研究地质，以改良各种果木（方今岭南大学经常费多出于农场入息）。工科，则另立工场分授制造革履、印刷、造木织藤器等工艺。于初中及附小各生，庶几无力升学各生，得以发展乡土农工，藉裕乡土生计。盖我国数十年来教育结果，其间非无优异之才，但最可痛心者，学子虽来自田间，每每涉

1　此标题为编者所加，原标题为"乙亥八月十一日李凤坡先生来书"。

足城市，读书数年，便醉心城市生活，抛弃乡土如敝屣，遂使全国上下人才祇集中于都市，而乡区农工，无人整理发展。虽有肥沃之地，悉成废土。是以民日贫而国日困，此为最大原因（食料生果日用品悉赖外货，尤令人不寒而慄）。况统计全国城市面积不及国土万份之一，倘全国朝野上下皆重一而轻万，整理其一而废弃其万，我国民族虽乏外侮之侵凌，亦必经济破产。今幸吾乡迩近省会，设能农工发展，不患运输之难，销售无路。故窃以为，振兴乡土，非此不可。方今华侨，处处被逐于外人，尤当废然思返，以发展农工为自立之计。然非藉学校以培植小农小工，则大农大工终无发现之日。我公宏达，想题愚者一得之见也，大抵谋上述计划之实施，又非二万元不办，抑尤有进者，欲研究农科，势须侧重化学与植物学，仪器药物需款不少……

*资料来源：《乙亥八月十一日李凤坡先生来书》，收入广东省佛山市南海区政协文史和学习委员会编：《石门中学七十年（1932—2002年）》第37辑《南海文史资料》，2005年印行，第147—148页。

石门中学记（附展览会）（1936年）

黄梓林

石门中学校位于北村，民国二十二年成立，捐款一百者为各乡发起人，陈澧南、李凤坡等为该校最出力之柱石也。予志切兴学，尤以不能行其道于乡，转望石中收厥效焉。考数年以来建筑头门者，薯莨行也。建筑大礼堂者，霍芝庭也。皆区厅长芳浦之力与焉。建筑四友图书馆，连置仪器、书橱、枱卓，予与故六弟健之及孔公墨缘、仙洲昆仲也（四友图书馆，予捐壹万元，健之捐五千元，墨缘、仙洲二公合捐壹万五千元）。课室已建者凡九间，曰星檀课室（区厅长之先君），曰容璧课室（杜益谦航空长之太夫人），曰清泉课室（张清泉君），曰镜湖课室（吾家典正二兄），曰念藏课室（香港中国帽厂许庇谷令寿堂），曰善松课室（赤山李融川公），曰序图课室（邵边邵梦龄先府君），曰谔侨课室（陈雨帆先府君），曰耀东课室（黄耀东先生）。头门左有继孔室（泌冲邹族始祖），右有元项室（北村陈族始祖）。地凡六十余亩，每亩田价三百元。四植嘉树，校旷地辟为苗圃。花王江氏，人甚勤恳，具有栽成花木思致。予去冬购梅一百株，遍植于图书馆四围。今春往巡一周，皆欣欣向荣矣。独惜树木仍少，未畅予怀，望图之异日也。校生一百六十七，人多优异之士。

去秋八月既望，开展览会，各乡小学校，如丰岗、河村、大冲、赤山、横沙、沙贝、泌冲十余学校与焉。石中校生计初中三，有邹本枝、陈昭隆、孔宪聪，字体甚佳。全校陈列各手工，有中华河流灌域图，世界列国图，惨遭××××之东北边陲图，广东全省详细地图，中国全图，上等蓝墨水，洁白牙粉，石中肥皂，香墨汁，石中条枧，石中粉笔，共和战舰及画品、藤器、木器、石糕像生、英文、中堂画、东半球、西半球等。颇多心得之学，良可喜也。区内各乡出品展览者甚多，中有姚状元夫妇花衣及铁关刀，邹伯岐先生寻岗洲图，皆予平日所未见者。按姚状元，讳大宁，号熙亭，南海第二区白沙乡大文教村人，生有异徵，成童畅晓经义，韬铃骑诸术，一习而成。嘉庆六年恩科钦点一甲第一名。丁卯之秋天子巡狩口外，蒙恩旨扈从，备受塞外风霜，忽沾微恙，抵京日，病已不起，遂终于京次。又陈澧（南）题记寻岗洲图曰："南海邹特夫徵君，创为绘地图之法。所居泌冲乡，在寻岗洲之南，乃命门人罗照沧族弟景隆等，用其法绘此洲之图，每一方格为一里，长短皆合。二十四向不差，山水形势无不毕肖。地图至此精密极矣。徵君没后，族人刻此图于泌冲之风劝祠（按：风劝祠乃十二世邹可张专祠，中奉肖像如生，曾任福建省建阳知县，并捐钜量田产赡族云）。同治癸酉十一月陈澧（南）题记。"

陈澧南，为二、三、九区团防局长，初拟为石中筹款于醮会。惜以农商皆不景，捐收仅敷支应，然醮坛有联颇足纪者，联曰"问昔年为甚联防，都只因凶恶妖魔，搅到水陆慌张，累我健儿拼搏命；看大会争来追悼，更惊动慈悲菩萨，连带幽冥超度，替他善长积阴功"。并录之。

*资料来源：节选自《黄氏家训遗书续编》，收入广东省佛山市南海区政协文史和学习委员会编：《石门中学七十年（1932—2002年）》第37辑《南海文史资料》，2005年印行，第145—146页。

南海县教育现况（节选）（1936年）

陈如山

一、社会背景

南海昔与番禺同为广东省会，号称首邑。民国九年，省府以省会日趋繁盛，建设诸端亟待兴举，遂将本县近省会的地方划出，设置广州市另行管理。全县面积共约三千八百三十三方里，户口经民国十八年调查，实数共二七二、八二二户，人口男女合计一、〇〇九、六一〇人，学童男六五、九八八人，女一九、七八九人。本县行政区域划分十区，最高行政机关——南海县政府，仍设在广州市内，在佛山设置行署，九江设有市政局，各区则设置公安局，日来亦有将公安局裁撤，改由乡区公所负责警衡地方事宜之消息。

本县境内平原广漠，河道纵横，贯通全境。有广三铁路经过县境，年来公路四达，交通甚便。土地肥沃，宜于种植，农产出品甚丰，每年输出不少。土地气候尤宜于蚕桑，是以桑基鱼塘遍于境内，年来丝业衰落，影响于人民生计甚大。西樵一带，蚕丝纱绸贸易最广，石湾之陶器，佛山之冶铁，盐步秀水一带之染莨，市廛热闹，工人众多。其余白沙附近的藤业，大沥附近的炮竹业，均属有名。至于布机、纸厂、米机、火柴诸业，亦有设厂制造，出品颇盛。工商业的经营、尤为县民特长。香港、南洋、美洲等处，本县侨民甚多，多在工商业有相当地位，资助教育事业颇为踊跃。惟年来转形淡漠，未谙是否受不景气的影响。

总之，县境接近省会，人民皆商业、善居积，且以手工业发达，所产品物，又往往求过于供，稍勤勉的家庭略可自给。风俗纯良，质朴勤劳，人民对于教育子女的态度不同，富有者男童多到广州、香港、上海各地入中小学，是以中小学内男女生数几相等，闻有学级女多于男，女生年龄平均超出学龄在三岁以上，可见向有重男轻女的心理。小商人子弟则希望读书二三年，略谙读、写、算，即伪到商店学习商务，是以小学毕业后升学者尚少，间有不入小学而到补习学校或国文专科一类修习三两年者亦有之。

二、教育行政

南海县教育行政机关在县政府内设置教育局，局长一人，综理全县一切教育事项。局内分设二课，各设课长一人，学校教育课长秉承局长处理岁内学校教育一切事务，社会教育课长秉承局长处理属内社会教育事务。设督学四人，秉承局长分巡所属各学校，办理稽查及追导事务并勤办文件。另雇员六人，缮录局内所有文件及勤寄发事务。其他收发公文及庶务收支等事，则统并于县政府，不另设员。至办公费等项则与县政府内各局混合开销。……

南海县地方辽阔，为增进行政效率计，全县划分为十学区，各区设置学务委员会，襄助该区内教育法令的推行与指导。每区设学务委员若干人，由教局聘请区内校长或教职员兼任。不支薪津及办公费用，以是办事进行颇感困难。九江学务委员会协助学务的进展颇形活跃，略收辅导之效。

本县教育经费分为教育税捐与地方筹拨。关于税捐方面，本有指定项目附加征收，向由县府统合收入，收入数目未详，目前尚未能划分，达到完全独立。至支出方面，除教育行政费仍由县府直接支销外，县立及补助各校经费，则设有教育经费管理委员会，按月赴县领取分别转发。二十二年度全县教育经费，县库支出数目，共一五〇、一二八元。由二十二年度至今，仍照此额支给，尚未无变更。

至于地方公款，概由各校自行筹措，但须得县府同意。种类甚多，约可分为：（一）学费收入。（二）地方增收税项：如轮渡、烟赌、戏院、寺观法事等附加捐项，或在墟场市征收佣金。（三）书院或文社积存田租及息金。（四）宗祠蒸尝支拨。（五）临时募捐等。各区各校情形不同，名目繁多，来源未尽稳定，数量未有详确的统计。然就二十二年度县教育局的报告，支出数量，中学年约一四六、二二三元，区立小学三二间，年约六四、〇〇〇元，区立初小一〇七间，年约六四、二〇〇元，私立小学一一四间，年约一五九、六〇〇元，私立初小四五四间、年约一七二、四〇〇元，合计全年支出约七一六、四二三元，较由县库支出数超出四倍余。此款须由各校自筹，其中大部分是类似地方税款。

三、小学教育

三十年前，学校未举办时，施教的场所，设有书院，各儒讲学，衣冠蔚盛。书院创自明代，历清初而未替。民国前十四年（戊戌）清廷谕各省将省府州县之大小书院一律改建高等小学与小学堂，此书院由地方绅士改办佛山学堂，其制略仿中学堂，及两等学堂，是为公设学校的创始，时在民国前十二年。光绪三十四年（民国前四年），时敏学堂创办于西郊，而县立高等小学堂，相继设于南海学官，私立者尚有宝华、述善、清平、进取等校继之，现均尽隶广州市，且多变更。是时设立于佛山市者，有时济学堂、九江儒林高等小学堂，继之者有求强小学堂、真明学堂等校，继设于九江。学校的设立日众。一年间，全县小学成立百余间。民国初年，女子学堂，及教会学校，及私立学堂年有增设，稍具规模者有季华、秀德、节芳、孝友、公理、元甲等校，至今仍有存者。民国八年，设施教学与时俱进。九江岑伯铭慨于乡民失学，乃经募经费廿余万，设立国民学校四十余所于九江，成立九江学务公所，为管理指导机关，近年来惜未顾及日后扩展与接济，经费日就枯竭，此等学校改由乡民接办，现九江学校林立，共有学校六十二间，可见盛况。
......

四、中学教育

本县中等教育，除县立师范附设的初级中学三学级另列外，计有县立中学、县立第一初级中学、私立华英中学、私立华英女子中学、私立九江中学、私立石门中学、私立西樵中学等。
......

五、师范教育

本县在清末兴办学堂时，设有县立简易师范馆，佛山有简易师范讲习所，九江团局举办儒林师范。迨及民国，先后停办。民国三年佛山有单级师范讲习所，民国五年有县立第一、二师范讲习所，分设于佛山九江。其后更设有小学教员养成所。
......

六、社会教育

社会教育方面，以县立民众教育馆为全县实施社会教育的中心。各区简易民众教育馆为辅助社会教育事业的推行，兹分别各述于后：

甲、县立民众教育馆　本馆设在佛山中山公园内，成立于民国廿一年十一月。正副馆长由教育局长及社会教育课长分兼，均义务职。下设馆务主任一人，助理员一人。馆务分四股：语文教育股，康乐教育股，公民教育股，生计教育股，各股主任及襄助员若干人。此外设有设计委员会及辅导委员会。特殊的组织有文艺研究会，内分图书、书法、弈棋、填词、诗学、戏剧、文学等组及其他临时组织的研究会。经费来源，每月县库支领二八五元。举办的事业育下列几种：

1. 短期义务小学一所，内分早午晚三班，每班四十人，年龄十足岁至十六足岁，一年毕业。书籍等费由校供给。
2. 讲演会定每周举一次，遇有特别事故；设临时通俗讲演或时事报告讲演周等。
3. 曾举办象棋、乒乓球、风筝、书法、绘书、文艺、儿童健康等比赛、刺绣、图书、卫生、学生成绩、西北孤影等展览会。儿童年提灯会，儿童节小先生运动。灯谜会，卫生运动，识字运动等。

乙、各区简易民教馆　全县十区各设简易民众教育馆一间。进行的事务有：1健康教育2文字教育3生计教育4公民教育5家事教育6社交教育7休闲教育。并举办阅报处，问字处，问事处，民众学校，壁报等固定事业。

图书馆多附设于民众教育馆内。九江学务公所图书馆，藏书颇富，多古籍及字帖等。民众娱乐场所，有公园、茶楼、剧场、电影、无线电播音、公共运动场等，以实施休闲教育。

于南海县立师范

*资料来源：陈如山：《南海县教育现况》，《教育研究》（广州）1936年第72期。

（广东教育厅立案）南海石门中学港校高初中部暨附小招生简章（1939年）

（一）缘起：本校在南海县北村创设已将十载，向以兴学育才，服务国家为主旨。创立以来，叠承社会人士嘉许，兹因地区沦陷，为适应时局及社会需求起见，特在香港深水埗增设分校，俾逃难学子及有志来学者得所依归焉。

（二）校址：香港深水埗荔枝角道由三三二号起至三四二号止，一连六间。电话：五七六五七

（三）学额：招考小学各级、初中一年级新生，及各级插班生、转学生、借读生。

（四）报名：投考生先到本校领取报名单，填妥后，连同二寸半身相片二张。报名费一元，缴交报名处。

（五）试验：（甲）小学—国文算术；高、初中—国文、英语、算术、常识科。（乙）日期：廿八年八月廿五日上午九时起。（丙）地点：本校。

（六）学期：由廿八年九月七日（星期四）起，至廿九年一月廿九（星期一）止。入校学生须于九月五日（星期二）开始到校注册，听候上课。

（七）缴费：各级学生本学期应缴各费如下：

高中	初中	小五六	小三四	小一二	学级 / 项目
卅五元	廿五元	十四元	十二元	十元	学费
五元	五元	三元	三元	三元	堂费
五元	二元				实验费
壹元	壹元	壹元	五角	五角	图书费
壹元	壹元	五角	五角	五角	体育费
四十七元	三十四元	十八元五角	十六元	十四元	合计

（说明）

（甲）凡新生入校时，须加缴按金五元（旧生免交）。

（乙）男生寄宿，每学期宿费三十元。膳费四十五元，洗衣费五元（每人限洗二百五十件），共八十元。

（丙）外宿生如欲搭午膳者，每学期须交十五元。

（丁）学生缴费，按照上表所列，开学前先到本校（或本校指定之银行）缴交，取回收据，向校务处领入学证，方得上课。

（戊）校内一切公物，学生理宜爱护。如有毁坏，至须修理者，该修理费用由该生按金扣除，至该生毕业离校时，倘该按金有剩余，则按数发还，如有不足，乃须追缴。

（己）本校甚愿来学者，有始有终，以竟全功。至若中途退学离校，或被开除学籍者，所缴各费，概不发还。

校长 李景宗

*资料来源：吕家伟、赵世铭编纂：《港澳学校概览》，香港中华时报社1939年版，（丁）九三。

南海石门中学史略（1939年）

石门中学，因迩石门反（返）照而命名，为南海县第二三九区人士所合办，即往日金利、三江、神安三司所属也。廿一年，二区陈凤江、邓刚、李景宗，三区区芳浦、刘沛泉、黄梓林，九区杜盈谦、黄咏雩、黄兆鹏等，鉴于村乡小学日多，一般资苦学子，无力晋省者，即无升学机会，苟求学于省，亦习侈堪虞，乃首倡创设，并得省港绅商霍芝庭、李右泉、孔安道、黄健之、李景康、邹伯裕、王金石、邹惠霖等，极力赞助，故未几而校董会告成，假广州南海公会办事，公推四司联防局长陈凤江为主席，省督学李景宗为校长，分别主持会校职务，并负责筹备建筑，均义务职也。

民廿二年春，先假二区里水同声社为临时校址，招生开课，自初中一年级办起，因地方容量关系，仅取录八十余人而已。草创既定，分头募捐，凡捐百元，即为创办人，不数月而有三百余众，得款三万余元，并择定九区北村为建校地址，悉数购地，获百余亩。遥对白云，前濒珠海，颇具山川之美，且交通便利，地点适中，复与四司联防总局相连，藉资守卫，甚适宜也。嗣倩工务长材，测地绘图，以为劝募建筑之举。霍校董芝庭先生首建礼堂，以为之创，计五万元。继之者，有孔校董安道、孔校董子昌昆仲，与黄校董梓林、黄校董健之昆仲，合建图书馆及实验室全座，计三万元。盐步晒（薯）莨行捐建头门及两厢全座，计五千元。其余黄耀东、陈谔侨、张清泉、许泌谷、邵序图、区星檀，镜湖公杜容碧、李善松、陈项元、邹继孔诸公，每捐课室一座，各二三千元。李校长因公出巡北区之便，复向乡人之营业北江者劝募，集资又得宿舍一所，至二三九区所属四百余乡人之零星捐款，则或建饭堂，或建盥所，或筑校道，或设球场，大致均备矣，独图书仪器，校具教具，及童军用品等，深感不敷。陈李二君，复再接再厉，奔走呼号。旅港南海商会，首捐三千元，李前县长海云、刘校董沛泉、港商陈绮云等，相继响应，遂得悉照教育部所规定而设置完整。

民廿四年五月，校舍落成，乃乔迁新校，同时中小学均奉准教育部及广东教育厅立案矣。李校长素重农业，尤好技艺，部置既定，即更辟农场，设苗圃，购农具，置武器，分别聘请农业国术专材常川驻校，授诸生以种植国术之技。夏日，更于校前盖搭泳棚，以供员生游泳，复于棚中，设置中西乐器，俾得泳罢而歌，至是，则不独应有者固全，例外者亦毕备矣。于是，远方学子，亦闻风而至者极众，惜宿舍不敷，学生又不能走读，故只能容三百余人而已。自开办以来，历届参加教厅毕业会考，无不全体及格，从无一人落第。而获教育界之盛举者，岂亦因全体员生，均能起居与共，切磋便利所致欤。至经费方面，因得县库月助七百元，明伦堂年助五百元，复争回南城水蚬塘收益，故收费最廉。惟曾几何时，广州已于去岁沦陷矣，南海全县计有中等学校六所小学七百余所，悉若广陵声散，员生之遗难来港者，实繁有徒，邑中人士，以李校长负省县教育行政多年，复为一手创造本校者，亟须设法维持，乃纷促在港复校，知邑人多集于深水埔也，遂择现址复课，将来广州事寝，闻李君以拟留设分校于此，俾便侨港子弟就学，如石门者，其为南海各校之硕果仅存者欤。

*资料来源：吕家伟、赵世铭编纂：《港澳学校概览》，香港中华时报社1939年版，（丁）九二。

南海县政府训令（1945年）

南复教字第一五四号
中华民国三十四年十二月二十七日
令县属前二、三、九区各乡（镇）

查本县私立石门中学复校一次过经费筹集办法，前经该校校董会于本年十一月四日在石门该校开会决定，由县属前二、三、九区属内各乡（镇）摊派负担，每一单位凡男女人口在三百人以下者，拨助学谷五十斤；五百人者，拨助一百斤；一千人者，拨助二百斤；一千五百人至二千人者，拨助三百斤；二千至二千五百人者，拨助四百斤；二千五百至三千人者，拨助五百斤，余照类推等议纪录在案。现据该校董会呈称，以章令春季招生转瞬将届，亟应速筹款项以备复校应用等情，查属实情合，亟令限该乡（镇）于文到一星期内，遵照前项办法，将辖内应拨助该校学谷数量，按照市价析算现款缴交该管区署，汇转石门中学校董会。仰即遵办，勿延为要。

此令

县长黄俊民

*资料来源：广东省佛山市南海区政协文史和学习委员会编：《石门中学七十年（1932—2002年）》第37辑《南海文史资料》，2005年印行，第145—146页。

石门中学校董会资料摘选（1946年）

石门中学校校董会决议（附招生简章）[1]（1946年2月5日）

查石门中学奉令复课，前经本会第一次会议，并由南海县长派代表列席，提议复校费用筹集办法，由二、三、九区属内各

---

1 此标题为编者所加。

乡村，凡每一乡村男女人口在三百人以下者拨助学谷五十斤，三百人以上至五百人者拨助学谷一百斤，五百人以上至一千人者拨助学谷一百五十斤，一千人以上者二百斤，一千伍百人至二千人者三佰斤，二仟人至二仟伍佰人者四百斤，二千伍百人至三千人者伍百斤，余照类推。由县令行区长转饬各乡长、保长执行，按照人口交谷或以时值折算现款，缴交区署代收送校，当经决议通过，并经本会呈请县政府及函区署切实照办有案。本校以各乡村人士，热心赞助学谷，并经议定，凡我二、三、九区学生，一律减收学费一半以示优待。兹已定期本月十七日复课，并经登报于本月十二日招考新生。所有校舍之修葺，校具、书籍之购置，需款甚钜，刻不容缓，相应录案函请

贵长查照，希赐协助速将学谷拨交准五日内，就近送交区署收转，或请迳交本校，俾应急支而维教育仍冀见复至纫公谊。

此致

长台鉴

兹附招生章程请代标贴！
石门中学校校董会董事长区芳浦
中华民国三十五年二月五日

附

私立南海石门中学招生简章

校　　址	南海县北村
招收学额	初中一年级新生两班　二三年级插班生各一班
	每班名额均为五十人
投考资格	初一新生须具小学毕业或相当程度
	二三年级生须学级衔接及有书件证明
报名地点	1. 北村本校　2. 广州市文德东路聚仁坊九号，由二月五日开始二十一日截止
报名手续	1. 缴验证件　2. 粘缴本人二寸半身相片一张　3. 交报名费国币三百元
入学试科目	1. 国文　2. 英语　3. 算学　4. 常识　初一生免试英语
考试地点及日期	1. 本校，二月十二日
	2. 广州市百灵路知用中学，二月十二日
入学费用	各年级生每学期学费国币八千元（二、三、九区学费减半），杂费八千元，保证金五百元（毕业后发还），每学期宿费三千元

董事长　区芳浦　校长　黄慎之
中华民国三十五年二月五日

*资料来源：广东省佛山市南海区政协文史和学习委员会编《石门中学七十年（1932—2002年）》第37辑《南海文史资料》，2005年印行，第164—165页。

南海石门中学三十五年七月十四日全体校董大会议案录（1946年7月14日）

地点：本校礼堂

出席：照签名簿

主席：甘华峰

记录：冯君亮

行礼如仪（甲）：报告事项 1.报告开学经过情形 2.报告筹款情形 3.报告收支概况

　　　　　（乙）：讨论事项校董会应否重新改组，本校经常费应如何筹集，并请公决案。

决议：（一）本校经费无着，由原日二、三、九区内各乡村田亩每亩每年捐助学谷一斤，通函各乡村举派负责代表，于下星期日开会决定之，并于是日选举校董。

(二)各乡村欠交学谷应如追收，请公决案。

决议：(一)通函各欠交者准下星期开会时，折时价缴交。

(二)通函各乡村如本月内仍不清交者，标列该乡村名，公布学校门首，取消该乡村子弟入学之优待。

南海石门中学校校董会

* 资料来源：广东省佛山市南海区政协文史和学习委员会编：《南海文史资料》第37辑《石门中学七十年（1932—2002年）》，2005年印行，第165页。

改选校董通知[1]（1946年7月16日）

兹因本校筹集经费，改选校董事宜，准于本月二十一日（即农历六月二十三日）在北村本校礼堂开会举行，相应函达。查照务希举派负责代表依时出席，共策进行是所至盼。

此致

附本月十四日本校校董会、四司联防局议案录各乙份
南海石门中学校校董会 启
中华民国三十五年七月十六日

* 资料来源：广东省佛山市南海区政协文史和学习委员会编：《南海文史资料》第37辑《石门中学七十年（1932—2002年）》，2005年印行，第165页。

石门中学校董会聘书（1946年8月）

敬聘

　　陈季宣先生　为本校校董

此聘

石门中学校董会董事长 区芳浦
中华民国三十五年八月壹日
私立南海石门中学校董事会

* 资料来源：广东省佛山市南海区政协文史和学习委员会编：《南海文史资料》第37辑《石门中学七十年（1932—2002年）》，2005年印行，第167页。

私立南海石门中学招生简章（1946年度上学期）

一、校址：南海县北村

二、学额：

　　1.初中一年级新生两班

　　2.初中二三年级转学生

三、投考资格：

　　1.在高小毕业或程度相当者得报名投考初中一年级

　　2.持有已立案中学之转学证书者得报名投考相当之班级

---

[1] 此标题为编者所加。

四、报名地点：
　　1. 北村本校
　　2. 十八甫南新中国鞋厂
　　3. 长寿路王金石医馆
　　4. 米市路学宫街南海同乡会
　　5. 高第街世界百货商店
　　6. 佛山南海县党部
　　7. 建安乡公所
　　8. 官窑乡公所
五、报名日期：八月一日起至考试前一日止
六、报名手续：1. 缴验证件 2. 交报名费伍百元及本人二寸半身相片一张
七、试验科目：1. 国文 2. 算学 3. 常识 4. 英文（投考初中一年级免试）
八、考试日期及地点：八月十八日　九月一日
　　1. 北村本校 2. 中正中学 3. 佛山县立一中（佛山区只在九月一日举行）
九、费用：学费一万元　学谷一百斤（二、三、九区学生减半）
　　　　　杂费一万元　宿费五千元
　　　　　童军体育费五千元
　　　　　代收学生自治会费一千元
十、入学及开学：入学时须填缴入学志愿书及保证书，还须一律参加寄宿（寄膳者每月膳米三十五斤，另副食六千元）
　　　定于九月五日开课
（各生取录后限五日内携同证件到校办理入学手续）

　　　　　　　　　　　　　　　　　　　　　　　　　　　董事长　区芳浦　校长　李景宗
　　　　　　　　　　　　　　　　　　　　　　　　　　　中华民国三十五年八月一日

* 资料来源：《私立南海石门中学招生简章》（民国三十五年上学期），1946年8月1日，佛山市南海区档案馆，档案号：034-政-808-079。

李景宗校长演述石门中学校实况（1947年）

……兄弟承贵会之宠召，来港参加贵会三十五周年纪念盛典，得与侨港贤达，共聚一堂，非常荣幸。

贵会三十五年来，均本着为团体为桑梓之一贯精神，无论任何灾燹饥馑，莫不悉力以赴，对于教育事业之援助，尤有口皆碑，刚才敬聆杨主席的报告，斑斑可考，殊令人肃然起敬，更望贵会执事先生，一本已往的宏愿精精，发扬光大，为侨胞为桑梓谋无穷的幸福，是兄弟所馨香敬祝者。

兄弟忝任石门中学校长之责，最难得与侨港父老兄弟共聚一堂，借此时机，谨将石门中学一切办理经过，向各位详为报告。

（一）石门中学之缘起：民国十七年夏，余县长心一，划全县为十二区，令每三区合办地方中学一所，以为农村清贫子弟之救济，因我二、三、九区，向有四司联防局之设（金利、三江、神安、黄鼎等四司），守望相助，邻谊素笃，允宜合办一所，乃委出筹备委员五人，而以四司联防局长陈凤江先生主其事，（现全县并为五个区，原日之二、三、九区即现在二、三区）惟因地方向来贫瘠，久无成议。迨廿一年秋，陈凤江先生嘱兄弟代为规划，复承区芳浦、杜益谦、邓刚诸公募捐于广州，李右泉、李景康、黄梓林、孔安道（霍芝庭）诸公募捐于香港，陈凤江、邹伯裕、黄兆鹏、邹惠霖诸公募捐于乡，即假广州南海公会为筹备处，并成立校董会，始克告成。廿二年春，校董会诸公命兄弟任校长之责，一面假里水同声社学为临时校址招生开课，一面择定北村河边，辟地百亩，以为建筑地址，复承地方殷富之捐助，费两年之时间，始建得头门一座、礼堂一座、图书馆一座、课室九间、宿舍一间，另童军体育办公室两所。遂于廿四年秋，由里水临时校址迁到北村本校，此本校创成的经过情形也。

（二）经费与设备：本校经常费向无闲款，只靠县政府明伦堂之补助，及学费之收入以资维持。但不敷甚远，致每个学期，均要向各方募捐，始能结束。故战前的本校，常在恐慌之中，教职员欠薪数月，视为寻常。幸各教职员多属地方殷富，虽长期欠

薪，亦肯努力负责，始能勉强渡过。光复后，县府已无分文补助，乃自力更生，一面整理蚬塘收入，一面争取地方逆产，复得各村乡学谷之补助，始得奠定经费基础，自给自足，此差堪为各位告慰者。至于设备方面，战前赖各方殷富之匡助，所有图书仪器标本教具校具，均已遵照教育厅设备标准，设置完备。但经八年之沦陷，仪器标本教具，已荡然无存，图书只余十份之二，校具尚存十份之七，此种设备之补置，计非港币二万五千元之谱不可，即分期添置，亦所费不赀。此有赖于侨外诸公之俯赐乐助者也。

（三）教导情形：本校自廿二年春开办至廿七年秋，毕业学生已有四届。广州失陷，廿八年春，复在本港深水埔荔枝角道光华中学原址复课，至三十年十二月香港沦陷而止。毕业学生又有两届。历次参加毕业会考，本校毕业生均全体参加，皆能全数及格，从未有一人落第，为全省所无，教育当局与教育界同人，莫不以为奇异。惜教育厅所举办历次学艺比赛，限于广州市内各校参加，致本校学生不能一显成绩，本校员生，均以为憾。若从毕业会考成绩中检阅，本校算学成绩，每次均为全省各校之冠。廿四年在全省运动会之后，举办各校国技比赛，特别函约本校参加，遂获特别奖品。本校学生均来自田间，村乡小学比市区小学办理较差，故学生质素，自然比市区为劣。但毕业会考结果，本校成绩，反为全省各校之冠。其故安在，教育当局，尝以此下问，其实无他，纯由同事之努力与学校环境之配合而已，其原因如下：

（甲）本校员生均全体驻校，随时随地均有问难机会，与其他学校一下课后即教员自教员，学生自学生者不同。

（乙）本校远离市区，且有要事不准学生出外，故无一切物欲之引诱，而能专心注意于学业。

（丙）每班学生质素，必分三等，资质聪颖者为高才生，中等者为普通生，资质稍差者为低能生。本校利用晚上自修时间，对学生之高材者听其自修，对中等者则抽问之，以迫其其努力，对低能者则将每日所授功课，择要再为详细解释，务使了解，是以全班学生，均能同一进度。

（丁）本校教员多属地方人士，本教育子弟之热情，悉心管教，与只视教席为谋生之道者不同。

基此四点因素，故能会考成绩美满，并无难事，只问肯为与不肯为而已。光复后，本校亦于三十五年春季复校。因经八年之沦陷，失学青年太多，同时九江中学迄今犹未复校，西樵中学又不能在官山原址复课，致本县村乡中学，只有本校一间，各处失学之农村子弟，均赖本校收容，为应环境之需求，及程度之划一起见，故从初中一年级从新办起。现有初中一年级四班，初中二年级四班，共三百余人。本已往之教导方法，故本年度经教育当局之编级试验，又能全体及格，成绩为全县之冠。至于训育方面，尤堪自慰，以八年沦陷之历程为试金石，本校历届毕业同学，无论在省在港，无论士农工商，为殉国难者则有之，特立战功而受盟军统帅特奖者亦有之，从未有一人附从敌伪，悉数均能参加抗战阵线，更足为本校光荣历史之一页。

（四）今后之设施：本校经八载之沦陷，一切建筑物均幸保存无恙，惟经敌人之一度占驻，所有图书仪器标本教具，几已散失殆尽，亟须请侨外殷富乐捐，俾资补置，已如上述。今因学生人数与年激增的缘故，建筑物之增建，与食水问题之解决，亦急不容缓，故兄弟特别提出，以为将伯之呼。本校复课后，去年已蒙严升阶先生，捐建简单饭堂乙座，及男生宿舍乙座。但本校原日只有课室九间，女生已占住其二，仅余课室七间，而现在已有学生八班，迫得将校务处迁入图书馆，改为课室，以资容纳。苟不能于本学期内增建女生宿舍，腾出占住之两课室，则明春无法更招新生也，至于食水方面，全校员生三百余人，殊非以肩担挑夫所能应付，故又非安设水喉水泵机不可。此两问题为目前之急需，与仪器标本之补充，同一重要。务恳在座诸公，予以提挈，尽力向外埠侨胞募捐促成，以为桑梓一般失学青年，谋永远之幸福。抑尤有进者，本校今年只有初中一、二年级，明年便有初中三年级，最迟于三十八年秋，即须增办高中，估计须事前增建办公室乙座，教职员宿舍乙座，并于三十八年春季起，按年增建课室两间，学生宿舍乙座，添建高中生饭堂乙座，方能配合校务之进展。基此原因，故尤望侨外诸公，不断的努力帮忙，而至完成为止。更望贵会执事诸公，本三十五年来一贯为桑梓谋福利之精神，予以尽力之匡助，无穷之指导，俾校务赖以蒸蒸日上，则不独兄个人感激，全县失学青年，均永感大德也。谨借贵会杯酒，敬祝在座乡先生健康。

*资料来源：佛山市政协文史资料委员会、南海县政协文史资料委员会合编：《旅港南海商会史料专辑》，附录四"李景宗演述石门中学校实况"，1990年刊印，第150—158页。

草创时期的南海石门中学

鲁舟

石门中学创办于1932年。这是一个革命风云动荡的年代。

新中国成立前，南海虽然称为广东的首府首县，但由于当时的政府不重视教育，又由于邻近广州、佛山（当时佛山设镇，属南海县管辖，且为县政府所在地），县内有点经济能力的子弟，大都流入广州、佛山去读书，而县内的农村，教育事业显得异常落后。"九·一八"事变以后，风云变幻，民族矛盾迅速上升，全国人民奋起要求抗日。在这种民族意识高涨的潮流影响下，我县二、三、九区有某些"教育救国"意识的乡绅，联结省城任要职的宗亲和乡人，筹办中学，择现址（北村）建校，取广州旧"羊城八景"之一的"石门返照"之意命名，曰"南海二三九区石门中学"（一般称"私立石门中学"）。

石门中学在开始建校的同时（民国二十二年春），便在里水"同声社学"招生（今里水粮仓）上课。直至1934年（民国二十四年）新校舍建成，才由里水迁来现址，直至今天。

私立石门中学的办学经费来源，主要依靠当时南海四乡的蚬埠税收维持，而建校经费则来源于募捐。募捐一举，深得一些有见识的社会贤达、热心办学的群众以至乡绅、富商等各阶层人士的赞助，纷纷解囊认捐。从现存资料来看，当时建校经费，所耗甚巨。从今天健在的老校友（包括第一届学生、教师及办事人员）处得知：当时认捐的知名人士和群众的芳名及其认捐的金额，都在《征信录》有登记（可惜到现在我们还没有访查到《征信录》捐册）。又从几经沧桑而今天尚保留或近期改建而完全确认的建筑物来看，除土地是向北村购买外，几乎整间学校的校舍都是热心人士捐建的。初步统计有：课室九座，耗资白银二千五百元。现保存完整的课室有"清泉课室""耀东课室""青松课室"等。大礼堂一座，命名曰"芝庭堂"，耗资白银十万元，捐建者是当时广东省著名豪富霍芝庭先生。"四友图书馆"一座，耗资白银四万元。捐建者"四友"是南海著名的社会贤达黄梓林、黄健之昆仲、暨孔墨缘、孔仙洲四位先生（见《四友图书馆碑记》）。正门大门楼一座，耗资白银二千五百元。捐建者是南海县的薯莨商（见大门楼碑记）。另外还有因危塌改建为现在校门两旁的办公室的"继孔堂"等小平房，两座。至于一些比较零散或已佚名的捐献者，我们还在不断的访查中。上述捐资办学的人，在当时南海县教育事业一片荒芜的瘠地上，为我石门中学建造了一个结实的基础。如区芳浦先生，是当时广东省财政厅厅长，他是南海人，对石门中学的创办也做了好事。他们大都已作古了，对他们为桑梓办学做的好事，后人永会纪念的。

为创办石门中学而担负各项建设工作历尽辛劳的师生员工——我们的老前辈、老校友。例如筹建学校时，奔走买地忙的陈础肇老师（是石中现任副教导何维孜的岳父），建校过程中负责全部工程琐碎事务、账目，学校落成后负责组织迁校的梁绍松老师和蔡思孔老师父子等，他们劳心劳力，造福后代，也受人崇敬。

石门中学从创办到1937年"七七事变"1938年广州沦陷，是创办的前期。在这期间学校的最高权力组织是校董会。是由当时二、三、九区乡绅和党政要人所组成。校董会主席是里水麻奢的乡绅陈凤江（区芳浦后任），校董会委员也大都是地方上的头面人物（如北村的陈蔼如）。校长是校董会委任的，第一任校长是李景宗。李在广州任要职，当校长只是挂名的，学校行政由教导主任傅朝阳掌管，职员工也是由他们介绍、聘请来的。学校初办时，只有初中一年级两个班，接着是春秋季都招生，人数逐渐增加，学校还建有六座宿舍，开辟了小运动场。作为南海县的一所农村中学，在当时算是略具规模了。

1935年，石门中学开始有了第一届初中毕业生（我县名西医生黄柱和，以及新中国成立后在石中任教二十多年现已退休的数学教师李维澄，就是这一届的毕业生）。由于学费昂贵（每学期要缴学费上白谷360司斤），入校寄宿，规定自备铁床一张（当时每张铁床大约白银十元。学生毕业时，把它留赠给母校。有些床架留到现在，成为石中的"历史文物"）。还有规定校服，伙食标准高等等。按当时人民的生活水平低的情况来看，能进入石门中学读书的，确实很不容易，因此学生中大多是"有家子弟"。当然，学生家庭也不是清一色的富户，和佛山教会主办的华英中学学生家庭比较，当日的石门中学还是称不上"贵族学校"的。

"卢沟桥事件"爆发，神州大地风云突变，正当全国人民唱起《义勇军进行曲》奋起对日本帝国主义侵略进行抗战，1938年10月，广州沦陷，石门中学的师生们含着悲愤的热泪，眼睁睁地看着学校解散了。大多数师生都各自回去了，但有六十四位同学不愿看着学校解体，在部分老师（据当事老师的回忆，当时有蔡思孔、蔡作善、翟阳基老师及欧阳炎老师夫妇）的带领下逃亡，即日到了大冲（现属我县里水区），并摸黑到了显子岗，在显子岗孔氏宗祠暂住下来。不久，得悉汉奸梁支厦（原南海四司联防局局长）注意了这班师生，师生们又紧急撤退，在一天半夜一点钟时分，逃亡到麻奢，在象林寺住下来。……在国民党蒋介石不抵抗政策的坑害下，四万万五千万炎黄子孙逃脱不了这场兵燹浩劫，何况区区的一所中学——石门中学师生也终于逃脱不了厄运，最后，还得解散了。这期间，有部分师生逃到香港，在香港挂起石门中学招牌，继续招生上课。未久，太平洋战争爆发，日军占领香港，这部分师生也解散了（这段时间很短促，这段历史情况待今后查明再行补写）。

从石门中学创办初期所经历的许多事件中，广大师生的办学热情，工作表现，师生们对学校的纯朴感情，在紧急关头所表现的民族气节，都反映出我校一开始就具有可贵的优良素质。

附录五　文献档案选摘

1945年秋，中国人民打败了日本帝国主义，结束了一场为时八年的苦难，迎来了胜利的喜悦，石门中学也得以恢复了。

1946年春，石门中学复校第一次招生的消息，随着春风传遍四乡。莘莘学子，奔走相告，本县各区以至广州市的青少年也纷纷报考。由于刚刚复校，百废待举，所以第一个学期只招两个春季始业的初中班和一个预备班（准备第二学期经考试升入秋季始业的初一班），预备班只有二十人，三个班共约120人。这时期教师人数很少，全校只有十人，校长王慎之先生，美国留学生，任过广雅中学校长。王校长是兼职领衔的，学校日常事务由教导主任马醾休主管。训育主任是姓谭的，兼任舍监和地理、动、植物科的教学。总务主任贾廷璋，兼教语文、历史。此外，还有语文教师岑肇宏，数学教师朱华业，英语教师陈福枢，还有图、工、音、体（包括童子军教练）的教师共三人（教音乐的是唯一的女教师）。这些教师大多是年轻力壮，都是大学毕业的，有较好的教学能力，要求学生很严格，颇受学生爱戴。这一时期，师生人数不多，但很有生气。这显然是抗日战争胜利带给人们一种新的希望的反映。同学们学习非常勤奋，生活很艰苦。他们大多是寄宿生，晚上自修，每人桌上都是一灯如豆（这小小的煤油灯都是自备的）。他们的体育活动很活跃，虽然全校只有一个篮球场，但也限制不了他们的积极锻炼。校门前的珠江是他们最广阔的活动天地，不分寒暑，每天晨夕，不论男生女生，都到江边洗漱或游泳，当时就出现了一批游泳健将，如现任石门中学校友会副会长易载文就是其中之一。

这年的秋季，王慎之校长退出，李景宗老校长回来（还是挂名领衔的）。以下是教导主任李卓儒，他负责主持全校工作，并担任数科教学。训育主任是欧阳炎（他是战前石中的教师），兼教英语。其他科的教师大多换了新人。现南海体委退休教师黄永藻，就是这个时候应聘到石门中学的。这里值得一书的是黄老师工作非常出色，对学生要求十分严格，注意基本功的训练，以身作则，汗水与学生的流在一起。五十年代初期，解放军"八一"篮球队中锋，著名运动员陈仁康就是他训练培养出来的。黄老师任教期间，小小一间石门中学的体育运动就饮誉省、佛和南海四乡。

这年秋季招了三个班，连同两个春季始业班共有二百人左右。往后春秋季都招生，每个学期都招一两个初中一年级新班，学生来源的范围也扩大到广州和佛山。学生不断增多，教师也在相对稳定中有所增加，到1949年秋季，全校学生已发展到十个初中班，四百多人。

这段时间，全校新旧老师和学生都团结合作得很好，共同艰苦建校。由于沦陷时期日寇曾盘踞石门中学作为一个据点，校舍被破坏得十分严重，校园到处野草丛生，满目荒凉。所以师生们一边上课，一边利用课余时间整治校园，修理、开阔新旧运动场地。当时物质条件非常困难，尤其是工具不足。许多同学就用一双白手去拔草、挖石、铲草填洼，披荆斩棘，往往日落西山才收工洗澡和吃晚饭。在黄永藻、孔作求、张达衡等老师带领下，师生的汗水往一起流，用较短时间就把学校面貌改变，在荒芜的校园里新开辟了两个篮球场，一个篮排球两用场和三个沙池，还筑起100米平直跑道和380多米的环校跑道。在劳动建校中，同学们得到很大的磨炼。今天校友会的会长冯大伟、副会长易载文、理事陈仁康、冯鲁（建中）、颜英和、马嘉麟等，都是当年的"劳动英雄"和"运动健将"。这段时间的劳动建校，在形成我校的优良传统中起了很好的"思想奠基"作用。

抗日战争胜利不久，国民党反动派发动内战，遭到全国人民的坚决反对，整个政局动荡不安，革命的浪潮翻腾起来。这个浪潮也冲击到石门中学。进步的思潮不断涌进校园，师生们都自觉或不自觉地投入到争民主的革命洪流中去。他们自发地组织革命宣传活动，从演出《还乡泪》到演出《升官图》《黄金迷》等话剧，揭露国民党反动派的黑暗与腐败，演出《黄河大合唱》，以激发师生和乡民的革命激情。他们的宣传活动从农村进到城市，如自筹经费到广州青年会演出《黄金迷》，连场达一星期之久。黄永藻、梁炳钊、叶冷等老师，和冯廉章、陈润涛、陈兴玲、黄绮霞等同学，都是此剧当时的主要演员。解放战争后期，校园里到处传唱着《大路歌》《义勇军进行曲》《团结就是力量》《唱出一个春天来》《开路先锋》和《插秧曲》等等革命歌曲。这显示着石门中学师生思想的进步，和迫切向往解放的激情。

新中国成立前夕的一个清晨，冯廉章等同学就在校园里贴满了红红绿绿的迎接解放的标语。这些标语代表着广大人民的愿望，当然也代表着石门中学广大师生的愿望。过了几天，第一面五星红旗在广州升起来，广州解放了，石门中学也随之解放了，进入了新的发展时期。

抗战胜利后复校到广州解放这三年多里，时间是匆匆的，可是在石门中学的历史上却是一个转折的时期，又是一个光荣的时期。这期间，石中的师生们在荒芜的校园的土地上，用血泡和汗水把母校重新打扮起来，由于蒋介石发动的内战，使一代青少年不能安安定定去读书，革命的浪潮却把这一代青少年涌上了革命的道路。同学们在艰苦的劳动和斗争中获得了锻炼，形成和发扬了勤奋学习、追求进步、艰苦奋斗、团结友爱、尊师爱生的优良作风和传统。正因为如此，所以刚一解放，石门中学就有大量的同学踊跃参军、参干。他们踏上革命的征途，足迹遍及长城内外，大江南北。他们参加了清匪反霸，土地改革，抗美援朝（陈霖佳同学在战斗中英勇献出了自己宝贵的生命），创造了不少英雄业绩。他们在社会主义革命和社会主义建设时期为人民做出了可贵的贡献，他们当中有不少人在今天"四化"建设的各条战线中成为骨干力量。也有部分同学分赴港澳和海外，从事各自的工商经营和科学教育事业，取得良好成果。有的对支援家乡建设事业做出积极的贡献。

回顾过去的历史，石门中学所起百年树人的摇篮作用，是值得引以为自豪的。

* 资料来源：政协南海县委员会文史组编：《南海文史资料》（第6辑），1985年刊印，第10—17页。

石门中学普通中学学年初报表（1964—1965学年初）

一、概况

	学校数			总班数		1964年实际毕业学生数		1964年实际入学的一年级新生数		在校学生数		1965年预计毕业学生数		教职员工数											另有			
														校长	专职党支书	教导主任	总务主任	专任教师			医务人员	一般职员	工勤人员	合计	其中		离校的右反等分子	老弱残人员	代课代职人员	校外兼任教师	由集体开支的职工
	小学附设初中班	初中	高中	完中	初中	高中	计	初中	高中	初中	高中	合计	初中	高中					初中	高中	计					厨工	右反等分子					
甲	1	2	3	4	5	6	7	8	9	10	11	12	13	14	15	16	17	18	19	20	21	22	23	24	25	26	27	28	29	30	31	32	33	34
				1	11	6	17	146	92	200	98	506	278	784	129	81	1		2		25	17	42	1	8	5	59	3			1			13

补充资料：

1. 教职员总数中政治工作人员24人，其中党员5人、团员5人。政治工作人员中专职人员6人，其中团专职干部1人。
2. 厨工人数中为学生食堂工作的2人。
3. 本校有生产实习园地32亩。

二、分年级班数及学生数

		初中				高中				一贯制						合计 (4+8+14)
		一年级	二年级	三年级	计	一年级	二年级	三年级	计	一年级	二年级	三年级	四年级	五年级	计	
甲		1	2	3	4	5	6	7	8	9	10	11	12	13	14	15
总数	班数	4	4	3	11	2	2	2	6							17
	学生数	206	171	129	506	103	94	81	278							784
	其中：留级生	6	3		9	3			3							12
其中试行十二年制新教学计划的	班数	4	4													8

(续表)

		初中				高中				一贯制						合计
		一年级	二年级	三年级	计	一年级	二年级	三年级	计	一年级	二年级	三年级	四年级	五年级	计	(4+8+14)
	学生数	206	171		377											377

补充资料：

1. 初中学生数中内宿生449人，高中学生数中内宿生248人。
2. 高中内宿学生中，来自农村的210人，其中自带口粮的128人。自带口粮差额由国家补助的120人。
3. 初中班数及学生数中，一部制班_____个，学生_____人。按每班一教室，尚缺教室_____个。

附表：概况总计中

	1964年实际毕业生数		1964年实际入学的一年级新生数		专任教师数	
	初中	高中	初中	高中	初中	高中
甲	1	2	3	4	5	6
试行十二年制教学计划的班数			200		16	
试行学制改革的班数						

三、学生年龄及开设外语的班数、学生数

		学生年龄									其中16岁以上家在农村的	开设外语的班数、学生数			
												开设英语		开设俄语	
		12岁及以下	13岁	14岁	15岁	16岁	17岁	18岁	19岁	20岁及以上	合计		班数	学生数	班数	学生数
甲		1	2	3	4	5	6	7	8	9	10	11	12	13	14	15
初中	一年级	18	59	67	51	11					206	11	4	206		
	二年级		13	63	67	26	2				171	21	2	87	2	84
	三年级			10	55	53	11				129	55			3	129
	合计	18	72	140	173	90	13				506	87	6	293	5	213
高中	一年级			1	12	54	22	12	2		103	66	1	41	1	62
	二年级					21	48	22	3		94	76	1	49	1	45
	三年级						20	38	19	4	81	77			2	81
	合计			1	12	75	90	72	24	4	278	219	2	90	4	188
总计		18	72	141	185	165	103	72	24	4	784	306	8	383	9	401

四、分科专任教师数

	政治	语文	数学	物理	化学	生物	地理	历史	俄语	英语	体育	音乐	美术	生产劳动	其他	合计
甲	1	2	3	4	5	6	7	8	9	10	11	12	13	14	15	16
初中	3	4	3	1	1	2	1	1	2	2	1	1	1		2	25
高中	1	6	4	2	1					1	2					17
合计	4	10	7	3	2	2	1	1	2	3	3	1	1		2	42

五、专任教师学历及在中等以上学校的教学年限

		初中					高中					合计(6+11)
		高等学校本科毕业及以上的	高等学校本科肄业二年以上及专科毕业的	高等学校本科肄业未满两年的	高级中等学校毕业的	计	高等学校本科毕业及以上的	高等学校本科肄业二年以上及专科毕业的	高等学校本专科肄业未满二年的	高级中等学校毕业及以下的	计	
甲		1	2	3	4	5	6	7	8	9	10	11	12
未满1年的			1			1						1
1年至未满3年的		2	1			3						3
3年至未满5年的		1	5	2		2	10					10
5年至未满10年的		3	3			6	4	4			8	14
10年至未满15年的					2	2	3	1	3	1	8	10
15年至未满20年的		1			2	3	1				1	4
20年及以上的												
合计		7	10	2	6	25	7	6	3	1	17	42
其中	政治教师	1	1	1		3		1			1	4
	语文教师	1	3			4	4	2			6	10
	数学教师		2		1	3	1	1	1	1	4	7
	外语教师	2	1		1	4	1				1	5

六、1964年毕业生概况

	已升学的	已就业的					未升学未就业的	合计
		工业	农付业	文教	其他	计		
甲	1	2	3	4	5	6	7	8
初中	111		22			22	13	146
高中	37		26		9	35	20	92

七、教职员工及学生的家庭出身

			合计	工人	农民		工农干部及老干部	资本家	地主	富农	其他
					计	其中贫下中农					
	甲		1	2	3	4	5	6	7	8	9
教职员工		合计	59	12	10	6		7	14	1	15
	其中	校长	1						1		
		教务主任	2						1		1
		专任教师 计	42	9	4	2		5	12	1	11
		初中	25	9	2	2		5			7
		高中									
学生		合计	784	280	258	197	2	24	29	6	185
		初中	506	185	176	141	1	16	16	4	108
		高中	278	95	82	56	1	8	13	2	77

补充资料：教职员工合计数中，本人成分是资本家的___人，地主的___人，旧官吏的___人，旧职员的___人。

八、教职员工及学生的政治情况

			共产党员	共青团员	民主党派	少先队员	其他	合计	其中	
									女性	少数民族
	甲		1	2	3	4	5	6	7	8
教职员工		合计	6	11		—	42	59	11	
	其中	校长	1			—		1		
		教导主任	1			—	1	2		
		专任教师 计	1	9			32	42	8	
		初中	1	9			15	25	8	
		高中				—	17	17		
学生		合计		52	—	266	466	784	214	
		初中		3	—	266	237	506	167	
		高中		49	—		229	278	47	

补充资料：
1. 初中学生数中，侨生__人，侨眷生 1 人。侨生数中，毕业班__人。
2. 高中学生数中，侨生__人，侨眷生 1 人。侨生数中，毕业班__人。

九、1963年9月至1964年9月学生流动情况

	上学年学年初报表人数	增加数 计	其中：由其他学校转入的学生	减少数							转到其他学校	参军	开除	死亡	因留级离校	修业期满离校	其他
				休退学													
				患病	参加工作生产	经济困难	学习环境不好至其退学	出国及去港澳	其他	计	其中：休学生							
甲	1	2	3	4	5	6	7	8	9	10	11	12	13	14	15	16	17	18	19
初中	519	4	1	3		18				21	20					5	4	41	71
高中	286	2		4		7				11	10					3	1	1	16
合计	805	6	1	7		25				32	30					8	5	42	87

十、1963年9月至1964年9月教工流动情况（只调查教育部门办的学校）

	上学年学年初在校教职工数	增加数 计	其中					减少数 合计	退职	退休	自动离职	处理回乡	下放下一级学校	调离教育部门	转为集体开支	转入民办学校	升学	参军	开除	死亡	调离本省	调离本专区	调离本市县	其他	本市县教育部门办中学调动的	
			应聘大专毕业生	应聘中师毕业生	部队转业	复员军人	外省调入	机关调入																		调出	调入
甲	1	2	3	4	5	6	7	8	9	10	11	12	13	14	15	16	17	18	19	20	21	22	23	24	25	26	27
总计	63	2						1	5	1				1		2							1		1	
其中教师	44	2						1	2					1									1			

* 资料来源：佛山市南海区档案馆藏，档案号：059-A12.1-041-002。

注：学校全称：南海县石门中学，为南海县重点学校，填报日期：1964年9月30日。

举旗抓纲学大寨，面向农村育新人：石门中学一九七六年上半年工作规划（节选）（1976年）

在参加县教育革命大辩论学习班中，我们进一步学习了毛主席的词二首和元旦社论，学习了中央文件，经过了革命大辩论……我们开展教育革命大辩论是坚持党的基本路线，加强无产阶级在上层建筑领域对资产阶级实行全面专政的一场重要的斗争。为此，我们决心遵照伟大领袖毛主席"千万不要忘记阶级斗争"的指示，以"可上九天揽月，可下五洋捉鳖"的革命大无畏精神，坚持党的基本路线，以阶级斗争为纲，认真学习……有计划组织学生到学工分校和学农分校学校学习和锻炼，向工人、贫下农学好思想、好作风，培养劳动人民感情和劳动习惯。

……

（六）在改班主任负责制和高中改50人小班为大班的基础上，继续进一步健全班组集体领导负责制，调动班组的一切积极因素，共同搞好班工作，开展教育革命。

（七）每学年学生入学时用十天，边学习边劳动，进行阶级斗争、路线斗争教育和劳动教育，从根本上提高三个觉悟，以树立为革命而学习的思想。

学生每人具备一把锄头，一对箕，坚持每星期两个下午参加集体生产劳动和公益劳动，以及农田基本建设和农忙支农劳动，坚持在劳动中过好肩头、手掌和光脚板走路三天，为扎根农村打下坚实身体基础。

……

各科教学组在集体研究基础上制订单元教学计划，教学计划要做到全面负责，严密安排，知行统一，专兼结合。

（3）加强对学生的学习和实践的指导。

（4）坚持《五七》道路，办好厂场和开展学工、学农、学军活动，为农业大上快上做贡献。校办农场和工厂抓好科学试验，以科学试验带动生产，带动教学，把厂场办成科学实验、教学、生产劳动三结合的场所。进行四项科学试验[1]：

1. 培育水稻良种，搞单倍体育种试验。
2. 搞两亩亩产2200—2500斤的高产试验（9——1000，8——900，5——600）和继续各种插植规格试验，为农村提供科学种植数据。
3. 常年育萍，继续试验生物防治红萍病虫害，掌握科学养殖红萍的方式，为农村提供萍种。
4. 继续养生猪一百头，实行糖化饲料，进行快速育肥猪试验。
5. 搞好支农气象、虫情测报站，继续健全支农兽医小分队，面向农村，为生产队和社员医治病猪，继续健全支农修理农机具小组。
6. 新办与教学对口的小工厂两间和搞一二项支农的农业机械的研制实验。

……

做好每天课间操，半小时早操及除劳动两下午外的几天中每天40分钟的课余活动。开展每周一歌，每月有群众性体育竞赛活动和每月有文艺汇演的活动。

（四）继续全面推行《国家体育锻炼条例》。

（五）健全文艺宣传队、游泳、田径、篮球、足球、乒乓球，定期到农村生产队、工厂、部队进行演出及友谊竞赛活动。

（六）继续自力更生搞好体育器材及田径、篮（球）场地建设。

"世上无难事，只要肯登攀。"我们有毛主席为首的党中央和各级党委的领导，有经过无产阶级文化大革命和经过教育革命大辩（论）而焕发社会主义积极性的师生，我们的目的一定能够达到。

（一九七六年二月十四日修订）

* 资料来源：《举旗抓纲学大寨，面向农村育新人：石门中学一九七六年上半年工作规划》，1976年2月14日，佛山市南海区档案馆藏，档案号：059-A12.2-038-001。

---

1 原文如此，但阅读上下文，似乎不止"四项科学试验"。

南海县石门中学校友会简章（草案）（供讨论稿）（1984年）

一、会名：本会定名为南海石门中学校友会。

二、宗旨：加强历届校友联系增进互相间的了解和友谊，交流学习与工作经验，为繁荣母校实现四化，振兴中华做出贡献。

三、会员：凡曾经在我校学习或工作过的学生，教职员工，赞同本会章程，自愿参加本会，经过报名登记，均可成为本会会员。

会员有遵守本会章程，承担本会分配某些工作，交纳必要的活动经费的义务；在会内有选举权和被选举权以及参加本会组织各项活动的权利。

四、机构：校友会设会员大会、理事会。会员大会的主要职能：讨论、审查，决定本会的各项建设和重要任务，推进产生理事会组成人员；理事会由会员大会推举产生，负责联络校友，处理本会日常事务与组织各项活动。

理事会设名誉会长一名，名誉副会长若干名，经由会员大会协商推举产生；另设常务理事长一名，常务副理事长若干名，由理事会选举产生。理事会的理事根据实际需要，通过协商作适当分工。

第一届理事会由筹备会协商提名，由会员大会通过产生，每届任期为两年，允许连选连任。下一届理事会的候选人由上届理事会提名。

五、经费：校友会的活动经费和小量基金，由校友赞助，集体筹措；经费开支做到民主理财，账面公开。

六、会址：在石门中学母校设总会，在广州分设两个分会址，佛山设一个分会址，香港、澳门各一个分会。

七、分会：按校友工作、居住分布情况，根据自愿原则，可设立分会；各分会设理事一至三人。（其中一人应为总会常务副理事长）负责与总会联系，并组织本地区校友的联系与活动。（在各分会中可分届建立小组）

八、活动：原则上总会结合母校校庆活动（每两年一次）在母校聚会；分会每年聚会一次，具体地点时间由分会定；分会下的小组则由小组自行商定。

石门中学校友会筹备小组
1984年3月25日

各校友对简章有何意见请提在线下：

----

*资料来源：由南海石门中学档案室提供。

石门中学常规制度（1985年）

课室规则

（1）经常保持教室的清雅、整齐、洁净。

课堂布置要清雅，桌凳摆置要整齐，墙壁、地面、枱面要洁净，不得乱丢、乱吐、乱写。

（2）经常保持教室的安静，不得在课室喧哗、追逐。

（3）尊师重教，听从老师的教导。

值日生在上课前抹好黑板；上课预备钟响，学生进入教室，做好课前准备。

教师进入教室上课，学生起立行礼，教师回礼后才坐下；向老师发问要先举手，经老师同意后才起立发问；回答老师提问时要起立，教师示意才坐下。

（4）上课时（包括自习课），不得随意出入教室。

迟到要报告，经老师同意后才进入教室；有特殊情况需要离开课室者，必须得到老师的允许（若是自习课，老师不在场时，须得到班长的允许），方能离去。

（5）爱护课堂设施，离开课室必须关好门窗，损坏公物要赔偿。

"三操"要求

（1）依时参加"三操"（早操、课间操、眼保健操），不迟到，不早退。

（上第二节课的老师，协助抓好课间操：理化实验后，该班的课间操在理化实验室旁进行；上第五节课的老师，要协助组织该班学生进行眼保健操）

（2）做到集队迅速，列队整齐，队伍肃静。

（3）做到态度认真，动作准确，刚健有力。

宿舍规则

（1）宿生要按照编定的床位入宿，不得擅自变动。

（2）宿生必须严格遵守作息制度，做到依时作息（大楼各室，晚睡必须及时关灯），服从舍（室）长的领导和管理。

（3）宿生必须遵守公共卫生规则，积极参加清洁和保洁工作。

（4）内务要统一整齐。

（5）注意安全，做好防火、防盗工作。

不得在楼上追逐、打球；不得坐栏杆；不得上楼顶；不得在宿舍生火、点油灯；学习时间，离开宿舍要上锁；不得擅入别班宿舍；来访亲友借宿，须经班主任同意。

（6）要爱护公物，节约水电，保护水电设施。离开宿舍要关灯和关好门窗。

对违反宿舍规则的学生，如经教育无悔改表现，给予中止宿籍、开除宿籍的处分。对学生中止宿籍、开除宿籍处分由班提出，经级组批准。

以班为单位，开展"四好"宿舍活动（"四号"是指：遵守作息制度好、清洁保洁工作好、内务统一整齐好和执行安全制度好）学期初评，学年总评，作为评选三好班条件之一。

走读学生的午休纪律制度

为了保证走读同学中午的休息，保证学校午休纪律的正常，特拟定走读生的午休纪律制度。

（1）午休时间，内膳走读生应回课室休息或学习，不得到处走动，也不得离校外出。

（2）午休时间，应保持校园安静，不得高声谈话、追逐、玩单车和进行各类文体活动。

（3）外膳走读生回校后也应执行上面两项规定。

学生请假制度

（1）学习时间，有特殊事情需要离校的学生，必须先履行请假手续，连续旷课一周以上的学生，作自动退学论处。

（2）学生请假，必须写请假条，请假三天以内的，由班主任审批，请假三天以上的，经班主任加其意见呈教导处审批，请假一周以上的由校长室审批。

（3）如假日在家发生偶发事件误课，回校后必须主动补假。办理补假手续的学生，必须伴有家长证明或医生证明。

环境清洁、保洁要求

（1）实行环境区包干清洁、保洁制度，并以学习班为单位开展创三好环境区活动（环境区的三好：净化好、绿化好、美化好）。学期初评，学年总评，作为评选三好班的条件之一。

（2）各班必须建立清扫环境区的轮值制度，保持班的环境区的清洁。

每天认真清扫一次（主干道路和重点区域每天清扫两次。节假日回校后早上加扫一次）。每月大清理一次，并进行检查评比。

要求环境区实现"六无"，即无菜皮纸屑，无长草，无腐叶，无杂物，无积水，无蚊蝇滋生地。

（3）维护环境区的清洁卫生。

勇于制止随地吐痰、乱丢菜皮纸屑和倒剩余饭菜等有碍公共卫生的现象，对违反保洁要求者进行劝告、批评教育甚至处罚。

（4）美化、绿化环境，种好管好环境区的花草树木（包括绿色走廊）。

（5）清扫环境区内的公厕、冲凉房（每天清扫两次）。

饭堂规则

（1）尊重职工，互敬互爱，不喧哗取闹。

（2）依次排队领饭菜、取开水。

（3）爱护公物，不浪费冷水、开水。凭水票，才能用水壶、水桶盛装定量使用热水。

（4）讲究公共卫生，不随地泼水和乱丢剩余饭菜。

值周师生职责

值周班制是组织学生维护正常的教学秩序和生活秩序、保护学校安全的重要形式。学校实行值周班（包括值周教师和值周学生）工作责任制。值周教师指导值周学生做好下列工作：

（1）保护学校安全

每天午休时间、星期六下午和星期日派出同学值班，在前后门设岗，做好来访登记工作（星期六晚派流动哨护校）。

值班师生必须严格履行护校任务，玩忽职守造成事故者，追究责任。

（2）搞好假日的环境卫生

星期六下午和星期日派出学生淋花（指淋校门口两个花圃的花）、冲洗大小便处。

（3）检查和维护公共秩序

派出同学（佩戴值日生袖章）维护饭堂秩序，维护星期六、日的校园秩序和星期六晚的晚睡秩序。

（4）做好星期六、日"浸身"的管理工作。

星期六、日是否允许学生到河边"浸身"，由值周班决定，在校门口示出通知，并做好检查管理工作。

值日教师职责

（1）检查当天早操、课间操、眼保健操、饭堂、睡眠的纪律情况，做好具体记录，及时照会有关班主任。

（2）遵守各项常规制度，指导值周学生维护饭堂秩序，处理当天学生的偶发事件，做好教育工作。

（3）【现场】检查游泳规则的执行情况，协助护泳工作。（全校学生离水上岸回校后才能离场。）

（4）值日教师实行交接班制度。

交接班时间：下午4:30。当天值日教师将突出现象记录后，把"值日教师记录簿"挂回教导处，并通知接班的值日教师暨进行"值日教师袖章"的移交。（星期六于第四节课后交接班。星期六的值日教师向星期一的值日教师交接班。）

＊资料来源：由南海石门中学档案室提供。

石中学生记功表彰办法（1987年）

为推进学校建设社会主义精神文明活动的深入开展，鼓励学生树立正确的人生观，培养高尚的共产主义道德情操，特制定对学生记功表彰办法。

一、凡符合下列各项之一者，给予记功表彰。

1. 维护党、国家、集体的荣誉和利益，事迹突出。

2. 舍己为公，舍己为人事迹突出。

3. 拾金不昧，事迹突出。

4. 拒腐蚀，反破坏，事迹突出。

5. 获得县以上的命名和表彰。

6. 作品被选送国、省、市展出。

7. 参加县、市以上学科竞赛获奖者。

8. 参加县、市以上文娱会演或体育运动会获前三名者。

二、记功表彰分特等功、一等功、二等功、三等功四种，并分个人与集体记功。对受集体功的单位可视情况对其中全部或部分成员作个人记功。

三、每学期末，由学校组织评功一次，可由学校领导、班主任（团队负责人）或科任教师提名并办理呈报，学校审批（情况特殊者，记功不限于学期末）并张榜公布本学期记功表彰名单及简单事迹。

四、凡受记功者，由班主任写进学籍册和学生操行评定表。

教务处
1987年2月9日

*资料来源：由南海石门中学档案室提供。

关于石门中学学生英勇救火事迹的通报

（南海县教育局文件，

南教发〔1987〕66号）

各中小学：

十二月七日下午6时15分，盐步镇黄岐渔业村突然失火，乘着风势，大火迅速蔓延。石门中学近五百名学生闻讯迅速赶到现场，自觉地组织起来，英勇地投入了灭火战斗，经过了近两小时的努力扑救，保护了国家财产，减少了当地居民房屋和财物的损失，受到了有关单位和当地群众的热情赞扬。《羊城晚报》、《广州日报》、《佛山报》、南海县人民广播电台也相继报道了他们的事迹。

石门中学学生的英勇救火行动，是社会主义精神文明的高度体现，是八十年代青年学生精神面貌的突出反映，是教书育人的丰硕成果。全县师生要学习石门中学学生英勇救火的事迹，学习他们视国家利益、人民利益高于一切的共产主义精神；学习他们在社会发生危难的时刻，不顾个人安危，挺身而出的高贵品质；学习他们团结奋斗、英勇顽强、严守纪律的优良作风。

十二月十五日，教育局给予石门中学以嘉奖和奖励。希望全县各中小学结合学习石门中学学生英勇救火的事迹，加强教书育人的工作，将学校的社会主义精神文明建设提到一个新的水平。

一九八七年十二月十六日

附：石门中学的报道：《一首动人的战歌》

抄报：市教委、县政府

发至：教办、中小学

一首动人的战歌
——记石门中学学生帮助渔民救火的事迹

南海县石门中学

本月七日傍晚6时15分。黄岐渔业村突然起火。当时江边刮着凛冽的东北风，使火势迅速向西南蔓延。同学们一见渔业村起火，纷纷赶至现场，自觉投入灭火的战斗。当时，学校领导尚未闻讯。赶至现场的近五百名男女同学自觉地组织起来，迅速投入几个火区的灭火。

藤仓存放着八十多吨原藤,是价值巨大的国家财产,而烈焰离藤仓不足两米了。同学们迅速排成长蛇阵,像飞速运转的机器链条,把一桶一桶水从江边传上来,泼过去,有几个男同学爬上房顶,奋力扑救。不少同学冲进仓内抢救原藤,一捆白原藤百多斤重,同学们拖着、扛着,一捆捆地把它搬到安全地段。高一学生冯洪昌在抢运过程中,手表挤脱了,他顾不得寻觅,忘我地战斗。当时,火势已接近仓库的四壁,情况危急。有些同学急中生智,他们捡起木棒,冒着浓烟,硬是把相隔藤仓于咫尺的一段残垣推倒,把蔓延的火势压下去。藤仓终于保住了,站在江边舀水的冯剑波、邝振球泡在水里的双脚也冻得麻木了;潘伟明同学在水中一站就是一个多小时,浑身泥水;邵凤莲同学在传水过程中腕关节扭伤了,但她忍着痛,坚持到最后。

但在密密麻麻的小巷里,聚居着百多户人家,其中许多小巷仅约一米宽,给灭火带来重重困难。而且由于渔民开动机帆出海作业的需要,多数人家里都存放着大桶大桶的柴油。一旦火舌舔至,油桶必将爆炸。在此险境之下,同学们实行从江边和基围东西两面夹攻灭火。许多同学冒着生命危险,冲入浓烟滚滚的小巷,或接力泼水,或合力捣毁残垣,以横截火源,保护沿着基围的大片民房。高三（8）班学生谭海鹰,眼看一位同学爬上屋顶灭火时,被浓烟呛了下来,他毫不犹豫地爬上去接替,直到把火扑灭时,他已被浓烟呛到晕头转向,几乎从屋上摔下来。其后,他又不顾个人安危,把快要着火的一个油桶的桶盖用棒压紧。高三（7）班同学陈立新搬完了十多扎藤后,又与同学一起推倒了好几堵危墙,压熄火焰,他在浓烟中灭火时,身边的一桶柴油已开始冒烟了。初三小同学岳百全爬上屋顶泼水时,摔了下来,腰部撞到一扇高门上,痛得厉害,但他忍着疼痛,又继续爬上屋顶奋战。不少同学为了帮助村民抢救财物,冒险冲入被火焰包围着的房屋里。初三（1）班梁啟文同学多次冲进民房,当他抢救一部电视机的时候,火焰已烧近三米处,电视机突然爆炸,手也受伤了。高三学生冯剑波爬上断墙泼水,一不小心,踩个空,摔了下来,幸好被同学接住,后来他又帮助户主从尚未熄烟的木烬下把钱包扒出来,手也烫伤了。陈健日同学帮助消防人员拉水管,当他想从一个房顶走过去时,谁知石棉瓦顶穿了,几乎摔下来。高一（2）班黄伟文同学冲进起火的房屋,帮助一位老伯脱离险境。高三（4）班杨财耀站在危墙上,摔了下来。当他见到一位女同学搬缝纫机被围观者堵塞时,说:"快点让开,你们忍心袖手旁观吗?"高三（2）班陈杰文,帮助一位大娘把大柜搬出来,因大门被封锁,大柜只能从窗口挤出,开始,他拿着一根木棒撞开窗口,原来那根木棒已着火,痛得一失手,火棒又掉脚背上,又是一阵剧痛。最后撞开了窗口时,手被撞在墙上,指甲被撞得脱了甲,只有一点连着肉,血淋淋的,衣服、鞋子都浸有鲜血,十指痛归心,但他仍坚持不下火战。梁慧媚、苏咏、邓绮霞、黄艳葵等女同学提醒群众先抢救值钱财物,同时冒着浓烟帮助抢救村民的财物,一直坚持到大火熄灭。在沿江地段和最近水闸一带,由于地形的限割,无法用水龙有效灭火。黄光锋、叶健松等六位高中生,机智地在江边找来一艘小船,把小船划至岸边,奋力舀水灭火,但划到江心时,船漏水,江水涌入船里,快要下沉,但他们临危不惧,后来,救火船来了,他们又靠上救火船,协助消防人员将器材搬上可以靠岸救火的机帆上,使火情迅速得到控制。黄光锋还帮助居民从炽热的废圩里捡出一大叠钞票。还有好几位同学帮助消防人员摆弄救火龙头,有的为了占据有利地形,攀上浓烟弥漫的楼面。高二（5）班谢健良,哪里危急就带领同学往哪里灭火,先是抢救藤仓,后又带领同学过基围,绕过火场。与消防员一起救火,最后又带领同学返回小巷里,冒着浓烟救火。

经过了两个小时的搏斗,终于降服了这场可怕的火灾,大部分同学的衣服鞋袜全沾上了泥水,有的连脚上穿的鞋子也掉了,自用水桶有的丢失了,有的弄得歪歪扁扁,有同学还丢失了手表。但他们谁也没有一句怨言,当他们匆匆忙忙回到宿舍更衣后,又赶回课室上自修课。

翌日,渔业村的几位负责干部来到学校,向同学们表示深切的感谢,他们说:经有关部门核准过,光是学生们抢救出来的原藤价值就达一百万元。这场大火突然烧毁了我们渔业村的八十户人家,但在同学们的奋力抢救下,余下的一百多户房舍和财物免遭于难。至于学生们的精神及其影响倒是无法用金钱估量了。

*资料来源:由南海石门中学档案室提供。

石门中学改革教育思想、教学方法,努力提高教育质量（节选）（1988年）

石门中学为了把学校办成高质量、有特色的学校,反复地学习中央的《决定》《决议》和去年省教育工作会议精神,抛弃陈腐的教育观点,进一步确立新的人才观、教育观、新的质量观和培养目标观,加强和改进了师生的思想政治工作,积极开展以启发式为中心的教改活动。加强了实践环节，搞好教师队伍的建设，使学校沿着"德、智、体、美、劳"全面发展的道路不断前进，并取得了可喜的成绩。今年高考，全校四个毕业班考上重点线的有60人（上届52人），上省线的有35人（上届34人），上市大专一线的有81人，比去年略有上升；参加各类型竞赛的成绩也有所提高，例如在今年电脑通讯赛中，学校获得较好的成绩，受市教委等单位奖励，其中郑伟国同学获高中组第一名；县中小学生田径运动会和县属中学足球比赛，学校均获第一名，最近，学校被县教育局、县体委命名为田径传统学校；县文艺调演，学校的节目分别获得一、三等奖；今年上半年和暑假期间，学校组织学生搞社会调查活动成绩显著，被共青团广东省委等单位授予"广东省大中专学校社会实践活动红旗单位"称号，其中李前浩和张德敏两位同学被团省委评为"社会实践活动积极分子"。

他们的主要做法是：

一、在教学中加强学生的主体作用。

1. 开展以启发式为中心的课堂教学改革。

在教学中加强学生的主体作用是学校课堂教学的指导思想，在抓好"双基"的同时加强对学生能力的培养，这是开展以启发式为中心的课堂教学改革的主要任务。在课堂教学改革中，他们提出两条基本的要求：一是坚决打破传统的教师讲学生听的做法，摒弃满堂灌；二是把阅读、观察、思维和分析、解决问题的能力作为各学科共同的基本能力认真加以培养。

语文科组在去年高一级增设每周一节阅读课的基础上，今年推广到高二级，教师的主导作用体现在指导学生做好读书笔记上，主要是发展学生的阅读能力，以及归纳、概括、总结能力，不少同学写了几万字的读书笔记；英语组坚持"三个中心"的教学试验，这"三个中心"是在课堂教学中以语言实践为中心，在阅读过程中以理解为中心，在整个教学过程中以培养能力为中心，加强了课堂教学的语言实践活动；数学组吸取了"自学读导法"的教学成果，加强了练习环节；物理组吸取了段力佩的"读""议""讲""练"教学方法，结合本校实际进行探索。这些改革的共同特点是让学生有较充分的时间阅读理解、练习提高。其中化学科李树棠老师的"综合启发式"教学改革试验以及历史科许斯壮老师进行的历史教学改革试验，受到上级部门的好评。

2. 调动学生的非智力因素，使学生主动学习。……

3. 收集学生反馈讯息，不断改进教学。……

二、创造条件，让更多的学生参加课外活动。

……本学年全校已建立30个课外活动小组，包括电脑、航模、打字、书法等，参加人数从去年500多人发展到991人，占全校人数58.3%。此外，还组织各种科学讲座。……

三、坚持抓好体育、美育和劳动教育。

……

这批教师的迅速成长，是石门中学教学质量能不断提高的保证。

1. 加强科组教研活动和集体备课活动。……

2. 制订新老互学条例，坚持以老带新。……

3. 实行对新教师的评课和中老教师的公开课制度。……

实践证明，通过以上活动，新教师成长较快，目前除了一两个新教师外，其他绝大部分已胜任或基本胜任教学和班（主）任工作。我们力争在以后的三年内带出一支稳定的、质量较高的年轻教师队伍，为创造"高质量、有特色"打下扎实的基础。

*资料来源：南海县教育局编：《教育简报》（六），1988年2月9日。由南海石门中学档案室提供。

石门中学简介（1988年）

石门中学位于南海县黄竹岐镇北村。

1932年秋，南海县四司联防局长陈凤江委托旅港南海商会李景宗先生在二、三、九区筹建一所农村中学。1933年春，以陈凤江为主席的校董会任命李景宗为校长。一面以里水同声学社为基地，招生开课；一面择址北村，辟地六十余亩，作为校址，并取"羊城八景"之一"石门返照"之意，命名为石门中学。

1935年秋，学校由里水迁入北村现址。

从1933年春至1938年秋，共有春、秋四届初中学生毕业。在校学生约240名，教师25名。学生每年参加省会考，成绩均全数及格，为全省所无。每次算学会考成绩均为全省之冠。1935年省举办各校国技比赛，石门中学获特别奖。

广州失陷后，石门中学师生约七十人一度退至里水显子岗及麻奢坚持上课。

1939年春，石门中学于香港深水埗荔枝角道光华中学原址复课。至1941年12月香港沦陷为止，有两届毕业生。

在八年抗战中，石门中学历届毕业生积极参加抗战，不少为国殉难，也有不少荣立战功，甚至受盟军统帅特奖。

抗战胜利后，石门中学于1946年春季复校，同年又进行秋季招生。至1949年，全校发展到十个初中班，约四百多名学生。这几届学生体育运动很活跃，在游泳和篮球方面成绩突出，出了像"八一"篮球队中锋陈仁康等好几名体育尖子。

1949年10月，广州解放。石门中学学生踊跃参军参干。

1950年2月25日，南海县政府接管石门中学，由县支前指挥部负责人杜路兼任校长。当时全校开设三个初中班一个高一班（1951年撤销），学生一百四十余人，教师十多人。

1953年，官窑中学合并石门中学。

1956年9月，石门中学复办高中。

1957年，石门中学把校园面积扩大到一百零五亩，自力更生，修建了一个四百米运动场。在反右斗争中，有六位教师被划"右派"。

1958年，石门中学自办农场廿多亩。大炼钢铁，兴建小高炉廿多个。

1959年，石门中学第一届高中毕业生约一百人毕业，其中九十多人被录取入大学，成绩列全省第十八。

1960年，石门中学第二届高中毕业生约一百五十人，百分之九十考上大学，成绩列全省第十三。同年，石门中学成为佛山专区重点中学之一，并被评为省先进学校。

1967年，"文革"降临。石门中学广大教师受迫害，学校遭破坏。以后，石门中学成为一所盐步区办中学。

1978年，石门中学恢复为佛山地区和南海县重点中学。经过落实知识分子政策，学校获得新生。

1985年，石门中学不再办初中，向高级中学过度（渡）。

1988年10月止，石门中学校园面积为70399平方米。新建楼房建筑面积达17668平方米。计有含26个课室的教学楼一幢，有14个实验室的科学楼一幢，有4个课室的艺术楼一幢，教师宿舍五幢，学生宿舍三幢。还有旧图书馆一座，旧礼堂一座，三百米运动场一个，水泥篮球场三个等。

实验室年内可配备理、化、生仪器11万元，基本充实至两人一组分组实验，统编教材的实验100%可做。电脑室有"Apple2"26台，语音室待装配，电教室配备5万元设备，基本够用。

图书馆内藏书有一万八千册，杂志一百六十余种，报纸十余种。设师生阅览室各一个。

体育设施及器材基本达到两个暂行规定所要求的数量标准。

石门中学长期以来形成了"从严要求，全面发展，勤教勤学，开拓进取"的优良校风。在全面发展的基础上努力发展英语、电脑等学科的优势，力图在这两个学科的教学中创自己的特色。

近年来，石门中学正朝着"高质量、有特色"的方向努力迈进。

一是破除旧的教育观，建立新的教育观。坚持面向全体学生，开展因材施教，通过开展各种课外活动，力争多层次出人才；坚持全面发展的方针，如在高一开设音乐课，全校开设劳动课；坚持教书育人，如各年级教师对学生定人跟踪进行思想辅导；坚持传授知识和培养能力相结合，如在语文教学中开设阅读课；坚持领导、老师与学生的双向交流疏导，破除单一流向的思想教育观，如设校长信箱、师生恳谈会。

二是努力按教学规律办事。努力减轻学生的学业负担，如不搞加班加点、控制作业、测验次数；坚持教学改革实践，废止注入式，实行启发式。

三是加强德育。坚持抓好以"基本文明和爱国主义"为内容的思想基础教育；建立以德育处牵头的学生思想工作队伍；坚持抓好社会实践活动；促成行为管理向目标管理过度；调动学生的积极因素，发挥学生教育和管理的主体作用。

四是加强制度建设、师资建设和校舍设备建设。建立岗位责任制，不设副职、不设空位，责任到每一个人，建立逐级评价的制度。加强教师的岗位培训，开展集体备课和一帮一活动，力争在1992年我校教师学历达标达80%以上，胜任小循环教学达85%以上。通过社会集资提高校舍设备水准，近三年社会集资达五十万元（其中香港黄允畋先生及孔宪顺先生各捐资十三万港元）用于扩建和改善图书馆设施，兴建水泥球场、购置电教和课外活动设备，改善课室和实验室的照明和通风、修建道路及搞好环境绿化美化。在政府增加投资的前提下通过学校集资，于1992年使石门中学在校舍和设备方面跃上一个新的台阶是可以实现的。

恢复重点中学以来，石门中学的教学质量得到恢复和提高。高考录取大专以上比例1979年为13.2%，1986年为88%，1988年我校八个高中班毕业，地大专以上录取人数为290人，仍达到63%。多年高考成绩在佛山市内仅次于佛山一中。1984年高考，陈劲戈同学的作文为当年优秀文章刊登在《南方日报》上。在市、县学科竞赛中，石门中学也取得较好的成绩，去年郑伟国同学还以佛山市第一名的成绩荣获省电脑竞赛三等奖。劳耀基同学考上体院后，今年以2.15米的成绩获全国高校运动会跳高冠军。

此外，石门中学在县文艺调演中多次获得优胜奖。县中小学生田径运动会多次获得第一名，被命名为县田径项目传统学校。

由于全面贯彻方针并取得成绩，石门中学多次评为省、市、县的先进集体，1978年以来受各级奖励情况如附表。

【附件】1978年以来石门中学获得的各项奖励情况（不完全统计）（略）

*资料来源：由石门中学档案室提供。

关于批准佛山市第九小学等六所学校为首轮广东省一级学校的通知

（广东省教育厅文件，
粤教督字〔1993〕4号）

佛山市教委、南海市教育局：

根据我厅制订的中小学学校等级评估标准，经学校申报，佛山市教委、南海市教育局同意，并由我厅组织有关人员认真评估，现批准佛山市第九小学、南海市桂城中心小学、南海市石门中学、南海市桂城中学、南海市盐步初级中学、南海市里水初级中学为首轮广东省一级学校。按《广东省中小学等级评估暂行办法》规定，这批学校可从今年秋季开学开始，报请本市政府实行有关优惠政策。望上述学校进一步总结办学经验，深化教育教学改革，不断增强办学实力，向更高的办学水平奋进。

广东省教育厅
一九九三年六月二十一日

抄送：佛山市、南海市政府，各市、县（区）教委、教育局

*资料来源：由南海石门中学档案室提供。

改革、开拓、向前（节选）

1993年4月，我校被评为广东省一级学校。这是对我校的办学条件和办学水平的充分肯定。当时评估组对我们存在的问题，中肯地提出了整改的意见。事后我们以改革的精神努力整改，并为创办全国一千所示范性学校，把石门中学办成具有现代化特色的学校而努力开拓。

一、改革中求完善

1. 进一步加强党支部的保证监督作用，教代会的民主参与作用，完善校长负责制。

在办学方向，贯彻教育方针，变应试教育为素质教育的大方向问题上，党支部均组织认真的学习和讨论，包括"教师法"和"教育法"的学习和讨论，取得一致的认识，再通过校长加以贯彻。在决策问题上能通过教代会的民主参与，加以认可。从

而使党支部在学校工作中能起保证和监督的作用,为此党支部的工作都结合学校的办学计划详细制订党支部工作计划和认真评价总结。

2. 全面贯彻教育方针,努力转变教育思想,改应试教育为素质教育。目前做了几项工作:

①在学生中开办了"青年党校",宣传党的知识,宣传党成长的历史,提高学生对只有中国共产党才能领导全国人民进行社会主义革命和社会主义建设,特别是建设有中国特色的社会主义的认识。建立"青年党校"一年半以来已在两期学员中共讲党课17次,发展学生党员8人,还组织要求入党的高二学生到镇做社会调查,了解农村党的建设和党组织在发展经济所起的作用等。

②"两史一情"教育系列已建立并趋于健全,寓爱国主义教育和其他思想教育于系列活动中,渗透于学科教学的主渠道之中。使学生能把个人的发展同国家的前途、社会进步、人民的幸福紧密结合起来,把人生价值的自我实现同成长为中国社会主义现代化建设的栋梁之材统一起来。

③对双差生,特别是思想后进的差生,加强了辅导措施,如老师包干辅导,以德育为重点的每月一次的班主任工作评估,安排了三名强的班主任到三个初中班领班,促进了双差生的改变。

④在抓好以课堂教学为主的教学工作的同时,在高中开设了音乐课和美术课,加强了劳技课的教学和选修课的针对性,特别是对具有提高性质的活动课,采用了专人包干的责任制,成绩显著,如1994年共取得4个省二等奖,9个省三等奖,参加活动的人数达到75%。

逐步开放实验室,定期开放电脑室,提高设备利用率、发展学生的兴趣、特长。

⑤每月举办一次全校性的音乐欣赏活动和美术欣赏活动,开展多种多样的群众体育活动。两年来参加市直属高中的各项比赛分别取得市属中学学校篮球赛男团冠军,女团亚军,市属学校乒乓球赛女团冠军,男团亚军,市直中学生田径赛团体冠军、亚军,市直中学学生足球赛季军,市直中学学生"百歌颂中华"合唱比赛获第二名。

在全面贯彻育方针的同时,我们要求做到"教书育人,管理育人,服务育人",培养既有文化、有才学、又有理想、有道德、有能力、有见识、有健全的心理,有强健的体魄,有特长的建设人材。

3. 加强了校园文化建设

①在校园内设置了校风、校训;名言、警句;创作了校歌。

②在图书馆、科学楼增加了名人、科学家的画像。

③宣传橱窗定期更换、内容充实。

④在建立校史展览室的基础上,正在筹建历史博物馆,为加强爱国主义教育提供基地。

⑤继续在校园的绿化、美化、净化上下功夫。

二、开拓中求发展

1. 努力实施一流的设备,建立一支一流的教师队伍,创办一流的教育,培养一流的学生。

①建立一支高质素的教师队伍,继承和发展"科学、协作、拼搏"的石门中学精神。办好一所学校,关键在于领导班子和教师队伍,教师是学校的灵魂,教学质量是学校的生命线,师资队伍的建设是永远不变的重点,为此我们的努力目标是:

建立一个坚强的领导班子,培养一批得力的科级骨干,造就一支优质的教工队伍。

②加强师德教育和建设,要求爱事业、爱岗位,爱学生;提倡敬业和奉献精神;端正劳动态度,提高劳动效率,创造劳动成果;提高自强意识,竞争意识,质量意识。

③引入激励机制。在真诚合作,共勉共进、相互尊重、友爱关心的基础上开展公平竞争,准备评选一批学科带头人和一批骨干教师,树典型,促整体,并在劳动报酬上拉开距离,奖励突出贡献者。

在公平竞争的基础上,形成尊敬老教师,依靠骨干教师,培养青年教师,树立优秀教师的人人向上的局面,增强团结和凝聚力。

④提倡练内功,全面提高教育科研水平

提倡全体教师努力钻研业务,提高教育水平,提高教学水平,提高科研能力,准备推行上研究课、学教学理论,承担研究课题,撰写论文的活动,造就一批在省市有一定知名度和影响力的名优教师。

⑤掌握现代化教学手段，制订配套措施。如在全校举办电教公开课大奖赛的评比活动；定期对教师制作的有关软件评比，鼓励自制；要求青年教师三年内掌握电脑操作，并分不同层次给予奖励；对私人购买电脑给予适当的奖励。

2. 办出特色：

目前我校初步形成了以学生为主体的办学特色：

加强反馈环节，形成人人有事管，事事有人管的层级管理特色；

以学生为主体参与的德育系列活动的德育工作特色；

以电化教学为突破口，结合以练为主线的教育改革特色。

我们努力的方向是：管理工作反馈及时，操作方便，引入电脑配合；德育系列活动全年适当调整，更适合学校的工作特点。教学改革在抓好常规教学的同时，电化教学要在如下四个方面有更大的发展：多媒体优化组合、运用计算机进行辅助教学、利用语言实验室进行语文、英语的辅助教学、利用投影提高课堂教学质量。

3. 努力发展电教：

①增加电教设备设施；②培养电教人材；③提高电教质量；④逐步实现电脑管理。

改革和开拓是创办具有现代化水平的一流学校的基点，我们相信通过政府和教育部门的大力支持，通过我校自身的努力，把石门中学建成一所现代化学校是能够实现的。

*资料来源：由南海石门中学档案室提供。

广东省南海市石门中学章程（1998年）

第一章 总则

第一条 为加强我校的科学化、规范化管理，全面贯彻教育方针，全面实施素质教育，全面提高教育质量，依据《中华人民共和国教育法》和其他教育法律、法则，结合我校实际制定本章程。

第二条 广东南海市石门中学是在南海市教育局领导下的全日制市属重点高级中学，是广东省教育厅首批命名的"广东省一级中学"。

第三条 办学目标和宗旨：以邓小平建设有中国特色社会主义理论，特别是有关教育的思想理论为指导，全面贯彻"教育必须为社会主义现代化化建设服务，必须与生产劳动相结合，培养德、智、体等方面全面发展的社会主义事业的建设者和接班人"的教育方针，坚持以提高民族素质和适应现代化社会经济发展为方向，提高师资水平，完善办学条件，积极开展教育教学改革，努力使学生在德、智、体、美等方面全面发展，不断提高教育教学质量，努力把我校办成一所现代化的有特色的示范性新型学校。

第四条 坚持以德育为主导，以教学为中心，以育人为根本的教育思想，树立法制意识，道德意识，规范意识，科学意识和现代意识五个意识。

第五条 大力要求教师把现代化教学与启发式教学在高层次上有机结合，努力实现教学手段的现代化。实现管理制度化、规范化、做到人尽其才、物尽其用。形成"人人有事管、事事有人管"的良好格局。

第六条 学校管理体制：校长负责制，中共党总支部起监督保证作用。教职工通过"教代会"参加学校的民主管理。

建立以校长决策为中心的指挥反馈体系和管理网络。重大决策经学校行政会议讨论，教代会审议，校长在充分听取意见和建议的基础上出决策。

学校对全体教职工实行聘任制，实行目标管理和岗位责任制，建立有效的可操作的评估考核奖惩制度。

第七条 学校建立四处一室的管理架构：即校长室领导下的四处（德育处、教研处、教务处、总务处）和一室（党政办公室）。各处室明确分工，紧密合作。

第八条 校园文化传统：

校风：从严要求、全面发展、勤教勤学、开拓进取

校训：任重道远、毋忘奋斗

教风：科学、协作、拼搏

学生优良传统：尊师、爱校、勤学、俭朴

校徽：校徽由"石门"二字的汉语拼音开头字母SM变化而成。M字呈鼎足三立之状，象征德、智、体全面发展；中部造型，体现了教育教学的特殊规律，寄寓着螺旋式前进之意；上部圆球，寄托着师生们对教育面向未来、面向世界的理解和愿望。

第九条 普通话是校园语言，要求课堂教学，集会和集体活动师生均 使用普通话。

第十条 国家财政拨款是我校教育经费的稳定来源。同时，应积极争取社会和个人的捐资助学，不断改善办学条件，优化育人环境，有利提高教学质量，促进学生的健康成长。

第二章 学籍管理

第十一条 学籍、考勤、成绩考核

本校执行广东省教育厅颁发的《广东省普通高中学生学籍管理暂行办法》

第十二条 奖励和处分

1. 奖励：对达到《中学生守则》要求者，设置以下奖项：

（1）授予"三好学生"称号

（2）授予"优秀三好学生"称号

（3）授予"考试进步奖"称号

（4）授予"考试优秀奖"称号

（5）授予"优秀学生干部"称号

（6）授予"优秀团干部"称号

（7）授予"优秀团员"称号

"三好学生""优秀三好学生""优秀团干部""优秀团员"，每学年评定一次，学年结束时，由学校正式授予，发给奖状，以资鼓励，其余奖励每学期进行一次。

2. 处分

对违纪、违法而又屡教不改的学生、视其情节轻重，态度好坏，分别给予警告、记过、留校察看，伤令退学，开除学籍等处分。

3. 奖励或惩罚学生，须经学生评议，由班主任提出和征求任课教师意见，送德育处并经行政会议讨论，校长审批。对学生的处分决定后通知家长。伤令退学、开除学籍，应同时通知学生所在街道或乡村。

4. 对受处分的学生，本着"惩前毖后，治病救人"的精神，继续进行教育，一个学期后，确有悔改表现的，经学校讨论批准，可以撤销处分（开除学籍除外）。

第三章 教育教学管理

第十三条 教育教学管理是学校领导的主要任务，是实现学校教育教学目标，培养大量优秀人才的关键，管理内容应包括教育计划、教学计划与课程的管理，教育教学检查与评估，考试与命题的管理，教师的管理与学生的管理。教育教学管理是对教育者的管理，受教育者的管理及教育过程的管理与调控。

第十四条 原则：面向全体学生，面向学生的全面发展，注意培养特长。坚持面向世界、面向未来、面向现代化。坚持全方位素质教育。在教育教学实践中，努力做到：（1）科学性与思想性统一的原则；（2）理论联系实际的原则；（3）教师为主导，学生为主体的原则；（4）因材施教的原则；（5）定性与定量相结合的原则。

第十五条 课程：不折不扣执行教育部颁布的《中学德育大纲》和《中学各科教学大纲》，执行教育部颁发的课程计划，开设必修课，选修课和活动课。

第十六条 考查：对必修课，每单元结束后必须进行复习测验。每学期都必须进行中段考试和学期考试。选修课和活动课

进行考查。

第十七条 校历：执行广东省教育厅颁发的《广东省全日制中学校历》

第四章 人事行政组织管理

第十八条 我校按省教育厅核定的编制设置校长、副校长、主任、教师和其他人员。

第十九条 校长应具备国家规定的任职资格，由南海市教育局聘任，是学校行政负责人，其主要职责是：

1. 认真贯彻执行国家的教育方针和教育政策法令，以及上级的指示，决议，努力按教育规律办学，全面完成中学教育的任务。

2. 组织制定与实施学校发展规划和学年，学期工作计划和进行学年和学期的工作总结。

3. 主持学校行政会议，领导四处一室的行政工作。

4. 负责领导和组织学校的教学工作。

5. 负责领导和组织学校的思想政治教育工作。

6. 积极创造条件，妥善安排学生的劳动技术教育。

7. 负责学校的人事工作。

8. 贯彻执行勤工俭学工作，努力改善办学条件。

9. 建立和健全学校的各项规章制度。

第二十条 设副校长二名，由校长提名，市教育局聘任。副校长对学校的工作组织实施和管理。

第二十一条 （设）四处一室：1. 德育处设主任一名，负责全校学生的德育工作和组织纪律工作，指导班主任工作。2. 教研处设主任一名。在校长领导下，负责学校教学和教研方面的组织管理工作。指导教研组长的工作。3. 教务处设主任一名，负责学校教务管理，组织工作。4. 总务处设主任一名。在校长领导下，负责按照学校的计划要求，提供必要的良好的教学条件和环境，以及必要的生活设施和服务，保证教育，教学任务的完成。5. 党政办公室设主任一名，在校长的直接领导下，负责学校教师人事档案，治安保卫，工、青、团、妇、学生工作，负责协调各方面和关系。

第二十二条 建设一支"敬业爱生"的高素质的教师队伍是办好学校的根本保证。学校注重铸就敬业精神，塑造高尚师魂，通过定期学习，开展师德教育，竞赛活动，结合定期的岗位考评，强化师德教育。同时加强"内功"训练，组织各项教学研究活动，注重现代化教学技术和方法的学习和应用，学校讲究用人之道，鼓励新人拔尖，使教师能在相应的岗位上充分展其才，尽其能。

第二十三条 教职工代表大会每学期举行一次。

第二十四条 学校建立党总支部，各年级建立党支部，对学校贯彻和执行党和国家的方针政策实行监督，建立青年党校，培养优秀青年学生加入党组织。

第二十五条 共青团组织工作以培养"四有"新人为目标，团结带领全校团员，同学积极贯彻执行学校各项规章制度，富有成效和创造性地开展工作。发挥青年学生的栋梁作用。

第二十六条 团委配备团委书记一名，团委副书记一名，在上级团委和学校党总支领导下。根据青少年特点开展工作，协助学校全面贯彻党的教育方针。学校团委工作由德育处统筹。

第二十七条 学生会是全校学生共同的组织，学生会领导机构由全体同学选举产生，在团委指导下开展工作。学生会的任务是在学校领导下，团结和带领全校同学实施"三自"管理，努力做好"德、智、体、美"全面发展。

第二十八条 家长委员会。建立家长委员会，作为常设机构。家长委员会的成员，由各方面有代表性的并在社会上有威望的热心教育事业的家长组成，设委员18人，家长委员会由校长召集，定期研究学校教育工作和家长工作。除学校建立家长委员会外各年级也相应建立年级的家长委员会，设委员10人，由年级领导召集，定期研究学生的教育工作。

第五章 卫生保健安全管理

第二十九条 要认真执行《学校卫生工作条例》以及有关学校卫生工作的法规、政策、建立健全学校卫生工作制度，设卫生室，派专人负责，建立学生健康卡片，定期体检。

第三十条　学校的环境，校舍，设施，图书，设备等应有利于学生身心健康。教育，教学活动安排要符合学生的生理，心理特点。要创造条件，不断改善学校环境卫生和教学卫生条件，开展健康教育，培养学生良好的卫生习惯，预防传染病，常见病及食物中毒。

第三十一条　学校要加强安全工作，因地制宜地开展安全教育，培养师生自救自护能力。组织学生参加文体活动、社会实践，郊游、劳动等均应争取妥善预防措施，保障师生安全。

* 资料来源：1998年9月教职工代表大会通过。由南海石门中学档案室提供。

石门赋（2002年）

凌风

石门屹立，令名曾著羊城；珠水萦廻，美景长存古郡。况代有乡贤，人文底蕴殊深；时具鸿儒，教育资源弥厚。溯石中藉同声社学而开篇；黉宫依南海商会而创业。此后，离里水迁于黄岐，流长源远；由私立易为县立，霞蔚云蒸。忆昔筚路蓝缕，三山既倒之初；戮力同心，百废待兴之日。新运动场，共辟于败瓦丛中；旧环校涌，同清于校园境内。斯时也：大汗淋漓，弗计三伏；浑身酷热，何惧九冬。首藉老儒，从事菁莪之育；清贫学子，组成白饭之团。然演剧唱歌，配合清匪反霸；游行集会，不忘办学开门。至若参建"双桥烟雨"，挑石挑沙；支援大榄农村，抢插抢割。虽战天斗地，未免略误读书；然耕雨犁云，可免不辨黍麦。此所谓失之东隅，收之桑榆者也。迨石门办起高中，狠抓素质；南海迈开大步，勇立潮头。于是火种薪传，名校之声鹊起；春耕秋获，杏坛之业龙飞。尔后噩梦十年，遂至黄钟委弃；春雷一响，终还赤日腾升。改革风开，培素质甩开手脚；机缘水到，抓学业驾驭云霓。至若刻苦读书，韦编三绝；辛勤向学，铁柱千磨。镇日绕翠环红，采花酿蜜；深夜挑灯阅卷，燃蜡照人。盖苦练苦攻，舟穷学海；勤教勤学，路达书山。最难忘：俭朴成风，四季青衫布履；淡泊励志，长年豉酱咸酸。一日为师，有生永记；深宵盖被，没齿难忘。更自信振铎有方，树人立德；敢谓虽贫何患，授业培才。校风经百炼而成；英物历千锤始诞。良有以也。循此继进，石门模式，脱颖而出诸佛山；南海教育，刮目相看于同业。自是贤秀俱来，聚麟益馨；畛域不分，有容乃大。名校名师，桃李尽多佳士；高考高中，栋梁不鲜奇才。恰值：建市十年，广东状元名题雁塔；行年七秩，石门秀士身到凤池。盖事出天酬，岂缘巧合；功成马到，无愧辛劳。抑且积七十年之功，根深叶茂；汇忆万尺之水，渊聚龙生。藉兹蟠桃会上，儿女戏彩娱亲；海屋筹中，宾客攀钟上寿；预卜母校辉煌，与时俱进。娘亲夔铄，共岁偕行。漪欤盛哉！草木有情，老兵描不尽石门轨迹；岁华无价，西宾说难完东道恩情。青春投怀，暮年作赋。缕述如斯，以志弗爱而已。

石门老兵　凌风敬撰　壬午中秋前夕

原注：私立时代的石中得旅港南海商会及同乡会的大力支持，囿于字数，未能在文中全部写出，特此致憾。

* 资料来源：广东省佛山市南海区政协文史和学习委员会编：《南海文史资料》第37辑《石门中学七十年（1932—2002年）》，2005年印行，第5、6页。

关于开办石门中学（狮山校区）的批复

（佛山市南海区人民政府，
南府函〔2003〕40号）

狮山街道办事处：

你街道关于联合创办石门中学（狮山校区）及石门实验学校（高中部）的请示收悉。经研究同意，现批复如下：

一、同意由区政府与你街道办事处联合开办石门中学（狮山校区）（以下简称新校区）。新校区按国家示范性高中标准建设。

二、新校区的教师工资待遇及支付渠道、人员管理等问题，按现有区直高中管理办法实施。

三、区政府在今后3年内合共投资1500万元用于新校区的设备建设。

四、新校区在有关政策允许的前提下，可收取部分择校生，其收费可在5年内全额返还，用于新校区建设，专款专用。

五、新校区面向全区招生，每年定向在狮山招生50人（公费生）。

佛山市南海区人民政府
二〇〇三年三月二十四日

*资料来源：由南海石门中学档案室提供。

《南海县教育志》关于"石门中学"的记载

石门中学

创办于民国22年（1933年）3月，首任校长李景宗。初以里水同声社学为校址，民国24年（1935年）秋，迁至现址黄岐镇北村。以校当"羊城八景"之一的"石门返照"得名。

民国22年（1933年）春至民国27年（1938年）秋，4届初中毕业生每年参加全省会考，成绩全数及格，为全省独有。每次算学会考成绩，均居全省之冠。民国24年（1935年），省举办各校国技比赛，石门中学获特别奖。

民国27年（1938年）10月，广州沦陷。石门中学师生70人一度退至里水显子岗及麻奢坚持上课。

民国28年（1939年）春，石门中学师生在香港荔枝角道光华中学原址复课。至民国30年（1941年）12月香港沦陷止，有两届毕业生。

在抗战8年期间，石门中学历届毕业生挺身参加抗战，荣立战功不少，受盟军统帅特别奖，有些为国捐躯。

抗日战争胜利后，石门中学于民国35年（1946年）春回原址复课，同年又进行秋季招生。至1949年，全校有10个初中班，约400多学生，体育运动开展活跃，游泳和篮球方面成绩突出，培育了其后参加中国人民解放军"八一"篮球队中锋的陈仁康等好几名体育尖子。

新中国成立后，石门中学学生踊跃参军参干。

1950年2月25日，南海县人民政府接管石门中学，由县支前指挥部负责人杜路兼任校长。当时全校开设3个初中班，1个高中班（次年撤销），学生140余人，教师10多人。

1953年，官窑中学并入石门中学。

1956年9月，复办高中。1958年后，把校园面积扩建至105亩，修建了有400米跑道的运动场。

1959年，第一届高中毕业生100多人，其中90多人被录取升入大学，升学率居全省第18名。翌年，第二届高中毕业生150人，90%考上大学，升学率居全省第13名。同年，被评为省先进学校，成为佛山专区的重点中学之一。

"文化大革命"期间，学校遭破坏，广大师生受迫害，学校下放为盐步公社办的中学。

1978年，石门中学庆得新生，恢复为佛山地区和南海县的重点中学。

1985年，不再办初中，向高级中学过渡。至1989年止，校园面积达7万多平方米，新建了教学楼、科学楼、图书馆、艺术楼、学生宿舍、教师宿舍和饭堂等，教学设备不断增添，绿化、美化日益完善，师资队伍不断加强，形成了"从严要求，全面发展，勤教勤学，开拓进取"的优良学风。教学质量也不断提高，高考大专、中专上线率：1984年为60%；1986年为83.1%，1988年和1989年仍在80%以上。1989年，考生李希文以820分居佛山市理科榜首。

*资料来源：南海县教育局、南海县成人教育委员会办公室编：《南海县教育志》，1990年刊印，第126、127页。

重要报刊摘选

说明： 当代重要报刊有关于广东南海石门中学的一些记载，涉及的内容也较为丰富。这里，课题组主要就《人民日报》《光明日报》《中国教育报》《南方日报》等报刊关于南海石门中学的报道进行摘选。

一、《人民日报》的报道

广东开展群众性冬季游泳活动

新华社广州26日电　正当北国溜冰滑雪健儿在冰雪上驰骋的时候，广东省从海南到粤北正在开展群众性的冬季露天冷水游泳运动。

在游泳运动开展得比较好的东莞、化州（原吴川县、化县）两县，经常参加冬泳锻炼的群众都在一万人以上。东莞县的青少年业余体育学校80%以上都有冬泳项目。此外，全县绝大部分人民公社都组织有冬泳队，其中道滘公社参加冬泳的社员有三千多人。**南海县石门中学的师生除少数身体条件不适宜于参加游泳运动以外，都经常进行冬泳锻炼。** 其他如处在山区和丘陵地区的乐昌、罗定等县的群众，也经常利用河溪、池塘进行冬泳活动。

广东省体育运动委员会在全省冬泳运动广泛开展的基础上，1月22日到25日曾在新会县举行了全省冬季游泳运动大会。

* 资料来源：《人民日报》1959年1月29日，第6版。

国家教委通报《中学生体育合格标准》施行情况，强调积极引导学生参加体育锻炼

本报北京2月23日讯记者魏玉凤报道：日前，国家教委举行新闻发布会，向记者散发了《中学生体育合格标准试行办法》实施情况检查结果公报。检查结果表明：学生参加体育锻炼的自觉性提高了，片面追求升学率受到了一定的制约，但仍有一些学校停开高中三年级体育课，全国约有10%的中学，滥发体育合格证（卡），造成极坏影响。公报表扬了认真实施《中学生体育合格标准试行办法》的地区和学校。云南省和上海市坚决执行国家教委规定，严格把关，坚决取消了一批体育不合格的高中毕业生报考高等学校的资格。浙江省的黄岩路桥中学、临海杜桥中学、临安于潜中学，江苏省的南通中学以及**广东省的南海石门中学等对文化成绩优秀但体育不合格的学生采取了绝不袒护的态度。** 但是，据国家教委在9所面向全国招生的高等学校89届新生中进行检测和调查，有些地区和学校对施行《体育合格标准》不够重视。有些地方和学校领导把关不严，甚至弄虚作假，滥发体育合格证（卡）。有的高校对没有体育合格证（卡）和其它任何证明材料的学生也予以录取。有13个省（区）半数以上学生的立定跳远、50米跑、推铅球三项测试的总成绩达不到180分。国家教委领导指出：各地区各学校要根据实际情况，制订切实可行的措施，引导和督促学习努力上好体育课，积极参加体育锻炼，使其成为体魄健壮的全面发展优秀人才。

* 资料来源：《人民日报》1990年2月24日，第3版。

二、《光明日报》的报道

进一步提高中学语文教学质量　广东召开教学研究会议交流经验

本报讯　广东省教育厅于本月5日至12日召开了中学、师范语文教学研究会议，总结过去一年来语文科教学的成绩和经验，进一步明确语文科教学的方向和改进语文科的教学方法，以求继续提高语文教学的质量。

会议认为，过去一年来，全省各中学、师范学校的语文科教学工作，由于明确了语文教学的目的和任务，全面贯初了党的教育方针，注意了加强语文基础知识和基本训练，同时加强思想政治教育，因此，学生的语文成绩有了较为显著的提高。教师经过思想改造、劳动锻炼和教学实践，政治思想觉悟和教学业务能力也有较大进步。特别是经过教学改革，批判了资产阶级教育观点，检查了教学工作上少慢差费的现象，学习了黑山等地的先进教学经验，加强教学工作的责任感，教师的工作积极性有了进一步发挥，因而在教学方法上，有了许多革新和创造。

对于今后提高语文科教学的质量，会议根据当前语文教学存在的问题，认为首先必须继续全面贯彻教育为无产阶级政治服务，教育与生产劳动相结合的方针。当前特别要注意认真提高教学质量，同时又要注意劳逸结合，适当减轻师生的教学负担。

会议强调指出，语文教学必须以马克思列宁主义为指导，加强对学生进行语文基础知识教育和严格的基本训练，培养学生的逻辑思维能力和阅读表达能力，使得学生能熟练地掌握和运用语文这一工具。通过语文教学还要对学生进行共产主义思想教育，树立无产阶级世界观，和为共产主义奋斗的雄心壮志。

其次，要大力克服教学中主观主义和形式主义的教学方法，从讲读教学、作文教学到课外阅读指导等都应进行教学方法的改革。讲读教学中还要特别注意正确处理教材，贯彻精讲多练原则；正确解决讲和练之间的关系，精讲和略讲之间的关系。要坚持分析思想内容与分析语言相结合的讲授方法，克服离文讲意、离文解词、离文讲写等缺点。在进行知识归类过程中，要突出抓住本质，揭示语文的内在规律，贯彻理论联系实际的原则，从讲、读、写几个方面互相配合；加强直观性教学。

第三，加强领导，开展教学研究活动，培训教师，有步骤地建立起一支以马克思列宁主义武装起来的语文教师队伍。会议认为这个队伍又必须要通过政治与业务相结合，理论与实际相结合，脑力劳动与体力劳动相结合的途径才能建立起来。会议还认为做好语文教学，还要艰苦踏实地做好工作，积极而稳步地开展教学改革，创造出更丰富的经验来。

参加这次会议的有广州市、海南行政区及各专区中学、师范语文教师六十多人；各高等师范学院、师范专科学校及部分中等专业学校语文教师也应邀参加。会上，省教育厅厅长罗浚做了报告。东莞中学、科学技术学院附中、南海石门中学、汕头市一中、江门市一中等学校在会上介绍了讲读教学、古典文教学、写作教学等方面的经验；会议期间，并由科学技术学院附中、广雅中学举行公开教学，进行现场观摩研究。

*资料来源：《光明日报》1961年1月24日，第1版。

让信息资源流动找人——广东南海石门中学教育信息化纪实

近日，广东南海石门中学霍志坚同学的家长在手机上收到一条短信息：您的孩子霍志坚同学本学期期末考试成绩：语文87、数学92……

和霍志坚的家长一样，南海石门中学及石门实验中学学生的家长都在教师向学校校园网数据库录入学生成绩40秒后，收到了孩子期末的学习成绩。这是南海石门中学智能化校园短信息平台向各位家长提供的第一次服务。对此，家长们反应强烈，今后不但可以在最短时间内了解到孩子在校表现，而且教师、家长可以通过手机、电话及上网等方式与校园网互联，随时从校园网定制孩子的各种信息，包括：纪律考勤、健康状况、学习成绩、德育评价、教师留言、家庭作业、校长寄语、校园新闻等。教师可以定制教学资源，包括：图书信息、会议通知、课程安排等。所有这些信息按照预先设定的时间自动从校园数据库发送到学生、家长、教师的手机、录音电话或信箱。

这套完整的学生、家长、教师互动的机制是如何实现的？这是通过后台预先编制的应用程序将各种定制的资源按时发送。所有的资源都是不断更新的，应用程序定时对数据库进行搜索，有最新的信息会立即发送。而学校可以根据自己的需要定制适合自己的模式，使学校应用充分体现个性。学生家长如果对孩子成绩不放心，则可以与教师保持联系，或者共同探讨孩子的教育等。当然，从素质教育的角度看，不能分数第一，也不能不尊重孩子的意见。

南海石门中学的短信息平台是信息资源流动找人思想在全国教育系统的首例应用。南海市教委已经着手将资源流动找人机制在教委层面推广应用，南海其他学校也在制订类似计划。（禹飚　潘艳）

*资料来源：《光明日报》2002年9月18日，第C3版。

三、《中国教育报》
改革让教育重现生机——广东佛山市南海区高中多样化办学采访纪行（节选）

改革前，2万名中考生争挤9所名高中；现在，每所高中都有了自己的特色，学生可以轻松选择自己喜欢的特色专业和特色学校。

改革前，中考的一份卷子把考生分为三六九等，成绩最好的上名高中，中等的上普通高中，最差的上中职。现在，分类后的中考和不同的考卷，考生之间没有了等级之差。

改革前，高中畸形发展，中职陷入困境。现在，中职先期招生，普职通融，学生可以在两条道上蹦来跳去，选择最适合自已成长的道路。

改革前，家长们动用各种关系，千方百计想让孩子上名校。现在，家长谁也不用找，孩子就可以进入自己心仪的特色学校。

广东省佛山市南海区这些显著的变化，皆缘于一项改革——"推进基础教育高水平均衡发展"。这项国家教育体制改革试点项目，从老百姓最关注、改革难度最大的初中生出口问题入手，通过中考杠杆调节，疏通高中和中职发展瓶颈，化解了教育难题，受到了师生和家长的赞许。

一加一减，疏通了影响教育发展的瓶颈

4年前，南海高中阶段教育的状况是：高中21所，中职3所，高中是中职的7倍。区属名高中人满为患，镇办高中门庭冷落，中职生源吃紧。这样的教育结构，孩子们除了考高中，几乎没有其他选择的余地。9所名高中的压力大，老百姓的怨气多。区长郑灿儒说，教育均衡不能仅仅局限在基础教育这个点来思考，要从区域教育整体发展的全局来考虑，从老百姓最不满意、矛盾最多的初中生出口入手，改变单一的教育结构，以高中多样化、中职优质化发展为导向，引导基础教育高水平均衡发展。

南海的决策者意识到，老百姓对基础教育诉求多，是因为优质高中数量少。而地方有限的财力分摊到21所高中，如同撒胡椒面，优质校和薄弱校都难以快速发展。"调结构首先要压缩高中规模，使有限的财力发挥出最大效益。"他们果断撤并6所高中，并将镇办高中划归区直管。区财政每年投入1.5亿元，高标准统一公用经费标准和教师待遇。每年投入4000万元专项资金，重点扶持薄弱高中基础设施建设。从优质学校选派干部担任薄弱高中校长。组建7个"高中学校互助共同体"，组团管理，组团发展，共享先进办学理念、管理经验和教育资源。招生全区统筹，不再各镇画线。

西樵高中校长黄润田说，过去学校经费少，没有好教师。区直管后，办学经费增加了，教学设施改善了，又得到组团学校——南海中学的扶持，教师教学水平提升很快，成为学生向往的学校。

石门中学校长盘文健说，过去名校之间争老师、抢生源，比升学率，根本顾不上薄弱学校。

现在抱团发展，名校有了新的责任和义务。南海的决策者还意识到，基础教育压力大、矛盾多的一个重要原因，是职教系统"细小"，且后续通道堵塞，这才使得初中毕业生涌入高中。调结构就要扩张中职，使其迅速壮大起来。他们将中职学校从3所扩张到10所，并且加大投入，使职教成为改变区域教育结构的重要力量。

改革中考，调节了制约教育均衡的阀门中考是区域教育发展的"牛鼻子"，牵制着初中和高中阶段教育的走向。

过去，南海的中考是按照这样的套路进行的：2万名中考生考一套试卷，成绩决定命运，考分最高的上示范性高中，中等的上一般高中，成绩最低的上中职。因为名高中少，家长们动用各种关系游说名校。盘文健说，那段时间，手机不敢开，家也不敢回。

"不改革中考制度，其他的改革就无法推进下去。"区教育局常务副局长吴赐成说，"我们就是要动这个'牛鼻子'，以此来激活整个区域教育！"

南海的中考改革是围绕发展壮大后的中职和高中多样化需求来进行的。

中考改革职教先行，春节招生一改过去职教兜底的做法，先期吸引20%以上的优秀学子进入中职，然后走职教技能升学或就业的通道；其后是特长类中考，引导15%左右有艺、体、外语、科技等特长的学生进入自己喜欢的特色高中就读；最后的中考，留给剩下的考生。

有了职教的先期招录，职教生源数量和质量大为改变。2010年，中职春季招生1200人，2012年上升到4400人，其中不乏初中尖子生。

上中职只是人生选择的第一步，如何让学生成才，才是此番改革设计的重要内容。南海为中职生设计的成长路径是：中职与高职院校"3+2"贯通，学生在中职学校完成学业后，直接升入高职院校相应专业继续深造。目前，他们已与佛山市域的10多所省、市属高职院校签订了联合培养协议。

在中考改革之后，他们又推出"普职融通"政策，给那些在公办高中和中职学校入读一年的学生提供"二次选择"的机会。

有了特长类考试，大大减轻了偏科考生的压力。中考在即，当其他初三考生都在紧张备考的时候，旗峰中学初三学生张美英却在怡然自得地作画，因为在两个月前，她通过特长类考试，进入了南海艺术高中。

而更富有戏剧色彩的是区文瀚的故事。初中时他是尖子生，上了名校石门中学后，成绩一落千丈，成为重点中学的差生。后来，他凭借钢琴特长，进入南海艺术高中学习。"在音乐班，我找回了自信，实现了华丽转身。"去年高考，小区以优异的成绩被中国音乐学院录取。

面对中考，更轻松的则是家长们。"我一点也不着急，因为中考后孩子有几种选择的机会，不像从前那样，大家挤破脑袋都想上区里最好的高中。"南海实验中学学生家长彭英杰说。

高中分类，改善了区域教育发展的生态

过去，南海的高中之间几乎没有什么差别，一样的教材，一样的考试，所不同的是升学率的高低。那些有特长、有偏好的学生，只能硬着头皮学习自己不喜欢的内容，参加同一类型的考试。

"既然学生的兴趣是多元的，高考后的大学是分类和分专业的，那么，我们就应该鼓励高中走多样化、个性化的发展道路。"区教育局分管教学的副局长张苑发说。

千篇一律的高中要发展特色课程，显然不是一件容易的事。他们借助外力，请大学参与共建特色课程。同时，区里拿出1000万元，鼓励各级学校发展特色专业。当年拨给高中的总额是300万元，这笔资金可不是平均分配的，而是要通过竞争才能获取。2011年10月，经过角逐，3所高中切分了"蛋糕"：九江中学"点亮教育"项目获取120万元，狮山石门高级中学"科技教育"项目获100万元，石门中学"人才创新培养"项目获80万元。今年，区里又拿出700万元，专门扶持职业学校的特色建设。

经过3年的积蓄，南海高中特色学校和富有个性化的课程越来越多，学生学有特长，教师教有特点，学校办有特色，因材施教从理念逐渐变成了行动。

在南海，记者发现这里多样化的高中异彩纷呈，大致分如下几类：

一类如石门、南海等示范高中，师资实力雄厚，探索创新人才培养模式，为那些综合性尖子生提供良好的发展机会。

二类是科技类高中。罗村高中的"发明创造"课程很有特色，吸引了众多爱好科技的学生加盟。去年，该校学生的"金点子"发明方案就有上千份。"小发明家"陈志颖说："与一群有幻想因子的同学碰撞，灵感时常被点燃。"他和同伴发明的"自动消毒电话箱"，还申报了国家实用新型专利。

狮山石门高级中学学生在今年第二十届国际机器人大赛中包揽高中组仅有的两枚国际金牌。

高三李达坚、黄旖婧和李禹韬3名学生的研究项目"抗陶瓷工业污染区抗污染树种筛选及修复能力研究"，被评为全国青少年科技创新大赛二等奖，他们今年因此获得重点大学的保送资格。

三类是艺术类高中，如南海艺术高中，开设有艺术专业教育及社团活动课程，近年有数百人被中央美术学院等国内30多所艺术类高校录取。

四类是以国际课程为特色的高中。如南海一中、桂城中学，以中美国际教育实验项目为依托，实施小班化、多元化、智能化、国际化教学，学生被国外多所大学录取。

五类是以综合类见长的高中，如西樵高中办有美术、音乐、传媒、体育等多种特长班，满足孩子们的各种兴趣。

六类是以独特的教育理念发展的高中，如九江中学的"点亮"教育，其构建的学习研究型组织，培养师生主动发展自己的能力，寻求自我发展的策略和方法。

……

改革者说

佛山南海区委书记邓伟根：筑牢南海幸福根基在改革试点过程中，我们调整高中布局，协调普职比列，整合优质资源，改革招生制度，搭建了"普职融通"立交桥，探索出了一条高中多样化、特色化发展的新路子。下一步，南海将进一步促进普通高中更加优质多样特色发展，构建"规范、开放、多样、共生"的教育生态系统，努力筑牢南海幸福的根基。

家长说

桂江一中学生家长谢汉森：孩子可凭兴趣发展，孩子从小就喜欢音乐，别人家的孩子忙着学习，她就在练歌，学习乐器，家里堆满了自己买的音乐碟，还常常跑去听音乐会、看演唱会，沉迷于音乐的世界不能自拔。但她却对文化课没有兴趣，特别是数学成绩差得一塌糊涂。按照过去的招生办法，她只能名落孙山。今年，她参加了中考的另一种考试，成绩超过了艺术高中录取线。现在，她可以顺着自己的兴趣，一直发展下去了。

记者说

中国教育报记者李曜明：找准教育发展突破口

在推进区域教育均衡发展的过程中，南海下出三步妙棋。一是从调整布局入手，调整高中和中职的结构，集中力量补齐

"短板",提升精简后的高中,做强急需的中职,可谓一箭双雕。二是对高中进行分类,满足了学生的多元需求。南海鼓励每所高中发展自己的特色,并且通过中考制度改革,给学生发展特长和选择学校的机会,因材施教从理念变成了行动。三是中考改革分步进行,化解了教育的难题。这样的改革打破了僵局,满盘皆活。(本报记者 李曜明)

*资料来源:《中国教育报》2013年6月13日,第1版。

四、《南方日报》选摘

广东省总工会关于颁发2004年广东省五一劳动奖章的决定(节选)

2003年,全省广大职工在我省改革开放和社会主义现代化建设中,以邓小平理论和"三个代表"重要思想为指导,认真学习贯彻党的十六大、十六届三中全会和胡锦涛总书记视察广东重要讲话精神,按照省委、省政府的工作总体部署,围绕"增创新优势,更上一层楼,率先基本实现社会主义现代化"的总目标团结奋斗,开拓进取,为我省取得抗击非典和经济社会发展的双胜利做出了突出贡献,涌现出一批先进模范人物。

为表彰先进人物的业绩,弘扬他们的先进思想和崇高精神,进一步激发和调动全省人民建设中国特色社会主义的积极性和创造性,广东省总工会决定,向李志坚等180名个人颁发广东省五一劳动奖章。

附:广东省五一劳动奖章获得者名单(发:各市、县总工会 省级产业工会 省直机关工会 中央驻穗和省属(集团)公司工会 受表彰单位及个人)

方明(女)广东省佛山市南海区石门中学教师(余略)

*资料来源:《南方日报》2004年4月29日,第4版。

中共广东省委、广东省人民政府关于表彰广东省劳动模范和先进集体的决定(节选)

在省委、省政府的领导下,全省人民积极投身于建设中国特色社会主义的伟大事业,为我省经济社会发展做出了突出贡献,各行各业、各条战线的先进人物、先进集体和先进事迹不断涌现。为弘扬劳动光荣、知识崇高、人才宝贵、创造伟大的时代新风,进一步调动和发挥全省人民建设中国特色社会主义的积极性、主动性和创造性,省委、省政府决定对近两年来的先进人物和先进集体予以表彰,授予方贵权等248名同志"广东省劳动模范"称号,授予莫传莹等51名同志"广东省先进工作者"称号,授予广州本田汽车有限公司等100个单位"广东省先进集体"称号。希望受表彰的劳动模范和先进集体谦虚谨慎,戒骄戒躁,发扬成绩,再接再厉,继续保持和发扬爱岗敬业、艰苦奋斗、勇于创新、淡泊名利、甘于奉献、争创一流业绩的伟大劳模精神,为我省经济社会发展再立新功。

广东省先进集体名单(100个)

佛山市南海区石门中学(余略)

*资料来源:《南方日报》2006年4月29日,第7版。

清华北大授牌粤10所高中共建基地,建构符合人才成长规律、与高等教育接轨的教育链(节选)

近日,北京大学、清华大学相继为广东10所高中授牌共建基地。记者梳理发现,广东有5所学校被授牌"清华大学拔尖创新人才大学中学衔接培养基地"(下称"清华大学拔尖创新人才培养基地"),9所学校被授牌"北京大学博雅人才共育基地"。这些学校将和清华大学、北京大学进一步推动拔尖创新人才发现和培养,促进基础教育与高等教育有机衔接。

……

广东9所获得"北京大学博雅人才共育基地"授牌的学校包括华附、广东实验中学、深圳中学、中山纪念中学、东莞中学、东莞市东华高级中学、廉江市实验学校、汕头市潮阳实验学校、**佛山市南海区石门中学**。

……

中学获得授牌后,将如何和清华、北大开展合作?

清华大学将根据不同学校的不同特点,制定个性化方案进行人才培养的推进。清华大学招生办主任陈启鑫表示,清华大学拔尖创新人才培养基地并非仅仅为了招生，其核心是育才，培养更多拔尖创新人才来为国家发展和民族振兴做出贡献。

......

北京大学方面表示，启动"北京大学博雅人才共育基地"建设工作，旨在进一步推动拔尖创新人才发现和培养，促进基础教育与高等教育有机衔接，实现中学课改、高考改革、大学教育改革同频共振。

（南方日报记者 马立敏 钟哲 见习记者 姚昱旸）

*资料来源：《南方日报》2021年5月23日，第5版。
注：另据《石门中学大事记》：2016年11月19日，石门中学获得"清华大学2016年生源中学"授牌；2021年4月22日，石门中学和北京大学共同举行"北京大学博雅人才共育基地"授牌仪式。

佛山市南海区石门中学章程（2008年）

第一章 总 则

第一条 为了全面贯彻教育方针，全面实施素质教育，全面提高教育质量、提高办学水平和管理水平，依据《中华人民共和国教育法》《中华人民共和国义务教育法》《中华人民共和国教师法》《中华人民共和国未成年人保护法》《中华人民共和国预防未成年人犯罪法》和其他有关教育的法律、法规，制定本章程。

第二条 本校坚决贯彻执行教育为社会主义事业服务、教育与社会实践相结合，培养德、智、体、美、劳全面发展的社会主义事业的建设者和接班人的教育方针。

第三条 本校是一所全日制、寄宿制普通高级中学，学制三年。

第四条 本校的基本教学语言文字为汉语言文字。学校推广和使用普通话与规范字。

第五条 本校的办学宗旨和培养目标：全面实施素质教育，面向全体学生，促进学生主动、活泼、全面地发展；努力提高学生的思想品德素质、科学文化素质、艺术审美素质、身体心理素质、劳动技能素质、交往合作素质；培养学生学会做人、学会生活、学会创造和发展，使学生的潜能得到充分发挥，成为有道德、有理想、有文化、有纪律的一代新人，为社会培养高素质公民，为普通高等学校输送合格新生。

第六条 本校校训：任重道远，毋忘奋斗。本校校风：从严要求、全面发展、勤教勤学、开拓进取。石中人精神：科学、协作、拼搏。

第七条 办学理念：传承创新，立志发展。

第八条 办学目标：办现代化名校，育高素质人才，出新教育经验，扬新石中特色。

第九条 本校校歌：《源远流长》。

第十条 本校网址：http://www.shimen.org/。

第十一条 本校校徽是"石门"二字汉语拼音开头的字母"SM"变形而成的绿叶托出花蕾的艺术造型。"M"象征德、智、体全面发展；上部圆球，寄寓着教育面向未来、面向世界的理想和愿望。

第十二条 本校的管理机关：佛山市南海区教育局。

第二章 管理体制和组织机构

第十三条 本校校长由佛山市南海区教育局任免。

第十四条 本校实行校长负责制，校长是学校的法定代表人。副校长按上级有关部门规定的程序进行考核和聘任，副校长协助校长开展工作。

第十五条 校长履行下列义务：

（一）遵循法律法规确定的基本原则，组织开展教育教学工作，依法维护和尊重师生的合法权益；

（二）接受上级主管部门的领导、指导和监督；

（三）按照教育规律办学，全面实施素质教育；

（四）接受党组织的监督，重大问题主动听取党组织的意见，落实民主决策的程序；

（五）加强师资队伍建设和管理，保证教育教学质量稳步提高；

（六）进一步完善校园、校舍，教学设施、设备等硬件建设；

（七）采取有效措施，防止发生安全事故，保证师生的人身安全；

（八）廉洁从政，以身作则，为人师表，积极建设团结和谐、积极向上的团队；

（九）实施校务公开制度，学校改革与发展的重大决策和涉及教职员工的权益等事项要及时公布。

第十六条　校长有下列权限：

（一）在综合各方面意见的基础上，对学校的重大行政事务有决策权；

（二）从学校的需要和实际出发，聘用干部、教职工，安排和调整干部、教职工的工作；

（三）重大基建、较大金额的采购项目等须报上级有关主管部门批准，按规定程序进行；

（四）根据教育、教学和其他工作情况对干部、教职工进行奖惩。

第十七条　本校设立"五处一室"，即德育处、教研处、科研处、教务处、总务处和办公室，德育处、教研处、科研处、教务处、总务处和办公室在校长领导下按照各自的职责开展工作。

第十八条　本校的中国共产党组织在学校工作中起政治核心、监督和保证作用。

第十九条　本校建立工会，实行教职工代表大会制度。教职工代表大会每学年至少召开一次，其职权是：

（一）听取校长的工作报告，审议学校的办学思想、发展规划、改革方案、财务预决算等重大问题，并提出建议；

（二）审议学校岗位责任制方案、考核方案、奖罚条例及各项制度。

第二十条　本校建立共青团组织和学生会，分别在学校党委和德育处领导下开展活动。

第二十一条　学校接受上级教育行政部门或上级主管部门依法进行的检查、监督和指导。

第二十二条　实行学校工作报告制度，每学年末向本校职工代表大会和上级教育行政部门如实报告工作，重大问题及时请示报告。

第三章　教育教学和教务管理

第二十三条　本校高一新生均需参加当年高中阶段学校招生考试，由上级招生部门根据录取条件和录取程序，录入我校高中就读。具有我校正式学籍的学生，按规定修业期满，毕业成绩、德育考核、体育均合格的学生，准予毕业，发给毕业证书。

第二十四条　建立和健全学校档案管理制度，执行《广东省普通高中学生学籍管理暂行办法》和上级教育行政主管部门的有关规定。

第二十五条　学校加强德育教育，主要内容与做法是：

（一）对学生进行爱国主义、集体主义、社会主义的教育，道德品质教育，精神文明教育，劳动教育，公民的权利与义务教育，社会主义民主与法制教育，纪律教育，健康心理教育，个性发展教育和环保教育等；

（二）贯彻《国旗法》，每周一早晨全体师生集中举行规范化升旗仪式，接受爱国主义教育；

（三）实行"社会、学校、家庭"三结合的德育一体化教育；

（四）德育坚持正面教育的原则，尊重学生人格；

（五）加强法制教育，提高法律素质，建立健全法制副校长制度，开展生动活泼的法制教育；

（六）建立科学的德育评价考核制度。

第二十六条　学校加强教学管理，主要内容与方法是：

（一）实行班级授课制；

（二）确立学生在教学活动中的主体地位，以教育科研为先导、优化课堂教学为重点、开发学生潜能为突破口，建立适应社会主义现代化建设需要和有利于促进学生素质全面提高的教学新体系；

（三）严格按照国家和上级教育行政部门颁发的课程标准和课程计划设置课程，使用国家颁布的、上级教育行政部门核准的学科教材、乡土教材、活动课程教材和实验教材，严格按上级教育行政部门颁发的校历安排工作，不随意停课；

（四）减轻学生过重的课业负担，合理安排作息时间；

（五）积极开展群众性的体育活动，按规范上好体育课，每天做课间操或眼保健操，保证学生平均每天有一小时的体育活动时间；

（六）加强艺术教育，上好艺术课，其他各学科也要发挥美育功能，培养学生健康的审美情趣；

（七）建立科学的考核评价制度，改革考试的内容、方法，注重基本知识和基本能力的考察，积极推进新课程改革，注重情感和价值观的培养。

第四章 教师、学生的权利和义务

第二十七条 教师的权利与义务

（一）学校按国家有关规定实行教师资格、职务、聘任制度。

（二）保护和保障教师依照《教师法》规定所享有的权利。

（三）教师依照《教师法》规定履行义务。

（四）实施教师考核评价、班主任考核评价、科组工作考核评价、教学辅助人员考核评价、课外活动小组考核评价、毕业班工作考核评价等制度及其相关的奖励制度。

第二十八条 学生的权利与义务

（一）学生享有法律、法规所规定的享受教育的权利，享受分层教学、因材施教的优化教学模式。

（二）困难学生有接受助学金和减免学杂费的权利。学校实行奖学金制度、助学金制度和学费减免制度。

（三）学生有执行学校规章制度的义务。学校对品学兼优的学生，取得优秀成绩和对学校做出重大贡献的学生给予表彰奖励。对犯错误的学生进行耐心说服教育，对极少数错误严重、违纪违法又屡教不改的学生，视其所犯错误情节轻重、态度好坏，经学校行政会议讨论审批分别给予警告、严重警告、记过、留校察看、勒令退学、开除学籍等处分。受处分的学生经教育确有进步，经讨论审批后可撤销处分。

第二十九条 建立校内教职工申诉制度和校内学生申诉制度。

第三十条 教职员工和学生对学校工作有意见、建议可以向校长或校党组织提出，如果没有得到回复，可向上一级行政部门反映。

第五章 学校卫生和安全

第三十一条 学校加强卫生工作

（一）建立和健全卫生工作制度。

（二）积极开展健康教育，培养学生良好的卫生习惯。

（三）预防传染病、常见病和食物中毒。

（四）确保师生、员工每年体检一次，建立健康档案，监测师生、员工体质健康状态。

（五）建立应对食物中毒等突发事件的工作预案，增强预防和妥善处理事故的能力。

第三十二条 学校加强安全保卫工作

（一）建立学校内部和周边治安综合治理制度。

（二）建立治安、消防、防震抗灾制度。

（三）加强安全教育，提高师生自救自护能力。

（四）组织学生参加的文体活动、社会实践、劳动等均应有足够的安全保护措施，保障师生安全。

（五）建立应对火灾、水灾、地震、台风等突发事件的工作预案，增强预防和妥善处理事故的能力。

第三十三条 建立警校联系制度，整治周边环境的治安秩序，创造良好育人环境，保护师生安全。

第六章 学校与家庭、社会

第三十四条 学校加强对家庭教育的指导，办好家长学校，成立家长委员会，定期召开会议，了解并协助学校做好教育工作。

第三十五条 学校积极参与社区教育和社区精神文明建设，为学校营造文明祥和的周边环境。

第三十六条 建立德育、军训、劳动、技术教育、社会公益劳动基地等，促进学校与社会多种形式的结合。

第七章 总务后勤管理

第三十七条 加强校园文化建设，绿化、美化、净化校园，创建良好的文化和育人环境。

第三十八条 按上级部门颁布的办学规范标准配齐教学设备、设施、场馆室，创造条件逐步更新装备，实现教学手段现代化。建立和健全设备、设施、场馆室的使用管理制度，提高效益。

第三十九条 政府财政拨款是学校教育经费主要来源，本校依法向上级有关部门提出经费预算，申请经费拨款。同时，积极争取社会和个人的捐资助学，不断改善办学条件。

第四十条 制订并严格执行财务制度，合理使用资金，用好管好经费。每年年初制定经费预算计划。重大开支要经集体讨论决定。

第四十一条 严格按照物价部门和教育行政部门的有关规定收费。

第八章 附则

第四十二条 本章程获得本校教职工代表大会三分之二以上的代表同意始得通过。学校教职工代表大会形成决议后，由学校提出书面请示，报佛山市南海区教育局核准。

第四十三条 本章程如需修订，需经教职工代表大会审议，三分之二以上代表同意后，报佛山市南海区教育局核准。

第四十四条 本章程的解释权归本校教职工代表大会。

第四十五条 本章程如与国家法律法规相抵触，以国家法律法规为准。

第四十六条 本章程于2018年1月2日经本校教职工代表大会通过，自佛山市南海区教育局核准之日起生效。

*资料来源：2008年1月2日经学校教职工代表大会通过。由南海石门中学档案室提供。

佛山市南海区石门中学校友会章程（2020年）

第一章 总则

第一条 本会的名称是佛山市南海区石门中学校友会（英文译 Shimen Middle School Alumni Association，缩写为SMSAA）

第二条 本会是由佛山市南海区石门中学校友自愿组成的联合性的非营利性社会团体法人。

第三条 本会的宗旨：为校友服务，促校友发展，助母校腾飞。发扬石门中学的光荣传统，加强校友之间、校友与母校之间的联系，交流学习与工作经验，共同关心、支持母校建设，推动祖国教育事业发展。本会遵守国家的法律、法规和政策，践行社会主义核心价值观，遵守社会道德风尚。

第四条 本会的登记管理机关是佛山市南海区民政局，本会的业务主管单位是佛山市南海区教育局。本会接受登记管理机关、业务主管单位以及行业管理部门和其他部门依法在其职权范围内的监督管理和指导服务。

第五条 本会可以根据工作需要设立分支机构、代表机构。本会的分支机构、代表机构是本会的组成部分，不具有法人资格，不得另行制订章程，在授权的范围内发展会员、开展活动，法律责任由本会承担。

第六条 本会的住所设在广东省佛山市南海区大沥镇黄岐北环东路石门中学内。

第二章 业务范围和活动原则

第七条 本会的业务范围：

（一）团结和联络广大校友，加强校友间、校友和母校间的联系和交流；

（二）组织有益于社会、有助于母校、有利于校友发展的各项活动；

（三）编辑、印刷会刊资料。

第八条 本会的活动原则：
（一）社会团体法人治理应当符合国家有关法律法规的规定；
（二）本会按照业务主管单位和登记管理机关核准的章程开展非营利性活动，不从事商品销售，经费用于本章程规定的业务范围，不在会员中和负责人当中分配；
（三）本会建立决策机构、执行机构及监督机构相互监督机制，实行民主选举、民主决策、民主监督；
（四）本会开展业务活动时，遵循诚实守信、公正公平原则，不弄虚作假，不损害国家、本会和会员利益；
（五）会遵循科学办会原则，不从事封建迷信宣传和活动。

第三章 会 员

第九条 本会由个人会员组成。
第十条 申请加入本会，应当拥护本会章程，有加入本会意愿。个人会员具备下列条件：
（一）拥护本会的章程；
（二）有加入本会的意愿；
（三）在石门中学学习过的学生或工作过的教职工。
第十一条 会员入会的程序是：
（一）提交入会申请书；
（二）经理事会讨论通过；
（三）由理事会或理事会授权的机构（如秘书处）发给会员证；
（四）及时在本会网站、通讯刊物等予以公告。
第十二条 本会建立全体会员名册，明确会员、理事、监事以及会长、副会长、监事长、秘书长等职务，作为证明其资格的充分证据。会员资格发生变化的，及时修改名册并予以公告。
第十三条 会员享有下列权利：
（一）本会的选举权、被选举权和表决权；
（二）参加本会的活动权；
（三）获得本会服务的优先权；
（四）入会自愿、退会自由权；
（五）查阅本会章程、会员名册、会议记录、会议决议、财务审计报告等知情权；
（六）批评建议权和监督权。
第十四条 会员履行下列义务：
（一）遵守本会的章程；
（二）执行本会的决议；
（三）维护本会的合法权益；
（四）完成本会交办的工作；
（五）向本会反映情况，提供有关资料；
（六）按规定交纳会费。
第十五条 会员退会应书面通知本会，并交回会员证。会员超过3年不履行义务的，可视为自动退会。
第十六条 会员有下列情形之一的，其相应会员资格终止：
（一）申请退会的；
（二）不符合本会会员条件的；
（三）严重违反本会章程及有关规定，给本会造成重大名誉损失和经济损失的；
（四）被登记管理部门吊销执照的；
（五）受到刑事处罚的；

会员资格终止的，本会收回其会员证，并及时在本会网站、通讯刊物上更新会员名单。

第十七条　会员如有严重违反本章程的行为，经理事会表决通过，可以暂停其会员资格或者予以除名。会员退会、被暂停会员资格或者被除名后，其在本会相应的职务、权利、义务自行终止。

第四章　组织机构

第十八条　本会实行民主办会。领导机构的产生和重大事项的决策，须经民主表决通过，按少数服从多数的原则做出决定。

第十九条　本会的负责人是指会长1名、副会长若干名、秘书长1名。

第二十条　本会负责人应当遵守法律、法规和章程的规定，忠实履行职责，维护本会的权益，遵守下列行为准则：

（一）在职务范围内行使权利，不越权；

（二）不得利用职权为自己或他人谋取不正当利益；

（三）不得从事损害本会利益的活动；

（四）国家机关工作人员或退（离）休干部（包括领导职务和名誉职务、理事、监事等），须按干部管理权限审批或备案后方可兼职；

第二十一条　本会的最高权力机构是会员大会（会员代表大会）。会员大会（会员代表大会）每届任期5年。会员大会（会员代表大会）每年至少召开一次，遇特殊情况由理事会决定随时召开。

第二十二条　会员大会（会员代表大会）的职权是：

（一）制定、修改章程；

（二）制定、修改会费标准；

（三）制定、修改选举办法；

（四）选举或者罢免理事、监事长、监事；

（五）审议理事会、监事会的工作报告和财务报告；

（六）审议理事会的年度财务预决算方案；

（七）对本会更名、重大事项变更、终止解散和清算等事项做出决议；

（八）改变或者撤销理事会不适当的决定；

第二十三条　会员大会（会员代表大会）须有2/3以上的会员（会员代表）出席方能召开，其决议须经到会会员（会员代表）半数以上表决通过后生效。修改章程，组织解散等重大事宜，须经出席会议的会员（会员代表）2/3以上表决通过。

第二十四条　会员（会员代表）可以书面委托会员（会员代表）作为代理人出席会议，代理人应于会员大会（会员代表大会）前将书面授权委托书送交本会秘书处备案，在授权范围内行使表决权。

第二十五条　本会召开会员大会（会员代表大会），须提前10日将大会的时间、地点和议题通知各会员（会员代表）。

第二十六条　会员大会（会员代表大会）选举理事，组成理事会。理事会为本会的执行机构，负责领导本会开展日常工作，对会员大会（会员代表大会）负责。理事会任期5年。理事人数为会员（会员代表）的1/3。

第二十七条　理事会到期应当召开会员大会（会员代表大会）进行换届选举。如因特殊情况不能按时换届的，应经本会理事会通过，报业务主管单位审查同意，向登记管理机关申请，经登记管理机关审核，可提前或延期换届。换届延期最长一般不超过一年。遇特殊情况，理事会认为有必要或者五分之一以上的会员（会员代表）提议，可召开临时会员大会（会员代表大会）。

第二十八条　本会理事应当符合以下条件：

（一）在校友中有较高威望或较大影响力；

（二）身体健康，能坚持正常工作；

（三）未受过剥夺政治权利的刑事处罚；

（四）具有完全民事行为能力。

第二十九条　理事会的职权是：

（一）召集会员大会（会员代表大会）；

（二）向会员大会（会员代表大会）提交工作报告和财务报告；

（三）执行会员大会（会员代表大会）决议；

（四）选举和罢免会长、副会长、秘书长等负责人；

（五）决定会员（会员代表）的吸收或除名；

（六）制定内部管理制度，拟定年度财务预决算，领导本团体各机构开展工作；

（七）表决内设机构、分支机构、代表机构的设立、变更和终止；

（八）审议秘书长的工作报告，检查秘书长的工作；

（九）表决副秘书长和各机构主要负责人的聘免；

（十）表决各机构工作人员的聘免；

（十一）表决其他重大事项。

第三十条　理事会每年召开2次会议，情况特殊可随时召开。增补理事，须经会员大会（会员代表大会）选举。特殊情况下可由理事会补选，但补选理事须经下一次会员大会（会员代表大会）确认。

第三十一条　理事会会议由会长负责召集和主持。会长因故不能出席会议的，由会长授权的副会长或秘书长主持。召开理事会会议，会长或召集人需提前3日通知全体理事并告知会议议题。理事会会议，应由理事本人出席。理事因故不能出席，须书面委托其他理事代为出席，委托书中应载明授权事项。

有下列情形之一的，会长在5个工作日内召集理事会临时会议：（一）会长认为必要时；（二）三分之一以上理事联名提议时；（三）监事提议时。三分之一以上理事联名提议召开理事会临时会议时，应提交由全体联名理事签名的提议函。监事提议召开理事会临时会议时，应递交由过半数监事签名的提议函。提议召开理事会临时会议的提议者均应提出事由及议题。

第三十二条　理事会会议应当有会议记录，出席会议的理事对本次理事会会议记录进行核实，并在会议记录上签名。出席会议的理事有权要求在记录上对其在会议上的发言做出说明性记载。

第三十三条　理事会会议须有2/3以上理事出席方能召开；理事会决议须经出席理事2/3以上通过方为有效。

第三十四条　本会会员大会（会员代表大会）、理事会、监事会进行表决，应当采取民主方式进行。选举理事、监事长、监事以及负责人，应当采取无记名投票方式进行。

以上会议应当制作会议记录，形成决议的，应当制作会议纪要和会议决议。理事会、监事会的会议决议应当由出席会议的理事、监事当场审阅签名。会员有权查阅本会章程、规章制度、各种会议决议、会议纪要和财务会计报告。

第三十五条　本会会长为法定代表人。本会法定代表人不得同时担任其它社会团体的法定代表人。法定代表人应当由中国内地居民担任。

第三十六条　需要本会会长即法定代表人做出决定而法定代表人因特殊原因不能履行职责的，由理事会按少数服从多数的原则做出决定并形成决议。

第三十七条　本会负责人需具备下列条件：

（一）坚持党的路线、方针、政策；

（二）业内公认具有丰富的专业知识，良好的组织领导能力及协调能力，社会信用良好；

（三）在本会业务领域内有较大的影响和较高的声誉；

（四）最高任职年龄一般不超过70周岁，身体健康，能坚持正常工作；

（五）未受过剥夺政治权利的刑事处罚的；

（六）具有完全民事行为能力；

（七）能够勤勉履行职责、维护本会和会员的合法权益；

（八）无法律法规章和政策规定不得担任的其他情形。

第三十八条　本会负责人的任期与理事会的届期相同，会长、法定代表人连任一般不超过两届。因特殊情况需继续连任的，须采取差额选举方式，经会员大会（会员代表大会）表决通过，报业务主管单位审查同意，经登记管理机关审批备案后，方可任职。

第三十九条　本会会长行使下列职权：

（一）召集、主持理事会；

（二）检查各项会议决议的落实情况；

（三）领导理事会工作；

（四）代表本会签署重要文件；

（五）章程规定的其他职权。

第四十条　秘书长采用选任制，在理事会领导下开展工作，行使下列职权：

（一）主持内设机构开展日常工作；

（二）出席理事会和会员大会（会员代表大会）；

（三）提名副秘书长及内设机构和实体机构主要负责人，交理事会决定；

（四）提议专职工作人员的聘免，交理事会决定；

（五）拟定年度工作报告和计划，报理事会审议；

（六）拟订内部管理规章制度，报理事会批准；

（七）拟订年度财务预算、决算报告，报理事会审议；

（八）协调各分支机构、代表机构、实体机构开展工作；

（九）处理其他日常事务。

第四十一条　本会设监事会，由会员大会（会员代表大会）选举产生。监事会设监事长1名，监事若干名。监事会任期与理事会任期一致，期满可以连任，但不超过两届。

监事从会员中选举产生，本会的负责人、理事、秘书长、副秘书长和财务人员不得兼任监事。

第四十二条　监事会行使下列职权：

（一）列席理事会会议，对理事会决议事项提出质询或建议；

（二）对理事执行本会职务的行为进行监督，对违反法律法规和本会章程或者会员代表大会决议的负责人、理事提出依程序罢免的建议；

（三）检查本会的财务报告，向会员代表大会报告监事工作和提出建议；

（四）对负责人、理事、财务人员损害本会利益的行为，及时予以纠正；

（五）向业务主管单位、登记管理机关以及税务、会计主管等有关部门反映本会工作中存在的问题；

（六）决定其他应由监事会审议的事项。

第四十三条　监事会议每6个月至少召开1次会议。监事会议须有2/3以上监事出席方能召开，其决议须经全体监事过半数表决通过方为有效。

监事会的决议事项应当做出记录，出席会议的监事及记录员应在会议记录上签名。监事可以要求在会议记录上对其在会议上的发言做出某些说明性记载。监事会的决定、决议及会议记录等应当妥善保管，并向全体会员公开。

第四十四条　本会设日常办事机构秘书处，处理本会日常事务性工作。秘书处办公会议各项议题，应形成会议纪要，抄送理事会和监事会。秘书处下设日常办事机构须经理事会同意。

第四十五条　本会分支（代表）机构的设立、变更及终止，应当按照章程的规定，履行民主程序，提交理事会审议批准并形成决议，并向全体会员公布。各分支（代表）机构的名称应冠以所属社会团体的名称，分支机构可以称分会、专业委员会、工作委员会等。代表机构可以称代表处、办事处、联络处等。

本会不设立地域性分会，不冠以行政区划名称，不带有地域性特征。分支（代表）机构不再下设分支机构、代表机构。各分支（代表）机构根据本会章程规定的宗旨、任务和业务范围的需要设置，有明确的名称、负责人、业务范围、管理办法和组织机构等，报理事会表决通过并形成决议。

第四十六条　本会应当按《劳动合同法》的规定与专职工作人员订立劳动合同。本会专职工作人员应当参加相关岗位培训，熟悉和了解社会团体法律、法规和政策，努力提高业务能力。

第五章　财产管理和使用

第四十七条　本会的收入来源于：

（一）按会员大会（会员代表大会）通过的会费标准收取的会费；

（二）在核准的业务范围内开展活动或服务的收入；

（三）利息；

（四）自然人、法人或其他组织自愿捐赠；

（五）政府购买服务或政府资助；

（六）其他合法收入。

第四十八条 本会依据章程规定的业务范围、工作成本和会员承受能力等因素，合理制定会费标准，遵循合理负担、权利义务对等的原则。会费须采用固定标准，不具有浮动性，采取无记名投票方式进行表决。自通过会费标准决议之日起30日内，向全体会员公开。

第四十九条 本会不收取会费。

第五十条 本会的收入及其使用情况应当定期向会员大会（会员代表大会）公布，接受会员大会（会员代表大会）的监督检查。

经费来源属于财政拨款或社会捐赠、资助的，应当接受财政、审计机关的监督，并将有关情况以适当方式向社会公布。

第五十一条 本会取得的收入除用于与本会有关的、合理的支出外，全部用于登记核定及本章程规定的非营利性或公益性事业，不得在会员中分配。

第五十二条 本会的财产及其孳息不用于分配，但不包括合理的工资薪金支出。本会工作人员的工资和保险、福利待遇，由理事会按照国家相应的政策规定制定执行。

第五十三条 本会的资产，任何单位、个人不得侵占、私分和挪用。

第五十四条 本会工作人员工资福利开支控制在规定的比例内，不得变相分配该组织的财产，其中：工作人员平均工资薪金水平不得超过税务登记所在地的地市级（含地市级）以上地区的同行业同类组织平均工资水平的两倍，工作人员福利按照国家有关规定执行。

第五十五条 本会执行《民间非营利组织会计制度》，依法进行会计核算、建立健全内部会计监督制度，保证会计资料合法、真实、准确、完整。本会使用国家规定的票据。本会接受税务、会计主管部门依法实施的税务监督和会计监督。

第五十六条 本会财务实行统一核算，发生的各项经费在依法设置的会计账簿上统一登记、核算。除法定的会计账簿外，不另立会计账簿。本会的资产，不以任何个人名义开立账户存储。本会的银行账号、账户不得出租、出借或转让其他单位或个人使用。未经理事会批准，不得以本会名义借贷，不得将公款借给外单位，不得以本会名义对其他单位和个人提供经济担保。

第五十七条 本会配备具有专业资格的会计人员。会计不兼任出纳，实行账、钱、物分人管理。会计人员必须进行会计核算，实行会计监督。财务人员的调动和离职，必须按《会计法》的有关规定办理交接手续。

第五十八条 本会每年1月1日至12月31日为业务及会计年度，每年3月31日前，理事会对下列事项进行审定：

（一）上年度业务报告及经费收支决算；

（二）本年度业务计划及经费收支预算；

（三）财产清册。

第五十九条 本会保证会计资料合法、真实、准确、完整。对会计凭证、会计账簿、财务会计报告和其他会计资料应建立档案，妥善保管。会计凭证登记要清晰、工整，符合《会计基础工作规范》要求。所附原始凭证要求内容真实准确，取得的发票应为合格、有效。对不真实、不合法的原始凭证有权不接受，并向会长及法定代表人等相关负责人报告；对记载不准确、不完整的原始凭证予以退回，并要求按照国家统一的会计制度的规定更正、补充。

第六十条 本会建立财务收支情况报告制度，定期向会长、理事会、监事会以及会员大会(会员代表大会)报告，同时接受业务主管单位、社团登记管理机关和相关部门的监督检查。业务主管单位、社团登记管理机关及其他部门为履行监督管理职责，需要提交有关业务活动或财务情况的报告时，本会予以配合。

第六十一条 本会进行换届、或更换法定代表人，应当进行财务审计，并将审计报告报送业务主管单位、登记管理机关。本会注销清算前，应当进行清算财务审计。

第六章 党建工作

第六十二条 本会按照党章和《中共中央办公厅印发关于加强社会组织党的建设工作的意见（试行）》规定，凡有三名以上正式党员的社会组织，按照党章规定，经上级党组织批准，分别设立党委、总支、支部，并按期进行换届。规模较大、会员单位较多而党员人数不足规定要求的，经县级以上党委批准可以建立党委。

第六十三条 社会组织变更、撤并或注销，党组织应及时向上级党组织报告，并做好党员组织关系转移等相关工作；上级党组织应及时对社会组织党组织变更或撤销做出决定，督促指导所属社会组织党组织按期换届，审批选出的书记、副书记，审核社会组织负责人人选，指导做好党的建设的其他工作。

第六十四条 本会党组织是党在社会组织中的战斗堡垒，发挥政治核心作用。基本职责是保证政治方向，团结凝聚群众，推动事业发展，建设先进文化，服务人才成长，加强自身建设。

第七章 终止和剩余财产处理

第六十五条 本会有以下情形之一，应当终止：
（一）完成章程规定的宗旨的；
（二）无法按照章程规定的宗旨继续开展活动的；
（三）发生分立、合并的；
（四）自行解散的。

第六十六条 本会终止，应当由理事会提出终止动议，经会员大会（会员代表大会）表决通过，并报业务主管单位审查同意后再报登记管理机关审查同意。

第六十七条 本会终止前，在业务主管单位及有关机关指导下成立清算组织，由理事会确定的人员组成清算组，负责清理债权债务，处理善后事宜。清算期间，不开展清算以外的活动。

第六十八条 本会完成清算工作后，应向业务主管单位、登记管理机关申请办理注销登记手续，完成注销登记后即为终止。

第六十九条 本会终止后的剩余财产，在业务主管单位和登记管理机关的共同监督下，按照国家有关规定，用于公益性或者非营利性目的或者转赠给与本会性质、宗旨相同的组织，并向社会公告。

第八章 附 则

第七十条 本章程经2020年10月18日第七届第四次会员大会表决通过。
第七十一条 本章程规定如与国家法律、法规和政策不符，以国家法律、法规和政策为准。
第七十二条 本章程的解释权属于本会理事会。
第七十三条 本章程自业务主管单位、登记管理机关核准之日起生效。

＊资料来源：由南海石门中学档案室提供。

附录六
回忆录、口述资料选摘

整理说明 广东南海石门中学（为方便表述，以下简称"石门中学"或"石中"）办学历史悠久，文化积淀深厚。建校90年来，有关石门中学的回忆录与口述文章已有不少。2012年为迎接80周年校庆，学校编写了《石门中学八十年》（内部刊印），其中第四部分即为"校园回忆录"，计收录31篇（段）。作为各个时期的教师、学生以及相关人员，他们是这所学校发展的"亲历者""见证者"，他们的回忆，他们的口述，具有独特的价值，主要体现在几个方面：（一）可以通过他们的回忆，帮助读者、研究者走进现场，加深对学校演变的理解；（二）从中获取一些线索，了解学校发展更多的细节内容；（三）口述内容与文献档案相结合，可以互相印证，互为补充。在论述各个时期学校发展中，我们征引了不少口述史内容。在本资料选编中，由于篇幅所限，仅摘选其中11篇。

目 录

回忆当年　孔潜珍（1934届校友）

良师益友话当年　陈仁康（1945届校友）

怀念母校、砥砺未来：追记"白饭团"的活动　易载文（1946届校友）

石门中学生活回忆片断　冯廉章（1946届校友）

投笔从戎忆当年　冯大伟（1946届校友）

石中岁月回眸　叶谷子（1947届校友）

人生正道此开端：铭记母校石门中学的培育　黎沛虹（1948届校友）

再忆石门中学往事　黎沛虹（1948届校友）口述，李东鹏采访、整理

记忆中的石门中学　何克承（1962届校友）口述，李东鹏、胡端采访、整理

石门中学：我的唯一中学母校　叶桂林（1963至1968年就读于石门中学）口述，胡端采访、整理

亲历石门中学发展有感　温伟平（2005至2008年任石门中学校长兼党委书记）口述，李东鹏采访、整理

回忆当年

孔潜珍（1934届校友）

离开母校半个多世纪了，每当校庆回校团聚时，见到当年同窗校友就倍感愉快；每到昔日读书居留处，更使我深思萦回，

青年时代往事历历在目，虽然事隔多年却也倍感亲切！

记得1934年春我考进了石门中学，当时是南海县二、三、九区联立的中学。临时校址设在里水同声社学，设备简陋，宿舍是竹板搭制的通铺。晚间靠煤油汽灯照明自修，灯光昏暗或寒风季节吹风时，灯光晃动，晚上自修困难只有采取起早方法补救。当时学生多来自农村，生活朴素艰苦，用功学习，蔚然成风。老师们多是大学本科毕业生，谆谆善诱，使我们得以奠定了各科的良好基础。记得数学物理教师欧阳炎先生是中大数天系毕业的，讲授"三S平面几何"时首先讲授几何发展历史沿革以及对科学和工业上的作用，对几何学习的目的要求，在教学时反复讲述几何定理，引导和启发学生的思维能力，加深理解而不是要学生死记硬背。英语课的梁绍松老师是岭南大学外语系毕业的，他教我们准确地发音，拼音，如何查字典，对语法中的八类词讲解得很清楚。他教导我们说："语言是一种工艺，要多读、多写、多讲、多记，多翻查字典，这样便能使生词变成为自己熟练掌握的词类。"我照着他的教导去做，英语学习确实有很大的进步。教语文课的傅朝阳老师当时已是六十高龄，犹诲人不倦。在对古文学讲解时分析作者当时的历史背景、中心思想、文体结构，做到深入浅出，淋漓尽致。《滕王阁序》《春夜宴桃李园序》《进学解》就是他当时讲授过的文章，我至今记忆犹新。他又强调"字乃人之衣冠"要学生多练毛笔字，进行基本功训练，我毛笔字的基础就是在他教导下得来的。还有电子管直流收音机的装配，欧阳炎老师也是我的启蒙老师呢！当时无线电科学正处在萌芽时期，还不够发达，国内无线电元件生产只有"中雍"和"亚美"两厂，电子管是由美国RCA厂进口。欧阳老师先教我阅读有关无线电书籍和杂志，然后教我怎样看无线电图，如何接线装配，从此我用进口RCA厂的30和19电子管以及国产的无线电元件装起了带扬声器的直流收音机，这也奠定了我无线电的基础知识。图画课的谭静波老师、司徒林老师教我画国画临摹写生，引起我很大的美术兴趣和爱好，此后我经常抽空学画，可惜他们只任教一学期便离校，嗣后由于抗战烽火漫燃，到处奔走，画笔也就丢荒了，真是可惜啊！现在五十年过去了，回溯一九四一年我获广西高中学生会考第一名和一九四二年春全国大学生国文比赛优胜奖，这些基础都是在石中学习时奠定的。当时在石中任教的老师现在大多已作古人，但对我的教诲依旧使我终生难忘呢！

半个世纪过去了，母校正大踏步向前发展，目前已成为佛山市有名的重点中学，校友足迹遍布全国各地多条战线，为祖国建设事业而辛勤劳动。祝愿母校今后发扬优良传统，造就更多人才，为我国的四化建设做出更大的贡献！

原注：本文写于1992年。作者是石中第二届毕业生。

* 资料来源：佛山市南海区石门中学编：《石门中学八十年（1932—2012年）》，2012年刊印，第191—192页。

良师益友话当年

陈仁康（1945届校友）

石门浩瀚栽桃李，母校春风育贤能。八年抗战，打败日本侵略者，石门中学复校。我们于1945年底考入石中，1946年春季始业，直到1949年毕业。在校三年得到母校良好校风的培养、老师的教导、同学的帮助，在德、智、体方面得到全面锻炼提高，石中是有体育传统的中学，当时在校求学，我们都是住校寄宿学生，每月交大米30斤，集体住宿，膳食朴素，住碌架床。学习，生活，锻炼都较集中，学生生活活跃，过着艰苦而火热的生活。学期开始，张达衡老师做到管理、教育、训练都严格要求，早上早操，上午上课，下午上课后，进行劳作和体育锻炼，晚上集中在课室温习功课。有时星期日我们也留校学习锻炼。我自己入校时身体较弱，因为14岁那年患过肠热病，经常胃痛，早上站半小时膝部就发软，很不利于学习，因此下决心在上课学习之余，锻炼身体，以后也逐渐地爱好打篮球。学校的环境很开阔，绿树成荫，课室、礼堂、图书馆整洁、幽雅。同学们生活艰苦朴素，勤奋好学。操场上的两个篮球场都是由老师和学生自己劳动锄草开辟的；沙池、投掷场都是学生劳动时锄的，我们甲、乙班的同学爱好体育，互相勉励，锻炼身体。特别是为了跑步，老师们又倡议发动每个班的同学，在下午劳作课中规定每个班锄50米长、10米宽的地段，开辟围绕校舍、课室边缘外四周的荒地做400米长的绕校园一周的简易跑道。在校门前珠江河边，建简易游泳场，因地制宜，创造很多有利条件，供体育课和身体锻炼。因此在校三年得到了作风的培养，顽强意志品质的锻炼、刻苦学习精神的形成，特别是积极自觉地参加跑步、打球、跳高、跳远、投掷、游泳、跳水、单双杠等运动，打下了良好的全面身体素质基础。1947年读初中二年级时，黄永藻老师组织学校篮球队，他是个有魄力、有毅力的老师，对学校的体育课和体育锻炼方面有新的尝试，有创新的特色，很注重教学内容、教学手段、组织形式、场地运用，并积极开展校运会，组织学校的班级比赛，组织校友球队比赛，在学校内组织男女篮球队并分甲乙组。在教学环境简陋的情况下，激发学生学习兴趣和热情，能使同学们认真上好体育课，积极参加体育锻炼。对同学们的品德教育也抓得紧，经常做到思想上疏导、生活上关怀、学习上督促。信任、关心、尊重、爱护每个同学，他把教师的爱"投射"到同学们的心灵上，能鼓起同学们自尊和进取的热情。给同学们以努力向上的力量，当时课余篮球队男女甲乙组早上和晚饭后练习篮球。同学们思想纯真，个性活泼，好学上进，同学之间非常团结友爱，互相帮助，发扬集体荣誉感，积极为学校争光。在训练时，老师很认真积极，严肃、紧张，从难从严从实际出发进行训练，培养良好的作风，球队的同学都是来自各个班级，都能自觉地要求自己，在严格训练中成为有理想、有道德、有文化、守纪律的年轻学生。当时球队打球也很活跃，打得较好的有叶幹康、马嘉麟、孔庆超、陈创基、张荣根、冯广雄等同学，当时校队和附近的学校（雅瑶、泌冲、黄岐、北村、横江、盐步等）教师、校友比赛，都能打出好作风好水平。1947年二年级时利用节假日，学校的老师组织远征九江比赛，在和九江教师联队、九江中学等比赛中获得了胜利。以后又远征佛山市，胜华英中学、元甲中学、经纬中学、佛山中学的校队。以后又到广州访问参观，战胜南海中学、教忠中学、黄沙中学等校队，在比赛中体育道德风尚较好，促进精神文明，尊重裁判，尊重对方，尊重观众。来校访问的中学、校友队，我们校队都能战胜他们，给同学们以鼓励，吸引同学们在努力学习之余积极锻炼身体。群众性的体育开展是很普遍的，叫不打篮球的为"废柴"，意即不锻炼身体就变废柴了。通过体育锻炼，增强了同学们的体质，为以后走上工作岗位做出了极大贡献。1949年广州解放，中国人民解放军四野六纵队二支队的指战员到石中做报告，动员同学们参军，将革命进行到底，准备进军万山群岛，在校的李德才、陈琼珍、叶幹康和我弟弟陈义康等得到老师的鼓励，毅然到佛山光荣入伍，参加一三一师青干队，以后我随参加一三一师在政治部青年科和警卫营，教导队当文化教员。1951年中南军区第一届运动会，我们代表四〇四部队参加，被选入中南军区篮球队，1952年全军第一届八一运动大会，代表中南军区参加获第一名，被选入总政八一球队，1953年代表解放军参加全国四项球类比赛获第一名，被选为国家队员。在苏联集训后，参加在罗马尼亚举行的第四届世界青年联欢节运动会获第五名，1954年参加国家队访问苏联和东欧各国比赛，交流技术经验，战胜过国外许多劲旅。1956年以来总结实践体会整理和发表了一些论文和文章，1957年当教练也曾代表广州市篮球队去澳门参加穗、港、澳篮球赛获全胜。40年来的球场生活实践培养了一些国家队员，运动健将和体育教师。他们积极开展体育振兴中华活动。在工作中首先感谢母校老师和同学们的教导培养和帮助，为人民的体育事业所做过的努力。但仆仆风尘，愧无建树。岁月如梭，光阴荏苒，劳燕分飞，在各自不同岗位难得见面，时时回忆年轻时的良师益友和体育的缘分。现在已步入老年了，我们互为共勉："莫道桑榆晚，为霞尚满天。"愿继续为人民的体育事业发挥余热。更祝愿石门中学母校的德、智、体更加蓬勃发展，代代相传，祝愿老师、同学、校友的体质锻炼得更强，为祖国人民做出更大贡献。

原注：本文写于1992年，石门中学建校60周年。

*资料来源：佛山市南海区石门中学编：《石门中学八十年（1932—2012年）》，2012年刊印，第193—195页。

怀念母校、砥砺未来：追记"白饭团"的活动

易载文（1946届校友）

  石中两个字，金光闪闪。她像慈母般哺育着自己的弟子，在她关怀抚爱下，我们不断增长知识，开阔视野，增强体质，为往后走向社会，为国家、人民服务打下良好基础。而今她桃李满天下，每当提起母校的名字，我们肃然起敬。

  新中国成立前的石中虽然由旧社会的上层人士主持办学，但由于学校建在农村，学生亦是来自农村的居多，能经常接触劳动人民，除少部分学生家庭生活较富有之外，相当部分是生活俭朴、作风踏实、学习勤奋的。特别在抗战胜利复校后，一批

有理想、有抱负、有学识、作风正派的年轻老师如孔潜珍、黄永藻、区杰、梁炳钊、黄海涵、胡勃、张达衡等在那里掌教，他们言传身教，处处树楷模。由于他们较完整地执行德智体教育方针，既注意对学生进行文化知识教育，也讲究道德品质上的熏陶。勤奋好学，刻苦节俭，勤劳朴素的品质蔚然成风。如1948年间出现的"白饭团"就是其中较为突出的证明。什么叫"白饭团"呢？这是一群学生为节约生活开支，向膳委会只交米钱，不交菜金。就餐的时候，只打白饭不领菜。那拿什么送饭呢？他们的办法有两条：一是在学校的南侧找了块面积颇大的荒地开荒种菜；二是"白饭团"各个成员在礼拜天回家休息时，搞一些咸鱼、辣椒面豉回来。有时，菜供应不上，咸味亦吃光了，就吃白饭，故有"白饭团"之称。当时参加"白饭团"活动的同学有陈礼斋、郑维城、冯伯伟、易载文、邵礼荣、黄永桢、陈源基、冯发溪、何威勇等。他们均是志趣相近的寄宿生。

"白饭团"是同学们的自发组织，没有什么政治目标，活动内容亦简单，仅是为了学点生产知识，节约一些膳费，自愿利用课余时间掘地种菜，联络友谊。因该团的成员是"志愿兵"，情投意合，相互间利益一致，劳动热情是颇高的。晨光熹微，晓风轻拂。伙伴们提早起床，有的到泳池游泳，有的在环校跑道跑步，做完体育锻炼后，便到菜园挑水浇菜。当夕阳映照校园，小鸟归巢叫的时候，"白饭团"伙伴们不约而同到菜地除草浇水施肥，借以调节一天上课后的精神疲劳，他们边劳动边轻松愉快地漫谈学习生活见闻，母校景色真是叫人心旷神怡。

由于该团成员都来自农村，有劳动习惯，不怕累，不怕脏，虽然欠缺实践经验，但大家"将勤补拙"，向附近菜农请教，故种起菜来，倒有些纹路，实行精管细管，在品种安排上，秋冬季节有白菜、芥蓝、菜心、番茄、菠菜等，在春夏之间有苋菜、通菜、豆角、辣椒等。肥源不够，他们又在塘边僻静地方搭起简易的厕所积肥，保证水足肥丰，因而蔬菜产量还是过得去的。因为收获的产品是劳动成果，蔬菜新鲜，故吃起来特别香甜可口。

37年前"白饭团"开展生产互助活动是有裨益的，他们在学校进步老师教育影响下，逐步改变厌恶劳动、轻视劳动人民的观念，锻炼了意志，培养了刻苦耐劳精神，参加"白饭团"的同学不论在课堂上听课学习，体育锻炼，还是参加修理运动场的义务劳动，均是自觉积极的，为走向社会打下了良好思想基础。

原注：写于1986年。

*资料来源：佛山市南海区石门中学编：《石门中学八十年（1932—2012年）》，2012年刊印，第192—193页。

石门中学生活回忆片断

冯廉章（1946届校友）

1945年9月，我在广州市26小学毕业后报考市一中初中一，上千人应考录取两百名，我列榜首。入校两个月后，国民党当局以甄别伪生为名，其实要再交一次学杂费，我因不满而离校回乡休学。46年9月重入石门中学上初中一。石中当时刚复校，校园杂草丛生，只有初一春两班，秋三班。最初，从一个热闹的知名学校转到一个乡村中学，心情惆怅，似有失落感。随后对老师们知识渊博上有更多的了解，同学间建立起了兄弟姐妹般情谊及开展了各种活动。我在石中三年半的生活和所受到的教诲，对我的人生道路产生巨大的影响，我最好的朋友都是石中的同学。

现仅就这段时间的石中生活回忆追录如下。

一、石中的体育活动

当时石中在体育教师黄永藻先生（信宜中学转来）的组织领导下，体育活动蓬勃开展，除了体育课程安排使所有班级同学受到普遍体质增强和技巧的训练外，1946年起就组织了校男子篮球队，为10人，教练黄永藻，队长陈仁康，队员叶干康（叶克）、陈创基、邓振标、黄渭昌、张荣根、冯廉章、孔庆钊、陈卓标等，1947年加入马嘉麟，成为主力之一和良好的投手。

其后又组织了乙组男篮，是身高1.5米的少年同学参加，其中有冯广雄、李炽衡、冯广升等。

篮球队的训练是相当严格的，队员集中住宿，晨五时起床，先做健身操，单杠引体向上十次，双杠引体向上十次，然后开始1500米环校跑，继之各种传球训练，一路二路三路跑传投篮，疲乏后再做各方位投篮，7时半结束跑步到江边游泳洗漱、跑步到食堂吃早餐，跑步回宿舍拿书本，再跑回课室8时正上课，而队员从不迟到。

严格训练的结果，石中男篮在迎战南海县附近的地方成年队和到九江镇友谊赛等均连战连捷。新中国成立前南海县的篮球运动已较普遍，技术亦不太差，石中男篮是初生之犊不畏虎，平时艰苦训练，临场英勇善战。可惜当时营养条件太差，有时甚至吃不饱，全靠年轻能吃苦和坚强意志。

新中国成立后，陈仁康参军后历经师、军、军区篮球队而进入解放军代表队——八一篮球队，多次出国比赛。不能不说是在石中男篮打下坚实的基础。

田径方面，则有陈慧清因女子100米短跑成绩好而参加省运会，获该项目前三名。

游泳方面因面临珠江支流，男女同学会者较多，有陈礼裔、易载文二同学每晨沿江游3000米者，我们篮球队往往一天早午晚游三次。

二、石中的文艺活动

1. 音乐方面

1947年原广东艺术专科学校音乐教授叶冷来校任教，举办了师生百人《黄河大合唱》演奏会，叶冷独唱《黄河颂》，我班女同学陈伟贤独唱《黄河怨》，春秋班大部分同学都参加《黄水谣》《怒吼吧，黄河》等齐唱、轮唱、四部和声合唱。伟大音乐家冼星海的歌曲响遍校园。

1947年叶冷离校后黄克老师来校教唱《山那边呀好地方》（是《解放区呀好地方》的改名）、《团结就是力量》等革命歌曲，苏联歌曲《快乐的风》《我们大家都是熔铁匠》，以及各地民歌。

其后朱健、胡勃等音乐教师任教，也都是教健康的歌曲，绝无颓废靡靡之音，使同学受到比较好的音乐教育。

2. 美术活动

区杰（区太杰）教师来校后、1948年曾为石中筹教育经费在广州市太平餐厅举办了"区杰油画展"义展、义卖。工作人员有冯廉章、李德才、冯大伟、陈润铸、梁燕玲、黄仲华等同学。

也曾每年举办校美术作品比赛，我两度获奖，得校董区芳浦字一幅、区杰油画一幅。

3. 戏剧活动

1946年秋起，我任学生会文娱负责人，在校组织文娱晚会，演出广场剧《狮子打东洋》。由陈五珠（浦云）、何庆彬等几位同学主演，向北村借来醒狮和锣鼓，演得有声有色，生动精彩。

其后筹建石中剧团，均由我任剧务。首先是叶冷导演法国莫里哀的《怪嗇人》，演出改名《黄金迷》，在广州基督教青年会礼堂公演，为本校筹款。主要演员有叶冷、陈馨玲（兴玲）、冯廉章、黄绮霞、梁炳钊等，化装区杰，舞台工作冯大伟等，演出是成功的。

叶冷离校后，1949年上半年黄克导演剧作家陈白尘的《升官图》。该剧讽刺国民党统治的黑暗，当时是禁演的，但以石中处三不管的特殊地理环境（近广州不属广州管，远离佛山南海县管不到，北村当地以石中为二、三、九区公办不能管），才得以在校演出。观众除师生外，尚有北村、黄岐公众，反响热烈。演出时教务主任李卓儒面色难看，并在以后传闻要抓人，但不了了之，黄克因涉疑是共产党员被解雇离校。

三、石中的师资

1946年至1949年间，我校的教师人才济济，有不少大专教授专家来校任教。其中印象较深者有欧阳炎老师为训导主任兼英语课，据闻对鱼群探测器有研究（水下声呐器）。抗日战争投笔从戎任美军顾问团中校翻译，专与美将军翻译，为我们授课则先教伦敦口语两遍，再教美音口语两遍，授课水平甚高。作为训导主任从不训斥学生，我曾在校务处开收音机听解放区电台广播，他只在躺椅上装睡不管。

语文授课先有诗人梁碧峰，讲课谈笑风生滔滔不绝，后有黄海涵老师，是大学文学教授，作风严谨。教初中数学为李卓儒（原南海县教育局局长），以填鸭式授课，贪多嚼不烂，使一般学生基础打不好。他虽然思想陈旧，教学不得法，但还是一位热心任教的教师。继之吴汉梁老师教几何，吴是曲江九令农学院教授，授课道理分析明确，深入浅出，同学受益不浅。教生物还有一名从广州来兼课的欧老师，大讲变形虫、文昌鱼，解剖青蛙，想是研究生物的专家。孔潜珍曾在资源委员会任职，来校任我班主任后任广钢总工程师，是专家人才。

至于画家、诗人、书法家区杰，在校曾应征联合国宣传画大赛获奖，其原稿的精美，也是我在他家学画时目睹的，《区杰个人油画展》义卖中珍品甚多。

叶冷堪称声乐家，其戏剧表演崇尚史丹尼体系，颇有才能。他与广东省美专校长胡根天知交，曾偕胡来石中，胡是广东美术界西洋画的前辈，胡介绍过我与冯大伟报考美专。

黄克、朱健、胡勃均是有一定艺术水平的老师，尤其是黄克，对学生进步思想影响甚大。

黄永藻一生从事体育工作，除了在校训练篮球队卓有成效外，还在南海县任游泳教练，训练出许多有成绩的运动员。

石中亦有童军组织，编号545团，是学生都得参加，其制服就是校服。最早的童军教练梁铁铮是一个老教练，但他肺病缠身，故没有什么活动，后任的梁日桓教练，组织过全校松岗野营活动，除此之外别无活动，所以石中从未有过"三青团"组织的活动，是值得庆幸的一事。

校长李景宗，不经常在校，只经常为学校筹教育经费，其子李尚槱是我班同学，文静好学，李景宗是一位热心办教育的长者。

四、石中的学生进步活动

解放战争后期，经常有"粤中区新鹤台开人民解放军""南三花人民游击队"等的油印宣传材料寄至学生会，传达室铎叔转给我收阅，并可私下给一些同学传看，后来李卓儒风闻其事，就令铎叔凡收有均交给他，以断来源，不让同学看到。我趁李卓儒不在校时就去校务处用收音机收听新华社广播，如果有人干涉，我可称我也不知是哪里的电台，他也奈何不得。

1949年4月南京解放后，我为春高一5月份墙报画水粉画刊头，内容为地平线上出现一队以红旗为先导的人马（象征着我们的队伍来了，浩浩荡荡，饮马长江，走向全国的胜利），引起了师生一定的反响，这是石中首次公开反映革命意识的墙报刊头。

1949年9月开学后，我被选为学生会主席。何杰魂同学来找我问愿否参加新民主主义青年团（当时属地下组织），我当然愿意。于是三河区工委委员（三河区包括盐步、大沥、平洲），时以大沥某小学教师身份作掩护的中共党员赵钊化来校找我在江边面谈批准我入团，随后和何杰魂、叶荫榛（叶谷子）到大沥开会，赵钊讲解形势，布置迎接新中国成立后的任务，动员同学参加革命工作。10月14日广州解放，1950年3月任南海县第三支前指挥所主任，后任三区区委书记、区长的赵钊，石中团员直接找他，在校亦公布过团章拟组织石中团支部，因赵钊忙，甚至未将我们几个团员名单以及我发展陈馨玲的名单报县委，因此后来各人都得重新入团。我入军大后到盐步找赵钊转组织关系，他以区公所公章盖了亦不能算数。石中团支部在新中国成立时未办好是件憾事。

我先动员了秋三班冯俭章，毕业离校的李德才分别参加解放军师干训班，又动员了黄沛扬参加三区工作，因为学生会公章在我手，陆续介绍了很多学生参军和参加地方工作，直到我考入军大，对学生会工作交代了才止。人数、姓名因多年过去已记不清了。

我与冯大伟、吴集凯、黄业彬、卢福年、梁业昌等一道考取在广州沙河的中国人民解放军广东军政大学，于1950年1月初离校入伍，在校还见有黄二苏（庭焕）同学。

新中国成立不久入伍于西南军政大学的有欧阳兆春（欧阳康），参军还有陈仁康、叶干康、陈琼珍、邹沛宏、陈鎏基等，黄绮霞则入地方征粮队。沈治刚则较早参加南三花游击队。

石中同学受革命思想熏陶，在新中国成立不久就参加革命队伍的人数不少，陆续参加就更多了，许多人成为革命事业的基层领导干部，业务骨干，为人民立下功勋，这都与石中孕育分不开。

青翠的石中校园，人才辈出，这是园丁辛劳耕耘，忠诚于人民教育事业的硕果！

原注：1992年3月记于南京。

*资料来源：佛山市南海区石门中学编：《石门中学八十年（1932—2012年）》，2012年刊印，第195—199页。

投笔从戎忆当年

冯大伟（1946届校友）

今年是南海石门中学建校60周年，我们校友都怀着激动的心情，祝贺母校甲子之禧、钻石之庆，南海浩瀚、石门之光、春风化雨、桃李芬芳！

关山挡不住，日月度若飞，回首40年，从戎作简纪。母校的日月星辰，曾陪伴着我们青年的时光；母校的前进道路，曾留着我们人生的足迹。南海石门中学校友昔年深得老师的谆谆教诲，接受了民主启蒙教育，使我们这些青年学生逐步懂得要有民族自尊心，要热爱真理，向往光明！1949年10月14日广州解放，给我们母校带来了生机，同时也给广大青年学生展示光明的广阔前程。从1949年底至1952年期间，南海石门中学不少校友积极响应祖国的号召，投笔从戎，保家卫国，志愿参军。当年他们告别了母校，告别了良师益友，告别了亲人，抱着为国争光、为母校争光的意愿踏上了征途，走向人生的新里程！

昔年校友投笔从戎，积极参军，是母校桃李满园又一支，是老师付出辛勤劳动和心血的见证，是母校光荣历史中的一页。为了反映这段历史，经近年与校友的联系和回忆，在这期间参军的南海石门中学校友有（按姓氏笔画为序）：

方学均、区国苏、冯大伟、冯伯伟、冯廉章、叶干康、叶谷雅（女）、卢福年、刘洪佳、朱国荣、关栩桐、欧阳绍春（欧阳康）、李淑贤（女）、李德才、李国钧、李善庆、李惠娥（女）、李锡镛、何学专、陈五珠、陈仁康、陈义康、陈礼苏、陈礼裔、陈琼珍（女）、陈流基、陈欣棪、陈湛桐、陈纯碧（女）、劳乃强、邵礼荣、邵炳照、杨沛霭、吴集凯、邹沛宏、郑维城、郑雪英（女）、罗健生、周秉中、周观乙、高庆余（女）、高劲华、袁星浦、唐乃桐、黄二苏、黄义森、黄广裕、黄业彬、黄业彪、黄志和、黄雨生、黄翌威、黄惠玲（女）、黄渭昌、符干朝、梁业昌、颜守仁、霍健生……

母校参军的校友在"芝庭堂"（学校礼堂）举行了盛大隆重的欢送会。老师的嘱托、同学的话别，依依不舍，历历在目。参军的校友有在1949年冬从131师参军的；有在1949年底报考广东军政大学入伍的；有在抗美援朝期间响应1950年12月1日，中央人民政府政务院关于招收学生参加各类军事干部学校的通知，而志愿参军参干的。当年任广东省人民政府主席兼广州市市长的叶剑英同志为光荣参军的学生题字："为建设强大的国防力量而光荣参军。"（题字刊登于一九五一年元月十九日《南方日报》。）到部队后经过了短期的专业学习与训练，分别在野战军、空军、海军、公安军、通讯部队的战斗等工作岗位上，贡献自己的力量。有不少校友在部队立功受奖。

韶光易逝、岁月催人，几十年来昔时参军的校友，大多数又先后转业复员到地方，在新的工作岗位上做出应有的贡献。投笔从戎忆当年，保家卫国勇争先；解甲归籍求四化，一片丹心似红棉！

原注：写于1992年。

*资料来源：佛山市南海区石门中学编：《石门中学八十年（1932—2012年）》，2012年刊印，第199—201页。

石中岁月回眸

叶谷子（1947届校友）

（一）

1947年秋，我从九龙塘小学毕业回到老家北村，考入石门中学就读。其时，石中复课只有一年半，学生在读人数不太多，大约是8个班级，总数300余人。学生多来源于二、三、九区附近乡村，当然也有来自广州、佛山等城市，但所占比例不大。正因此，大部分学生都比较纯朴，加之教师多较正派，以至形成良好的校风。学生中除中、南、九、北村及横江、黄岐、泌冲等村较近者为走读生外，其余均住在学校，称寄宿生。当时的校监是张达衡老师，统管寄宿生的一切生活事宜。因路途遥远但又不愿寄宿者，就在北村就近租屋住，以"叶家"及"文华里"两地居多。因两地之房屋较整齐，清一色的青砖大屋，且旅居海外者多，因而闲置。记得当时单在叶家租住者就有颜英和、颜志和兄弟，符干潮、何燮柔、陈琼珍、黎有琼、高劲华、高巧倩、高巧诗姐妹以及我之表哥梁颂强、表弟梁志豪等多人；教导主任李卓儒及教师陈仲光等亦曾租住于该地。

（二）

　　当时石中整座学校的校舍，应是热心于教育事业的善长仁翁所捐资建造的，因为每幢建筑物均以捐建者命名。如大礼堂又称"芝庭堂"，由霍芝庭先生捐建。礼堂颇具规模，梁采用钢架结构，跨度较大，在当时来说，此类建筑结构是比较先进的。"四友图书馆"就是由四个人合资捐建的。课室为独立单间平房，四边有走廊。课室之间有适当之空间，栽以翠竹，绿荫婆娑，空幽清雅，使人心旷神怡，上课时又不互相干扰，在当时来说，亦可算是一流的校舍。

　　至于当时石中的师资，已为多位校友所介绍，在此从略。但对梁碧峰老师，似应多说两句。梁老师早年留学日本早稻田大学，好写新诗，常以笔名"影痕"发表诗作，有"诗人"之誉。他本非教我级语文，但因我对新诗亦颇感兴趣，故时有向他请教。他在石中任教时，我知他正在修改一本叙事长诗，内容是叙述西部少数民族男女青年的爱情故事，经常叫陈琼珍同学誊正原稿。陈比我高一学期，乃1947年春季入学，与黎有琼同学寄宿于我家。广州刚解放，陈即无回校，传闻是梁老师介绍其参加革命（当时对参加工作的流行说法）。此事1949年底在我参加工作后曾返校一次，与梁老师个别谈话时为其所证实。1957年秋，我以"特派记者"身份（其时任三水报编辑）到新会参加佛山地区劳模大会期间，得悉梁老师在新会文化馆工作，我抽闲专程前去探访，适遇他出发下乡，未能谋面。该馆工作人员称，梁碧峰已更名叫"泰山石"，有一子叫"海之子"，尚读小学。当时的交通、通信设备尚很落后，电话机还是"摇把子"，几经周折，通过总机左转右转才能与梁老师通话，只谈了几分钟，总机已叫收线。当时梁老师所去之处比较偏远，一时无法赶回。次日会议便已结束，我返三水后即遭遇一场特大政治风暴，根本无暇再同他联系，一直至今还不知其下落。

（三）

　　我在石中读书时的姓名是"叶荫溁"。当时尚未有简化字问世，三个繁体字写起来共40多个笔画，而且"溁"字不好认，许多人都不识或读错，我早有更改之意。在班级墙报上我常以"谷子""白雪""漫浪"等笔名发表诗歌文章。1949年广州解放前后，在大沥以小学教师身份作掩护之中共地下党员赵钊曾多次到石中找我谈话，宣传革命道理，还给我阅读《新民主主义青年团团章》（简称"新青团"即现"共青团"前身）。后来我在填写《入团志愿书》时，姓名栏填写的只是"谷子"二字。赵知我姓，由他在谷子二字前加上"叶"字，遂成"叶谷子"。以后参加工作均以此为姓名，一直至今。

　　是年10月末，赵钊再次来到石中，约我、何杰魂、冯廉章三人次日同到大沥开会。其实人数并不多，除赵钊外还有一位叫何约翰，据说是何杰魂之兄，内容只是由赵钊讲解当时的形势，最后动员我参加革命工作。我与杰魂早有思想准备，当即表示乐意参加；冯则认为尚需考虑后再做决定。当时虽说广州已经解放，但一切尚在动荡之中，这些事也是在秘密状态下进行，鲜为人知。但正如俗语说："从来没有不透风的墙。"大沥回来后，同班女同学黄洁娴专程到我家，直截了当地问我是否离校参加工作，并希望我能带她一起走，我答应了，但声明此事我做不了主，需经请示方行。当然，事情很快有了结果，有关方面立即同意。记得我们离校当天，学校正在进行考试。我与黄洁娴、何杰魂同学约定：在考完英语课后（早上第二节）即离校到我家集合，同去盐步。当时第三支前指挥所驻在盐步旧民生火柴厂原址。我们离家时，家母、弟妹及同班同学黎有琼共7人，一直送到北村观音庙前方始别别。据我所知，石中当时最早参加革命的同学是我届真班沈治刚，他在石中只读了3个学期，1949年秋即无回校；第二个离校参军者是1947年春班陈琼珍（女）。我们3人应算是第三了。影响所及，以后石中学生参军从政者异常踊跃，已为其他校友做了介绍，在此从略。

（四）

　　第三支前指挥所，由赵钊当主任。在当时已有10多人组成"武工队"，即武装工作队的简称，主要职责是在所辖区内进行收缴枪枝弹药等工作。我们报到后，与其他地方来的10多人组成"政工队"，即政治工作队的简称，主要职责是抄写传单、标语等，并曾在盐步"九图"演出活报剧等。在该所待了约两个月，我们几个人即奉命前去中山石岐，汇合其他各县调来的同志组成珠江文工团，直接由珠江地委宣传部领导，先后到两广纵队文工团及华南文工团三分团接受培训。约3个月左右，全团20

多人又奉命调到三水,组成三水艺术宣传队。不久,艺宣队新青团组织要公开,我专程从三水赶到盐步。其时,第三支前指挥所已改为第三区人民政府,驻地已迁到原国民党伪区公所旧址办公,仍由赵钊当区长。赵钊招呼我吃了一餐晚饭并住了一夜,次日由他写好介绍信叫我直接到中共南海县委组织部办理组织调动手续。其间还出现了一个小插曲:当时县委组织经办的同志一时粗心,把"新青团员"错写成"中共党员",我发现后方才改正。不然的话,我的入党时间无形中"提前"了将近5年!

约于1950年下半年,家父不幸因病去世。我专程请假返老家奔丧,其时班主任梁炳钊得悉此事,专门在我曾就读的班级内召开座谈会,发动同学募捐,以资助我家的经济困难,并组织部分同学到我家进行慰问,因事隔半个世纪,当时的具体名单及捐助的数额已无从记起,但对同学们的互助精神及深情厚谊,我是没齿难忘的。联系到几十年之后,即我届校友恢复联谊活动时,学友们对黄宗钐同学资助购置电视机及后来参加颜守仁、何杰魂等学友的追悼会等的同窗情谊,应是一脉相承。这大抵是梁炳钊老师教导有方、一手培植起来的美德吧!可惜的是,梁老师去世时,我班同学一无所知,没有参加其追悼会,更未能向其遗体告别,见他老人家最后一面,确是憾事!

我在石中的时间虽然不是很长,但由于有众多的良师益友教导和帮助,获益匪浅。在石中的岁月,值得回味的事情有许许多多,可惜事隔半个世纪,加之本人才疏学浅,未能一一表达,深以为憾。仅就零碎琐事,忆述如上,尚祈众多良师益友予以斧正为祷!

原注:本文初稿写成后,曾送呈区太杰老师审阅,蒙区老师函复,告知:"新中国成立后梁炳钊入南方大学读书,后被分配到新会文化馆工作。不知在什么时候的整风改造中划为托派。到反右时,该县极左政策订下:凡工作人员中地富子弟及问题者均开除工职。他想不通,投水自尽。可叹也。"又蒙陈琼珍面告:"梁碧峰老师在石中任教时,我确曾帮他誊抄许多诗稿,记得其中一本叙事长诗《艰难的顶点》,是叙述抗日战争时期华北游击队浴血奋战的可歌可泣故事,署名是'泰山石'。"

*资料来源:佛山市南海区石门中学编:《石门中学八十年(1932—2012年)》,2012年刊印,第201—204页。

人生正道此开端:铭记母校石门中学的培育

黎沛虹(1948届校友)

我自1951年石门中学初中毕业后,又经过中专、大学两个阶段的学习,于武汉水利电力大学任教至今。我在中国水利史这一学术领域中进行了数十年的研究工作,发表了不少有独到见解的论著,并建立了"科学技术史"一级硕士学位点,培育了数十名硕士研究生,受聘于不少水利机关单位做水利史志领域的学术顾问,成为在学术上有一定影响的学者、教授。

我在学术道路上得到前进和发展,是由许多客观条件和主观因素造成的,而石门中学对我的培育却曾经起到重要甚至是关键性的作用。我在赠给母校石门中学校庆的诗中有"教鞭指处话渊源"一句,就是指我在培养研究生的过程中,还经常提到石门中学对我的学术素养的重要启示。以下,我仅用几个切实的事例说明以上的命题。

一、打下了继续升学的扎实基础

对于我个人来说,这一点是非同寻常的。因为初中毕业后,我的家境十分贫困,家父是一位乡村小学教师,家母在家不仅要照料我四五个弟妹,还要种一亩多地维持生计。这样的家庭环境,不仅不可能供我继续读高中,而且迫切需要我回家作为一个劳动力去帮助父母维持全家七八口人的生活。

但是,石门中学培育了我十分强烈的求知欲,初中毕业前,我就恨不得能有机会把世间的知识都学过来,要我辍学,无异于摧毁我的人生。当时,我们的班主任体育老师黄永藻十分了解我们这些穷孩子的心理,他多方工作,了解到当时广东省高级工业学校向全省招生。这是一所不仅免费学习,而且由国家供给食宿的学校,如果考取了,则可以不用花家里一分钱。当时报名有一二千初中毕业生,却只录取150人,录取比例不到十分之一。但是,我们班参加考试的5个贫苦学生全考上了,连我们的班主任都感到十分意外和惊喜。我们不仅为石门中学争了光，至少可以证明石门中学的教学的确有两下子，而且我们又得到了一次难得的继续学习的机会。

此前，我没有和父母说，最主要是被录取的可能性不大，当我把录取通知告知父母时，使我感到十分意外的是，他们不仅没有反对，而且喜形于色，似乎看到了石门中学为我们家培养出一个将来会有出息的孩子。

可以想象，没有了这一次机会，或者说，有了这次机会却没有扎实的初中学业基础而考不上，我就只能从此辍学，而且再也不可能有机会了。

这是我为什么总不会忘记石门中学培育恩深的最主要的一点。

二、引导我注重科学的思维方法

我们在石门中学学习，不仅不感到是一种负担，而且对学习产生了强烈的兴趣。有些课题，今天结束了，恨不得明天又继续上，因为在这些课题讲授中，我们不仅得到新的知识，而且得到乐趣和享受。这不仅和石中的整个教、学的良好风气有关，而且和每一位老师的教学精神、教学方法有关。这里，我仅举出对我日后学术思想产生深刻影响的两次教学过程为例。

一次是钟鲁铁老师的几何课，这堂课之后，他曾交代我在课余时间先试证一道难题，我很高兴得到老师的信任，用了整整一个星期天详细证出。下一次课开始时，老师先给我10分钟时间介绍我的证明方法，并不断地点头称赞。我也很有点得意洋洋的样子，大胆，放开讲。老师要其他同学发言。因为这条题的确难度很大，又因为我的几何课是班上学得较好的，再加上我在介绍时老师又不住地赞扬，以为肯定就是那么一回事。然而，在我继续得意的时候，一位姓梁的女同学满脸通红地站起来说我的证明有问题，最主要是初证所用一对相似三角形并不相似。她的发言启发了其他同学，于是都争着指出我每一步证明的结果都有了问题。

几何老师语重心长地总结了这次讨论，一方面极力赞扬我的刻苦求证的学习精神，另一方面又指出：前提条件不对，再好的证明方法也会引出错误结果，而且越证明得好，越容易使人难以辨别是对还是错，老师还特别说了一句："连我也差一点被黎沛虹同学的证明迷惑了。"这是一次十分高超的教学过程，一方面深刻地启发学生的思维，一方面又对错证的学生加以高度赞扬，甚至用"我也受迷惑"这样的语言来维护了错证学生的自尊心，我不但不责怪那一位指出我错误的同学，而且一辈子记住她和老师一道使我认识到一个非常重要的科学思维方法：大前提、出发点、论据首先必须是正确的，以后的结论才有可能是正确的。

另一次是一堂生物课，上课的那位女老师我一生敬重她，却不知道她的名字（因为那时她没有介绍自己的名字，我们却不敢去问）。那堂课，是讲授哺乳动物，我也有幸被提问，要我回答猫是什么样的哺乳动物，我心想，猫天天都看得到，我家就有几只，哪能不懂？我脱口而出：猫是会抓老鼠的哺乳动物！哄堂大笑以后，老师再问其他同学，答案却都离不开"抓老鼠"。最后老师总结：猫是舌头有倒生肉刺，瞳孔大小随着外界光度变化而变化的四蹄哺乳动物！老师语重心长地说，我们天天都看得到的，十分熟悉的生物，却不一定了解它，不了解它与它相近的生物的区别。只有用科学的方法掌握它的本质特征才能认识它和其他生物的区别。她说，猫抓老鼠是猫的本能属性，不能把本能当成是本质。这堂课同样也使我得到永生难忘和由此引导我步步提高科学思维素质的重大启示。以后学习了毛泽东的《实践论》《矛盾论》等著作，更加深切地领会到科学的思想方法来源于对一切客观事物的科学认识之中。

三、培育了健全的身心，使日后艰苦的学术研究有了保证

在石门中学良好的教风、学风的滋润下，养成了积极向上的人生意向，更培育出一种不畏困难、艰苦奋斗、矢志不渝、勇往直前的精神。几十年的学术生涯使我认识到这些精神能够转化为物质成果，要有十分健康的体质和良好的生活爱好习惯做保证的。

最能说明问题的是石门中学老师善于利用当时良好的河流环境教育我们勇于与大自然拼搏，锻炼身体，磨砺意志。在老师的指导下，我们不仅把游泳作为一种娱乐，而且作为一种强身，立志克服困难，不断前进的意志、品格的学习，并且在日后得到意想不到的作用。

离开石中后，我到武汉读书，不仅参加了第一届横渡长江活动（当时正点到达目的地，只有29人，我是其中一个），而且到学校后，我又坚持冬泳。由于这种原因起作用，我被工作单位以德智体全面发展的优秀青年选送报考名牌大学学习，在大学

期间，我曾被评为德智体全面发展的全校学生标兵（当时学校被评的只有3人，仅占全校学生的千分之一），也因此，我作为优秀的全面发展的本科毕业生被留校，而且学校给予不少继续发展的机遇。

据我所知，我们同时毕业的石门中学同学后来都抓住了不同的机遇，走上了不同的发展道路，有的虽然没有继续深造，没有走上学术道路，却成为企业家、专业户或其他方面的人才。人的志向是不同的，对美好人生的理解和追求也各有区别。我的理解是，当一个人能把自身的意志、品格、兴趣、爱好，才能都融合到自己的事业中，并成为社会的一种需要，因而获得支配自己的最大自由，这就是一种较高品位的美丽人生。

母校石门中学迎来70周年华诞，我有幸成为母校"薪火相传"的一颗种子，对此，我感到十分荣幸。

原注：写于2002年9月。本文作者是我校1951届初中毕业生，我国知名的水利史学家，武汉大学教授。

*资料来源：佛山市南海区石门中学编：《石门中学八十年（1932—2012年）》，2012年刊印，第204—206页。

再忆石门中学往事

黎沛虹（1948届校友）

采访时间：2020年10月27日

采访地点：石门中学三楼党建活动中心

被采访人：黎沛虹

采访、整理者：李东鹏

整理者按：黎沛虹，1935年出生，广东南海人。1961年毕业于武汉水利电力学院（2000年8月武汉大学、武汉水利电力大学、武汉测绘科技大学、湖北医科大学合并组建新的武汉大学），并留校任教，教授。曾受聘为《湖北省水利志》特约副总编、《清江水利史》主编、《隔河岩水电站建设史》副主编。并受聘为《黄河志》《浙江省水利志》《河北省水利志》《张家港市水利志》《唐山市水利志》等数十种江河水利志学术顾问、特约审修。有一些诗词、书法作品公开发表。1995年由河海大学出版社正式出版个人诗词专集《清韵集》。2011年，出版《清韵新集：诗词书法作品选集》。

我是1935年5月29日出生的，出生地是在广东省的南海大沥镇雅瑶村圣堂。我先读的师塾，老师叫杜佩舟，那时候一天到晚念四书五经、三字经啥的，没有数学、物理。读了两年私塾后，开始在雅瑶小学上小学。我爷爷叫黎伯伟，父亲黎适英。我父亲是中学老师，广州五十九中学教古代汉语，一直到退休，还算是一位比较有名的古代汉语老师。我后来喜欢诗词、写字，全是受我父亲的影响，这是一种爱好，一种兴趣。像我的儿子，他对我写的诗词有兴趣，但他自己本身没爱好，所以也没法继续练习。我也很喜欢听戏曲，但现在耳朵不太好了。我的书法集《清韵新集》是我儿子帮我出的。我自己对这本书比较满意，写得比较自然、流畅，出得也不多，主要是我送人用，大都送给我自己喜欢的朋友。另外，我的一位研究生学生原来是水利出版社的社长兼党委书记，一直让我写一本书法集，我一直不愿意。书法我是业余的，就纯属个人爱好。

一、缘起：从石门中学到武汉大学的成长之路

我在学术道路上得到前进和发展，是由许多主客观条件造成的，石门中学对我的培育所起到的作用则是极为关键的。

新中国成立前，1948还是1949，跟着我父亲到了广州国民大学附中读初中，初一、初二。广州解放前，中学停课了，我父亲带我来石门中学插班，读的是春季班，插班插到初二下学期，初三上学期春季班突然停办了，我就回家了，停了一个学期，然后接着上秋季班，是初三下学期，这时候中华人民共和国已经成立啦。毕业时是1951年9月，我考入广东省立高级工业学校，念水利科。

我是一个非常老实的学生。秋季班当时是两个班合起来一个班上课，大家都很活跃。石门中学秋季班毕业后，家里有好几个兄弟姐妹，没钱读书，但是我自己学习是很用功的，当时我在石门中学的班主任黄永藻老师，是教体育的，我们班毕业的时候，5个同学家里很穷，我是其中一个，都是家里穷没法读高中。后来，黄永藻把我们5个人找去，对我们说，我刚刚到广州去了，了解到广州的一所中专学校——省立高级工业学校。王老师说，我刚去了解了一下，这所学校考上了就全部免费，伙食费也是国家供应的，还有生活费给学生，每个月两三块钱，你们没钱读书的可以考一下试试，不过我估计你们考不上。为什么呢？因为这所学校是面向全省中学招生，现在我了解到的报名人数已经有2000人了，一共招基建、电机、水利、化学和土木5个专业，每个专业招30人，一共招150人。后面还有可能继续报名，十几个录取一个，我估计你们考不上，试试看吧。结果，我们5个，全部考上。上次请我回来做报告的时候，我就讲了，这件事说明石门中学在教学上肯定是有两下子的，百分百考上的。我一讲完，下面的学生使劲鼓掌。

之前，我没有和父母说，因为感觉录取的可能性不大。当我把录取通知告诉父母时，他们喜形于色，似乎看到了石门中学为我们家培养出一个将来会有出息的孩子。可以想象，如果没有初中扎实的学业基础，我可能就此辍学，这是我对石门中学培育之恩永不能忘的地方。

考上以后，第一志愿报的基建，第二志愿是水利。录取之前，面试、考试。面试我的是当时省高工的教导主任，他蛮客气的，他看了我的资料后，就说，这个姓黎的小孩子，数学这么好啊。我当时数学考了91.5分，很难做的几何题目，我都做出来了。我记得有一个几何题目是求线段长的，20分，很多人都做不出来。他还说，我看你很流利地做出来，你数学这么好。你语文和政治有点差。有个5分的，是问现在的进步青年组织是什么？我回答了个"三青团"，这是一个国民党的反动组织，说明我很不关心时政。最后他说，你这方面要加强学习，你数学这么好，去学水利吧，水利是很需要数学的。我就说好啊。

就这样到了省高工，后来学校合并到长江水利学校，我是1954年毕业。毕业后，分配工作到在南京的长江下游局。1956年，长江上游、中游、下游合并到武汉的长江水利委员会。同样在1956年，当时全国动员学习好的青年报考高等学校，动员全国优秀青年积极报考，我就报考了武汉水利电力学院，后来这个学校又和武汉大学合并。我毕业后，就留校任教，专门研究中国水利史。不客气地讲，也算是中国水利史领域的专家。以我的学术研究为主体的，1992年报国务院申请了硕士学位研究点，建立了"科学技术史"一级硕士学位点，这个在高等学校不多的。我这个学位点，在全国水利界只有一个，培养了数十名硕士研究生。我1985年评上副高。1990年评上正教授，主要带研究生。

这次新冠肺炎疫情在武汉暴发前，我还一直在武汉在为《中国水利史典》工作，我是专家组的成员，是《长江卷》的专家组组长。同时，我还是一部动画片《中华治水故事》的历史顾问。

二、石门中学优秀的师生印象

我们那个班的同学都很优秀，大家基本上都在各自的领域有所作为，我简单介绍一下我的那个班。

著名的疟疾防治专家李国桥，就是我们同班的。他是全国五一劳动奖章获得者，被誉为临床验证青蒿素治疗恶性疟疾有效性的第一人，也是广州中医药大学的首席教授。

再就是简乐，曾担任佛山电力局局长兼党委书记。何赐炳，在莫斯科广播电台，专门播广州话。郭益杞，曾担任南海水利局局长。

我们石门中学的同班同学都抓住了机遇，在不同的发展道路上走得很好。譬如有的成为企业家、专业户或其他方面的人才。我的理解是，当一个人能把自身的意志、品格、兴趣、爱国，都能融合到自己的视野中，并成为社会的一种需要，因而获得支配自己的最大自由，这就是一种较高品位的美丽人生。

对石门中学的印象，最主要的几点，就是教师水平都比较高，教学态度非常严谨，这绝不是客气话，不然我们5个人报考，怎么会全部考上。

我记得老师的名字，一位是钟鲁铁，是教授几何课程的。我对这各位老师非常佩服，他是非常认真的。一位是黄永藻，是我的班主任，体育老师，表面上看他是好像非常粗鲁，但他实际上非常细心，对学生也非常关心，嘘寒问暖的。欧杰老师，教我们画法几何，当时没有专门的课。

还有一位是教动植物的女老师，我不知道她的名字，她当时没有介绍自己的名字，我也不敢问她，她打扮得非常漂亮，上课的时候都是穿旗袍，我们都不敢抬头看她，教课水平也很高，课程以前叫动植物，后面叫生物。有一堂课，是讲授哺乳动物，我有幸被提问，要我问答猫是什么样的哺乳动物，我心想，猫天天都能看得到，我家就有好几只，还能不懂？我便说：猫是会抓老鼠的哺乳动物。全班哄堂大笑。老师再问其他同学，回答都离不开"抓老鼠"。最后老师总结：猫是舌头有倒生肉刺、瞳孔大小会随着外界广度变化而变化的四蹄哺乳动物。老师给我们讲道，我们天天都看得到的、十分熟悉的生物，却不一定了解它，不了解它和与它相近的生物的区别。猪油用科学的方法掌握它的本质特征才能认识它和其他生物的区别。

郭汾五，是教语文的老师。他很认真，因为我们星期天要赶回学校。我有一次赶回去已经晚上8点多了，快到石门中学的时候被蛇咬了，紧张得不得了。赶快跑到郭老师那里，郭老师紧张地拉开裤脚，检查伤口，捏出血来了，发现没有红肿。他说，小黎不要紧，你这个不是毒蛇，一般蛇咬了不要紧的。同时，他赶紧给我搞了点红药水、用小石棉包上。他说，你半夜要是醒了，看看有没有红肿、有没有痛。要是有问题，我把你带到石门中学的医务组处理下。石门中学的老师很严谨、很细心，给我们一辈子都留下了很深的印象。

三、学校与家庭生活的点滴回忆

还有就是秋季班以后，当时应该是军管会来管理，有位名叫邓廷祯（谐音）管学校的，穿着蓝色衣服，有手枪，军代表。他组织读书会，把优秀的学生叫去参加。我们是新民主主义青年团预备班，学什么内容我记不得了，大部分与新中国成立有关的文章，每个星期指定一个人负责讲20分钟左右，大家很活跃。

在石门中学读书的时候，石门中学的学生还演大戏《野猪林》，整个镇都轰动了，人们都纷纷来观看。我记得演鲁智深的一个学生叫陈礼睿（谐音），当时规模很大，布景一个小时转不过来，演到天亮。

再就是粤剧《赤叶河》，是由胡勃老师编剧、导演的，全校都在唱，我当时也会唱。我记得女主角叫郭秀云，是我们的校花，唱得很好，长得也漂亮。剧情和白毛女有点像，演完后反响很好，当时学校的整体气氛很好。

我们学校非常注重德智体全面发展。体方面，有一个比较有利的条件，我们这边有一条河。但是管理得比较严，不能出问题，就在石门中学校门口下面一点。学校自己搞了一个专门的石门游泳池，里面有救生员，有个女同学是当时我们班里的游泳健将，她是三姐妹，郑燕瑛、郑雪瑛、郑敏瑛，据说都在广东登报的。1956年我在长江水利委员会时，当时武汉举办了第一届横渡长江活动。我参加了，正点到达，我拿到了金牌，但是那个金牌两个月后就变黑了。当时只有29个人正式渡过去，还有几十个没有正点到，拿了银牌。当时拿金牌的29个人登报了，我看到有郑雪瑛的名字，但是写的单位是部队的。也正因为此，我被工作单位以德智体全面发展的优秀青年选送报考大学进行学习。在大学期间，我曾被评为德智体全面发展的全校学生标兵，后作为优秀的全面发展的本科毕业生而留校，可以说与游泳有很密切的关系。我们这里的人从小都游泳的，我在武汉连续参加了两年的冬泳，气温零下4度都不惧。

我在石门中学还有一个好印象，就是同学之间很单纯，关系非常好，感情很深。虽然我们春季班一年，秋季班半年，但是好多同学一辈子都有联系。我们这个班从来没有乱七八糟的新闻，女同学也很杰出，我当时数学、几何比较好，好多同学来找我问问题，没有别的交往。大家生活也很简单，每天早晨一碗稀饭、一个馒头、一点腌菜。中午，一下课就拼命跑步去食堂排队，一个是因为肚子饿，另外一个原因是排队长，要争取排在前面，那时候营养不太够。好多同学从家里带东西回来吃。李国桥的哥哥李国军，每个星期从家里带点腊肉、腊肠回来。他吃饭时打开来吃，都把我拉过去一起吃。我记得春季班的时候，我刚刚来，石门中学有个香港同学，我昨天回忆到他的名字，很特殊，邵礼荣，我昨天晚上一下子回忆起这个同学的名字，他故意在食堂里摆个桌子，每天吃西餐，用刀叉，穿着花衣服，就相当于一道风景。但是我们农村同学最不喜欢他，这相当于闲话了。我们学校食堂印象中一个月交3万块钱伙食费，相当于现在3块钱。

我的爱人叫葛叶，我们是在武汉认识的。我比她早一年毕业，我们都是水利学校的。我爱人毕业后，分配到了长江水利委员会。我后来考取了武汉水利电力学院，而她一直在长办。她1976年调到武汉水利电力学院。她工作的时候我就看到过她，后来我考取大学后，又在街上见到，慢慢熟悉了，谈了好几年。我们1964年结婚的，一直生活在武汉。去年我女儿调到了广州，我儿子在武汉铁道部第四设计院。我们每年寒暑假都回到石门。去年10月份我们去温哥华看孙子，所以10月份我们就来了，一直在这里。我女儿是在广东省电力试验研究所工作。

我的弟弟黎灌虹、黎杰虹，也是石门中学毕业的。黎灌虹石中毕业后考入华南工学院造船系，毕业后被分配到南京金陵船厂，是该厂的全国劳动模范，担任总工程师。黎杰虹现在任佛山科学技术学院副教授。

记忆中的石门中学

何克承（1962届校友）

采访时间：2020年10月27日

采访地点：石门中学党建活动中心

被采访人：何克承

采访、整理者：李东鹏、胡端

整理者按：何克承，1944年生，祖籍广东番禺，世居南海，1962届校友。曾任南海日报社副社长、广东省书法家协会理事、佛山市书法家协会副主席、南海区书法家协会主席，书法作品以隶书、行书见长，多次入选大型书法作品展及在报刊发表，其书法作品被誉为"神在能离"。著有《何克承书法选》。

我是1944年出生在广东南海，小学是在黄竹岐小学，1956年考上石门中学，读初中，当时读石门中学是需要考试的。南海县是1982年才普及小学的，那时入小学的入学率本就不高，流动生也很多，上到三、四年级就不再上学了。小学上初中的淘汰率也很高。当时整个社会的办学状况就是这样一个大致情况。

一、从石门中学到华南师大

1956年我上初中时，正恰逢学校扩招，当时初一招了8个班。但是只有6个教室，也就是说有两个班没有教室。石门中学是面向南海全县招生的，所以多出的两个班，就安排居住在附近的学生，每天来回上学。譬如一个班要上体育，就去那个正在上体育的班级。我就是在那种没有教室的班里。就让我们抄好一份课程表，比如星期一的第一节课，去初三（1）班上语文，第二节就去初二（3）班上数学。自修怎么办呢？当时学校有两个实验室，一个是化学实验室，一个是物理实验室，一个实验台可以好几个同学用。

当时石门中学办学条件还是比较差的，是一个典型的农村中学，可以说是上不着村，下不着店，往西去买包烟，要走15分钟，往东就是黄竹岐，要走20分钟。当时住宿的学生问题可能还不大，但老师的生活还是很不方便的。老师的生活怎么样？当时没有教师宿舍，只有零零散散的房子给年轻老师住，有家属的，一般都在学校西边北村、东边的黄竹岐租民房来住，可以形容成"学生是走学，老师也是走教"。

1959年，我考上高中，1962年毕业，报考的是华南师范学院（后改为华南师范大学）。当时的升学率是很低的，高三共3个班，我在高三（1）班，这个班才4个人考上大学，还有两三个考上中专。总的来说，一个班毕业后，平均也就七八个人还可以有学上。在华南师范学院，我是在教育系，当时没有考研究生，1966年毕业，刚好碰上"文革"，我们这届毕业生都没有分配，用当时的话说都"留校搞革命"了。1967年，我们就在学校领工资了。按照广州的标准，领试用期的工资。1968年毕业分配去向，用当时的说法是三个面向，"面向农村，面向边疆，面向基层"，基本不留城市。我就分配到一个离这里300公里远的地方，现在叫云浮市罗定市泷水中学。这个学校离县城大约40公里，在这里当了7年的老师。1975年回南海，在教育局工作，所以对石门中学比较熟悉。在教育局工作了15年后，我去办报了，在南海日报社工作了11年，完全听从组织安排，上面也不管我是什么专业，说去干这个活就去了。在南海日报社工作期间，我先后担任副社长、党支部书记，直至2004年退休。

二、我眼中的"任重道远，勿忘奋斗"校训

石门中学有个校训"任重道远，勿忘奋斗"。这校训非常好，石门中学以前办学条件并不好，石门中学的大进步，主要是在恢复高考，改革开放以后的时期。南海以前是没有重点中学的，南海有好的学校就办在广州，以前清朝的时候，南海管着半个广州，所以比如南海中学，就在广州。后来民国时期，广州设立市，南海的县城就搬到了佛山来。好的学校都办在县城，你看，好的学校都办在了禅城区，比如佛山一中，以前叫华英中学，好的学校都在那里。所以说，石门中学的成长进步一定是个突出重围、不断奋斗的历程。

1951年，佛山镇变成了佛山市（现在叫禅城区），成为一个县级市，南海的县城又没有了，只有几个初中，没有高中。这几个初中办学条件也不好，就是以前的农村学校，其中一个就是石门中学。当时的校容校貌，整整齐齐是真的，但条件是很不好的。我就说艰苦奋斗、自力更生，我1956年进来的时候，学校没有独立的运动场，学校面积也不大。运动场是怎么搞起来的，1957年的时候，就搞了二十几亩地，当时就是农田，老师和学生就去挑泥、搬石头、搬砖头，把农田填起来，在400米的运动场西边盖了一排平房。那些平房是怎么盖起来的，当时南海的九江抗日战争时期，受到的破坏很严重，便在那里买了很多破的、无主的砖房，把它拆了，里面有些木头、砖头，通过船运过来，就卸在珠江边的校门口上，就是用这些建材建造起来的。

1932年的时候，有几个乡贤捐建了四友图书馆，就把这个学校搞起来了。一直到1956年我进来，学校和20世纪30年代的时候相比，没有多大的建设，基本没变样，最有标志性的就是四友图书馆，也是学校标志性的建筑物。石门中学是1932年办起来的，当时学校还没有建好，招收的学生也不多，毕竟是一个刚开始办的初级中学，当时借了我们西北边一个镇小学，在那里先开张。学校基建基本搞好后，才搬进来。其实那个校舍规模，一直到新中国成立，也没有多大的变化。当时盖的那排平房做教室，也不够用，所以我初一初二才要走读。走读就是每节课都要换教室，所以当时的条件是连教室都不够用，石门中学就是这样一所学校发展起来的，条件还是比较差的，当时一个班50多个人。

当时的老师就说，一个学校办得好、办不好，首先看老师队伍。我们石门中学这个教师队伍，是真有奋斗精神，他们的生活条件，比起九江中学这些办在区县的，要困难好多。石门中学的老师队伍，有一部分是新中国成立前就在学校教书的，后面一直留了下来。新来的老师来自各地，也有大学生，老师还需要租房，还不在学校内。他们的子女入学，只有到北村或者黄竹岐，也很麻烦。我们的很多老师，教的课也不是原先的专业。比如我上高中的时候，我政治课老师，他是中山大学地理系毕业，就教政治。我们当时的副校长，是广州艺专毕业的，学话剧专业，同时也能教政治。学校需要什么，老师就能教什么，这点很难得。而且学校的教学质量，在南海还算比较好的，不过跟现在的江湖地位是不能比的。

我们这个学校，从20世纪90年代开始，一步一步地发展。原来这个学校，从我上初中到高中一直在。当时这里也办高中的学校，有三所，九江中学、南海一中，还有石门中学。石门中学是1959年开始办高中的，比起另两所学校，没有明显优势。到了复办重点以后，也就是恢复高考以后，当时的财力和人力，教育局也没办法下足力气把他搞成非常好的学校，进展还是比较慢的。90年代以后，学校的名气，在南海逐步大了起来。当时南海也多了几所高中，抢了部分生源。当时它跟佛山一中相比，差距还是比较大的，具体在哪里，升学率不比佛山一中低多少，但是考上重点的，就低了好多。石门中学，就在这种条件比较差的情况下，一步一步追赶上去。

到现在为止，就南海来看，石门中学的办学条件，比起其他好多所高中，都没有优势，学生住的以及教学条件，不见得有多么先进，比起老牌名校，就更差了。现在南海，有些民办学校的条件真的非常好，所以说这种奋斗精神，石门中学从开办开始就一直有，这是石门中学全体老师带出来的传统，学生是流水的兵，学生上几年学都毕业了，但是好的传统一直流传下来。

三、与生产劳动相结合的求学生活

石门中学学校北面就是珠江，有个堤围，那里有几个游泳池，是活水的游泳池。里面用木头打桩，打了几排，分成几个小游泳池，还搞了一个轻便的桥，可以从岸上一直走到游泳池，末端至少有三个游泳池。石门中学的学生，几乎没有人不会游泳。但现在的水质比不上以前，以前的水质好。过去每年都搞"横渡珠江"，就从游泳池那个地方开始，一直游泳到对岸去。这条河当时宽度有300来米，我也参加过"横渡珠江"。石门中学的毕业生，游泳可以说是专长。后来我不是上大学嘛，也算游泳比较好的。我读大学时，正好是"文革"前，搞大练兵、武装泅渡，我们背着步枪，在广州石牌那个地方搞横渡，那里的宽度不少于2000米。当时河里的水是很好的，后来才慢慢不行的。

现在回忆石门中学的印象，一是劳动比较多，当时毛泽东就提出"教育与生产劳动相结合"，那时候土地是人民公社的，就给了石门中学好多田，每个班都有一块田，种水稻也可以，种瓜果也可以，填一个二十几亩的运动场，其实在教育与劳动生产相结合以前，是没有劳动的，上学就上学，后来就有好多劳动。有好多老师，年纪也比较大，没法挑土、锄地等，有些石门中学的老师，从没干过农活的，也要去干劳动，所以我们的印象是很深刻的。干劳动，还是比较辛苦、比较累的。种出来的东西，班主任会定一个价，比如冬瓜，学生们有喜欢的就买回去。不买回去就卖给食堂。其实价钱也是很低的，卖了的一点点钱，可以补贴班里的费用，比如订报纸、补贴班费。这是第一个印象，就是整个学校的老师、学生都有一种很能吃苦的精神。

第二个方面，就是关于饥饿的印象。到了60年代初，大家当时生活都很困难，老师也很困难，当时在学校肯定是吃不饱的。有个回忆现在看起来像个笑话一样，学校就打个紧急集合，大家在礼堂前面全体集中，这时有个行政领导宣布，有个好消息，今天加米加菜，加一两米，加二分钱菜，就变成大好消息了。我们是走读生，回到家父母亲还会省一点给我们吃。在学校就那个样了，老师们都很苦的。但是老师们能吃苦，坚持这种精神，就是学校需要他们做什么，他们就做什么，这种精神很难得。就像我先前说的，有的老师不是学这个专业的，也能通过自学去上课。我上高一的时候，那时候学校已经多少有点名气，开俄语课，就找学英语的老师去开。这点很难的，他没有因为是英语系的，就排斥开俄语课。或者我是地理系的，怎么去教政治，没有排斥的这种情况。我1959年上高一，学了3年俄语。上了大学，填外语的语种，我就填报的俄语。我现在对英语，是一点都不懂。后来跟苏联不友好，学的俄语也没用啦。我1962年上大学，广州的外文书店，还有《真理报》啊这类俄文刊物，后来中苏关系越来越不好，这些俄文报纸杂志也慢慢没有了。

还有生产劳动方面，比如大炼钢铁，我们班主任就带着我们班去开矿，挖铁矿。我们带着行李，到了离县里10公里左右的地方，是一个叫横沙的丘陵区，现在属于广州。我们住在一个小学的教室里，因为白天他们还要上课，我们早晨起来就把行李收拾好，放在教室的一角，然后去劳动。那里搞了一个月，班主任也陪着我们一个月。我们走不了，老师也走不了。晚上，他也是在那里把草席铺开，早晨收起来。虽然挖的铁矿石品位低，但能炼铁。炼铁是由另外一帮同学进行的，我们就管着开矿。这件事发生时，我正读初中三年级。

还有一位美术老师给我留下了深刻的印象，他叫区杰。这位老师不管是师德，还是品德方面，都是我们的一个榜样。这位老师非常有才华，新中国成立前，应该是1947、1948年左右，他的美术作品，得到过一个国际奖。学校当时比较困难，他画了很多画，放到广州搞展览，有人买了，他就把钱捐给学校。他工作非常认真，好多学生都会聊起他，特别是后来搞书画的学生。后来反右斗争的时候，划到了右派。改革开放以后，落实了政策，他也为学校做出过贡献，在县里也有贡献，他是县文联脱产的副主席，八十几岁去世，到现在也去世好多年啦。

对石门中学这所学校，我印象最深的，就是他的自力更生的精神，大家都在奋斗。这种精神影响到他的学生。原来学校没什么名气，后来慢慢有点名气，到现在在佛山名气很大了。因为现在不崇尚宣传状元什么的，石门中学报捷比较低调，其实石门中学，可以说的小故事还是非常多。

石门中学：我的唯一中学母校

叶桂林（1963至1968年就读于石门中学）

采访时间：2022年2月22日
采访地点：石门中学党建活动中心
被采访人：叶桂林
采访、整理者：胡端

整理者按：叶桂林，1950年9月出生，广东南海人。1963年入读石门中学初中，1966年毕业后升入高中部，因遇"文革"而止。1968年离校后，先后务农、经商。1995年开办南海新世纪大酒店，任董事长。自1996年起，先后任第十二、十三、十四、十五届南海区人大代表；第十四、十五届南海区人大常委会委员；第十二、十三、十四届佛山市人大代表。现任新世纪大酒店董事长、石门中学校友会第七届理事会名誉会长。

一、只在石门中学读完初中

我出生于南海大沥乡颜峰村，爸爸是做凉果批发生意的，妈妈是裁缝师傅，小时候家庭生活在当地属于一般水平，条件相对艰苦。加上家里兄弟姐妹多，有7个兄弟、1个妹妹，我排第五。那个时候呢，我在颜峰小学读书时，刚刚经历1958年"大跃进"，社会上很多人都比较贫穷，只能靠自己的劳动来维持家庭。1963年，我以优异的成绩考进了石门中学读初中。家里学历最高就是我，其他兄弟姐妹都只有小学毕业，那个时候，石门初中在整个南海县录取率很低，才招4个班，我算很幸运的。当然，我成绩也是不错的。

我在石门读书时，功课方面，数学最好，俄语学得也很好，都在全班拿第一，我们当时是石门中学最后一届学俄语的。老师教学比较认真，也没现在那么多作业，当时是没有课外作业的，只要求你读几本书，读好指定的几本书就可以。但是当时学生整体上一半以上成绩都很不错。初中3年读完后，考完毕业试，是1966年，恰好碰到"文化大革命"，全校停课，所以高中没学上了。"文革"期间，发生了全国学生罢课，搞"大串联"。

当时我也跟几个同学，也参加为期一个多月的"串联"，坐火车，经过上海、天津，到了北京，住了有20天左右，刚好碰到毛主席接见"红卫兵"的其中一次，好像是第八次。我们当时在公路两旁，看见毛主席坐着敞篷车经过，那次印象很深刻。从北京回来后，又经过河南郑州，到了湖北武汉，又到湖南长沙，还去瞻仰了毛主席的老家韶山。那时候串联，免费坐车，免费吃住。到1968年9月份，石门中学从初一到高三所有学生，都一起毕业回家。

二、那个年代的石中住校生活

我读初中时，石门中学教学是非常严谨的，要求很高，因为它本身是南海县重点中学，当时的校长叫蚁振让，绝大部分学生都是住宿的，只有附近地方的学生走读。那个时候作业不多，比较宽松，但管理比较严格，有点军事化味道。我当时是校田径队队员，要求每天6点起床，从学校跑步3公里，到北村大闸再返校。有些游泳队的学生，就去游泳，即使是冬天，也要到珠江边冬泳。游泳历来是石门中学的特色与优势，一直得到学校重视，还培养学生进了国家队。除了游泳队外，课外活动还有田径、国画、书法、唱歌等等，丰富多样。

那个时候的吃住条件艰苦朴素。一般是两个班的男生住在一个宿舍里，分为上下铺。尽管人多，但已经算住得很好的了。学费、食宿费不高，10至20元就已足够。同学关系都很好，大家都是从贫穷之家出来，能相互理解。关系条件较好的家庭也有，就是华侨子弟，他们的亲属会从海外寄钱回来，但这批人数比较少。

吃的方面，由于当时是1959至1961年三年自然灾害时期，社会上很多人没饭吃，不过我们1963届进校的时候，还是有饭吃的。早上有粥、馒头、炒粉，中午有个菜，我记得是冬瓜炒猪肉，猪肉削成很薄片的。其他生活条件就比较差一点。不过当时大家都是十四五岁，青春正茂，都吃得住苦。老师也基本上住在学校里，与学生同吃同住，晚上的自修课，老师可以再辅导，师生关系密切融洽。

住宿生要到周六才能放假回家一趟。不过，学生回家都是没车坐的，全靠走路，像我回一趟家要走5个钟头，从石门中学到颜峰村，有十几公里。每个礼拜天回校时，会带点米饭；有些离学校比较远的地方，如西樵、小塘的同学，要先坐一段火车，再走一段路，所以也不是每个礼拜都回家，基本都是一个月或两个月才回去次。

三、以商哺校，助力石中

1968年我离开学校后，就回家务农了。先去生产队耕田，1973年开始在颜峰总厂为生产大队管理鞭炮厂11年。到1984年，我正式从商。先是做个体户，批发过香烟，做过手表厂，效益不错，这得益于改革开放初期充满活力的商品经济大环境。从1995年开始，正式经营新世纪大酒店，一直到现在。为什么想到开酒店呢？我当时租了一块地，本来是准备做铝材厂的，当时刚好是朱镕基总理在任，为了有力应对亚洲金融风暴，控制资金，整个铝材行业下行，耽搁了两年多，就没做。不久，我有个老表在佛山宾馆当书记，他建议我做酒楼，还把佛山宾馆做酒楼管理的人，都介绍给我，帮我管理。这些人当时都是20岁左右的小伙子，直到现在，27年了，我的酒店管理层还是当初这帮"老班底"。如今，新世纪大酒店在南海区算是有品牌了。

毕业后，我一直与母校保持密切联系，为母校服务。何维孜老校长在任时，石门中学每年开学要放鞭炮，都是我提供。2002年，石门中学出了一个广东省理科状元，当时校长叫杜尚强，打电话给我，问我能不能赞助学校，出资在报纸上登广告，宣传石门中学的办学成绩。我说没问题，一直赞助了很多年，后来很多学校也如法炮制，相互竞争，上报纸头条，佛山教育局就规定一律取消。从1997年开始，南海每年都有一次高考总结会，最后一顿饭一定是到我的酒店去。当时佛山市市委书记、市长、教育局局长都会到场，颁发奖励，持续了将近10年。

现任校长李卫东上任后的第一年开学季，南海区委书记叫黄志豪，他是首个到母校参加开学典礼的书记。当时，学校也叫上我跟香港校友邵亮标先生到场。邵亮标先生设立奖学金，奖励考到香港大学、清华北大的学生，每人5000元。我当时想，奖学金只有奖给学生的，没有奖给老师的，就跟李校长说，我想每年赞助10万元，钱不是很多，用于奖励高三教师，一直到现在，持续了5年时间。

我很早就介入石门中学校友会工作，但以前没那么正式，直到2017年9月，石门中学教育基金会成立，我是27位发起人之一，并担任第七届石门中学校友会名誉会长。每个基金会发起人都会捐款，捐15万元以上。为什么我热心捐资助学，对石门中学情有独钟？因为我这一生，没进过高中，也没进过大学，除了小学以外，石门中学可以说是我唯一的母校，她教会了我怎么做人做事。我的儿子与女儿也都是石门中学毕业。比如儿子叶钰泉，1998届校友，现任石门中学教育基金会执行会长。全家人对石门的感情非常深，每次学校需要我，我都很愿意以自己的能力尽一份心意。

四、愿母校成为"中国石中"

石门中学的求学时光，培养了我做人做事比较专注、认真的品格，并将这种专注认真的精神品格，化为经营酒店的管理经验。此外，同学之间、同门之间关系融洽、友谊深厚，为大家毕业之后干事创业积累了无形资产，尤其像我后来开酒店，本来就要广交朋友，我可能算是得到同学支持最有力、最多的一个。我也相信，我的酒店会和我的母校命运相连，共同兴旺发达。我衷心希望母校高考每年都能不断取得新进步，取得更辉煌的成绩，祝愿"南海石中"在未来几年可以成为"中国石中"。

亲历石门中学发展有感

温伟平（2005至2008年任石门中学校长兼党委书记）

采访时间：2020年10月27日

采访地点：石门中学三楼党建活动中心

被采访人：温伟平

采访、整理者：李东鹏

整理者按：温伟平，1967年出生，广东梅县人，1990年毕业于华南师范大学数学系。先后在广东省乐昌市第一中学、佛山市南海区石门中学工作，2003年5月至2005年1月，任石门中学副校长，负责石门中学（狮山校区）全面工作；2006年3月至2008年7月，任南海区石门中学校长兼党委书记。工作期间，多次获得"南海区优秀老师""南海区优秀校长""南海区骨干校长""佛山市优秀教师""佛山市学科带头人""佛山市名校长"等荣誉称号。

我叫温伟平，1967年5月出生，广东梅县人。读小学是在广东省乐昌市金鸡小学，乐昌位于粤北，是一个风景优美的地方。我父亲当时是一位粮食局的干部，因为工作调动而到了粤北，我就是在那里出生的。我母亲也是粮食局的一位干部。初中、高中就在乐昌城关中学读的。后来考入华南师范大学数学系。1990年7月本科毕业后，来到乐昌市第一中学参加工作，在这里工作了6年。当时大学师范生都是国家统一分配的，而师范类学生都是政府资助的，上学都是免费的。1996年8月，来到石门中学工作，开始也是做一名数学老师。1999年8月，被任命为教研处副主任，后任主任。2003年5月，任副校长，分管石门中学狮山校区全面工作。2005年2月，任石门中学校长。2008年8月，调任九江中学，也是一所老牌名校，是为了纪念康有为的老师朱九江创办的一个学校。2009年12月，重新调回石门高级中学，担任校长。2002年12月，评上高级教师的职称。

一、"传承创新、立志发展"的办学理念

作为石门中学发展的一名亲历者，我想谈一下我的一点所见、所闻和所感。石门中学最引以自豪的，就是他的教育理念非常先进——"传承创新、立志发展"，这一办学理念引领了学校的高速发展。学校永远不满足已经取得的成绩，在传承中改革，在创新中前进，不断与时俱进，永远向我们认为最先进的学校对标看齐。我认为学校发展，一个阶段有一个阶段的特征。在20

世纪80年代，全社会开始搞电化教学，我们就提出要抢占电化教育的先机。在20世纪90年代末，又开始使用信息化手段发展教学。于是，我们在2000年给每位老师基本普及了电脑，而且电脑都是当时比较先进的IBM笔记本，一台价格在1.7万元，这个当时在全国也是很少有的。当时学校老师的年收入，一般也就在2万元左右。所以教育界一开始搞信息化的时候，我们学校就普及了电脑并用于教学和办公。

关于教育理念，石门中学很早就提出了"三主"的教育思想，即"以学生为主体，以教师为主导，以训练为主线"，这个理念是非常先进的，包括我自己做校长时期，也提出了一个办学理念，就是"传承创新、立志发展"。因为石门中学是老牌名校，有很深的历史积淀和文化底蕴，一定要传承，一定要创新。立志发展就是一定要让学校发展，一定要让教师发展，一定要让学生发展，只有发展才能解决问题，这也契合当时胡锦涛总书记提出的"科学发展观"。所以我们学校每时每刻都有一种先进的理念来引领教师与学校发展，永远不满足所取得的成绩，力促学校不断追求卓越，在传承上改革，在创新中前进。这是我在学校办学理念方面认识比较深刻的地方。

二、激励教师多元化发展

为了学校不断实现发展，我们引进了很多名师。比如2007年的时候，我们引进了信息学的江涛老师。自从引进江老师，就让我们学生在学习信息学方面发生了翻天覆地的变化。当年，我们学校的信息学在广东省就排到了第三名。第二年后，就基本保证在广东省第一名。他带着学生参加全国信息学竞赛，获得了很好的名次。也正是通过他带队的信息学，学生考入清华、北大等名校又多了一条路，因为通过竞赛成绩，可以获得加分，让更多孩子有机会进入清华、北大。

引进名师方面，我们是不拘一格的。像传统的语、数、英等学科，只要有优秀的老师，我们都积极引进。而且这些来自外地学校的老师，像我这样一个来自外地的老师，不是本地土生土长的，与当地没有任何渊源背景，可以在10年内做到校长，说明这个地方机会均等，非常包容，有一种海纳百川的胸怀。这方面不光是我，还有许多其他老师后来发展得也都很好。

学校对老师的评聘，基本上是通过业绩来进行考评，考评标准主要是教学成绩、高考成绩、班级管理等多方面。学校的政策，一是鼓励老师实现多元化发展，不一定只看教学成绩，管理能力强的，可以走行政系列，担任主任、副校长等。二是鼓励全方位的发展。比如鼓励老师做教育教学的权威，就是高考成绩要好；做教育科研的先锋，就是要取得科研成绩。我们也有相应的奖励，比如班级管理的模范，也就说如果班主任做得很好，收入也可以很高。教师有相应的评聘体系，比如首席教师、学科带头人、骨干教师等。首席教师待遇直接等同于校长，学科带头人等同于中层干部，骨干教师等同于基层科长、年级组长等，班主任也一样，设有模范班主任、优秀班主任，等同于学科带头人。首席教师毕竟要求非常高，一个学校也就三四个。我做校长时期，就让老师自己选择方向，以便多样化发展，同时也给予一些政策上的奖励。我们每年的高考奖，都有一个分配的方案，对教师业绩、津贴方面也专门列有方案，比如科研成果获奖、课题结题、科研文章发表，我们都有相应的奖励。我主校时期，一篇文章在教研处审核通过的正规期刊杂志上发表，每篇奖励500元。

三、高考成绩已成为广东省品牌

石门中学的高考成绩非常好，在广东省基本上算是品牌了，主要体现在大面积的丰收。所谓大面积的丰收，是指以前考本科很难，譬如20世纪80年代，3个本科层次，石门中学基本上在全省达到领先。后来，不提本科录取率，开始抓重点高校的录取率，结果考上重点的成绩又大面积领先，最好的成绩是2007年全广东省第二名。综合成绩，一般来说处在全省前八名。现在也是保持这个水平。石门中学的生源基本上都来自佛山地区，主流生源是南海区。在佛山，石门中学也有竞争对手，比如佛山一中、顺德一中，大家实力相当。但高考综合成绩，还是石门中学略胜一筹。

石门中学不招外地生，都是当地生源。广东省目前最好的是华南师范大学附属中学，排第二的是广东省实验中学。省实验中学是钟南山院士的母校。为什么2007年的时候，石门中学能够排第二？因为那一年石门的高考成绩数据全面力压实验中学。是不是第一名，我们没法证实，但第二是肯定的。

关于高考成绩，印象比较深的事，是2002年高考成绩特别好，出了一个广东省状元，总分全省第一。在广东这么多名校中脱颖而出，出一个状元非常不容易。也正是因为出了一个全省状元，南海区政府对石门中学的支持力度很大，不仅学校改建工程进展顺利，而且特别奖励5万元给班主任。由于是南海区第一次出全省状元，当时完全想不到，更来不及拟定奖励方案，所以政府就先匆忙地把钱直接奖给班主任，然后再请学校拟定奖励方案。这是一件非常高兴的事情。

四、集团化办学让更多学子受惠

从2009年12月到现在，我担任石门高级中学校长。石门高级中学是在狮山校区创办的，后面独立出去。今天采访所在的校区是高中，是石门中学。我们学校很早就开始集团办学，当时是为了扩大办学规模，让更多孩子能入读石门中学，就在狮山办了一个校区，当时组织上让我担任副校长，派到狮山进行筹建和负责全面工作，现在这个校区已经整体改为石门高级中学，成为独立法人的一所学校。

学校面貌，在20世纪80年代以前，没什么太大改变。90年代后，进入了一个快速发展的时期。1996年，校园进行了一次大的修建，包括学校的饭堂、新的图书馆、体育馆、办公楼等，还修建了教学B楼。2000年，修建了教学C楼，还修建了一个新饭堂。规模最大的改建发生在2002年，当时把广场这里所有的建筑都拆了，包括饭堂、科学楼、体育馆、图书馆、办公楼，全部修建新的。从开建到2004年完成交付使用，用了一年多的时间。这期间，因为修建的不是教学楼，所以教学是不受影响的。教师办公是在石门实验学校里，这是一所初中，就在学校旁边，实际上也相当于学校内部，但在空间上属于另一个区域。重建工程全部由政府投资，南海地方政府对教育是高度重视的，当时整个工程投资，大概在五六千万左右，属于大工程了。

从1999年开始，学校正式走上集团化办学的道路。当时的想法，一是利用名校资源，让更多的学子接受到更好的教育。像民办初中，我们在广东省基本上属于比较超前的。为了解全世界的教育状况，当时也出国考察过国外先进的教育理念，而国内名校，如北京四中、人大附中，我们也都去学习过。当时还没有出现集团化的正式概念，只是让更多孩子在不同学段享受先进教育理念。

二是民办学校的一部分收入可以用于学校的奖教、奖学，改善学校的财政状况，帮助学校发展。这样多渠道办学也有利于学校的发展。我们在广东属于较早试行民办的学校，在佛山肯定是第一家，目的也是让学校有更好的发展，可以通过管理进行创收，再通过奖励改善老师的生活福利，鼓励学生们勤奋向上，努力学习，当然也可以用于改善我们的办学环境，当时校园的美化、绿化，有一部分就是来自创收的钱。

我们办的第一所民办学校就是2000年的石门实验学校。2003年创办石门高级中学，2004年创办石门实验小学，2004年创办石门实验中学（初中），每个学校都是3000人的规模。而且这些学校后来又生长出来其他学校，发扬光大。如石门实验学校于2016年又创办了石门实验中英文学校，石门实验中学则创办了石门实验中学附属小学，这个小学规模较大，也有3000人，一般一个班30多人，规模很大。

五、校友会、校友与校庆活动

我们学校校友会很早就有，但以前更多的是在精神上关注母校发展，在经济上相对弱一点。校友会性质与角色发生变化是在2017年。2017年的时候，在校友会的发动下，专门成立教育基金会，重点从经济上筹集资金，用作教学奖励，为学校长远可持续发展提供资金支持。

不过，在教育基金会成立之前，校友捐资助学的善举很早就有。如20世纪80年代，著名校友李炳发首先给学校捐建一个图书馆，后来因为改建，把这个图书馆拆了。但现在还有一个以他名字命名的建筑，叫作"李炳发活动中心"。2005年，澳门立法会委员、南海乡亲冯志强捐资360万元给学校，体育馆就以他的名字命名为"冯志强体育馆"。此外，香港的南海商会每年都为石门中学捐资。在20世纪80年代，每年就有5万元，对学校来说是一笔巨款。这是一直以来就有的传统。因为学校在促进港澳和内地的联系方面，起了"带队牵头"的积极作用。在港澳的南海乡贤，基本上每年都会回来走一走，看一看。

还有令人难忘的是我的一个学生吴侃。他在2007年的时候考入北京大学后，就把自己积攒下来的10万元捐赠出来，设立"吴侃奖学金"。奖励后面考入清华、北大的学子，每考进一个奖励5000元，直到发完为止。当时正好是我做校长时期，印象比较深刻。一般奖学金的捐设，以企业或名人为多，而他却是以学生名义来设，这是非常少见的，这也说明学校与学生、学生与老师间关系非常好，体现的是一种骨子里渗透"爱"的教育理念，所以毕业出去的校友对母校、对老师都非常敬重。

校庆一般我们5年搞一次，2007年75周年校庆时，我正好做校长，当时邀请了广东省省长黄华华同志出席庆典，为学校题字"励精图治，再创辉煌"。这8个字印在当时校庆的画册上。那次校庆活动，学生回校参会的非常多，年长的有八九十岁了，有一些是坐轮椅回来的。有很多家庭的几代人都在石门中学读书，所以都是全家一起来，场面非常热闹。校庆活动一般是一天结束，但都有前奏和后续。一般上午是庆祝大会，文艺表演；中午会有聚会，分班级，分单位，大家自由活动；下午也有相应的系列活动。那次校庆形成一本画册，我觉得校庆其实是把前一段时文化的积累、工作的成绩经验等，进行积累、肯定，意义很大。

六、学生学习记忆

石门中学的学生都是住校的，一些老校友讲，从20世纪四五十年代开始就是如此。在八九十年代，住宿条件还是比较一般的，一个宿舍住8个人，有热水，但要自己去提。逐渐好转是在1998至1999年，2000年就基本上变成公寓性质，2002年，热水、空调、卫生间一应俱全。2020年开始，准备改建6人间、4人间。以前都是上下铺，现在有些改成了大学里那种上面床铺、下面书桌的样式。学生早读一般是7:10开始。上午上5节课，一节课40分钟，下午3节课。晚上晚修到10点。高三会更早一点，一般6:50全部要到教室。学生每周可以回家一次。现在高三也是一个月放一次假，一次两天。

七、小结

总的来说，我觉得石门中学这所学校的发展之路是一个典范，一个样本。从早年一所农村中学，崛起为广东省著名学校，他的成长之道，我觉得有几点可以总结：

第一是校风非常淳朴，是一种充满"爱"的教育氛围，从建校初期，一路延续到现在，近90年的历史，骨子里的教育理念从未改变。那就是关爱学生，爱护学生，像爱自己的孩子一样。

第二是学校的领导班子有一种很强烈的责任感与使命意识。每一任校长，都责无旁贷地为学校谋发展，为学生谋发展。对学生的发展定位就是将来能为社会做贡献，能够让自己幸福，以高中3年奠定人生基础。每一任校长，都有让学校发展得更好的使命感，校长的发展意识特别强。

第三就是当地的政府和社会对学校高度重视与大力支持。这应该与我们珠江三角洲的风土人情整体比较朴实朴素有密切相关。可能大家都觉得，只有我们学校发展得好，我们的孩子才能接受到更好的教育，所以大家都在最有财力、最有政策倾斜能力的时候，给学校最大的支持。

附录七

部分校友简介

说明：1.此名录与部分资料，由石门中学校长办公室、校友会提供。2.此名录排序依据校友的出生日期先后。

钟 麟

生于1915年10月29日，广东南海人。被誉为"家鱼人工繁殖之父"的钟麟，是石门中学的第一批学生。1932年，17岁的钟麟入读石门中学，完成3年初中学业后，1935年考入广东省立高级水产职业学校，成为该校第一批学生。1958年，他带领团队，破解当时家鱼难以实现人工繁殖的世界性难题。此后，钟麟又与科技人员相继突破了草、鲮、鳊、青等鱼类人工繁殖关，使我国淡水鱼类全人工繁殖技术及其理论一直处于国际领先地位。由于在科学上建树卓著，他曾获国家科委创造发明一等奖、全国科学大会特殊贡献奖、广东省科学大会成绩优异奖等多项奖励；并先后担任广东省第五届人大常委会委员、广东省第五届政协常委，第三、五、六届全国人大代表，中国水产学会荣誉会员，广东省水产学会顾问等职务。

陈 玲

生于1922年，广东南海人。革命烈士。1938年，在石门中学就读期间，受进步思想教育，积极参加抗日宣传队，走上街头，利用演讲、演剧、唱抗日救亡歌曲等各种形式发动群众参加抗日救亡斗争。1940年秋，毅然弃学从戎，到三水、四会前线参加国民党第七战区第四挺进纵队政工队。1941年秋，参加中国共产党。入党后，被组织派去四会县，以小学教师为掩护，积极开展群众工作。1943年冬，任中共清远县委秘书。1945年8月，随东江纵队北上迎接王震部队南下。抗战胜利后，留在原革命根据地坚持斗争。1946年参加翁源人民民主自卫军和粤赣先遣支队，担任钢铁队指导员。1948年，在太坪战斗中不幸被捕。韶关解放前夕，国民党反动派把她押赴曲江犁市秘密杀害。

陈礼裔

生于1933年1月，广东南海人。出生于书香世家，2岁开始读私塾，4岁学书法。是石门中学首任董事长陈凤江的孙子，1946年春季至1949年夏季就读于石门中学，1950年12月参加中国人民志愿军，响应抗美援朝，在部队速成中学任文化教员，后毕业于中南军区师范中文系。在部队荣立两次三等功。八载的青春年华跟部队走南闯北，为部队扫盲普文。1959年转业至贵州贵阳时，他与8名志同道合的战友，用一个月的时间，95元的经费创办了贵阳工业专科学校（即贵州工业大学，现在的贵州大学理工学院），从事教务行政和书法进修教学，为贵州省书法家协会会员、贵州省老年书画研究会会员，也是贵州省著名书法家。他注重广泛涉猎，楷书、行书均有自己独特风格，作品曾发表于多种报刊。所授学生400余人，写匾牌典碑刻遍布省内外。

黎沛虹

生于1935年5月，广东南海人。于1953年从石门中学毕业，是武汉大学水利学院教授、我国的知名水利史志专家。他是"科学技术史——水利史"硕士学位点的创建者和学术带头人，在该学科的科研成果和学术著作丰富。曾任武汉大学珞珈诗社副社长；曾受聘为《黄河志》《浙江省水利志》《河北省水利志》《张家港市水利志》《唐山市水利志》《漳河水库志》《荆江大堤志》等众多水利志学术顾问；还曾受聘为《清江开发史》《湖北省水利志》《宜昌市水利志》《隔河岩水电站建设史》等的特约主编或副主编。受家庭环境影响，黎沛虹从小爱好传统诗词和书法，不断学习和实践。特别是结合本专业的研究工作，创作了大量传统诗词，并在各种刊物公开发表了数百首。曾由河海大学出版社正式出版个人诗词专集《清韵集》，书法亦时有发表。由于基本功扎实，书体生动活泼，通俗流畅，深得海内外受赠者的欢迎。

李国桥

生于1936年8月，广东南海人。石门中学1951届校友，广州中医药大学首席教授，博士生导师，青蒿研究中心主任，广东省名中医，国际知名疟疾防治专家。曾任广州中医药大学副校长，热带医学研究所所长，享受国务院政府特殊津贴。第八届全国人大代表。曾任卫生部医学科学委员会疟疾专题委员会委员，中国医学科学院第三届学术委员会特邀委员，卫生部第一、二届药品审评委员会委员，中华医学会热带病和寄生虫学分会常委，WHO西太平洋区域疟疾临时顾问。李国桥是我国青蒿素类药临床研究主持人，"青蒿素抗疟研究"获国家发明二等奖，"抗疟新药青蒿琥酯"获国家发明三等奖，"青蒿素及其衍生物临床研究和推广应用"获国家教委科技进步三等奖，"抗药性恶性疟防治药物双氢青蒿素复方" 2005年获国家科技进步二等奖。

郑维城

生于1936年，广东南海人。1948年9月入读石门中学初二年级，至1951年1月读高一时，响应党的号召，抗美援朝中参军；历任战士、班长、坦克车长、连长，曾在军委办公厅、总参政治部、总参管理局、总参雷达电子部等单位任科长、处长、副校长等职；1952、1954年荣立两次三等功，1955年立二等功；多次被评为先进工作者，1960年被评为总参管理局三好青年，是从军44年的少将。在20世纪50至60年代，作为先进工作者出席英模会议，受到毛泽东、周恩来、刘少奇、朱德、邓小平等党和国家领导人的接见，1990年当选为安徽省人大代表。1988年9月14日被授予大校军衔，1992年7月20日晋升少将军衔，任中国人民解放军电子工程学院副院长。

邵锐勋

生于1938年，上海人。6岁时举家迁居南京，1948年冬回到广东南海三山老家，11岁在平洲当学徒。新中国成立后复学。1952年就读于石门中学，在丁班参加青年团，1955年毕业。考入广州市第六中学，任甲、丁班团支部书记。1958年考入华中工学院（现华中科技大学），1964年毕业分配到北京机械工业部超重运输研究所。同年派往辽宁大连汽轮机厂任毕业生实习组组长，考取钳工三级。他多才多艺，1966年编入中央"四清"工作团旅大分团，转入大连工矿车辆厂任"四清"工作队队员，主要参加场部专案工作。1998年退休后，曾任（香港）新恒宝科技开发公司董事、总经理、总工程师。1985至2001年发明的专利共15项，其中多项获得四川省、广东省、佛山市、中山市、南海市科技进步一等奖及美国爱迪生发明中心世界优秀专利金质奖、自由女神纯正金国际荣誉勋章、尤里卡世界发明博览会金奖。

林国樑

生于1939年12月，广东南海人。1959年在南海市石门中学高中毕业。1964年毕业于西北工业大学航空系。任中国民航广州学校校长（副厅级），高级工程师。兼任中国航空学会理事、中国航空教育学会理事、民航职业教育学会副秘书长。1964、1985年分别在西北工业大学、南京航空航天大学任教。曾参加国"延安11号"、"701"号直升机研制工作，作为主要成员参加"玻璃钢桨叶"研究工作，获航空工业部科技进步二等奖。主持"直升机总体参数优化设计""直升机大跨度施放导引线技术"等科研项目，分别获得航空部重大科研成果三等奖、民航总局进步二等奖。参加编写或主编主要有《直升机总体设计》《直升机部件设计》《飞行原理》等教材。在《航空学报》《国际航空》等国际杂志上发表过《直升机大跨度施放导引线技术》《直升机经济性分析》《直升机总体参数优化设计》《直升机在消防上的应用》《我国直升机使用现状和发展前景》等论文。荣获1993年"南粤教书育人优秀教师"特等奖，1997年获评"南粤优秀校长"，1992年起享受国务院政府特殊津贴。

何百源

生于1941年，广东南海人。石门中学1961届高中毕业，考上中南林学院。毕业后赴云南参加三线建设，从事森林勘察设计20年。1985年调回佛山，曾任《佛山艺术》主编。现为中国作家协会会员、国家二级作家。他陆续创作、发表文学作品500多万字，出版个人著作12部，其中2019年由天津出版传媒集团出版的《小镇代有奇人出》列入"当代著名作家美文自选集"。有13篇作品入选大、中、小学教材，另有16篇作品入选《优秀小学生必读的情商故事》，小说《德叔落选》入编《中国新文学大系》，散文《老华侨的树祖母》获第五届"中国十大生态美文"奖，5篇作品被译介到美、加等国，其中2篇成为加拿大多伦多辛力嘉学院教材，1篇编入英文版《百年经典·精品小小说》入藏美国国会图书馆。连续8年在全国小小说年度评奖中获高奖项，大量作品入选各类选本全国发行。

何维孜

生于1946年12月，广东南海人。1964年毕业于石门中学高中。1980年10月，调回母校任教。1985年起任校长。自1988年起，他对学校机构进行改革，包括"五处建制"，为校务处、教务处、教研处、德育处、总务处，每处室只设一正主任，不设副主任，强调各处岗位职责。1989年实行"两聘、两制、一包、一奖"的内部管理办法，落实校长任期目标责任制。力推教学改革，在加强科组建设的同时，实行年级组长负责制的横向管理，提出并实施教学上的"以学生为主体，以教师为主导，以训练为主线"，行政管理上的"人人有事管，事事有人管"；德育工作上的"多落点，慢渗透"的做法。积极倡导"科学、协作、拼搏"的石中人精神。他率先形成丰富多彩的学生社会实践活动，效果显著，获得团中央嘉奖。他还提出了"测练"这一介乎练习和测验之间的教学手段，撰写论文，曾获第二届"广东省教育管理科学吴汉良奖"一等奖。到了20世纪90年代，他又提出"以电教为提高教学质量的切入点和突破口，抢占教育制高点"。1995年3月，何维孜任南海市教育局局长。何维孜任石门中学校长期间，各项事业整体推进，连续多年高考成绩取得突破，录取率也大幅度提高。在此基础上，注重卓越人才的培养，力抓高考尖子和力争多获奥赛奖，取得显著成效。他还率先抓普通话教学和无烟学校工作，成为最早的一批无烟学校和普通话推广优秀学校。1993年学校被评为首批"广东省一级学校"。何维孜先后当选为南海县人大教育界代表、南海县人大代表等。1991年被评为"广东省普教系统先进教育工作者"，并参加广东省1991年普教系统先进代表会。1993年，被评为全国优秀教育工作者。2022年3月20日病逝。

简伟文

生于1962年2月，广东南海人。1979年毕业于南海石门中学，先后在华南理工大学获得学士、硕士学位。1983至1985年在广东省机械研究所任助理工程师。1990年后陆续创办两家企业：广东伊立浦电器股份有限公司于2008年在深圳中小企业板上市；佛山市南海奔达模具有限公司是佛山市标杆高新企业、中国铸造协会模具分会的轮值理事长单位。简伟文热心公益事业，自2010年起，他陆续向国内外教育机构、慈善组织累计捐款近800万元，2017年出任石门中学教育基金会会长。2014至2016年受聘于美国斯坦福大学可持续发展与全球竞争力中心当访问学者，在国际学术会议上发表3篇与智能制造有关的论文。曾获得2019年国家科技进步二等奖。2020年被国务院聘请为国家科技奖励专家库成员。

伍景勋

生于1974年11月，广东南海人。1989至1992年就读于石门中学，1991年获全国奥林匹克化学竞赛一等奖，成为学校理科类第一个获得全国一等奖的学生。1992年考上华南理工大学应用化学系。之后一直从事涂料油漆行业。他热心公益事业，2006年以来筹办成立民间支教公益团队。10余年来共组织1228名长期志愿老师，为川、甘、青、贵、湘、赣等贫困边远山区农村的60多所基层小学提供持续的优质教育，受益共19800多孩子，影响并带动身边很多好朋友一起参与公益助学，被评为2013年11月度中央文明办"中国好人"。现为第十三届广东省人大代表。

附录八

图片目录索引

第一章

页	编号	说明
3	图1-1	李景康：《石门中学校校训说》
4	图1-2	《南海教育概况》（选自《南海教育月刊》1934年第10期）
5	图1-3	石门中学首任校长李景宗
6	图1-4	康熙《南海县志》卷二《建置志》
6	图1-5	涉及本地的风俗与家族情况（选自康熙《南海县志》，据日本内阁文库藏清康熙三十年［1691］刻本影印）
7	图1-6	关于南海县社学（选自康熙《南海县志》）
7	图1-7	清代南海的书院（选自康熙《南海县志》）
8	图1-8	陈如山：《南海县教育现况》（节选），《教育研究》（广州）1936年第72期
9	图1-9	在上海读书的广东南海籍学生（选自中西女子中学校学籍片）
10	图1-10	陈如山：《南海县教育现况》（节选），《教育研究》（广州）1936年第72期
12	图1-11	陈如山：《南海县教育现况》（节选），《教育研究》（广州）1936年第72期
12	图1-12	明崇祯《南海县志》卷一《舆地志》中的记载，有关黄竹岐、大历（沥）一带
13	图1-13	关于墟市的记载（选自清同治《南海县志》）
13	图1-14	南海县老照片（选自南海县政府编辑处编：《出巡纪事》，民国十九年［1930］版）
14	图1-15	清道光《南海县志》卷七《舆地略三》中记载了"石门山"（节选）
15	图1-16	南海县第二、三、九区石门中学校奠基石碑
16	图1-17	《本校奠基纪盛》（石门中学首届毕业生邹本枝撰）
17	图1-18	《南海石门中学史略》（选自吕家伟、赵世铭编纂：《港澳学校概览》，香港中华时报社1939年版）
18	图1-19	首届校董会主席陈凤江（由石门中学档案室提供）
19	图1-20	三水黄荣康撰，里人邓刚书《石门中学校前门碑记》（1933年）
19	图1-21	校董会副主席黄咏雩（由石门中学档案室提供）
20	图1-22	芝庭堂（由石门中学档案室提供）
20	图1-23	石门中学老建筑——四友图书馆（摄于2019年2月10日）
21	图1-24	校董黄梓林像（由石门中学档案室提供）
21	图1-25	校董黄健之像（摄于1937年，由石门中学档案室提供）
22	图1-26	孔墨缘像（由石门中学档案室提供）
22	图1-27	孔仙洲像（由石门中学档案室提供）
22	图1-28	李景康撰《石门中学四友图书馆碑记》（选自《黄氏家训遗书续编》）
23	图1-29	清泉课室、念藏课室题字
23	图1-30	善松课室、谔侪课室题字
23	图1-31	镜湖课室
23	图1-32	耀东课室
24	图1-33	石门中学图书馆藏《古今图书集成》
25	图1-34	石门中学毕业证书（李景宗校长1936年颁发）
26	图1-35	关于石门中学早期办学状况（选自《南海县教育志》，1989年油印本）
27	图1-36	南海石门中学校课卷选
28	图1-37	《石门中学展览古物》（选自《香港工商日报》1935年8月25日）
28	图1-38	广东省中等学校毕业会考及格证明书（1936年1月）

第二章

35　图2-1　1938年10月侵华日军飞机轰炸广州。图为轰炸之后倒塌的房屋和街道

36　图2-2　广州特别市党部编印的《日机在粤之暴行记实》（1937年11月）

37　图2-3　《大众生路》报道南海中学战时乡村服务团下乡演剧（1938年）

38　图2-4　《南海同乡会设立难童学校计划书》（选自《南海同乡会会刊》1940年第1期）

38　图2-5　《香港华字日报》报道南海石门中学校长李景宗动向（1937年2月23日）

39　图2-6　香港商务印书馆发行的《香港地理》对"深水埗""荔枝角"的介绍（1940年2月）

40　图2-7　《南海石门中学港校高初中部暨附小招生简章》（选自吕家伟、赵世铭编纂：《港澳学校概览》）

41　图2-8　《港澳学校概览》（1939年版），内有南海石门中学的介绍

41　图2-9　《港澳学校概览》提及石门中学港校的学生数量

43　图2-10　南海县地方抗战损失统计表（1946年）（《日军侵略广东档案史料选编》，第543页，见佛山市抗损资料B6-298）

43　图2-11　《南海复员两年来教育工作》（选自《南海公报》第17期，1947年11月1日）

44　图2-12　《南海教育》（选自《南海民报》1947年3月13日，第2版）

44　图2-13　抗战胜利后南海县各学校课程表（选自《南海县教育志》，1989年油印本）

45　图2-14　石门中学筹措复校经费档案选（1946年7月）

46　图2-15　南海石门中学校校董会"全体校董大会议案录"（1946年7月14日）

47　图2-16　石门中学收到建安乡宏冈村、麻奢村复校经费谷的收据（1946年）

49　图2-17　石门中学校校董会为"筹集经费、改选校董"事宜邀请横江乡公所派代表莅校开会（1946年7月）

49　图2-18　1946年8月1日，由董事长区芳浦、校长李景宗签发的《私立南海石门中学招生简章》（1946年度上学期）

50　图2-19　南海县政府电令北胜乡公所将敌伪逆产田亩交由石门中学接耕（1948年7月）

50　图2-20　南海县北胜乡公所责令邓翼诒将田交由石门中学接耕（1948年7月）

51　图2-21　《环球报》报道南海明伦堂公款管理委员会议决补助石门、西樵两中学各5亿元（1948年7月23日）

51　图2-22　筹建高中校舍委员会为刘立群、孔凌普、刘永康修建校舍的义行勒石刻碑（1949年5月10日）

52　图2-23　三友课室、六友宿舍题字

53　图2-24　《南海日报》"南海学生"专栏《论"勤"与"俭"》一文提及石中学生生活（1948年11月4日）

55　图2-25　"白饭团"成员

55　图2-26　在珠江边围成的简易游泳场（1946年）

56　图2-27　黄永藻老师在指导游泳队员

57　图2-28　抗战时期走上革命道路的杜国彪

57　图2-29　抗战时期走上革命道路的杜国栋

58　图2-30　解放战争时期牺牲的校友陈玲烈士

58　图2-31　新中国成立前加入共青团的叶谷子

第三章

67　图3-1　石门中学校园（20世纪50年代）

68　图3-2　庆祝南海解放游行

68　图3-3　新中国成立初期的芝庭堂

69　图3-4　报名参军的石门中学学子

70　图3-5　私立南海石门中学教职员证徽章（20世纪50年代初）

70　图3-6　新中国成立后石门中学首任校长杜路

70　图3-7　南海石门中学校徽（20世纪50年代）

70　图3-8　《南海县石门中学十三年来的政治思想工作》（选摘，1962年12月14日）

72　图3-9　石中学子参与田间劳动

72　图3-10　石中校友、解放军第四航空学校学生冯大伟在抗美援朝中获授二等功奖状

74　图3-11　新中国成立初期南海县中学教学计划（选自《南海县教育志》，1989年油印本）

75　图3-12　南海石门中学1954年度初三丙班毕业同学留影（摄于1955年7月）

76　图3-13　石门中学学生学籍表（20世纪50年代）

77　图3-14　石门中学初二年级第二团分支全体团员合影（摄于1957年1月）

79　图3-15　石门中学1956年度初三一班同学留影（摄于1957年6月）

80　图3-16　首届高中毕业生何锦江校友致信母校，回忆求学时光（2020年1月12日）

81　图3-17　体操队合影及训练照（20世纪50年代后期）

82	图3-18	南海县与佛山市参加珠江区球类选拔赛中的石门中学男女代表团合照（摄于1951年2月1日）
83	图3-19	20世纪50年代初的石门中学游泳队
84	图3-20	20世纪50年代初的石门中学运动会

第四章

91	图4-1	"满门桃李发新枝"：石门中学校门（石门中学建校31周年纪念，摄于1964年）
93	图4-2	1959年南海石门中学教职员工名册（选摘）
93	图4-3	20世纪50年代后期石门中学校园平面示意图（由石门中学档案室提供）
94	图4-4	特殊记忆：《南海日报》报道《石中炼出第一炉钢》（1958年9月12日）
95	图4-5	1957年度南海县石门中学初中三（1）班同学留影（摄于1958年7月）
96	图4-6	1959年初，石门中学初三（1）班全体女"赤脚大仙"在正修建的校门前的大路合影（由石门中学档案室提供）
97	图4-7	南海石门中学1960年度毕业班初三（3）班全体合影留念
97	图4-8	南海石门中学1959年度高三（1）班学生毕业留影（摄于1960年7月10日）
98	图4-9-1	学校实验室，二等工业天平（20世纪50年代）
98	图4-9-2	学校实验室，力的合成演示器（20世纪50年代）
99	图4-10	（石门中学）普通中学学年初报表（1964—1965学年初）（选摘）
100	图4-11	《南海石门中学教学工作总结（1960—1961学年第一学期）》（选摘）
100	图4-12	石门中学等校交流提高中学语文教学质量（选自《光明日报》1961年1月24日，第1版）
102	图4-13	南海石门中学高三（2）毕业师生留影（摄于1964年6月）
103	图4-14	南海石门中学学籍册（20世纪60年代）
103	图4-15	南海石门中学学生学籍表（20世纪60年代）
104	图4-16	南海石门中学1964届部分学生留影
104	图4-17	石门中学部分学生在1965年参加校庆时的合影（由石门中学档案室提供）
105	图4-18	《广东开展群众性冬季游泳活动》，提到石门中学（选自《人民日报》1959年1月29日，第6版）
105	图4-19	《北地千里冰封，南国中流击水》，提到石门中学（选自《光明日报》1959年1月29日，第2版）
106	图4-20-1	石门中学篮球队（1958年，由石门中学档案室提供）
106	图4-20-2	石门中学男子田径代表队（1964年，由石门中学档案室提供）
107	图4-21	石门中学校景（石门中学建校31周年纪念，摄于1964年）
109	图4-22	"红外围"战友串联到北京在天安门广场合影（1966年，由石门中学档案室提供）
110	图4-23	红旗文艺宣传队到华南理工学院演出后合影（1968年，由石门中学档案室提供）
110	图4-24	石门中学红旗文艺宣传队全体队员合影（摄于1968年9月，由石门中学档案室提供）
112	图4-25	部分学生于1967—1968年在黄岐参加勤工俭学时回母校留影（由石门中学档案室提供）
113	图4-26	《盐步公社举行运动会》，提到石门中学师生参加，并获得男女子篮球赛冠军（选自《南海日报》1958年11月8日）
114	图4-27	1971年南海县石门中学学生学籍表
114	图4-28	南海石门中学1971届高二（2）班同学毕业留念（摄于1972年6月25日）
116	图4-29-1	石门中学实验室中的简易电学实验仪，蛙跳实验（20世纪70年代）
116	图4-29-2	学校实验室，低压电源（20世纪70年代）
116	图4-29-3	学校实验室，指针验电器（20世纪70年代）
117	图4-30	何化万老师（右一）指导学生开展地震测报（20世纪70年代中期）
117	图4-31	邹耀时老师（左）、陈麒雄老师（中）与农宣队队员研究禾苗生长情况（20世纪六七十年代）
119	图4-32	何化万老师（左三）与学生一起参加学校农田劳动（20世纪70年代）
119	图4-33	石门中学师生参加学校农田劳动场景（20世纪70年代）
120	图4-34	《举旗抓纲学大寨，面向农村育新人》（选摘，1976年）
121	图4-35	1975年石门中学毕业生留影
121	图4-36	石门中学1976年秋初二（2）班全体同学毕业留影

第五章

127	图5-1	在学校运动场举行升国旗礼（摄于1988年）
128	图5-2	学校获得广东省大中学生社会实践"最佳效

128	图5-3	学校被评为"广东省一级学校"（1994年）
129	图5-4	南海县石门中学1977届高二（2）班同学毕业留念（摄于1977年7月）
130	图5-5	南海县石门中学职工名册（1979年）
130	图5-6	南海县石门中学学生学籍表（1979年入学）
131	图5-7	南海县石门中学1978届高二（2）班毕业全体师生摄影留念（摄于1978年6月）
132	图5-8	南海县石门中学1979届高二（3）班全体同学留影（摄于1979年7月）
132	图5-9	南海县石门中学学生学籍表（1978年入学）
132	图5-10	南海县石门中学学生学籍表（1979年入学）
133	图5-11	南海县石门中学1980届高二（6）班全体同学毕业留念（摄于1980年7月）
134	图5-12	南海县石门中学1982届初三（4）班毕业留念
134	图5-13	1978—1987年石门中学获得各类奖励一览
134	图5-14	《南海县学校分布图》（1988—1989年度）（局部），石门中学地属黄岐镇
136	图5-15	石门中学校园（20世纪80年代）
135	图5-16	师生们在新竣工的教学楼前参加植树活动（摄于1987年）
135	图5-17	石门诗社复社雅集
136	图5-18	石门中学学生会创办的校刊《青春短笛》
138	图5-19	石门中学校训
139	图5-20	《何维孜校长述职报告》（节选，1992年）
140	图5-21	南海县教育局编的《教育简报》，介绍石门中学办学经验（节选，1988年）
141	图5-22	《石门中学教育教学经验论文集》封面
142	图5-23	《石门中学常规制度》（1985年9月）
142	图5-24	《石中学记功表彰办法》（1987年）
142	图5-25	《石门中学教学工作常规》（节选，1985年）
143	图5-26	石门中学饭堂动工兴建（摄于1990年）
143	图5-27-1	石门中学图书馆藏书
143	图5-27-2	石门中学图书馆藏书章
144	图5-28	《石门中学简介》（节选，1988年）
145	图5-29	1988届高三（4）班毕业同学照（摄于1988年5月）
147	图5-30	南海县教育局《关于石门中学学生英勇救火事迹的通报》（1987年12月）
147	图5-31	南海县教育局《关于石门中学学生英勇救火事迹的通报》附文《一首动人的战歌——记石门中学学生帮助渔民救火的事迹》（节选）
148	图5-32	举办田径运动会（摄于1979年）
148	图5-33	石门中学等校引导学生参加体育锻炼（选自《人民日报》1990年2月24日，第3版）
150	图5-34	《广东省南海市石门中学章程》（节选）
150	图5-35	石门中学信封上的校徽
150	图5-36	在校内举行活动（摄于1994年11月11日）
151	图5-37	广东省教育厅《关于批准佛山市第九小学等六所学校为首轮广东省一级学校的通知》（其中包括南海市石门中学，1993年）
151	图5-38	《改革、开拓、向前》（选自石门中学20世纪90年代档案资料）
152	图5-39	《创办全国名校、培育一流人才——石门中学创办国家级示范高中方案（1996—1999）》（节选）
153	图5-40	《石门中学教育教学经验论文集》（1997年刊印）
153	图5-41	学校德育处《关于对颜志强等四位同学记功表彰的决定》（1997年）
154	图5-42	石门中学学生20世纪90年代学籍册
154	图5-43	石门中学教学调查各班所有调查学科平均分一览表（1997年8月22日填表）
156	图5-44	1995年石门中学体育艺术节文艺汇演
156	图5-45	1995年体育艺术节开幕式乐队演奏
157	图5-46	1994年学校举行"十大优秀学生"表彰大会
158	图5-47	广东省一级学校复评通过（1998年）
160	图5-48	学校荣誉（石门中学学生列名1994年全国奥林匹克高中化学竞赛获奖名单）
160	图5-49	1994—1996年学校获得荣誉统计
161	图5-50	1996、1997年报刊对石门中学的报道（选摘）
161	图5-51	《石中人》（创刊号，1997年）

第六章

167	图6-1	石门中学（摄于2020年10月26日）
168	图6-2	2006年石门中学获评"广东省国家级示范性普通高中"
168	图6-3	石门中学成为2021—2023年"北京大学博雅人才共育基地"
169	图6-4	石门中学学生前往社区参加活动，从校门口出发（摄于2000年）
170	图6-5	石门中学数字化学习中心
170	图6-6	石门中学2001届毕业生合影留念（由石门中学档案室提供）

171	图6-7-1	石门中学举行高考表彰大会（摄于2002年8月，由石门中学档案室提供）
171	图6-7-2	2002年广东省高考总分状元的陈兴荣同学与杜尚强校长合影（由石门中学档案室提供）
172	图6-8	佛山市南海区教育局文件：《关于同意开办南海石门实验中学的批复》（2003年）
172	图6-9	佛山市南海区人民政府：《关于开办石门中学（狮山校区）的批复》（2003年）
173	图6-10	石门实验小学
173	图6-11	石门实验中学
174	图6-12	南海市石门实验学校奠基碑（1999年）
175	图6-13	石门实验学校（摄于2019年2月10日）
176	图6-14	石门中学荣获"广东省先进集体"称号（2006年5月）
176	图6-15	石门中学被清华大学授予"清华大学2016年生源中学"称号
177	图6-16	石门中学《新课程探索》（Ⅰ、Ⅱ）（2007年）
177	图6-17	温校长撰写的"前言"（选自石门中学《新课程探索》[Ⅱ]，2007年
177	图6-18	石门中学《新课程探索》（Ⅱ），目录
179	图6-19	江涛老师，正高级教师、特级教师、信息学竞赛金牌教练（由石门中学校长办公室提供）
179	图6-20	贾永山老师，化学竞赛金牌教练（由石门中学校长办公室提供）
179	图6-21	冯有兵老师，数学竞赛金牌教练（由石门中学校长办公室提供）
179	图6-22	梁冠健老师，信息学竞赛金牌教练（由石门中学校长办公室提供）
179	图6-23	雷勇老师，数学竞赛金牌教练（由石门中学校长办公室提供）
179	图6-24	洪跃明老师，生物竞赛金牌教练（由石门中学校长办公室提供）
179	图6-25	黄宗泳老师，生物竞赛银牌教练（由石门中学校长办公室提供）
179	图6-26	秦泽鑫老师，化学竞赛银牌教练（由石门中学校长办公室提供）
181	图6-27	石门中学（由石门中学档案室提供）
181	图6-28	校园一景："朴素教育"
182	图6-29	李卫东校长（由石门中学校长办公室提供）
185	图6-30	石门中学立人课程体系（由南海石门中学教研处提供，2021年12月）
186	图6-31	上课场景（摄于2020年10月26日）
186	图6-32	石门中学篮球场（摄于2020年10月26日）
188	图6-33	石门中学七十五周年校庆全体教师合影（摄于2007年11月15日，由石门中学档案室提供）
190	图6-34-1	李根新老师（2012年"南粤优秀教师"称号获得者）
190	图6-34-2	"南粤优秀教师"证书（李根新老师）
190	图6-35	黄志平老师（2021年"南粤优秀教师"称号获得者）
190	图6-36	罗建中老师（正高级教师）
191	图6-37	雷蕾老师（正高级教师、"广东省特级教师"）
191	图6-38	覃光红老师（正高级教师、"广东省特级教师"）
191	图6-39	刘富根老师（"广东省特级教师"）
192	图6-40	2012—2013年度AFS（中国国际文化交流协会）秋季中学生出国项目选拔冬令营在石门中学举行（由石门中学档案室提供）
193	图6-41	意大利交流学生在石门中学参加演出（由石门中学档案室提供）
194	图6-42	石门中学成为"广东省示范性教师教育实践基地"（2020年4月）
194	图6-43	石门中学荣获"广东省先进基层党组织"称号（2021年6月）
195	图6-44	南海县石门中学平面图（1990年4月绘制）
196	图6-45	校园老照片
196	图6-46	校园老照片
196	图6-47	校园老照片
196	图6-48	校园老照片
196	图6-49	校园老照片
197	图6-50	校园老照片
197	图6-51	校园老照片：科学楼
197	图6-52	在学校下水道工程修建前，运动场成了"泽国"（摄于1998年）
198	图6-53	石中扩建改造工程的相关批文（节选，2019年）
198	图6-54	石中高压线改造为电缆线路工程的相关批文（2014年）
198	图6-55	石门中学新建饭堂建设工程的相关批文（2017年）
199	图6-56	石门中学办公楼（摄于2019年2月10日）
199	图6-57	冯志强体艺楼（摄于2022年2月22日）
199	图6-58	天佑楼（摄于2022年2月22日）
199	图6-59	启沅楼（摄于2022年2月22日）

199	图6-60	飞鸿楼（摄于2022年2月22日）	213	图6-92	2020石门中学校友会&石门中学教育基金会联合年会暨校友发展沙龙
199	图6-61	国际课程中心楼（摄于2022年2月22日）	214	图6-93	李炳发敬师楼
200	图6-62-1	科学楼楼层总索引	214	图6-94-1	1963年高中毕业校友捐修正门校道（1986年）
200	图6-62-2	化学实验室（摄于2022年2月22日）	214	图6-94-2	"敬师亭"捐建校友名单（1990年）
200	图6-62-3	物理实验室（摄于2022年2月22日）	215	图6-95	毕业逢"十"校友感恩母校（1979届、1989届、1999届、2009届、2019届）
200	图6-62-4	生物实验室（摄于2022年2月22日）	217	图6-96	石门中学、校友会、校友、基金会"四位一体"协同发展关系图
200	图6-63	图书馆阅览室（摄于2022年2月22日）	218	图6-97	1947年石门中学庆祝成立15周年纪念大会征借古代文物办法
200	图6-64-1	芝庭堂（摄于2022年2月21日）	218	图6-98	1962年庆祝建校30周年校庆时的学生合影
201	图6-64-2	芝庭堂教师自助餐厅一角（摄于2022年2月21日）	219	图6-99-1	1992年石门中学60周年校庆校友回校（由叶桂林校友提供）
201	图6-64-3	芝庭堂学生餐厅（摄于2022年2月21日）	219	图6-99-2	1992年60周年校庆大会场景
201	图6-65	友谊球场（摄于2022年2月22日）	219	图6-100-1	嘉宾参加建校65周年庆祝大会（1997年）
201	图6-66	石门中学一瞥（摄于2020年10月26日）	219	图6-100-2	1997年65周年校庆，刊印《石中人》校庆专刊
201	图6-67	石门中学校景（摄于2020年10月26日）	220	图6-101	2002年举行校庆70周年庆祝大会（由石门中学档案室提供）
201	图6-68	石门中学校景（"石中人精神"）（摄于2019年2月10日）	221	图6-102-1	2002年编印的校庆纪念画册
202	图6-69	石门中学"校歌艺术墙"（摄于2022年2月22日）	221	图6-102-2	2007年编印的校庆纪念画册
202	图6-70	校史室、校友会（摄于2019年2月10日）	221	图6-103-1	庆祝母校八十华诞，校友捐资修建的敬师亭（2012年）
203	图6-71	学校大门前的珠江（摄于2022年2月22日）	221	图6-103-2	2012年编印《石门中学八十年》
203	图6-72	石门中学校徽	222	图6-104	2017年10月28日，石门中学迎来建校85周年
204	图6-73	放飞文学社刊物《放飞》	222	图6-105	石门中学举行建校85周年纪念大会
207	图6-74	石中辩论队合照（2020年）	224	图6-106	石门中学校园航拍图（摄于2022年3月，由石门中学校长办公室提供）
207	图6-75	石中辩论队参加华语辩论世界杯（2021年）	插页	图6-107	石门中学全体教职工合影（摄于2022年6月23日）
207	图6-76	石中舞蹈队在舞蹈室训练（2020年）	227	图6-108-1	石门中学2022届301班毕业生照
207	图6-77	石中舞蹈队参加文艺晚会（2021年）	227	图6-108-2	石门中学2022届302班毕业生照
208	图6-78	石中街舞社参加文艺晚会节目表演（2020年）	228	图6-108-3	石门中学2022届303班毕业生照
208	图6-79	石中街舞社参加校内文艺晚会（2021年）	228	图6-108-4	石门中学2022届304班毕业生照
208	图6-80	石中机器人队合照	229	图6-108-5	石门中学2022届305班毕业生照
208	图6-81	石中机器人队参加全国比赛（2021年）	229	图6-108-6	石门中学2022届306班毕业生照
208	图6-82	拾梦合唱团参加校内文艺晚会（2020年）	230	图6-108-7	石门中学2022届307班毕业生照
208	图6-83	拾梦合唱团参加南海区比赛	230	图6-108-8	石门中学2022届308班毕业生照
210	图6-84	《关于南海县石门中学校友会申请补办登记的批复》（1989年5月4日）	231	图6-108-9	石门中学2022届309班毕业生照
211	图6-85	石门中学校友会第七届理事会第四次会议	231	图6-108-10	石门中学2022届310班毕业生照
212	图6-86	石门中学教育促进会咨询活动	232	图6-108-11	石门中学2022届311班毕业生照
212	图6-87	石中校友会公益慈善服务队			
212	图6-88	石门中学香港校友会（2021年）			
212	图6-89	石中香港校友会2021"线上迎新夜"活动			
213	图6-90	石门见证，爱心传承——2018石门中学校友会&石门中学教育基金会联合年会暨慈善盛典			
213	图6-91	2019石门中学校友会&石门中学教育基金会尊师仪式			

232	图6-108-12	石门中学2022届312班毕业生照	235	图6-108-18	石门中学2022届318班毕业生照
233	图6-108-13	石门中学2022届313班毕业生照	236	图6-108-19	石门中学2022届319班毕业生照
233	图6-108-14	石门中学2022届314班毕业生照	236	图6-108-20	石门中学2022届320班毕业生照
234	图6-108-15	石门中学2022届315班毕业生照	237	图6-108-21	石门中学2022届321班毕业生照
234	图6-108-16	石门中学2022届316班毕业生照	237	图6-108-22	石门中学2022届322班毕业生照
235	图6-108-17	石门中学2022届317班毕业生照	238	图6-108-23	石门中学2022届323班毕业生照

附录九 主要参考文献

一、地方志书、资料汇编等

《广东通志》，（清）阮元监修，陈昌齐等总撰，同治三年（1864）重刊，民国二十三年（1934）商务印书馆初版影印。

康熙《南海县志》，（清）郭尔撕修纂，书目文献出版社，1992年据日本内阁文库藏清康熙三十年（1691）刻本影印。

同治《南海县志》，（清）郑梦玉等修，梁绍献等纂，道光十五年（1835）修，同治十一年（1872）刊本。

宣统《南海县志》，（清）张凤喈等修，桂坫等纂，宣统三年（1911）刻本。

《南海县教育志》，南海县教育局、南海县成人教育委员会办公室编，1990年版。

《佛山市教育志》，佛山市教育志编纂委员会编，广东教育出版社1994年版。

《佛山市志》，佛山市地方志编撰委员会编，广东人民出版社1994年版。

《南海县志》，南海县地方志编纂委员会编，中华书局2000年版。

《日寇在粤之暴行记实》，广州特别市党部编1937年刊印。

《港澳学校概览》，吕家伟、赵世铭编纂，香港中华时报社1939年版。

《广东省统计资料汇编》，广东省政府统计处编，1945年刊印。

《南海县（解放前）教育资料选编》，南海县档案馆编纂组编，1983年刊印。

《教育文献法令汇编1949—1952》，中华人民共和国教育部办公厅编，内部资料1958年版。

《中华人民共和国教育大事记（1949—1982）》，教育科学出版社1983年版。

《中华人民共和国重要教育文献》（1949—1975），何东昌主编，海南出版社1998年版。

《南海文史资料》（第21辑），广东省南海市政协文史资料委员会编，1992内部印行。

《南海文史资料》（第6辑），政协南海县委员会文史组编，1985年内部印行。

《南海文史资料》（第7辑）（纪念抗日战争胜利四十周年专辑），政协南海县委员会文史组编，1985年内部印行。

《南海文史资料》（第8辑），政协南海县委员会文史组编，1986年内部印行。

《旅港南海商会史料专辑》，佛山市政协文史资料委员会、南海县政协文史资料委员会合编，1990年内部印行。

《日军侵略广东档案史料选编》，张中华主编，中国档案出版社2005年版。

二、档案部分（包括学校章程、纪念册、课本、教材、讲义等）

【佛山市南海区档案馆藏"石门中学"档案】

《南海县私立石门中学庆祝成立十五周年纪念大会征借古代文物办法》，档案号：034-基-042-023。

《第一届第八次大会提案书［将禅炭公路佛山至官窑的路租拨作石门中学校费］》，档案号：034-政-246-044。

《函［催缴石门中学复校经费］》，档案号：034-政-333-079。

《代电［请将邓翼诒田亩交石门中学］》，档案号：034-政-368-098。

《南海石门中学业全体校董大会议案录》，档案号：034-政-797-108。

《私立南海石门中学招生简章》，档案号：034-政-808-079。

《收据［收到缴来石门中学复校经费］》，档案号：034-政-810-060。

《收据［收到宏冈村缴石门中学复校经费］》，档案号：034-政-810-061。

《关于南海县石门中学校友会申请补办登记的批复》（1989年8月4日），档案号：00059-A12.5-0019-00018。

《南海石门中学一九五三年度第二学期工作总结》（1954年8月），档案：001-A12.9-422-011。

《南海石门中学教学工作总结（1960—1961学年第一学期）》，档案号：001-A12.9-434-014。

《南海县石门中学十三年来的政治思想工作》（1962年12月14日），档案号：001-A12.9-434-013。

《石门中学将届毕业生情况调查报告》（1954年5月25日），档案号：005-A12.1-002-009。

《石门中学将届初中毕业生情况调查报告》（1954年5月25日），档案号：005-A12.1-002-024。

《南海石门中学五九学年教职员工名册》（1959年9月28日），档案号：059-A12.1-004-012。

《石门中学普通中学学年初报表》（1964—1965学年初），档案号：059-A12.1-041-002。

《举旗抓纲学大寨，面向农村育新人：石门中学一九七六年上半年工作规划》，1976年2月14日，档案：059-A12.2-038-001。

【石门中学档案室藏】

1978年以来学校重要文件、办学章程等。

《石门中学：广东省南海市石门中学建校七十周年志庆》，广东省南海市石门中学编，2002年内部刊印。

《石门中学：广东省南海石门中学建校七十五周年志庆》，广东省南海市石门中学编，2007年内部刊印。

《石门中学七十五周年校庆画册》，佛山市南海区石门中学编，2007年内部刊印。

《岁月如歌：石门中学八十周年校庆画册》，《石门中学八十周年校庆画册》编辑委员会编，2021年内部刊印。

《石门返照：石门中学高中1965届毕业50周年纪念集》，2015年内部刊印。

三、报纸、杂志、图集、口述、年鉴等

《南海公报》、《南海民报》、《南海日报》、《香港工商日报》、《大公报》（香港）、《香港华字日报》、《循环日报》、《建国日报》、《环球报》、《人民日报》、《光明日报》、《南方日报》、《广州日报》、《佛山日报》、《南海同乡会会刊》、《广东政治》、《教育研究》（广州）、《广东教育月刊》、《南海教育会杂志》

《南海县政季报》（1929—1931年），南海县政府编辑处编，季刊。

《南海教育月刊》1933年第1期（242页）、第2期（125页）、第3期（128页）；1934年第4—15期；1935年第16—27期；1936年第29—36期。

《中国教育年鉴（1949—1981）》，中国大百科全书出版社1984年版。

《香港年鉴（1994）》，谭秀牧主编，《华侨日报》1994年印行。

《香港大辞典·经济卷》，曹淳亮主编，广州出版社1994年版。

《中国分省新图》（《申报》六十周年纪念），丁文江、翁文灏、曾世英编纂，上海申报馆1936年版。

《中国分省新图》（战后订正第五版），丁文江、翁文灏、曾世英编纂，第五版增订人曾世英、方俊，上海申报馆1948年版。

《中国新地图》，时仲华编，经纬舆地学社1937年版。

《回忆当年》，孔潜珍（1934届校友），收入佛山市南海区石门中学编：《石门中学八十年（1932—2012年）》，2012年刊印。

《良师益友话当年》，陈仁康（1945届校友），收入佛山市南海区石门中学编：《石门中学八十年（1932—2012年）》，2012年刊印。

《怀念母校、砥砺未来：追记"白饭团"的活动》，易载文（1946届校友），收入广东省佛山市南海区政协文史和学习委员会编：《南海文史资料》第37辑《石门中学七十年（1932—2002年）》，2005年印行。

《石门中学生活回忆片断》，冯廉章（1946届校友），收入佛山市南海区石门中学编：《石门中学八十年（1932—2012年）》，2012年刊印。

《投笔从戎忆当年》，冯大伟（1946届校友），收入佛山市南海区石门中学编：《石门中学八十年（1932—2012年）》，2012年刊印。

《石中岁月回眸》，叶谷子（1947届校友），收入佛山市南海区石门中学编：《石门中学八十年（1932—2012年）》，2012年刊印。

《人生正道此开端：铭记母校石门中学的培育》，黎沛虹（1948届校友），收入佛山市南海区石门中学编：《石门中学八十年（1932—2012年）》，2012年刊印。

《再忆石门中学往事》，黎沛虹（1948届校友）口述，李东鹏采访、整理，2020年10月27日。

《记忆中的石门中学》，何克承（1962届校友）口述，李东鹏、胡端采访、整理，2020年10月27日。

《七十年代的石门中学》，陈耀煊（1972至1978年任石门中学革委会副主任，一度任副校长）口述，马学强采访、整理，2020年10月27日。

《我和石门中学》，何维孜（1964届校友，1985至1995年任石门中学校长）口述，马学强采访、整理，2020年10月27日。

《石门中学：我的唯一中学母校》，叶桂林（1963至1968年就读于石门中学），胡端采访、整理，2022年2月22日。

《亲历石门中学发展有感》，温伟平（2005至2008年任石门中学校长兼党委书记）口述，李东鹏采访、整理，2020年10月27日。

《我在石门中学任校长》，盘文健（2008至2016年任石门中学校长）口述，马学强采访、整理，2020年10月27日。

四、部分研究著述

《新制教育史》，李步青著，范源廉校阅，中华书局1922年版。

《国定文思》，刘国定著，励群学会1924年版。

《政学罪言》,潘光旦著,群言出版社2013年版。

《教育概论》,罗廷光著,世界书局1933年版。

《中国教育行政大纲》,张季信编,商务印书馆1934年版。

《训育论》,李相勖著,商务印书馆1935年出版。

《广东教育50年(1949—1999)》,何辛编著,广东高等教育出版社1999年版。

《被"革命"的教育:"文化大革命"中的"教育革命"》,郑谦著,中国青年出版社1999年版。

《广东五十年(1949—1999)》,广东省人民政府办公厅、广东省统计局合编,中国统计出版社1999年版。

《国家精英:名牌大学与群体精神》,(法)布尔迪厄著、杨亚平译,商务印书馆2004年版。

《生成与失范:民国时期中学教师管理制度研究(1912—1949)》,陈光春著,华中科技大学出版社2016年版。

《中华人民共和国教育史(上)》,何东昌主编,海南出版社2007年版。

《佛山市抗战时期人口伤亡和财产损失(上)》,中共佛山市委党史研究室编,中共党史出版社2011年版。

《存古开新:从绍郡中西学堂到绍兴市第一中学(1897—2017)》,马学强、朱雯主编,商务印书馆2017年版。

后　记

九十年前，一所以珠江边的一个地名命名的学校——南海石门中学诞生了。

作为石门中学的首任校长李景宗曾问校训于其兄，时任南海中学校长的李景康，李景康则撰《石门中学校校训说》，其中提到学校的"教"与"学"："学校之教，在乎启发其天性，阐拓其本能，扩其良知良能，而充其未知未能，教者之事也。本其良知良能，而勉其未知未能，学者之事也。"此可谓揭示了学校"教"与"学"的本质。对于一所植根于南海乡村，但从未为地域所限的学校，自创始至今，几代石中人围绕"培养什么样的人，怎样培养人"，以及"办什么样的学校，怎样办学校"，他们一直在探索。早期的创办者提出"欲树之茂者，先培其根，欲学之博者，先固其本"，"培根固本"为几代石中人所铭记。如今的石门中学，以"朴素"办学，以育人为本，以兴邦为责。从"培根固本"到"朴素教育"，有着一脉相承的内在逻辑，在纷繁复杂的教育实践中，坚守着朴实的教育初心。

这是一所具有开阔办学视野的南方学校，在城乡之间、在传统与现代之间，石门中学不断书写着自己的传奇，与时俱进，屡创辉煌，在中国"县域中学（或称县级中学）"中颇具典型性，由此赋予了独特的"样本"意义。

九十年来，风雨沧桑，南海石门中学经历了各种各样的"变"，办学条件、办学性质不断变化，管理体制前后亦有异；但也有诸多的"不变"，包括校名、校园、校训、办学理念，在传承中不断更新，不断发展。九十年来，学校自立自强，屡经挫折而傲然挺立。九十年来，为国家、为社会培养了大批学子，他们的足迹遍布海内外，活跃于社会经济各行业，在国家现代科学、文化、教育、文学、艺术、体育、卫生等领域取得令人瞩目的成就，做出卓越贡献。梳理这所学校九十年的发展历程，解读办学特色，挖掘文化内涵，具有很高的历史价值与积极的社会意义。

为了迎接这所历史名校建校九十周年，2019年初，石门中学即与上海社会科学院校史研究团队合作成立"石门中学校史研究小组"。石门中学历史积淀深厚，要研究这样一所老校、名校，需要我们广泛收集、整理各个时期的各类原始史料，此为校史研究之基础。这是一项艰辛的工作，石中的档案文献分散于各处，样态丰富，种类亦多，收集这些资料本身需要花费大量的心力，同时也须具备一定的专业能力。课题组成员分工合作，陆续在海内外寻访到大量史料，主要包括以下几个方面。一、学校创办人早期的独特而珍贵的文献资料。二、学校的档案，各个时期出版印发的多种资料，如章程、教材、课本、讲义、校内刊物等。三、与学校相关的日记、笔记、文集等，记录学校办学的各个方面。四、来自海内外报纸杂志的记载，包括近代在广州、香港等地出版的报刊，以及当代的《人民日报》《光明日报》《南方日报》等。五、口述资料、校友回忆。此次我们收录了各个时期石中老师、校友的大量回忆、口述资料。在学校校友会的大力支持下，课题组成员陆续采访了十多位校领导、老师、校友，收集到一些独特的资料。六、图片，包括历史图照与现场图片。经过努力，我们建立一个"石门中学校史资料库"，内容丰富、种类齐全，不仅有文献资料，也有大量图片，且在时段与内容上具有连续性、完整性。在扎实的资料基础上，我们从不同阶段、不同层面去深入解读石门中学的校史。

依循着这所学校的发展，可以总结不少办学经验，需要论述的内容也极其丰富。我们的研究路径与所探讨的重点内容，主要围绕两条线索展开。其一，从学校自身的发展轨迹去探讨。从早期的办学者经历中去追溯，带着"由谁创办""他们为什么要办学""他们如何办学"这些问题去探寻。这些都归结到办学的根源，勿忘初心。此后石中人秉持"朴素"办学的理念，不断充实其内涵。这些办学特色需要细致梳理，深入挖掘，尤其要通过章程、教材、师资、生源等多个方面予以解析，并结合教学理念发展、学制体制变革、校园文化建设等内容进行系统考察。

其二，研究石中校史，还需要从更开阔的视野中去探讨，结合南海、佛山乃至岭南地区的发展，结合珠三角文脉的传承，从中挖掘更多的内容，把石中的办学史活泼泼地展现出来。这也是该校校史列入商务印书馆"百年名校"系列的缘由之一。我们以为，要研究一所学校尤其是历史名校，要做到几个"看得到"。一、要看到社会变革。一所名校，历经九十载，其办学必然深受时局与社会的影响，面对时局的变动、政权的更替、社会的变迁对办学产生深远的影响。抗战时期、战后复校、新中国成立等，这些都是石中办学史上的关键时期。改革开放以来的石中在办学上又有新特点，也遇到了新问题，值得关注的内容也很多。二、要看到人群活动。研究校史，离不开教师、学生这两大人群。九十年校史，凝聚着几代石中人的心血，也是全体师生、校友共同书写的。所以，要从"教"与"学"，从校园生活、学生成长等多个视角去关注他们、研究他们，这才是一部鲜活的校史。

书稿由文字、图片两部分组成，撰写中采取以图带文、以文释图的形式，图文并茂。书中图片有几个来源：一为历史图片，选自各种文献档案，由鲍世望翻拍；二为鲍世望近年来拍摄的照片，他随课题组多次赴广州、佛山（南海）等地，不辞辛劳，往返奔波，拍摄、保存了大量图片；三为学校图书馆、档案室以及一些校友提供的图片。书稿中大部分插图，除特别注明外，均由鲍世望拍摄，或由学校提供。

本书稿于2022年3月底完成，撰稿人的具体分工如下：第一章，马学强；第二、三章，胡端；第四章，叶舟；第五章，张玥提供初稿；第六章，马学强、李卫东、胡端等，其中校友会一节的部分资料，由校友会提供，由胡端撰写。附录部分，由马学强、叶舟、胡端、龚浩、李东鹏、颜晓霞、周维文等收集整

后 记

理。石门中学校长办公室、档案室等提供了大量资料，在文中均予以注明。书稿完成后，由马学强、胡端统稿，并进行配图。

本书由李卫东、马学强任主编，李根新、刘铸祥、陈冰锋、徐庆均、聂辉、张国君、胡端任副主编。1964届校友、石门中学老校长何维孜先生为本书作序。封面题字"培根固本"，由何克承校友题写。在本书稿的撰写中，得到了相关单位及有关人士的支持与帮助。石门中学的历任领导、石门中学校友会始终关心九十周年校史书籍的编写与出版。校友们广泛参与，或提供线索，或联络校友，或安排采访，石中校友对母校的热爱与关心，给我们留下了深刻的印象。在书稿撰写中，我们得到了国家图书馆、中国第二历史档案馆、上海图书馆、广东省佛山市南海区档案馆、石门中学校长办公室、石门中学档案室、石门中学图书馆、石门中学校友会等的大力协助。课题组成员每次从上海来到广东，石门中学校长办公室、石门中学教育基金会均给予热情接待。石门中学校友会兼教育基金会名誉会长叶桂林、石门中学校友会兼教育基金会执行秘书长陈慕贤为校史研究及本书的出版做了大量工作。我们在查阅档案图书时，石门中学档案室的林捷胜、王小燕老师，以及图书馆的廖志雄老师，为课题组提供诸多便利，服务周到。商务印书馆鲍静静、陈雯、吴萌等为本书出版付出了辛勤劳动。在此一并表示最诚挚的谢意。

马学强

2022年5月18日于上海社会科学院

特别鸣谢

　　九秩石门，朴素情深。作为一所享誉南粤的县域中学，石门中学在九十年的发展历程中无数闪光的点滴都值得被记载、传承。基于此，《培根固本：广东南海石门中学研究（1932—2022）》一书应运而生。本书的撰写及出版得到石门中学广大校友的大力支持，其中校史研究经费由1978届何炳祥、邱伟平、梁虹、梁翠琼、关小燕、邓汉昌、陆啟斌、王显勇八位校友捐助；校史书籍5000册的出版及印刷经费由石门中学校友会1996届分会、1979届校友共同捐助。特此鸣谢！

"百年名校"系列丛书已出版书目

总策划：马学强　鲍静静

为国桢干：上海南洋中学120年（1896—2016）

存古开新：从绍郡中西学堂到绍兴市第一中学（1897—2017）

诚朴是尚：从澄衷蒙学堂到上海市澄衷高级中学（1900—2020）

王培孙文集

绍兴一中·养新书藏文献丛刊（全五卷）

明理躬行：从金华中学堂到浙江金华第一中学（1902—2022）

卧薪尝胆：从私立绍兴中学到稽山中学（1932—2022）

务实本正：从务本女塾到上海市第二中学（1902—2022）

至慧至雅：从圣玛利亚女校、中西女中到上海市第三女子中学

培根固本：广东南海石门中学研究（1932—2022）